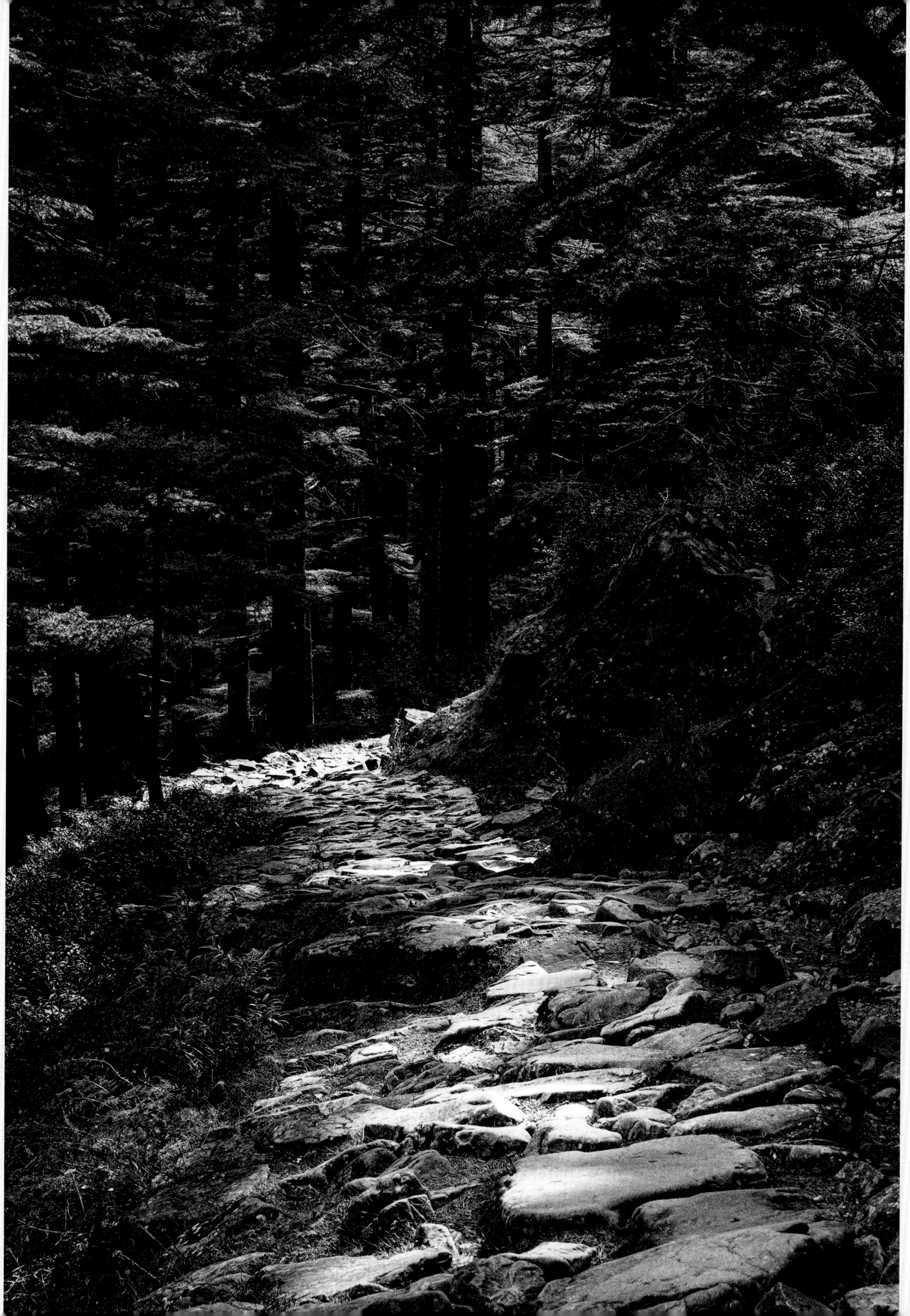

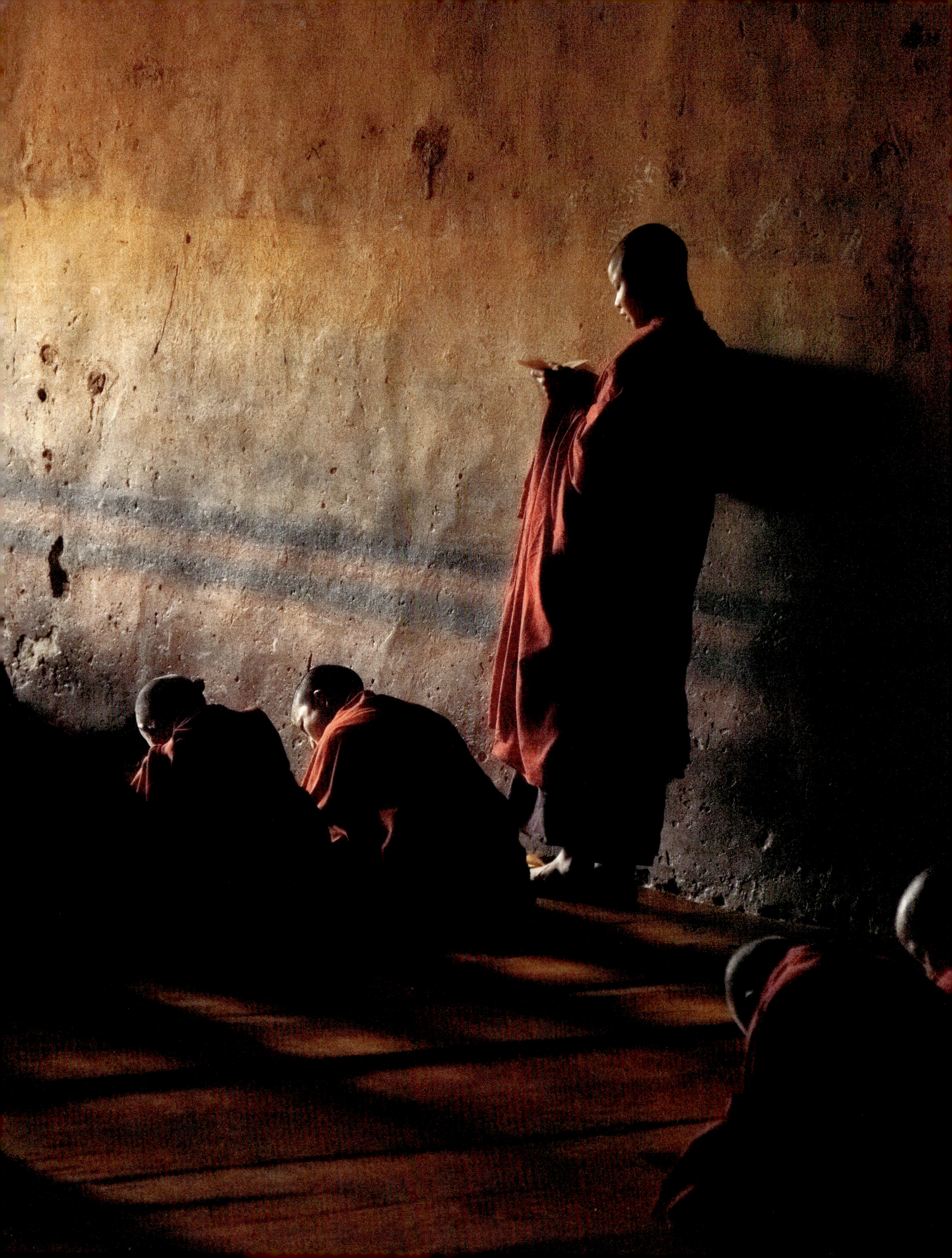

INNER HARMONY

LIVING IN BALANCE

INNERE HARMONIE

LEBEN IM EINKLANG

JON KOLKIN, MD

WITH PAULA ARAI, PHD

TRANSLATION BY ILSE FATH-ENGELHARDT

TENEUES · 2021

Inner Harmony is dedicated to the compassionate and gracious people from throughout Asia who have opened their hearts and homes to me over the past twenty-three years. I am truly humbled by their generosity and trust. They have helped me in innumerable ways, and I am forever grateful.

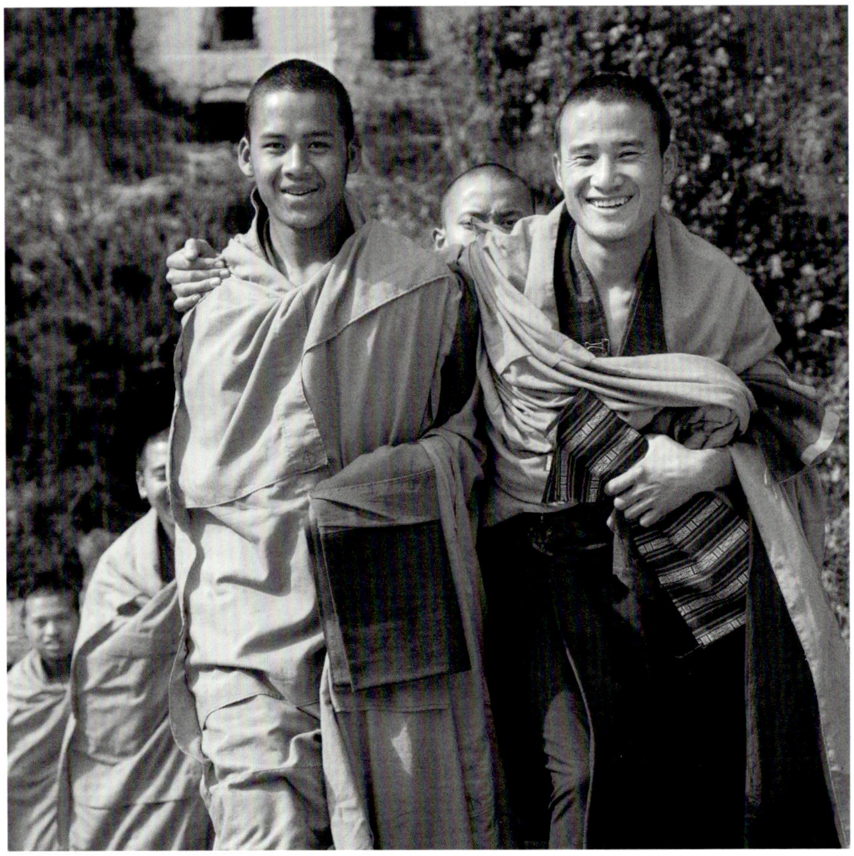

Innere Harmonie ist den freundlichen und mitfühlenden Menschen in ganz Asien gewidmet, die mir in den vergangenen 23 Jahren ihr Herz und ihre Heimat erschlossen haben. Ihre Großzügigkeit und ihr Vertrauen haben mich wahrhaft Bescheidenheit gelehrt. Sie haben mir auf unzählige Weise weitergeholfen und dafür bin ich unendlich dankbar.

PAGE 1: *Illuminating Path,* Himachal Pradesh, India, 2017

PAGE 2: *Boys in Prayer,* Paro Dzongkhag, Bhutan, 2011 (CANON)

THIS PAGE: *Brothers,* Thimphu Dzongkhag, Bhutan, 2011

SEITE 1: *Lichter Weg,* Himachal Pradesh, Indien, 2017

SEITE 2: *Jungen beim Beten,* Distrikt Paro, Bhutan, 2011 (KANON)

DIESE SEITE: *Brüder,* Distrikt Thimphu, Bhutan, 2011

CONTENTS • INHALT

	Locations; Terminology • Aufenthaltsorte; Begriffe	7
	Foreword by The Dalai Lama • Grußwort des Dalai Lama	8
	Foreword by The Queen Mother of Bhutan • Grußwort der Königinmutter von Bhutan	9
	Inner Harmony by Jon Kolkin • *Innere Harmonie* von Jon Kolkin	11
1	Seeking Balance • Suche nach Einklang	17
2	Embracing Robes • Das Anlegen der Mönchsrobe	29
3	Caring for One's Temple • Für seinen Tempel sorgen	37
4	Nurturing Nature • Die Natur pflegen	53
5	Transforming Lives • Lebenswandel	65
6	Opening Minds • Geistige Offenheit	95
7	Engaging Debate • Streitgespräche üben	103
8	Healing Wisdom • Weisheit, die heilt	111
9	Meditating Stillness • Meditative Stille	123
10	Sounding the Sacred • Heiliges tönen	135
11	Offering Blessings • Segen spenden	147
12	Illuminating Heart • Das Herz erleuchten	161
13	Compassion Embodied • Mitgefühl verkörpern	171
14	Navigating Pathways • Seinen Weg gehen	185
15	Longing for Home • Heimweh	207
16	Calm Pools Within • Innere Aufwallungen beruhigen	215
17	Emanating Joy • Freude ausstrahlen	225
18	Living Enlightenment • Erleuchtung leben	233
	Glossary • Glossar	247
	Partners • Partner	252
	Biography • Biografie	254
	Acknowledgments • Danksagung	255

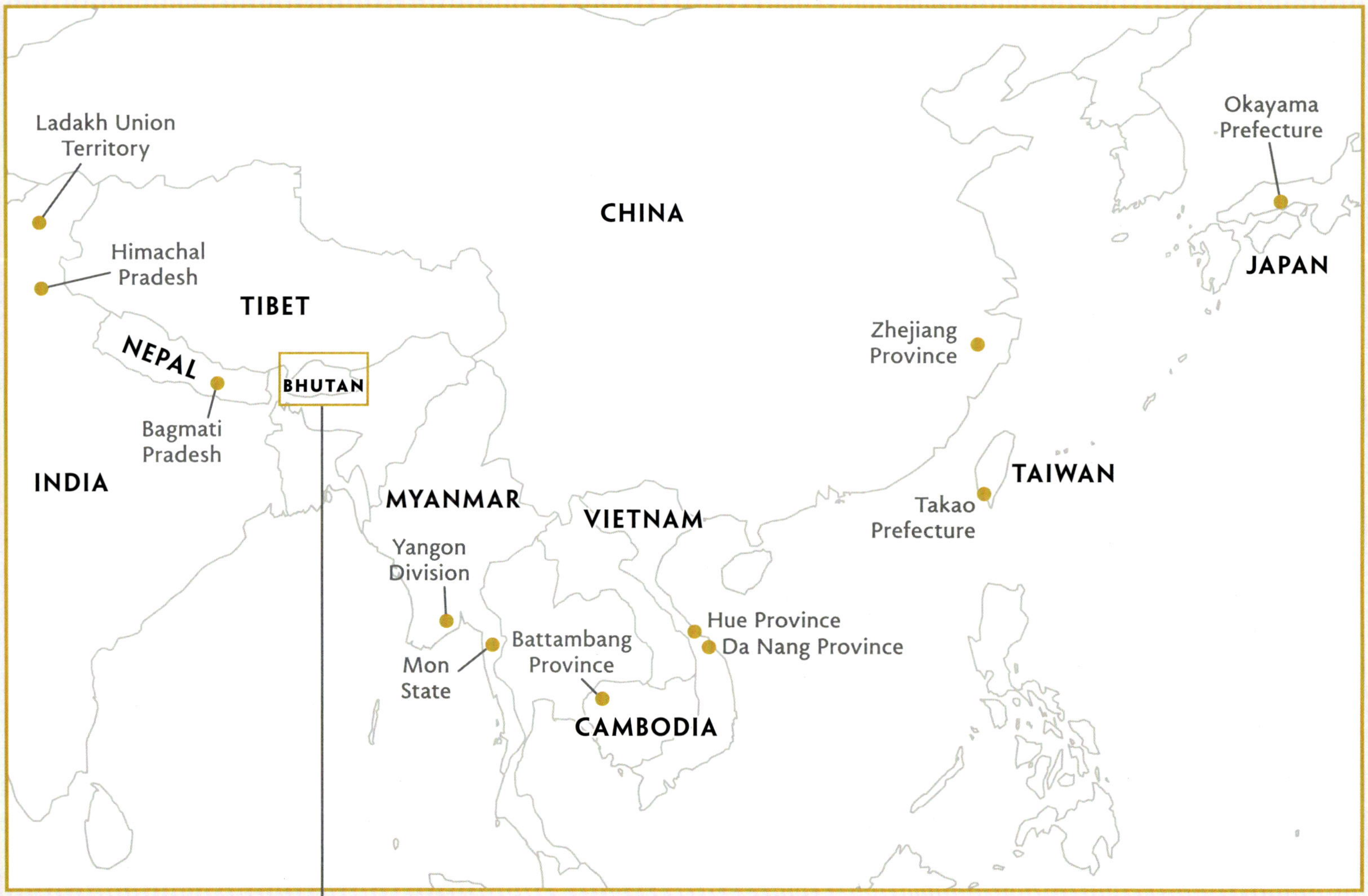

Ladakh Union Territory
Himachal Pradesh
TIBET
NEPAL
Bagmati Pradesh
BHUTAN
INDIA
CHINA
Okayama Prefecture
JAPAN
Zhejiang Province
TAIWAN
Takao Prefecture
MYANMAR
VIETNAM
Yangon Division
Mon State
Battambang Province
Hue Province
Da Nang Province
CAMBODIA

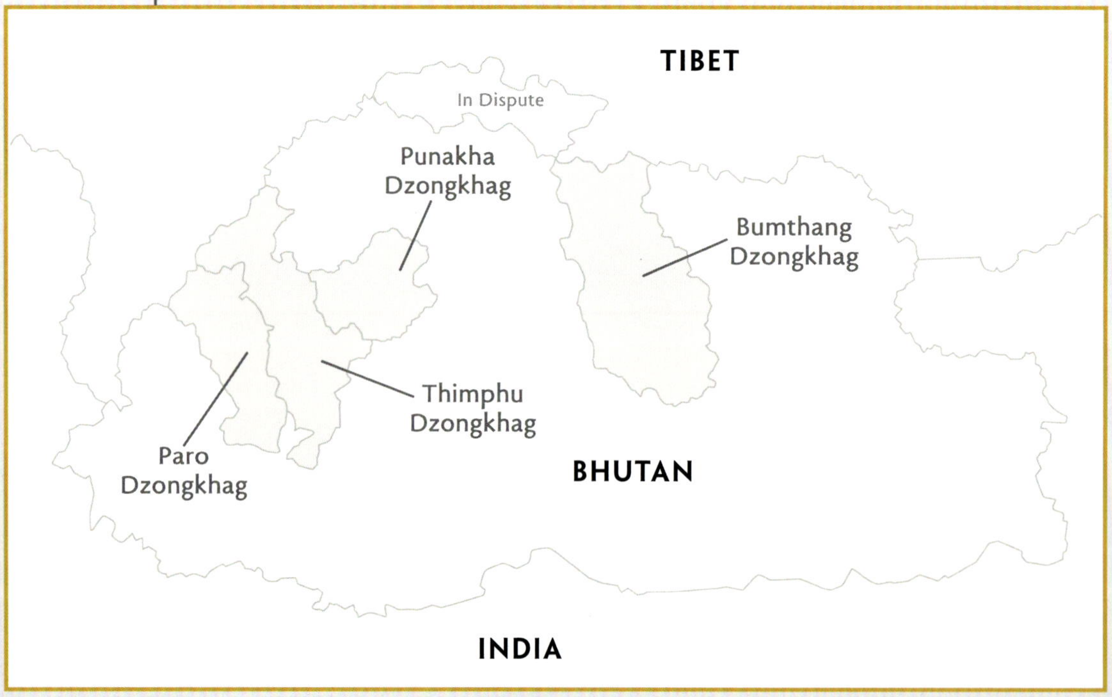

TIBET
In Dispute
Punakha Dzongkhag
Bumthang Dzongkhag
Thimphu Dzongkhag
Paro Dzongkhag
BHUTAN
INDIA

LOCATIONS • AUFENTHALTSORTE

The photographs in this book were made by Jon Kolkin during seventeen extended stays in Asia from 2007 to 2019. Bhutan and India were each visited five times; China twice; the other countries once. In addition, a few images were captured at various times in California and North Carolina, USA.

Die Aufnahmen von Jon Kolkin sind auf 17 ausgedehnten Asienreisen zwischen 2007 und 2019 entstanden. Jeweils fünfmal bereiste er Bhutan und Indien, China zweimal, die übrigen Länder einmal. Zwischenzeitlich entstanden auch immer wieder Aufnahmen in Kalifornien und North Carolina, USA.

1. **Bhutan**—2011, 2013, 2015, 2017, 2019
   Bumthang Dzongkhag • Distrikt Bumthang
   Paro Dzongkhag • Distrikt Paro
   Punakha Dzongkhag • Distrikt Punakha
   Thimphu Dzongkhag • Distrikt Thimphu
2. **Cambodia • Kambodscha**—2018
   Battambang Province • Provinz Battambang
3. **China**—2012, 2013
   Zhejiang Province • Provinz Zhejiang
   Tibet—No photographs, but Tibet is the subject of chapter 18, "Longing for Home," pages 206–213. • Keine Fotografien, aber Tibet ist das Thema in Kapitel 18, „Heimweh", S. 206–213.
4. **India • Indien**—2015 (x2), 2017, 2018, 2019
   Himachal Pradesh
   Ladakh Union Territory (disputed) • Unionsterritorium Ladakh
5. **Japan**—2016
   Okayama Prefecture • Präfektur Okayama
6. **Myanmar**—2014
   Mon State • Mon-Staat
   Yangon Division • Yangon-Region
7. **Nepal**—2007
   Bagmati Pradesh • Provinz Bagmati
8. **Taiwan**—2016
   Takao Prefecture • Präfektur Takao
9. **USA**—2013–present
   California • Kalifornien
   North Carolina
10. **Vietnam**—1998, 2000, 2001
    Da Nang Province • Provinz Da Nang
    Hue Province • Provinz Hue

TERMINOLOGY • BEGRIFFE

To help readers gain more depth when viewing photographs, a glossary appears on pages 247-251. Glossary words have been added to photograph captions in CAPITAL LETTERS.

Um dem Leser beim Betrachten der Bilder ein größeres Verständnis zu ermöglichen, gibt es auf den Seiten 247-251 ein Glossar. Die darin erscheinenden Begriffe sind in den Bildunterschriften in GROSSBUCHSTABEN gesetzt.

THE DALAI LAMA

We all desire happiness and wish to be free of suffering. How we lead our lives determines whether we find the peace of mind we seek.

Inner Harmony and Inner Peace must be cultivated through practice. It is this practice that Doctor Jon Kolkin so admirably captures in his photographs. The images, distillations of monastic activity, convey the essence of a life devoted to calming and focusing the mind so that it can dwell upon developing compassion and wisdom.

I hope that *Inner Harmony*, this admirable collection of images by Jon Kolkin, will be an inspiration to engage in the practices that still our minds and enable us to find the true happiness we seek.

31 October 2020
His Holiness, The 14th Dalai Llama

Wir alle streben nach Glück und möchten frei sein von Leiden. Dabei entscheidet unsere Lebensführung, ob wir den gesuchten Geistesfrieden finden.

Innere Harmonie oder innerer Frieden müssen in der Praxis kultiviert werden. Es ist diese Praxis, die Dr. Jon Kolkin so vortrefflich in seinen Fotografien einfängt. Die Bilder, Quintessenzen des klösterlichen Lebens, bringen das Wesentliche eines der Erlangung von Geistesfrieden und Achtsamkeit gewidmeten Lebens zum Ausdruck, die Grundvoraussetzungen zur Entwicklung von Weisheit und Mitgefühl sind.

Ich hoffe, dass *Innere Harmonie*, diese vortreffliche Bildersammlung von Jon Kolkin, dazu inspiriert, sich der Praxis zuzuwenden, die unseren Geist zur Ruhe bringt und uns befähigt, das wahre Glück zu finden, nach dem wir suchen.

31. Oktober 2020
Seine Heiligkeit, der 14. Dalai Lama

TASHICHHODZONG
THIMPHU, BHUTAN

21 October 2020

Inner harmony is what most of us do not give much thought to. That Dr. Jon Kolkin, with his wisdom and compassion, has produced this beautiful book is indeed a guide for us to dwell within, for inner harmony.

Since the emergence of the human species, how many of us have lived and gone, and how many will come after us? Having this precious life during a time when we share time and space on this earth is to be mindfully engaged in whatever circumstances we are in.

The way I feel has been influenced by the country I am blessed to be born in, the parents who have raised me, and most importantly, the king who showed the way by making Happiness the Centre of all our Priorities.

At this stage in my life, I feel gratified to have had the opportunity through the Tarayana Foundation to transform the living conditions of our people living in remote villages in Bhutan. Passing down the legacy of service from the heart, has given me inner peace and harmony.

TASHI DELEK!

Innere Harmonie ist etwas, das in unserer heutigen Zeit sehr leicht aus dem Blick geraten kann. Nun legt Dr. Jon Kolkin in seiner weisen und mitfühlenden Art dieses wunderschöne Buch vor, das uns wirklich zu einer eingehenden Befassung mit innerer Harmonie anregen kann.

Es haben seit Anbeginn der Menschheit schon unzählige Menschen gelebt und sind gestorben, und unzählige werden nach uns kommen. Wir, die wir uns vorübergehend Zeit und Raum auf dieser Erde teilen, sollten dieses kostbare Leben dazu nutzen, jeder Lebenslage mit Achtsamkeit zu begegnen.

Es haben mich das Land, in dem ich zum Glück geboren bin, meine Eltern, die mich großgezogen haben, und vor allen Dingen der König, der wegweisend war, indem er das Glück zur obersten Priorität seines Landes erhoben hat, geprägt.

In meinem gegenwärtigen Lebensabschnitt habe ich das Glück, durch die Tarayana-Stifung die Lebensbedingungen unseres bhutanischen Volkes, gerade in abgelegenen Dörfern, grundlegend verbessern zu können. Mich in einer authentischen Tradition des Herzensdienstes bewähren zu dürfen, schenkt mir inneren Frieden und Harmonie.

TASHI DELEK!

Her Majesty Dorji Wangmo Wangchuck,
Royal Queen Mother of Bhutan, Founder and
President of the Tarayana Foundation

Ihre Majestät, Dorji Wangmo Wangchuck,
Die Königinmutter von Bhutan und
Gründungspräsidentin der Tarayana-Stiftung

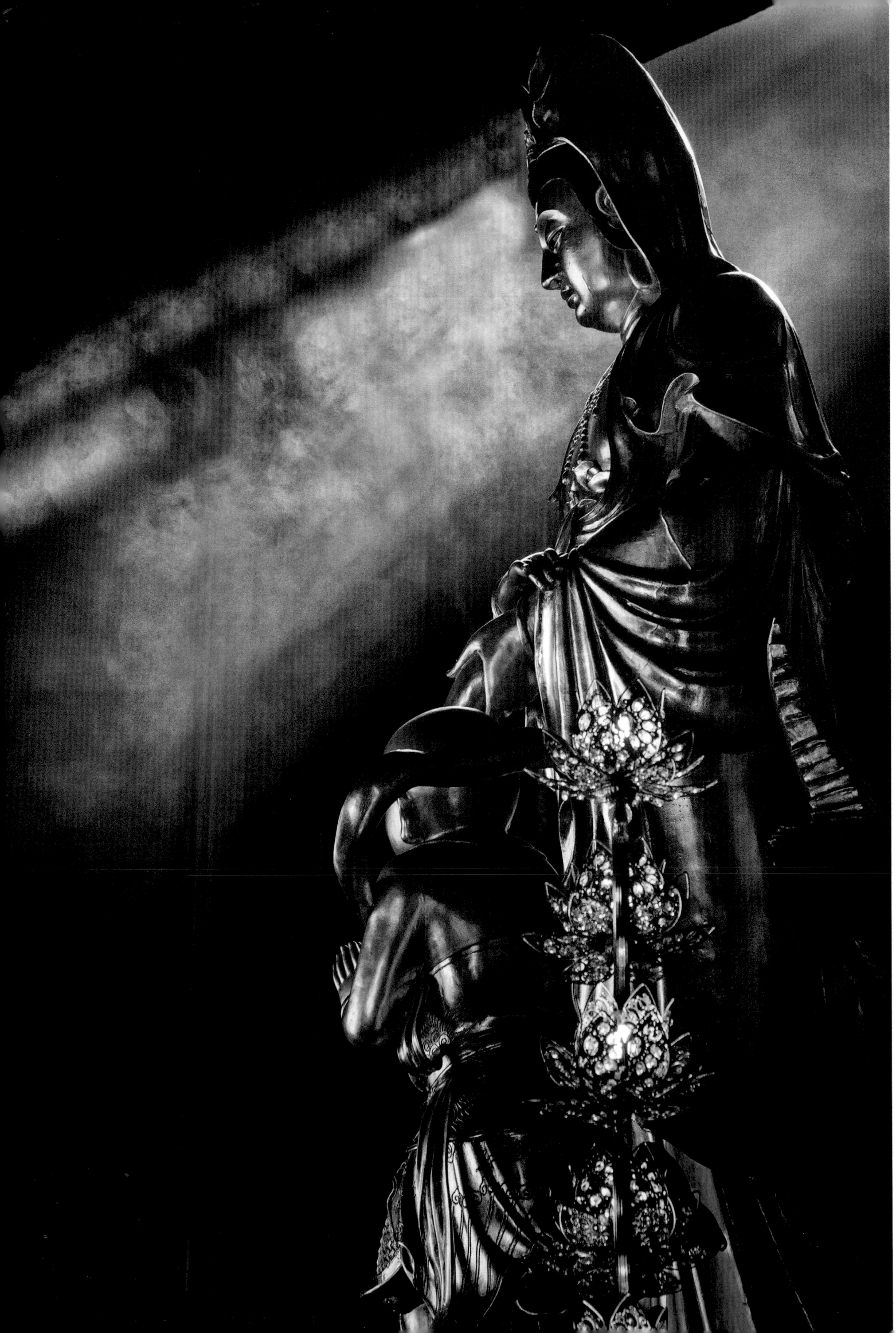

INNER HARMONY • INNERE HARMONIE

BY JON KOLKIN

AN UNEXPECTED JOURNEY

It was the 1990s. Vietnam was beginning the process of rebuilding its healthcare system after a devastating war with the United States and a quarter century of isolation from the West. As a member of Health Volunteers Overseas (HVO), I was honored to be in the first wave of Western doctors invited back into the country by the Vietnamese government, and was fortunate to be working at teaching hospitals alongside some of the country's leading physicians. I never imagined that my assignment would be a prelude to twenty immersive learning experiences throughout Asia. Over the ensuing years, I discovered a deep affinity for Asian culture and its people, which took me down unimagined paths, including a career as an artist, private audiences with the Dalai Lama, and participation in an international traveling exhibition, *Shades of Compassion.*

There were also adversities. Once, as I demonstrated a surgical technique in the sweltering heat of an operating room at Hue General Hospital, I found myself sweating profusely, running the risk of dripping into the patient's surgical site. A Vietnamese physician was kind enough to find a small fan and point it toward my face, but to little avail, so another doctor had to dab my head and neck with a towel as I sat in my heavy cotton surgical gown stamped "Made in Cuba." As ten or more doctors circled the table, leaning in, eager to gain fresh perspectives, we lost power—a common occurrence in Vietnam at that time. It was improvisation time; we paused, collected ourselves, and waited until someone found a flashlight to shine onto the surgical field. While we resumed the procedure, someone at the head of the operating table manually pumped oxygen into the patient's lungs.

EIN UNERWARTETER WEG

Es war in den 1990ern. Vietnam begann gerade mit dem Wiederaufbau seines Gesundheitssystems nach einem desaströsen Krieg mit den Vereinigten Staaten und einem Vierteljahrhundert der Isolation vom Westen. Als Mitglied einer ersten Gruppe von Ärzten, die von der Vietnamesischen Regierung über die gemeinnützige Organisation Health Volunteers Overseas (HVO) ins Land eingeladen wurden, hatte ich das Glück, in großen Lehrkrankenhäusern mit einigen der führenden Ärzten des Landes zusammenarbeiten zu können. Damals wäre mir nie in den Sinn gekommen, dass mein Einsatz den Auftakt zu 20 entscheidenden Lebenserfahrungen an verschiedenen Orten Asiens bilden könnte. In den folgenden 23 Jahren entdeckte ich in mir einen großen Hang zur asiatischen Kultur und ihren Menschen, der mir unvorhergesehene Wege aufzeigte, einschließlich einer Karriere als Künstler, Privataudienzen beim Dalai Lama und der Teilnahme an einer museal präsentierten Wanderausstellung mit dem Titel *Shades of Compassion.*

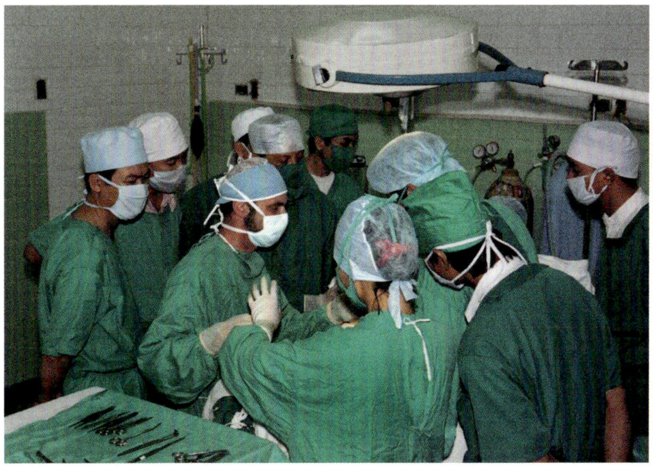

Surgery, Hue Province, Vietnam, 1998

Bei einer Operation, Provinz Hue, Vietnam, 1998

< *Radiant Light,* Zhejiang Province, China, 2013 (BUDDHA; INCENSE)

< *Einstrahlendes Licht,* Provinz Zhejiang, China, 2013 (BUDDHA; WEIHRAUCH)

Photography soon became a part of my work. As digital cameras became more readily available, physicians worldwide began embracing photography as a powerful educational tool. The process involves capturing images to accurately tell a story that will connect the dots between medical conditions, potential treatment options, and outcomes. But this type of photography carried as many challenges as operating without electricity; in order to avoid compromising the quality and flow of patient care, it is essential to be very precise, selective, inobtrusive, and proficient. Decades of practicing photography in this manner proved invaluable while working on the *Inner Harmony* series. I had learned to become

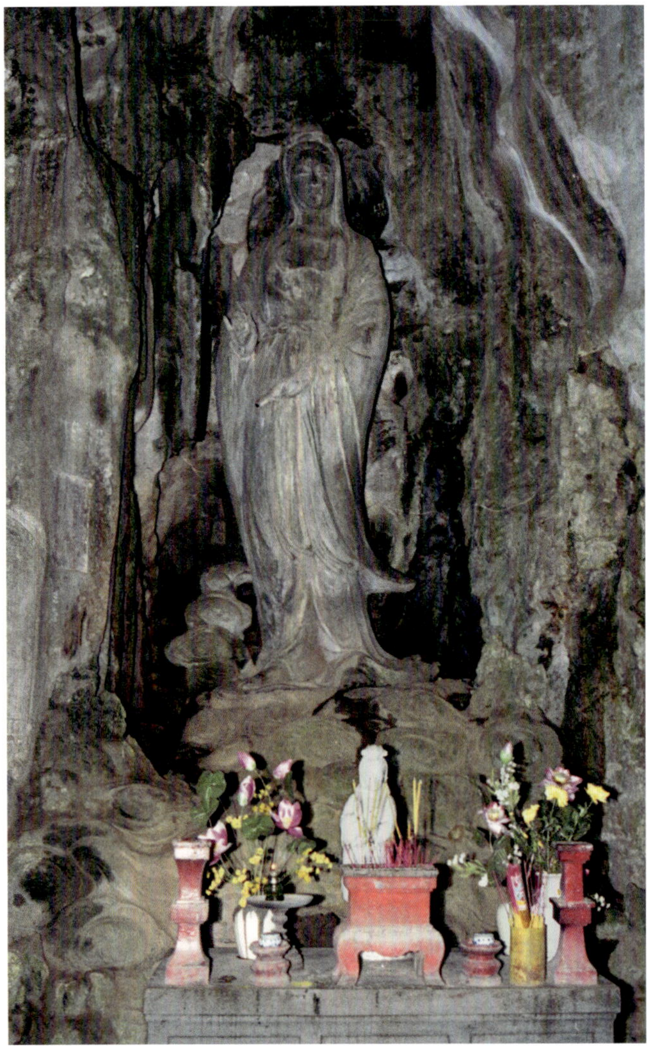

Marble Mountain Buddha, Da Nang Province, Vietnam, 1998

Marmorberge-Buddha, Provinz Da Nang, Vietnam, 1998

Es gab auch Widrigkeiten. Einmal zeigte ich in einem Operationssaal des Allgemeinkrankenhauses von Hue eine Operationstechnik. Es war brütend heiß und der Schweiß auf meiner Stirn drohte in die Eingriffsstelle des Patienten zu tropfen. Ein vietnamesischer Arzt trieb freundlicherweise einen kleinen Ventilator auf und hielt ihn auf mein Gesicht gerichtet, was wenig bewirkte. So musste mir ein anderer Arzt mit einem Handtuch laufend Kopf und Nacken abtupfen, während ich in einem schweren baumwollenen Operationskittel „made in Cuba" dasaß. Zudem standen rund ein Dutzend Ärzte um den Operationstisch herum, begierig, neue Einblicke zu gewinnen. Da fiel plötzlich der Strom aus — in Vietnam zu dieser Zeit ein nicht unübliches Vorkommnis. Jetzt war Improvisation angesagt. Wir unterbrachen den Eingriff, überlegten und warteten, bis jemand eine Taschenlampe gefunden hatte, womit die Operationsstelle beleuchtet werden konnte. Dann setzten wir unseren Eingriff fort, während jemand am Kopfende des OP-Tisches manuell Sauerstoff in die Lungen des Patienten pumpte.

Die Fotografie sollte bald Teil meiner Arbeit werden. Als Digitalkameras leichter erhältlich waren, begannen Ärzte weltweit damit, sie als ein effektives Lehrmittel einzusetzen. Dies bedeutete, dass Bilderserien gemacht werden mussten, aus denen klar hervorging, wie Beschwerden, Behandlungsmöglichkeiten und Ergebnisse miteinander zusammenhingen. Allerdings hatte man bei dieser Art von Fotografie auf sehr vieles zu verzichten, fast so wie beim Operieren ohne Strom. Um die Qualität des Eingriffs und die ordentliche Versorgung des Patienten nicht zu gefährden, musste sehr gezielt, selektiv, unaufdringlich und kompetent vorgegangen werden. Die jahrzehntelange Praxis dieses Fotografiestils hat sich für die Fotoserien zu *Innere Harmonie* als unschätzbar wertvoll erwiesen. Ich lernte mich völlig im Hintergrund zu halten und erkannte, dass sich das Wesentliche des Augenblicks nur spontan erfassen lässt.

Es gab ein anderes entscheidendes Erlebnis, das im Rückblick den Samen für dieses Werk gelegt hat. Einer meiner vietnamesischen Kollegen am Krankenhaus

quick and invisible, discovering that true spirits can only be captured that way.

There was a pivotal moment. One of my Vietnamese colleagues at Da Nang General Hospital generously offered to take me on a weekend excursion to Marble Mountain, a popular tourist destination. While hiking there we came upon the mouth of a cave that disappeared down a dark shaft. We decided to explore. Reaching the bottom, we found ourselves in a majestic cavern illuminated by a beam of sunlight piercing the darkness from high above as the scent of incense wafted over us. Inside this sacred space was a diminutive Buddhist temple and a towering Buddha statue carved from the wall of the cave. I was engulfed not so much by a moment of awe, but rather by a sense of calm and inner harmony that seemed to emanate from this expansive, yet understated sanctuary.

I began to wonder about the beliefs and practices of those who created such spaces. Generosity, a strong sense of collective responsibility, gratitude, respect, wisdom, and compassion are the Buddhist principles that are integrated into many of the Asian cultures I encountered. Yet, as a member of the medical community, I was also aware of negative trends: substance and sexual abuse, mental illness, and other maladies. In general, though, I was struck by the gentle, conciliatory tone exhibited during people's interactions and their positive lifestyle choices. The rich heritage into which I was becoming immersed gave ample proof that material wealth is not required in order to achieve a sense of well-being and good health. The skills I had developed as a photographer in surgical settings made it possible for me to capture many of the things that, at first, seemed to me intangible.

THE BIRTH OF *INNER HARMONY*

The ways in which people improve their lives became my direction as an artist—not so distant from my work in medicine. In 2011, the first of my two HVO assignments in China took me to

von Da Nang lud mich großzügigerweise zu einem Wochenendausflug in die Marmorberge ein, ein beliebtes Touristenziel. Beim Herumwandern gelangten wir an einen Höhleneingang mit einem dunklen Schacht. Wir beschlossen, ihn zu erkunden. Am Ende erreichten wir eine geräumige Höhle, die von einem die Dunkelheit durchschneidenden, oben einfallenden Sonnenstrahl beleuchtet wurde, während uns Weihrauchduft umhüllte. In dem heiligen Raum befand sich ein kleiner buddhistischer Tempel und eine hoch aufragende Buddha-Statue, die aus der Höhlenwand gemeißelt war. Angesichts der Stille dieser geräumigen, doch unaufdringlichen Zufluchtsstätte war ich weniger von Ehrfurcht erfüllt als von einem Gefühl der Ruhe und inneren Harmonie.

Ich begann mich für die Glaubensfragen und -praxis derjenigen zu interessieren, die solche Orte schufen. Großzügigkeit, das wache Gefühl gegenseitiger Verbundenheit, Dankbarkeit, Achtsamkeit, Weiheit und Mitgefühl zählen zu den buddhistischen Elementen, denen ich in vielen asiatischen Kulturen begegnet bin. Als Mitglied der Ärzteschaft war ich mir natürlich auch negativer Trends bewusst: So zum Beispiel, was den Missbrauch von Substanzen, den sexuellen Missbrauch, psychische Erkrankungen und andere Übel betraf. Jedoch war ich von dem im Allgemeinen ruhigen, freundlichen Umgangston der Menschen angetan und von ihren guten Lebensgewohnheiten. Und je näher ich dieses reiche Erbe kennenlernte, desto klarer wurde mir auch, dass Wohlbefinden und eine gute Gesundheit keines großen materiellen Reichtums bedürfen. Die Fertigkeiten, die ich als Fotograf im medizinischen Umfeld erworben hatte, ermöglichten es mir, viele der Dinge im Bild festzuhalten, die mir vorher nicht darstellbar zu sein schienen.

ZUR ENTSTEHUNG DES BILDBANDS *INNERE HARMONIE*

Als Künstler beschäftigte mich vor allen Dingen die Frage, auf welche Weise Menschen ein besseres Leben zu erlangen suchen — was von meiner

Wenzhou, a frenetic metropolis of nine million people on the east coast, south of Shanghai. While giving a presentation at a local photography club, I mentioned my interest in learning more about the area's Buddhist culture and, particularly, my desire to photograph life at a cloistered nunnery that I had read about. In an instant, an attendee made a call and arranged for me to meet the abbess at 6:30 the following morning.

Walking through the front gate of the compound, I was greeted by the calmness, order, and harmony that would soon become familiar. Ushered into the abbess' personal quarters, I was invited to sit on the floor while she graciously offered tea and sunflower seeds. I explained through a translator that my goal as a photographer was to communicate concepts central to living a healthy and balanced life. A few days later, I received a request to share examples of my previous work. After the abbess viewed the images, I was honored to receive permission to return that evening and take pictures during a special ceremony, provided that I stayed in the back of the worship hall and did not use flash.

Entering the dimly lit temple, I faced a lofty Buddha glowing in a soaring space. The nuns' rhythmic chanting permeated the chamber, an echo of the peace and harmony I experienced in the cave at Marble Mountain. Moving silently, I attempted to capture the calmness of their hearts. A few days later, I was asked to return and show the abbess what my lens saw, after which she granted me rare and generous access to nearly the entire compound for an additional two weeks. The *Inner Harmony* project, which continues to this day, was born at that place.

Inner Harmony offers rare images of Buddhist life from across contemporary Asia, documenting and celebrating those who are quietly committed to cultivating a nurturing internal environment where well-being can germinate. They are our window into an intimate world of time-honored Asian traditions that cultivate a healthy heart and mind, not so much

ärztlichen Arbeit nicht so weit entfernt war. 2011 führten mich meine ersten beiden HVO-Einsätze in China nach Wenzhou, eine an der Ostküste südlich von Shanghai gelegene hektische Metropole mit neun Millionen Einwohnern. Als ich bei meiner Ausstellungseröffnung in einem dortigen Fotografie-Club kurz erwähnte, dass ich mehr über die buddhistische Kultur der Stadt erfahren und gerne Aufnahmen in dem geschlossenen Nonnenkloster machen wolle, von dem ich im Internet gelesen hatte, rief eine Ausstellungsbesucherin sofort dort an und arrangierte für mich ein Treffen mit der Äbtissin am folgenden Tag um halb sieben Uhr früh.

Als ich am nächsten Tag durch das Klostertor trat, umfing mich Stille, Ordnung und Harmonie. Ich wurde in den privaten Wohnbereich der Äbtissin geleitet, die mich bat, auf dem Boden Platz zu nehmen und mir freundlich Tee und Sonnenblumenkerne anbot. Ich erklärte ihr, unterstützt durch eine Dolmetscherin, mein künstlerisches Anliegen: durch die Fotografie die zentralen Begriffe des Wohlbefindens zu vermitteln. Einige Tage darauf erhielt ich eine Anfrage, ob ich nicht einige meiner geschätzten Arbeiten zeigen könne. Nachdem die Äbtissin sich die Fotografien angeschaut hatte, hatte ich die Ehre, am Abend wiederkommen zu dürfen, um eine besondere Zeremonie zu fotografieren, vorausgesetzt, ich würde mich in der Gebetshalle im Hintergrund halten und keinen Blitz verwenden.

Ich trat in den schwach beleuchteten Tempel ein und sah mich einem erhabenen Buddha gegenüber, der in einem erhöhten Raum strahlte. Weihrauchduft lag in der Luft. Der rhythmische Gesang der Nonnen erschallte. Es schwang darin dieselbe Ruhe und Harmonie mit, wie ich sie in der Höhle in den Marmorbergen erlebt hatte. In aller Stille fing ich mit der Kamera die Herzensandacht ein. Ein paar Tage später sollte ich wiederkommen und der Äbtissin zeigen, was mein Objektiv gesehen hatte. Nachdem sie einige Aufnahmen betrachtet hatte, gewährte sie mir für zwei Wochen den seltenen und großzügigen Zutritt zur gesamten Anlage. Das bis zum heutigen

as a particular belief system but as a focus on fundamental, universal principles for living a life in balance. My immersive experiences in Asia through HVO and other initiatives have enabled me to engage deeply with Buddhists in many countries. Learning that I was both a physician doing humanitarian work and a photographer committed to the healing power of art, local residents would invariably introduce me to their revered monks and nuns. Respecting the intimate settings rarely accessible to outsiders, I made it my practice to wear dark, non-descript clothing, making every effort to blend into the background in order to minimize any disruption of peoples' daily activities. My photos capture events as they naturally unfolded; they are never staged. Seldom using a tripod, I rely on one camera, one lens, and natural light. Images are immediately deleted if requested. In gratitude, I freely offer photographs to the hosts who open their doors to me.

Each chapter of this book focuses on fundamental, science-based concepts central to achieving a balanced life. I hope that as you delve into *Inner Harmony*, it becomes a catalyst for a deeper exploration into your own life's journey.

Tag andauernde Fotografie-Projekt *Innere Harmonie* war geboren.

Innere Harmonie enthält seltene Aufnahmen des buddhistischen Klosterlebens im zeitgenössischen Asien und würdigt damit jene, die sich verpflichtet haben, in aller Stille an einem dem Wohlergehen zuträglichen Umfeld mitzuwirken. Sie zeigen die Lebenswelten alter asiatischer Traditionen, denen es weniger auf ein bestimmtes Glaubenssystem ankommt, als darauf, bei der Pflege der seelischen und geistigen Gesundheit den Fokus auf die grundlegenden, universellen Prinzipien eines ausgeglichenen Lebens zu richten. Meine ausgedehnten Aufenthalte in Asien durch meine Einsätze bei der HOV und anderen Initiativen erlaubten es mir, viele Buddhisten näher kennenzulernen. Sobald man unter den Einheimischen erfuhr, dass ich beides war, ein Arzt, der humanitäre Arbeit leistete, und ein Fotograf, dem es um die heilende Wirkung der Kunst ging, war man stets bereit, mich den geehrten Mönchen und Nonnen aus der Umgebung vorzustellen. Um in den für Außenstehende nur sehr schwer zugänglichen Innenbereichen nicht unnötig aufzufallen, trug ich stets dunkle, unauffällige Kleidung und hielt mich weitestgehend im Hintergrund, damit die Klosterbewohner möglichst wenig in ihrem Alltag gestört wurden. Auf meinen Fotografien ist nur das zu sehen, was sich tatsächlich zugetragen hat. Ich stelle niemals Szenen nach. Ich verwende selten ein Stativ. Ich beschränke mich auf eine Kamera, ein Objektiv und auf natürliches Licht. Falls gewünscht, werden Bilder sofort gelöscht. Zum Dank überreiche ich den Gastgebern, die mir ihre Türen geöffnet haben, stets Abzüge der betreffenden Fotografien.

Jedes Kapitel dieses Buches befasst sich mit grundlegenden, auf Wissenschaft basierenden Gedanken, die für das Erreichen eines ausgeglichenen Lebens zentral sind. Ich hoffe, dass Sie durch den Band *Innere Harmonie: Leben im Einklang* Anregungen zu einer tieferen Auseinandersetzung mit Ihrem eigenen Lebensweg erhalten.

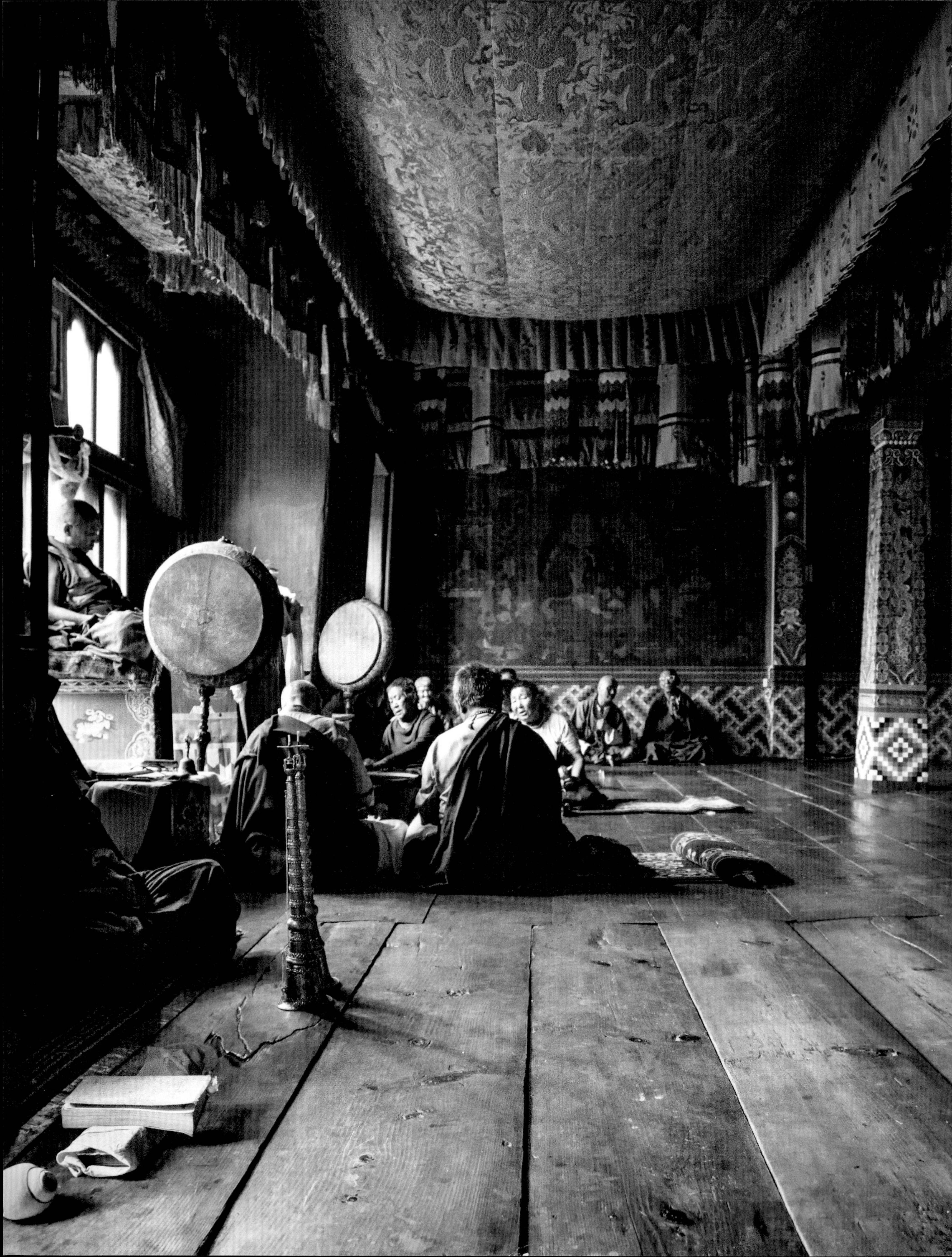

1

SEEKING BALANCE

Soaring snow caps beckon.
Wisdom & compassion flutter in the wind.
Harmony is boundless.

Approaching an off-the-beaten-path, 200-year-old temple, I heard the sounds of musical instruments and chanting. This told me that a *puja* ceremony, which deepens one's appreciation for The Buddha, was in progress. Heavy rain began to fall as I climbed the steep steps to the temple's doorway. Stooping slightly to clear the door, I gently pulled back the heavy cloth covering the entrance. Quietly finding a place to sit on the floor, I closed my eyes and meditated for about fifteen minutes. Then, through silent gestures exchanged with the lama on the dais, I sought permission to take photographs. I was honored to receive his approval.

Enveloped in sacred sounds, smells, and sights, this immersive experience gave me a deeper appreciation that true happiness arises in an atmosphere of harmonious equilibrium. In time, it became clear that the guiding principles of wisdom and compassion, aspired to by monastics, permeate throughout their society and model a path for individuals, families, and communities. It is worthy of our embrace.

SUCHE NACH EINKLANG

Erhabene Schneegipfel rufen.
Weisheit & Mitgefühl flattern im Wind.
Grenzenlose Harmonie.

Auf dem Weg zu einem entlegenen, 200 Jahre alten Tempel hörte ich die Klänge von Musikinstrumenten und Gesang. Das sagte mir, dass gerade eine Puja im Gange war, eine Zeremonie, um das ehrende Andenken an den Buddha zu bekräftigten. Es setzte ein heftiger Regenguss ein, als ich die steilen Stufen zur Eingangstür des Tempels hinaufstieg. Ich beugte mich leicht vor, damit ich durch die Tür kam, und zog den schweren Vorhang am Eingang zurück. Dann suchte ich mir leise eine Stelle aus, wo ich mich auf den Boden hinsetzen konnte. Nachdem ich Platz genommen hatte, schloss ich die Augen und meditierte etwa 15 Minuten lang. Dann wendete ich mich unauffällig an den auf dem Podest sitzenden Lama und bat ihn mit Gesten um Erlaubnis, Fotos machen zu dürfen, was er mir gewährte.

Diese eindringliche Erfahrung inmitten heiliger Klänge, Gerüche und Sehenswürdigkeiten hat mich weiter darin bestärkt, dass zu wahrem Glück eine Atmosphäre harmonischen Gleichgewichts gehört. Mit der Zeit wurde mir klar, dass die im Klosterleben erstrebten Grundprinzipien von Weisheit und Mitgefühl auch die Gesellschaft im Ganzen beseelen, als ein vorbildlicher Leitfaden, sei es für Einzelstehende, Familien oder Gemeinden. Er ist es wert, aufgegriffen zu werden.

< *Puja,* Paro Dzongkhag, Bhutan, 2013 (PUJA)

< *Bei einer Puja,* Distrikt Paro, Bhutan, 2013 (PUJA)

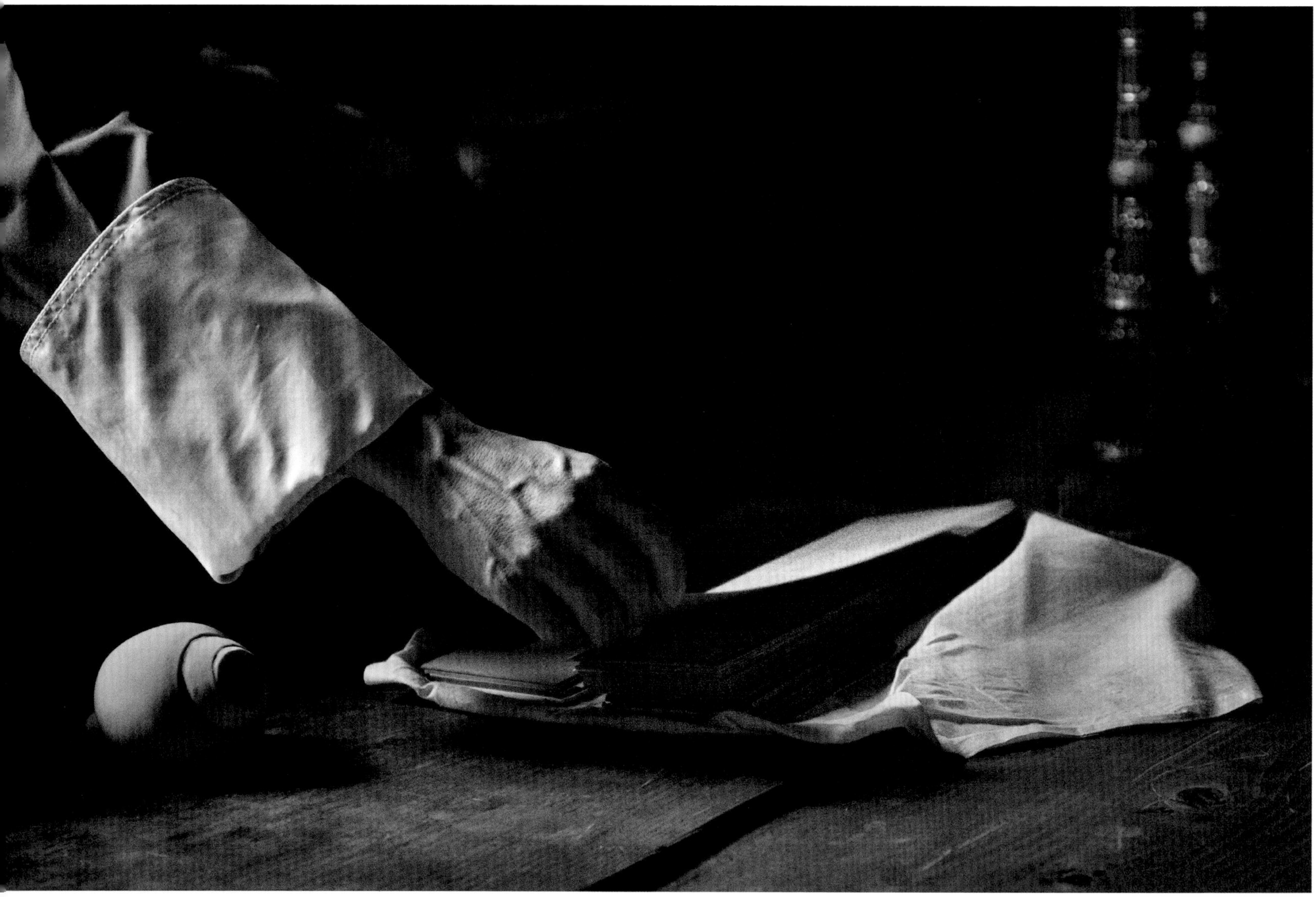

Word to Mind to Heart, Paro Dzongkhag, Bhutan, 2013 (CONCH SHELL; CANON)

Wort zu Geist zu Herz, Distrikt Paro, Bhutan, 2013 (SCHNECKENHORN; KANON)

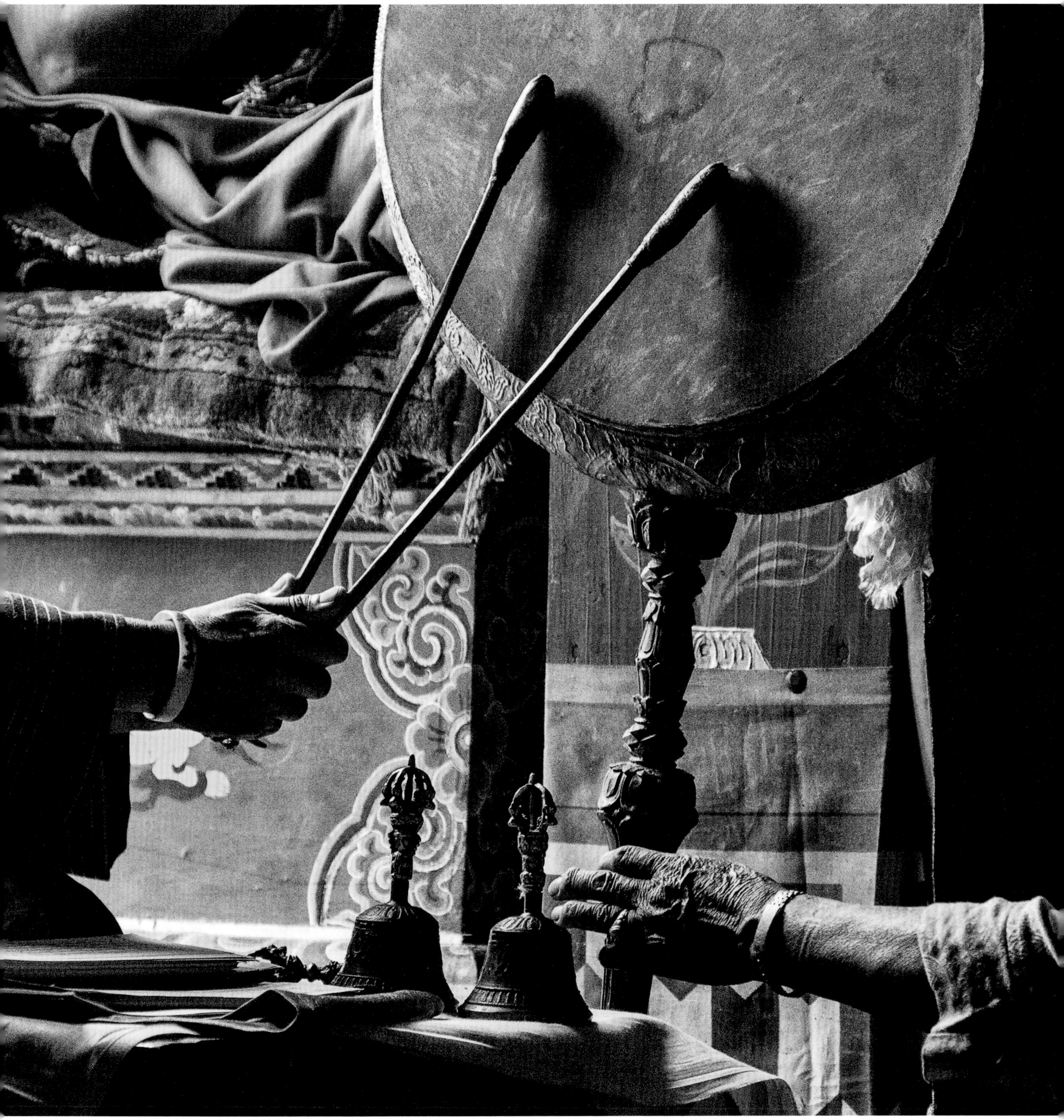

Sacred Sounds, Paro Dzongkhag, Bhutan, 2013 (BELL AND SCEPTER; DRUM)

Heilige Klänge, Distrikt Paro, Bhutan, 2013 (GLOCKE UND ZEPTER; TROMMEL)

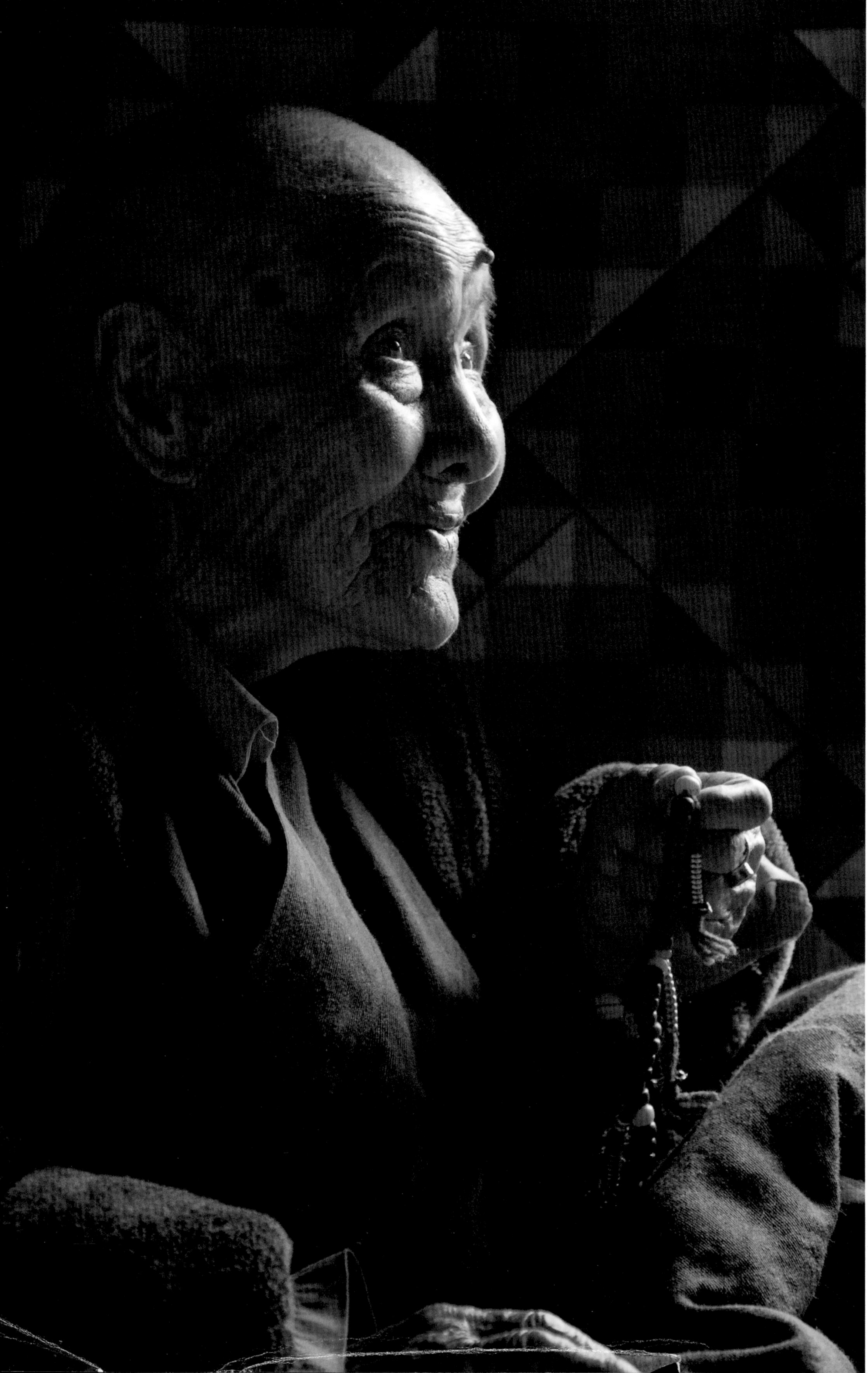

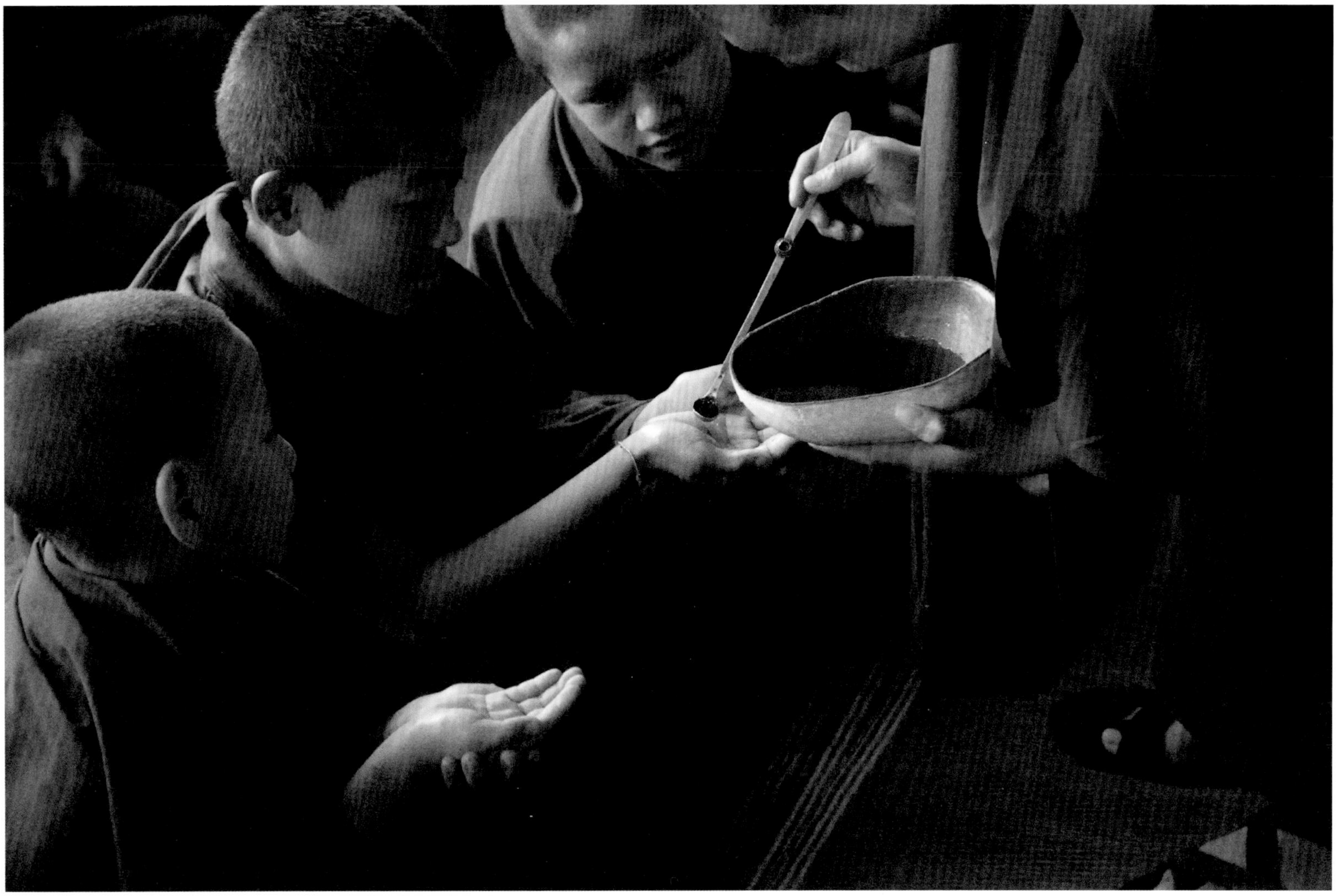

▲ *Healing,* Himachal Pradesh, India, 2015 (WATER RITUAL)

▲ *Kraft zur Reinigung,* Himachal Pradesh, Indien, 2015 (WASSERRITUAL)

◀ *She Prays for All,* Paro Dzongkhag, Bhutan, 2013 (PRAYER BEADS)

◀ *Sie betet für alle,* Distrikt Paro, Bhutan, 2013 (GEBETSKETTE)

Power of Nectar, Thimphu Dzongkhag, Bhutan, 2011 (WATER RITUAL) ▶

Stärkender Nektar, Distrikt Thimphu, Bhutan, 2011 (WASSERRITUAL) ▶

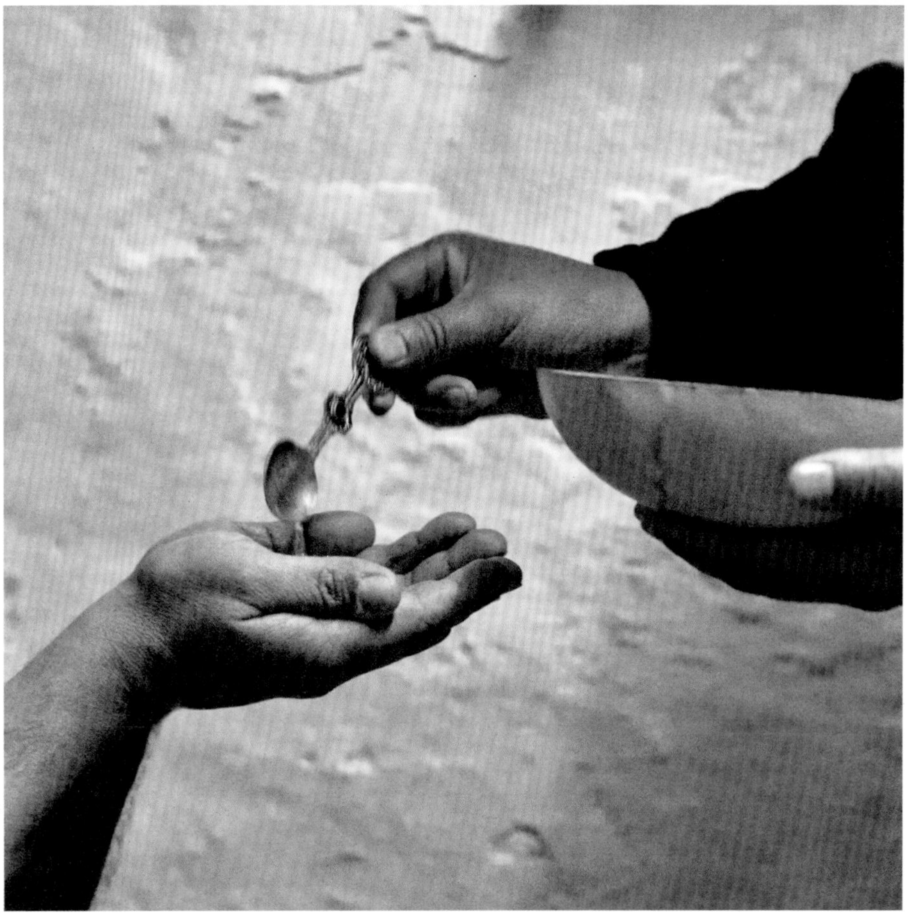

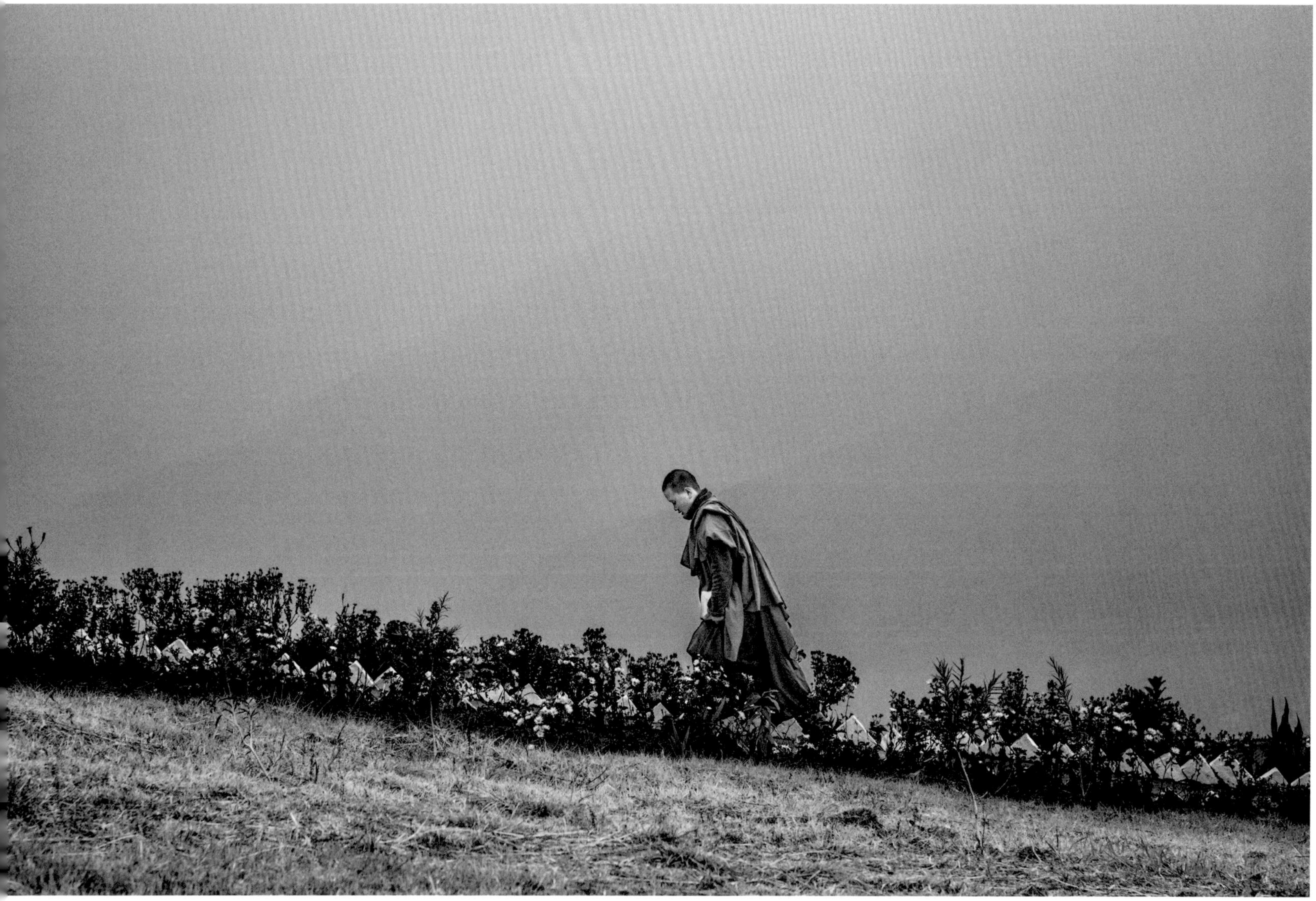

Ascent, Punakha Dzongkhag, Bhutan, 2015

The nunnery is situated high on a mountain overlooking an expansive, lush, green valley. In the still morning hours, a nun ascends toward a quiet spot where she can recite her prayers in solitude.

Aufstieg, Distrikt Punakha, Bhutan, 2015

Das Nonnenkloster ist hoch auf einem Berg gelegen und schaut über ein weites, üppig grünes Tal. In den frühen Morgenstunden macht sich eine Nonne zu einem einsamen Platz auf, um Gebete zu rezitieren.

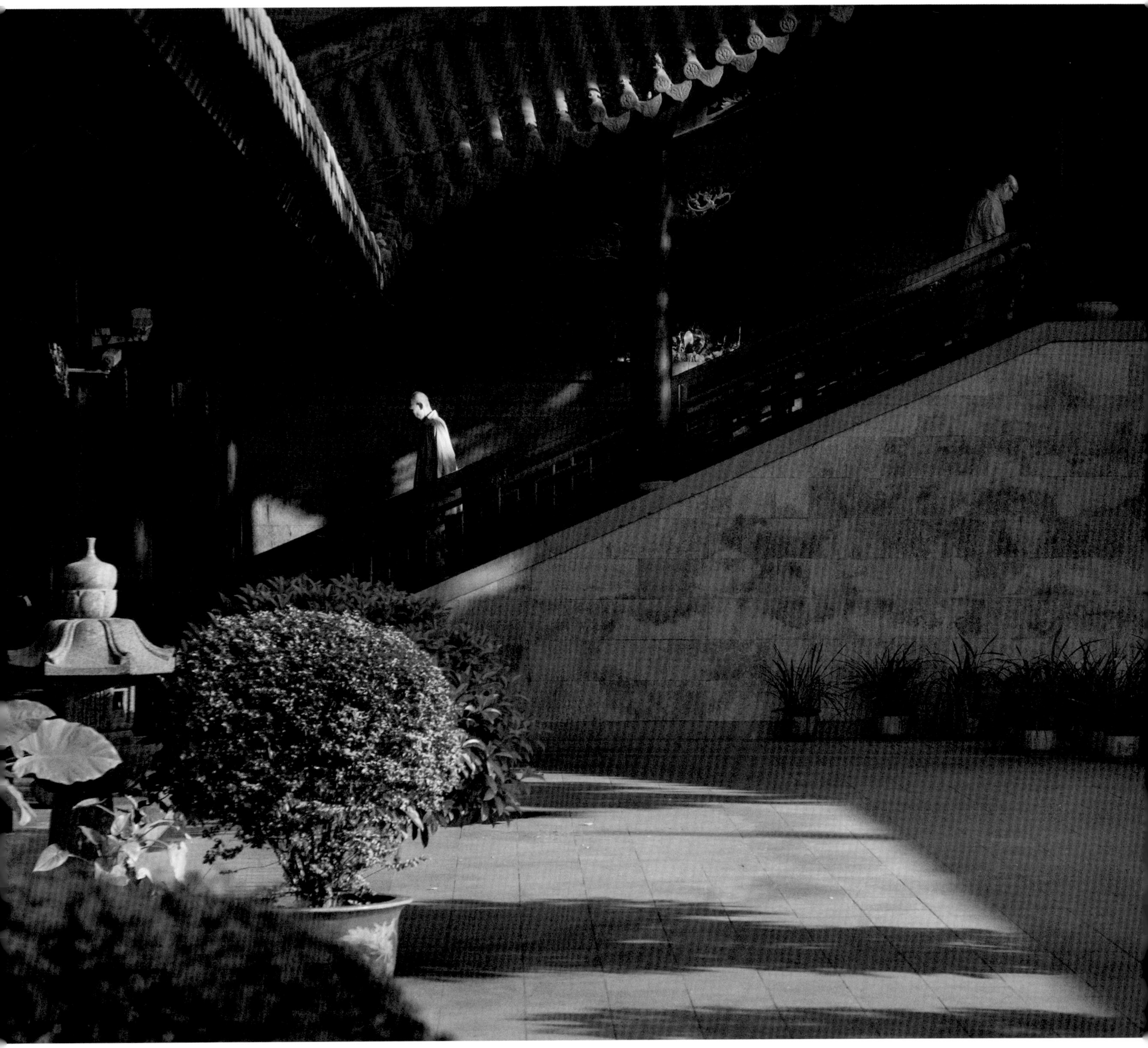

Seeking Balance, Zhejiang Province, China, 2012 (BALANCE)

Trachten nach Ausgeglichenheit, Provinz Zhejiang, China, 2012 (AUSGEGLICHENHEIT)

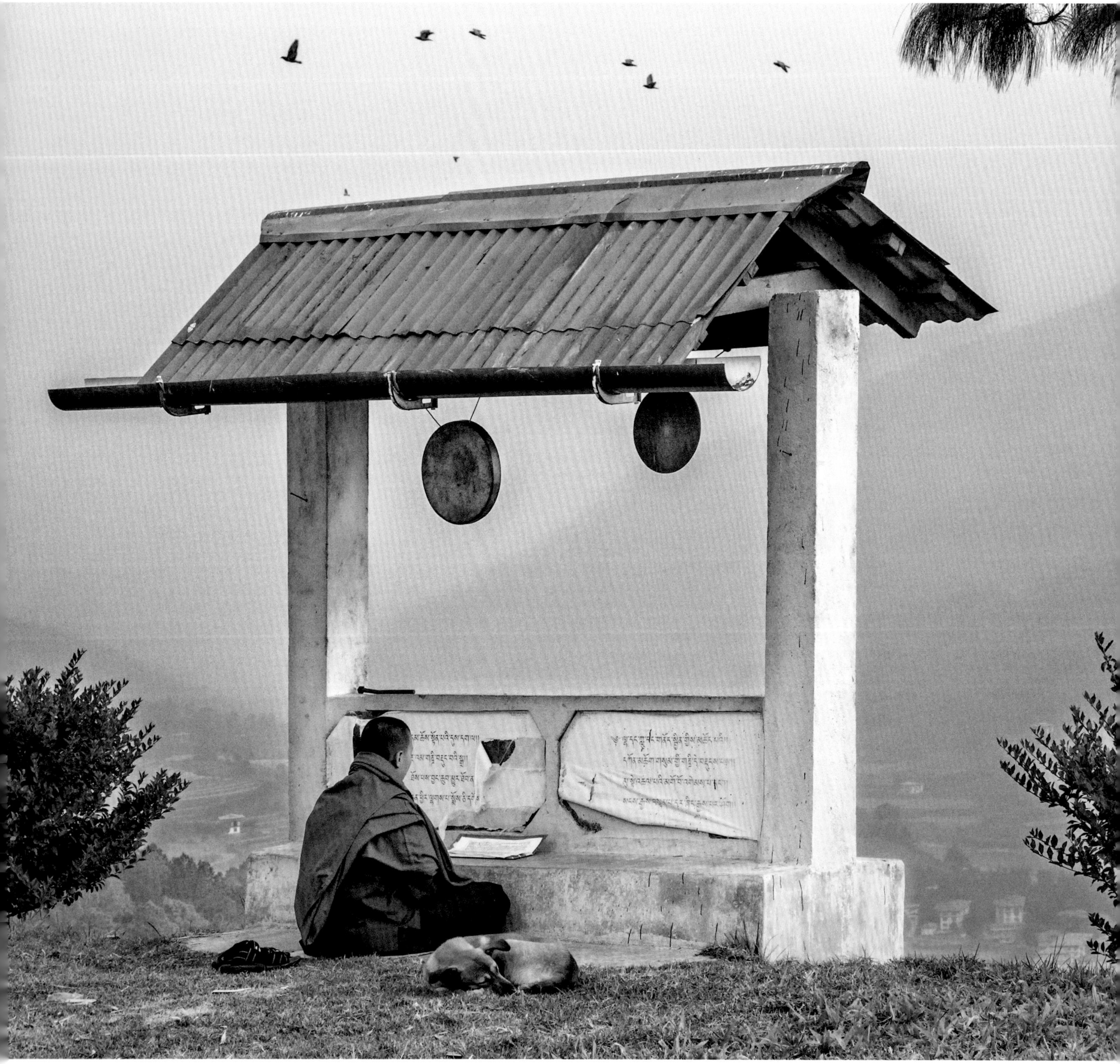

At One With… #2, Punakha Dzongkhag, Bhutan, 2015

Eins mit … #2, Distrikt Punakha, Bhutan, 2015

Together, Yangon Region, Myanmar, 2014 (BUDDHA) ➤

Zusammen, Yangon-Region, Myanmar, 2014 (BUDDHA) ➤

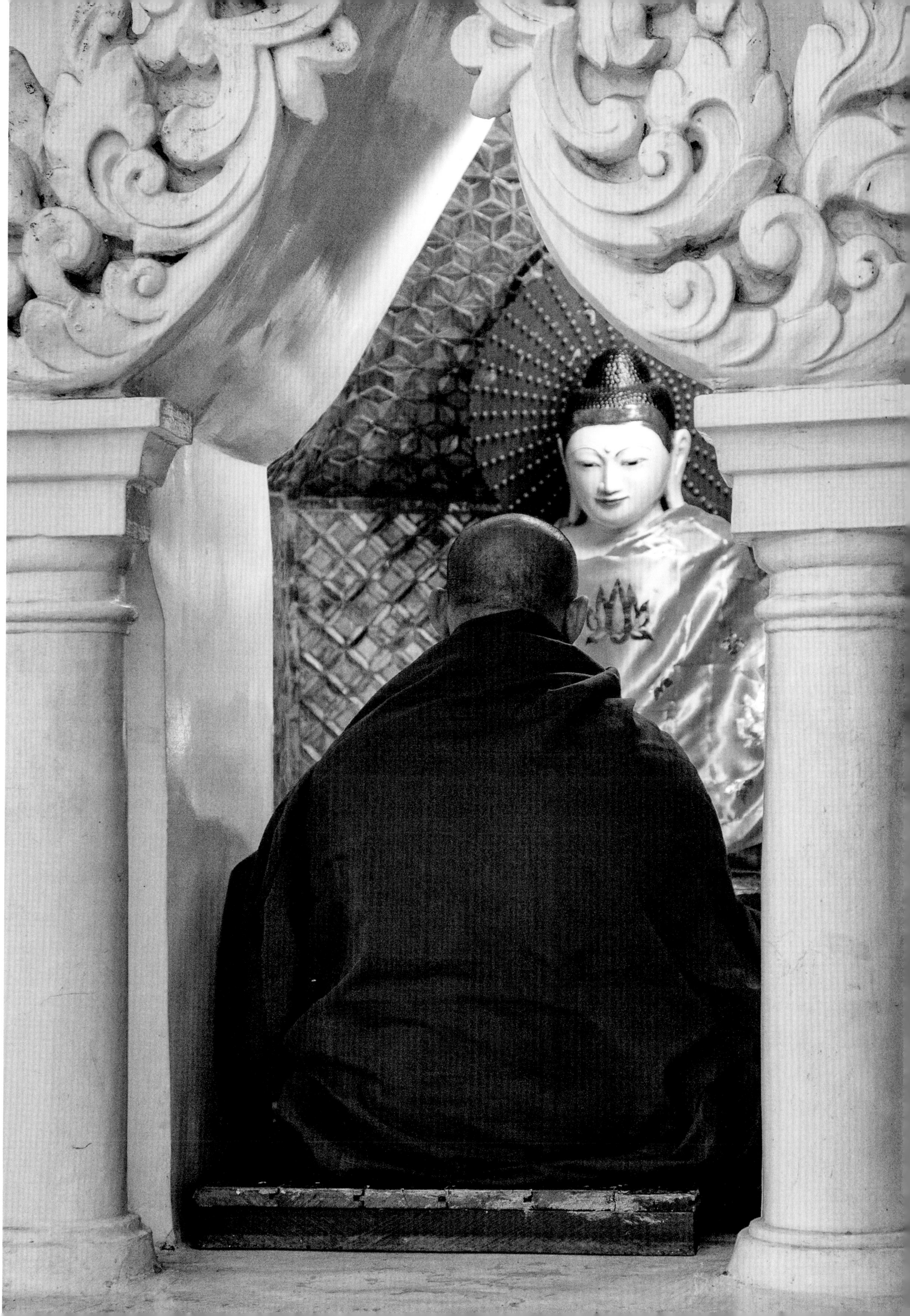

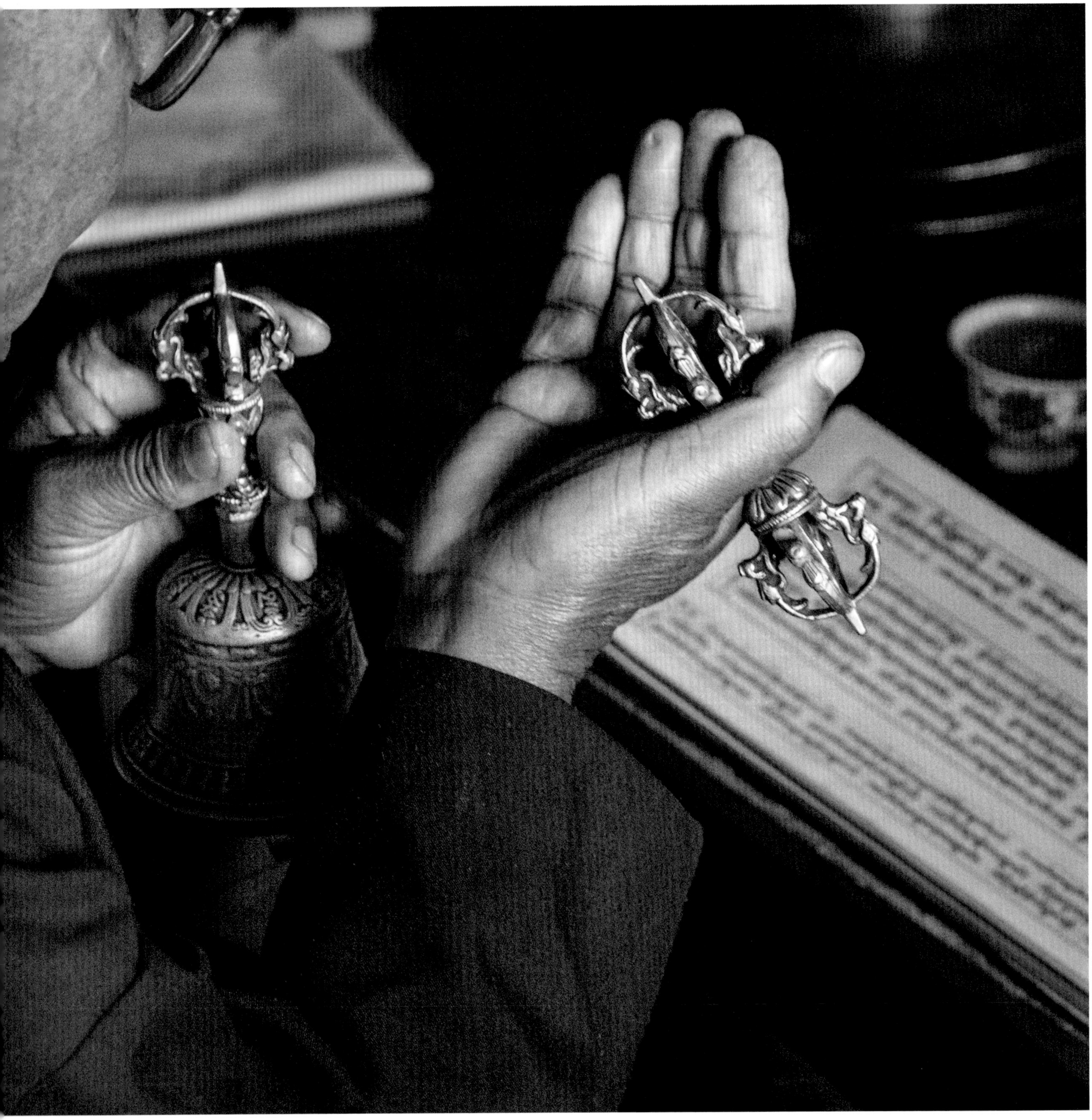

Indestructible Force, Himachal Pradesh, India, 2015 (BELL AND SCEPTER)

Unzerstörbare Kraft, Himachal Pradesh, Indien, 2015 (GLOCKE UND ZEPTER)

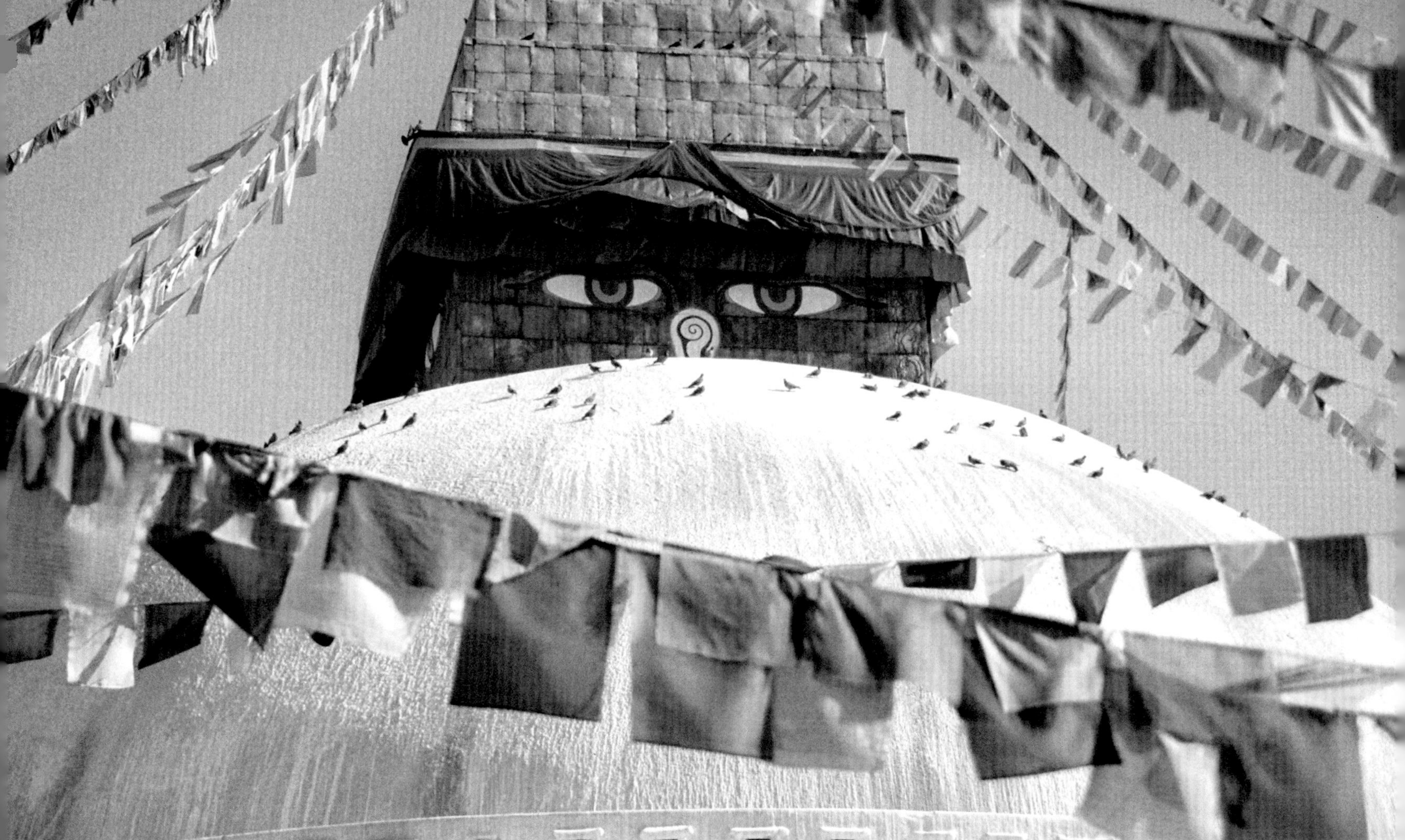

Wisdom Guides Compassion, Bagmati Pradesh, Nepal, 2007 (EYES OF WISDOM; PRAYER FLAG)

Weisheit begleitet Mitgefühl, Provinz Bagmati, Nepal, 2007 (AUGEN DER WEISHEIT; GEBETSFAHNE)

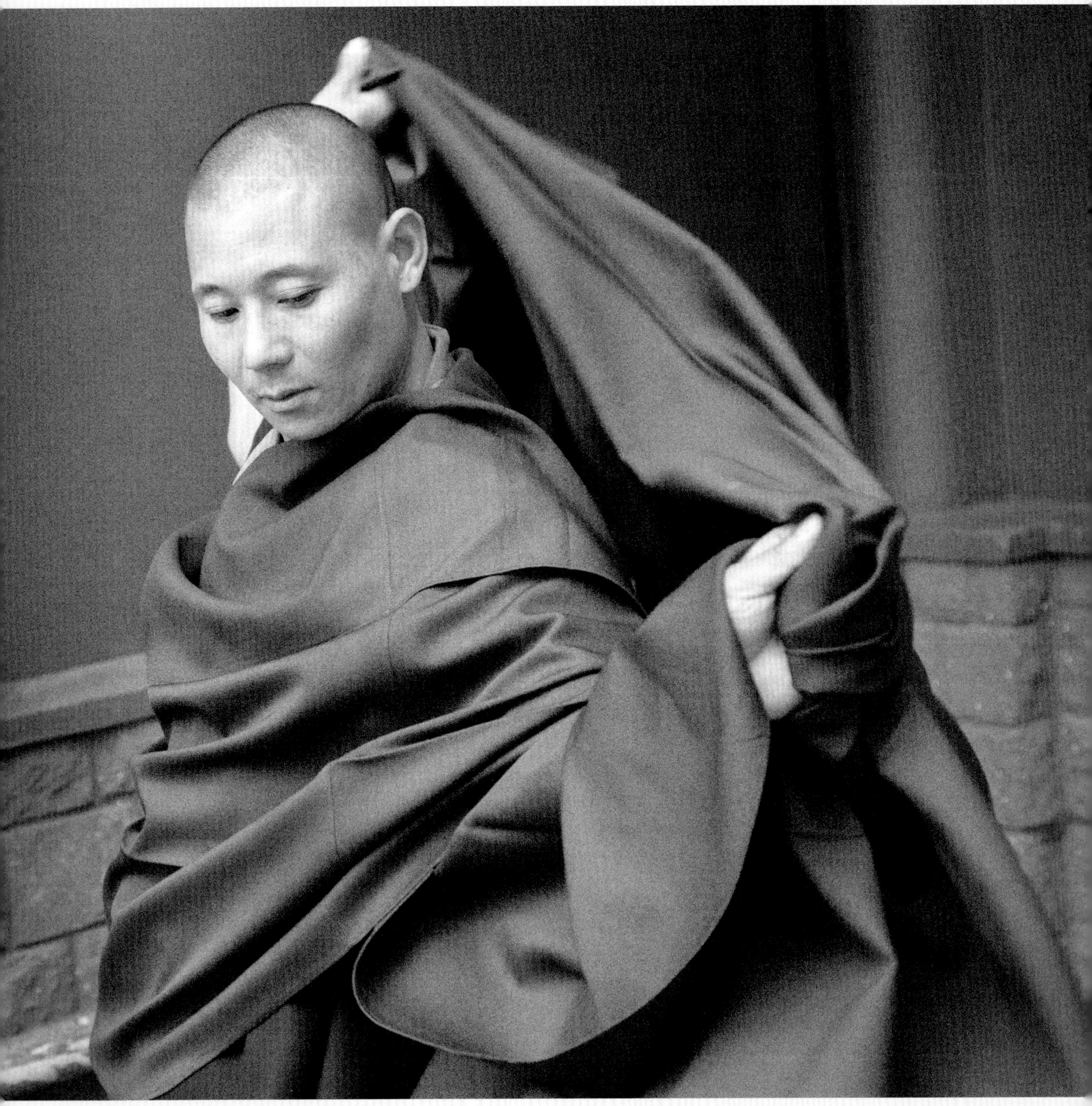

2

EMBRACING ROBES

Seeking shelter
From delusion, greed, and hate.
Wearing wisdom,
The color of compassion.

Robes are a concrete and conscious manifestation of monastic vows. Those who choose to don them commit to shedding the delusions that distract them from distinguishing between what is of true value and mere diversions that impede our efforts to live life to its fullest. The monastic path is rooted in the acceptance of conditions as they truly exist, which empowers those on that path to respond to challenges with greater resolve and effectiveness. The symbolic meaning of their robes gives our world a vision of the potential for all sentient beings to dissolve their delusions, unhealthy desires, and aversions. Liberation is a choice.

DAS ANLEGEN DER MÖNCHSROBE

Zuflucht suchen
Vor Unwissenheit, Gier und Hass.
Weisheit anlegen,
Die Farbe des Mitgefühls.

Das Mönchsgewand ist der konkrete und bewusste Ausdruck eines klösterlichen Gelübdes. Wer sich entscheidet, es anzulegen, verpflichtet sich, Illusionen und Ablenkungen aufzugeben, die uns von der Erkenntnis wahrer Werte abhalten und daran hindern, das Leben voll auszuschöpfen. Ein solcher Weg wurzelt in der Erkenntnis und der Annahme der Dinge, wie sie wahrhaft existieren, woraus die Fähigkeit erwächst, auf Herausforderungen mit größerer Entschiedenheit und Kompetenz zu reagieren. Ein Mönchsgewand symbolisiert die Hoffnung, dass für alle Lebewesen auf der Welt die Aussicht besteht, Unwissenheit, ungesunde Begierden und Abneigungen aufzugeben. Befreiung ist eine Entscheidung.

< *Embracing Vows,* Himachal Pradesh, India, 2015

When a monk or nun shaves their head it symbolically represents renunciation of worldly ego and detachment from materialism.

< *Gelübde leben*, Himachal Pradesh, India, 2015

Wenn sich ein Mönch oder eine Nonne den Kopf kahl scheren lassen, bedeutet dies den Verzicht auf ein weltliches Ich und eine Lossagung vom Materialismus.

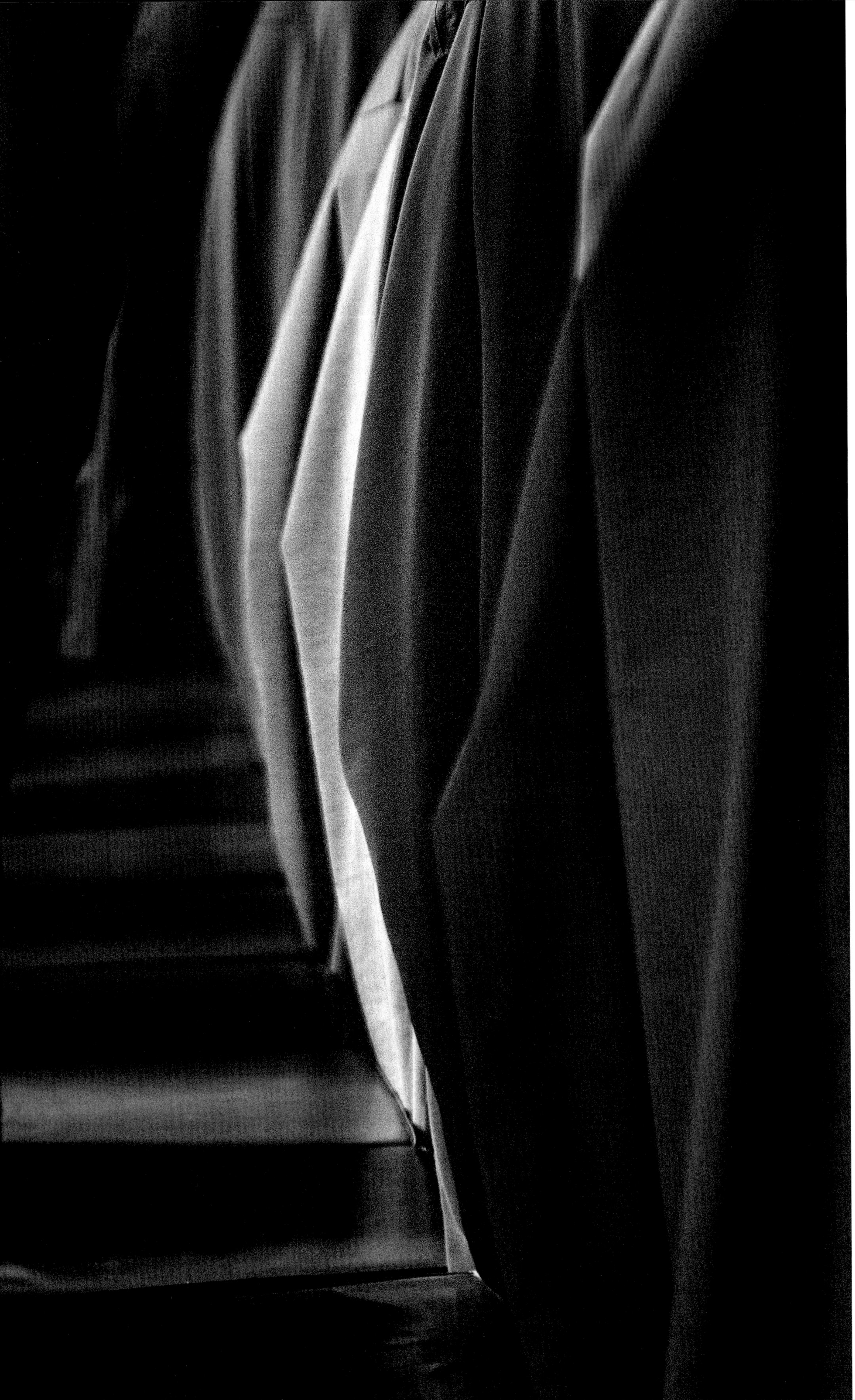

◀ *Enveloped in Robes,* Zhejiang Province, China, 2012

◀ *In Roben gehüllt,* Provinz Zhejiang, China, 2012

Loving Embrace, Battambang Province, Cambodia, 2018 ▶

Liebevoll umfangen, Provinz Battambang, Kambodscha, 2018 ▶

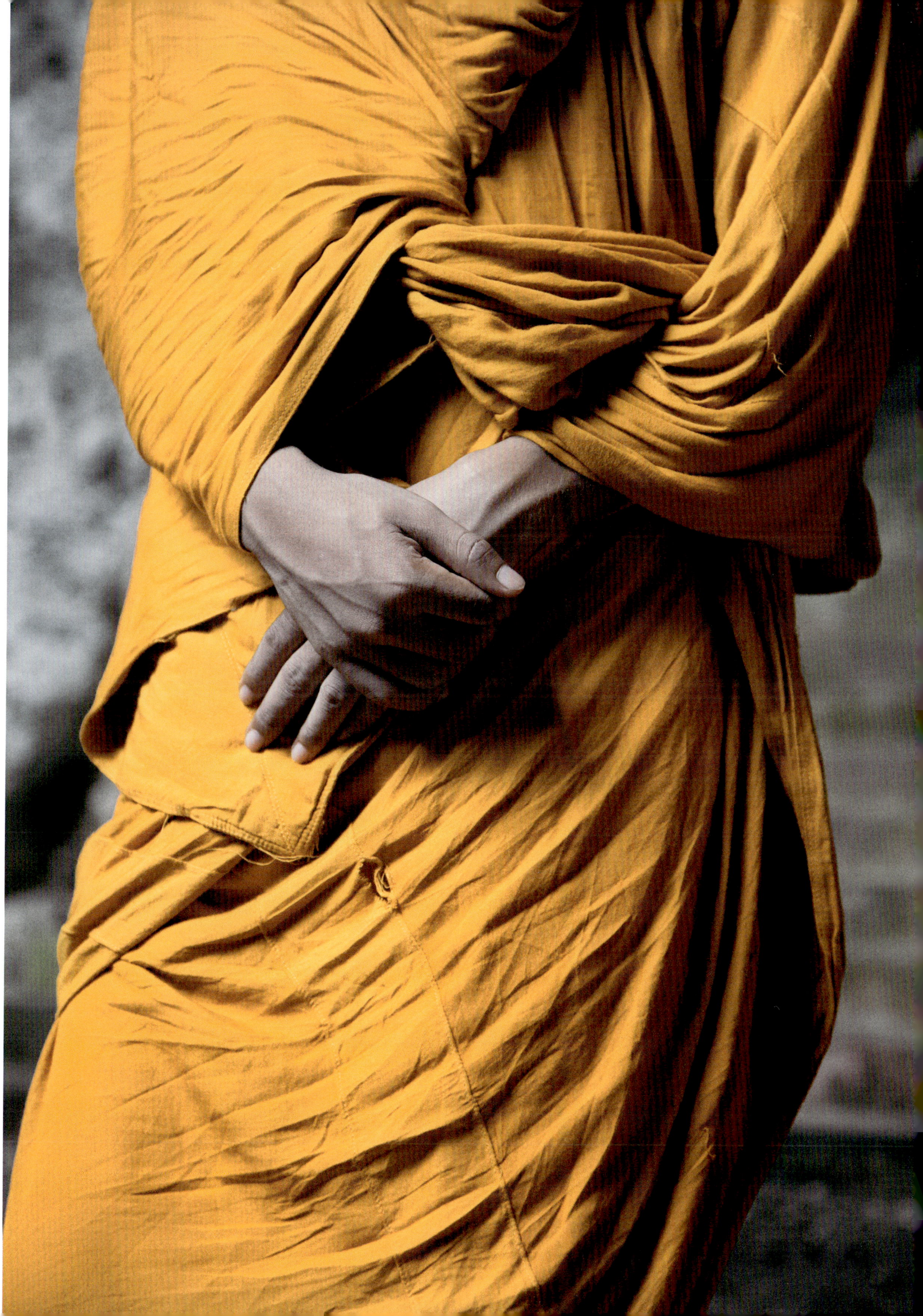

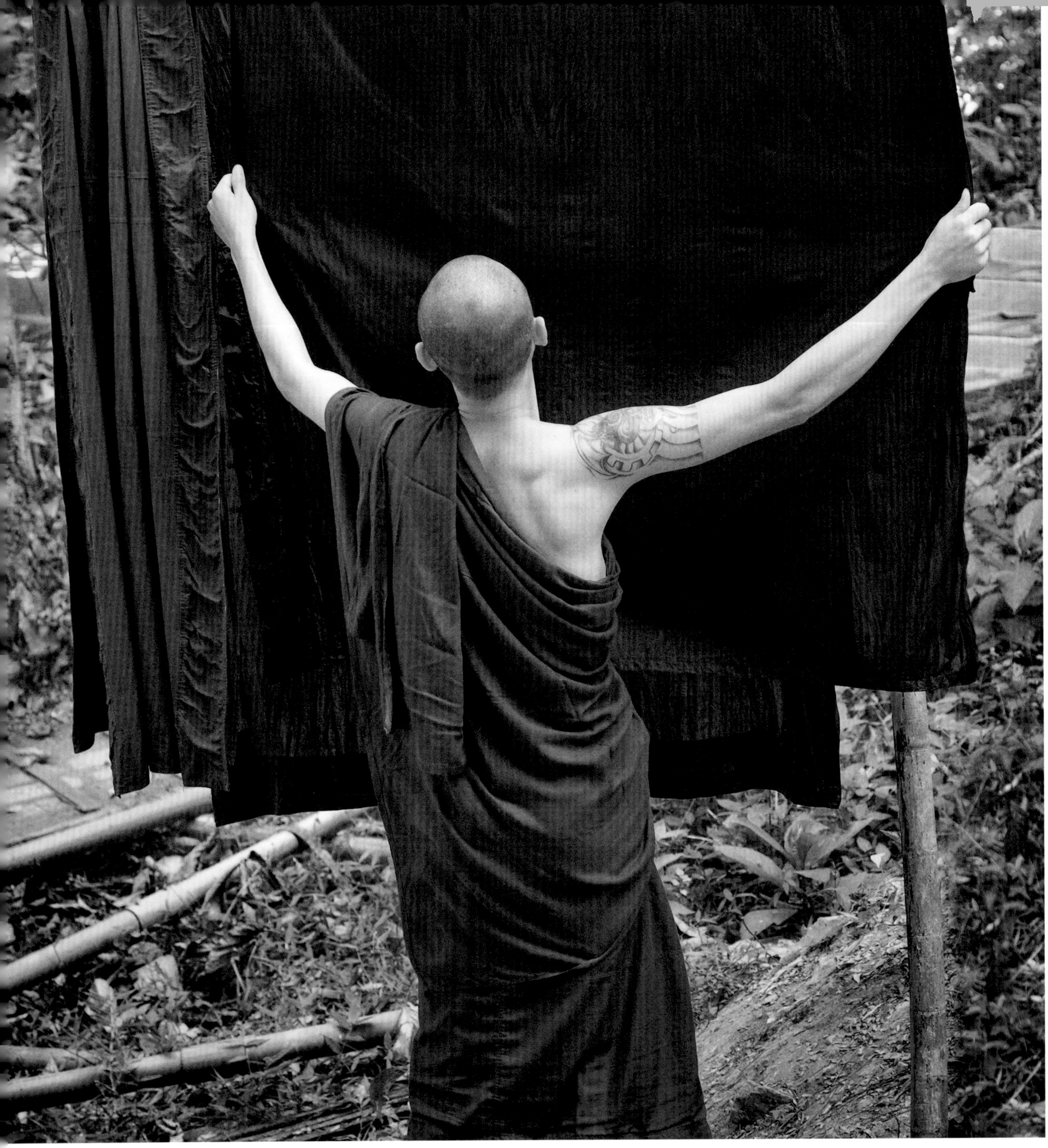

Cleansing Illusions, Mon State, Myanmar, 2014 (TATTOO)
Washed robes are hung on a clothesline to dry.

Von Illusionen reinigen, Mon-Staat, Myanmar, 2014 (TÄTOWIERUNG)
Gewaschene Roben werden auf eine Wäscheleine zum Trocknen aufgehängt.

Envisioning Clarity, Battambang Province, Cambodia, 2018 ➤

Klarheit ins Auge fassen, Provinz Battambang, Kambodscha, 2018 ➤

NEXT SPREAD: *Bound Freedom,* Mon State, Myanmar, 2014 (TATTOO) ➤ ➤

NÄCHSTE DOPPELSEITE: *Gebundene Freiheit,* Mon-Staat, Myanmar, 2014 (TÄTOWIERUNG) ➤ ➤

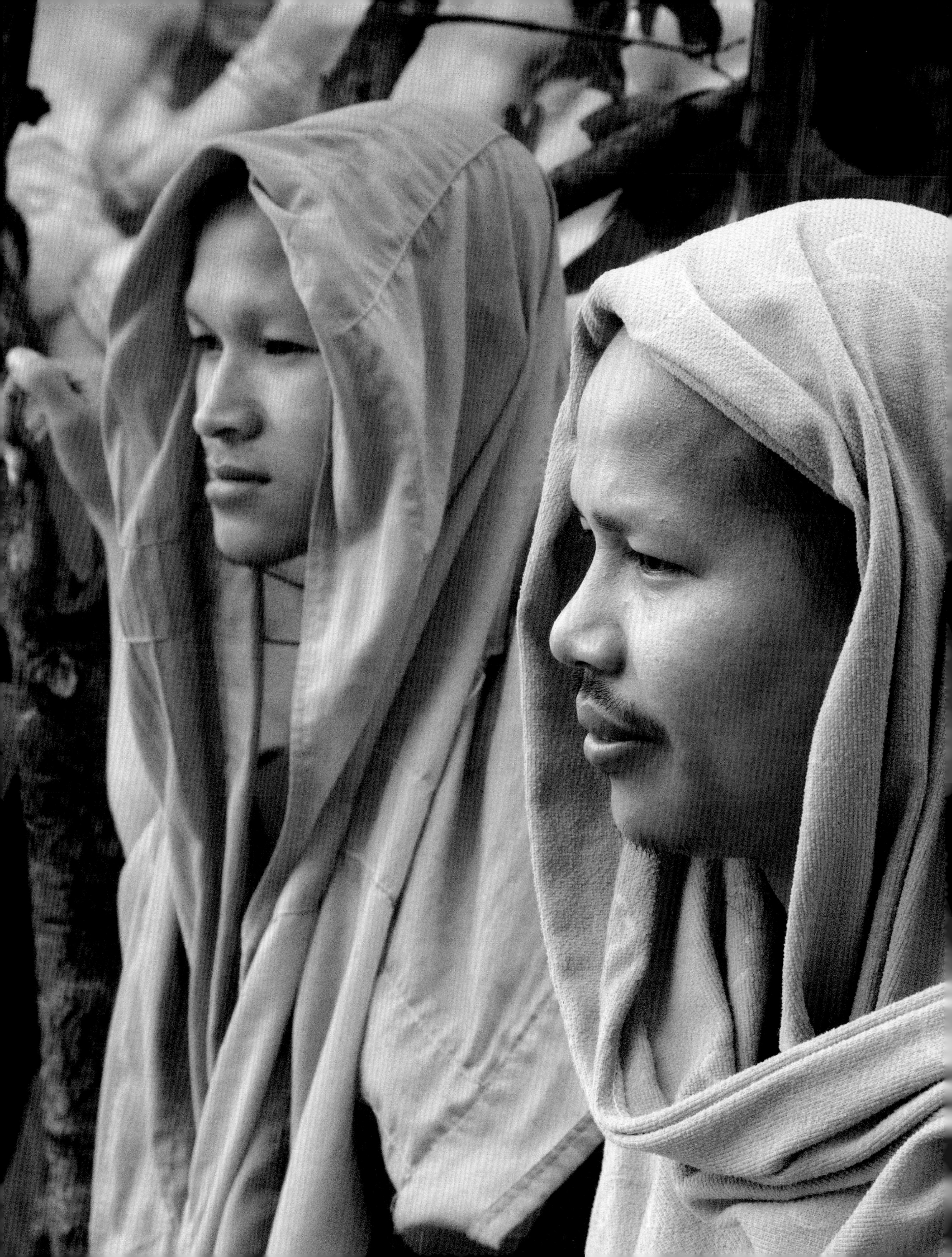

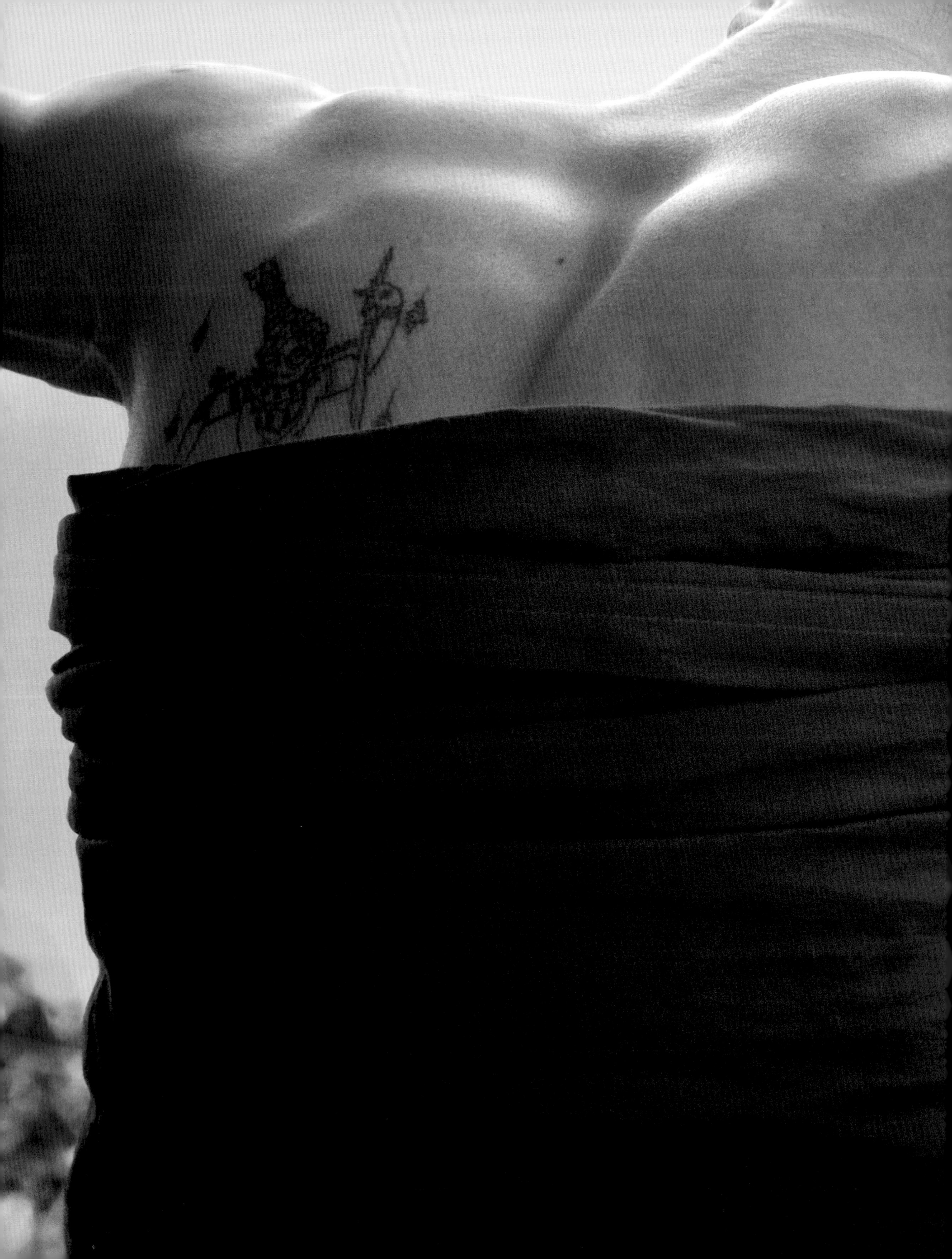

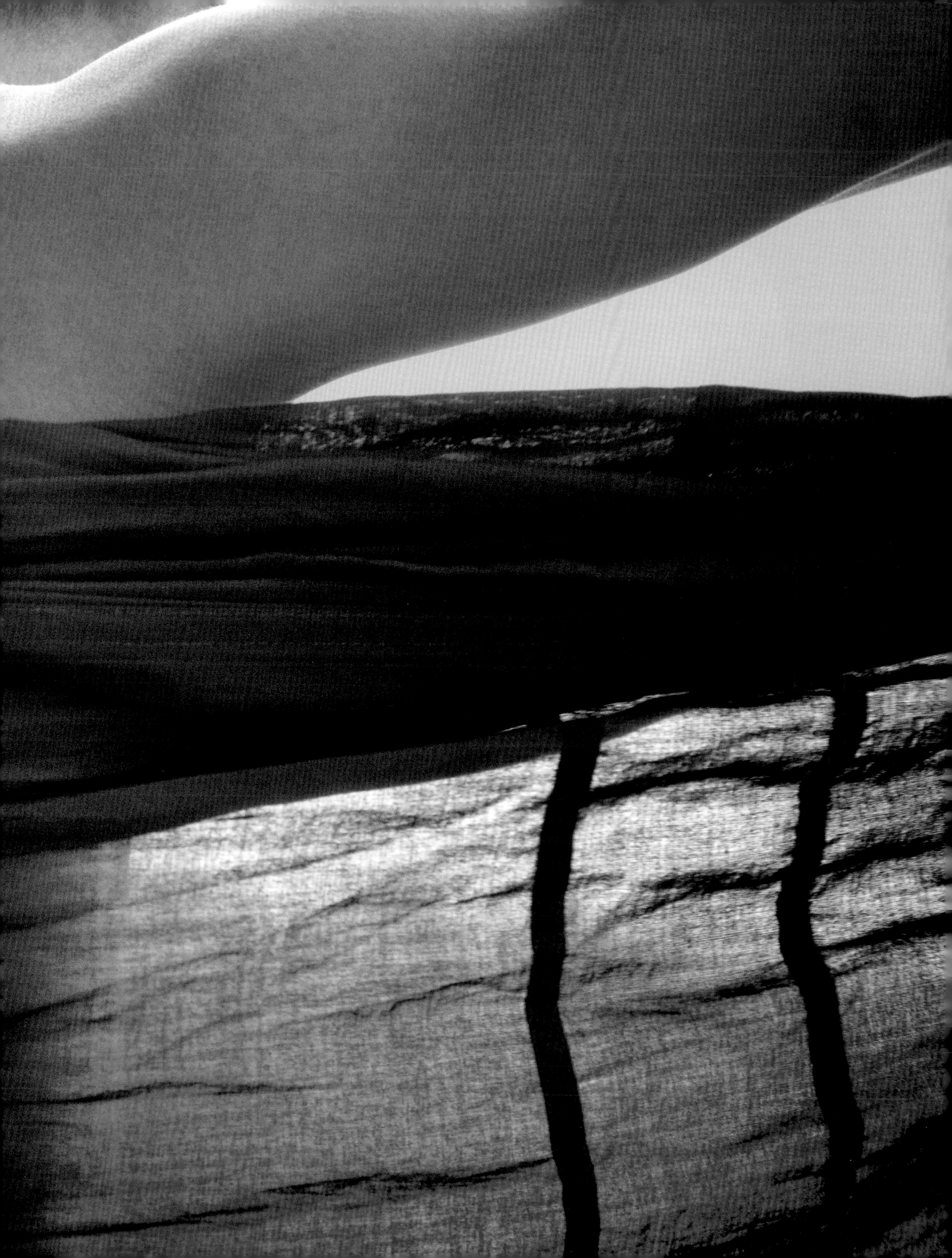

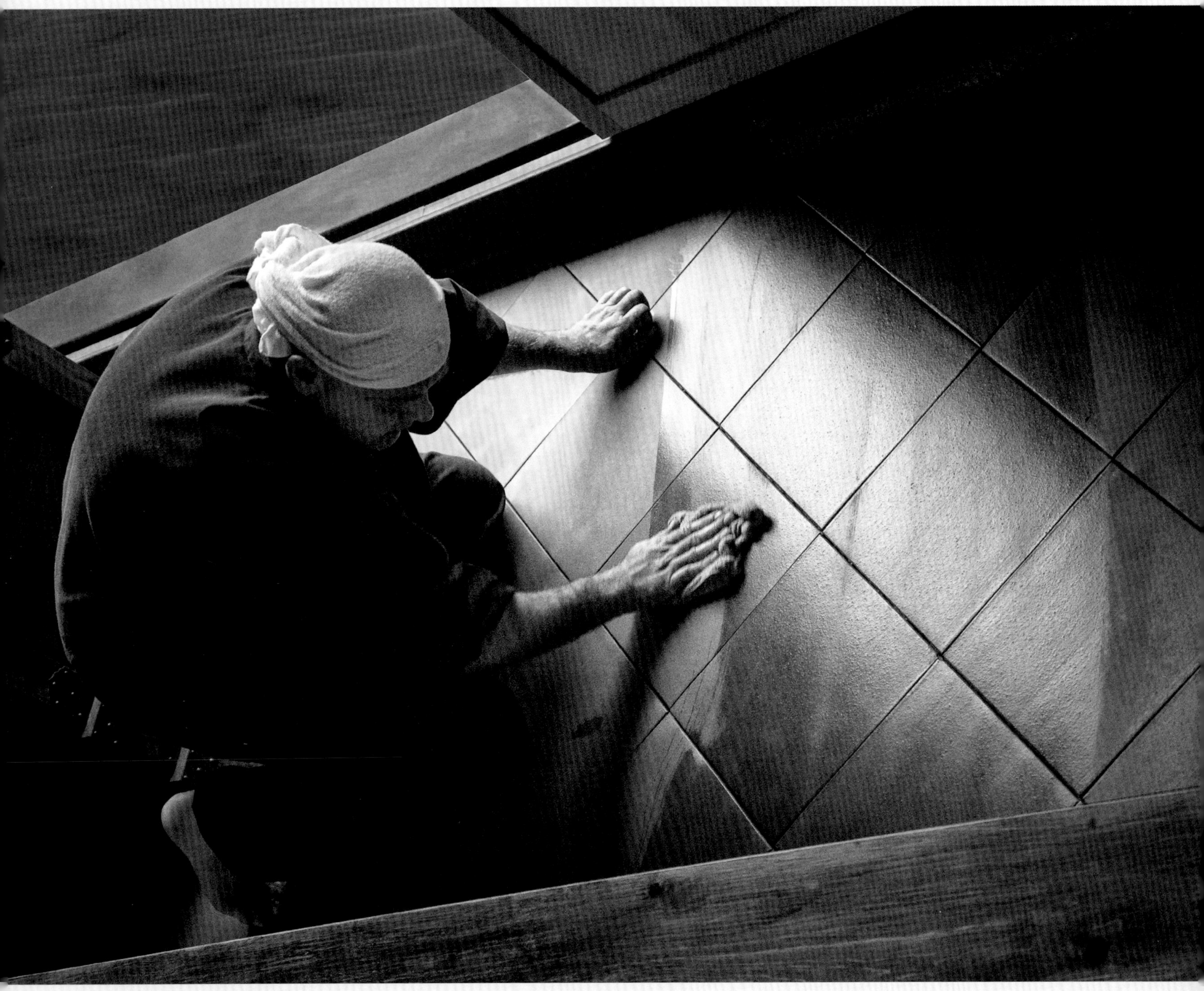

3

CARING FOR ONE'S TEMPLE

Polishing floor,
Polishing heart.
Alone both dull.
Together both shine.

Making nurturing and compassionate offerings to our bodies and minds are concrete ways to respect the temple we inhabit, the one that is ourselves. Foremost among these offerings is the gift of restorative sleep. Tending to our vessel's internal and external needs can be further enhanced by consciously engaging in a range of daily activities, such as cooking, eating, cleaning, bathing, sheltering, and exercising. Each of these can animate Buddhist teachings on kindness and gratitude. Learning how to care for oneself and others, as well as the material things that support our being, is central to compassionate living.

FÜR SEINEN TEMPEL SORGEN

Den Fußboden putzen,
Das Herz läutern.
Für sich allein genommen ist beides eintönig.
Zusammen erstrahlt beides.

Eine angemessene Pflege von Körper und Geist ist ein konkretes Zeichen des Respekts dem Tempel gegenüber, den wir bewohnen und selbst verkörpern. Dazu gehört vor allem auch das Zulassen von ausreichend und erholsamem Schlaf. Zur sowohl innerlichen als auch äußerlichen Versorgung unserer Gefäße bedarf es einer Reihe von alltäglichen Aktivitäten wie Kochen, Essen, Putzen, Baden, Ausruhen und Sport. Alle diese Verrichtungen bieten Anregungen zuhauf, um die buddhistischen Lehren der Freundlichkeit und Dankbarkeit in die Tat umzusetzen. Zu lernen, wie man für sich und andere und für die materiellen Dinge sorgt, die wir zum Leben brauchen, ist wesentlich für ein mitfühlendes Leben.

◂ *Polishing,* Okayama Prefecture, Japan, 2016
Everyone at the Zen monastery has daily chores.

◂ *Beim Putzen,* Präfektur Okayama, Japan, 2016
In einem Zen-Kloster beteiligt sich jeder an der Hausarbeit.

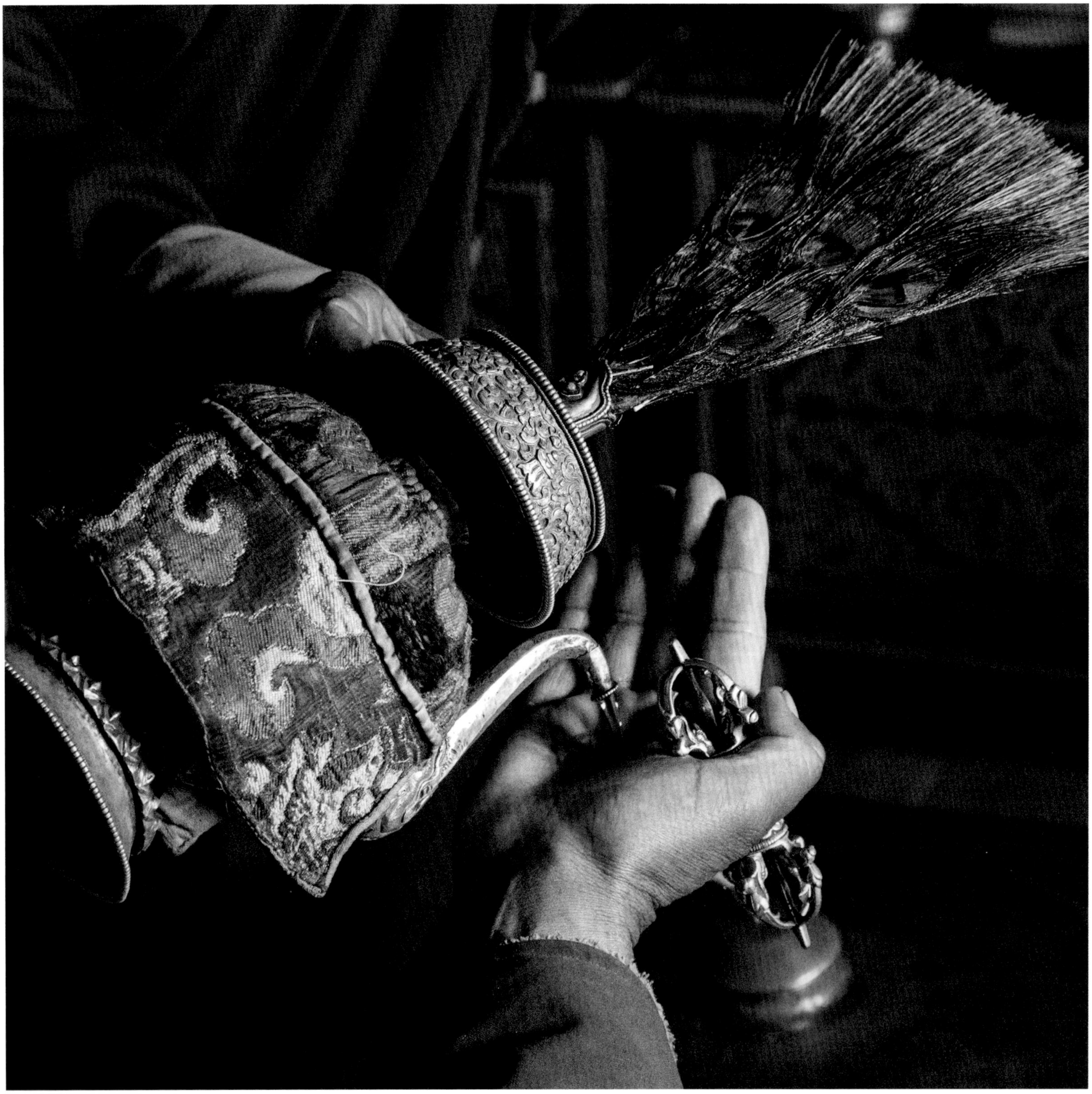

Purifying Thoughts, Ladakh Union Territory (disputed), India, 2019 (BELL AND SCEPTER; WATER RITUAL)

Klärende Gedanken, Unionsterritorium Ladakh, Indien, 2019 (GLOCKE UND ZEPTER; WASSERRITUAL)

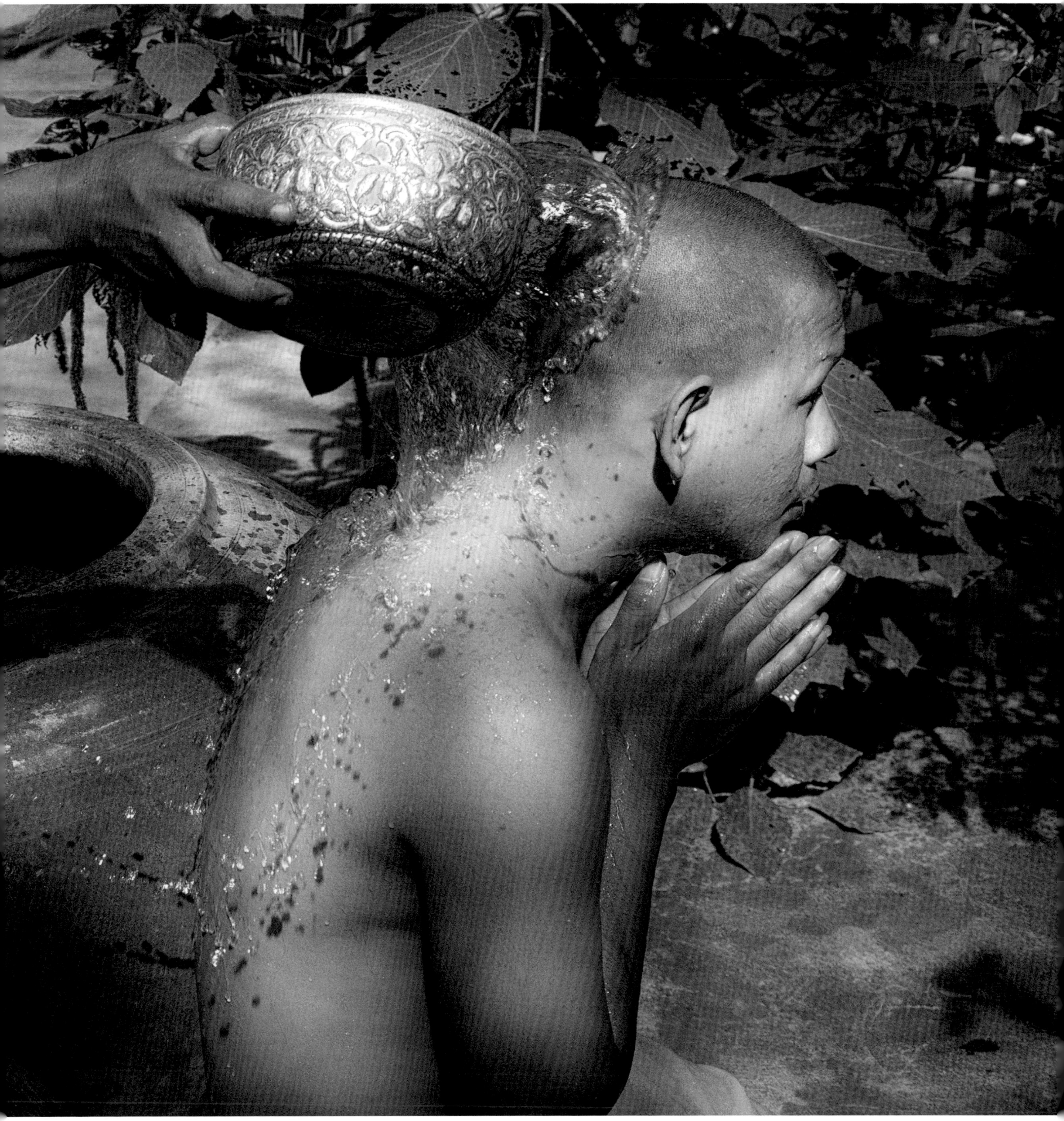

Cleansing the Mind #1, Battambang Province, Cambodia, 2018 (WATER RITUAL)

Den Geist klären #1, Provinz Battambang, Kambodscha, 2018 (WASSERRITUAL)

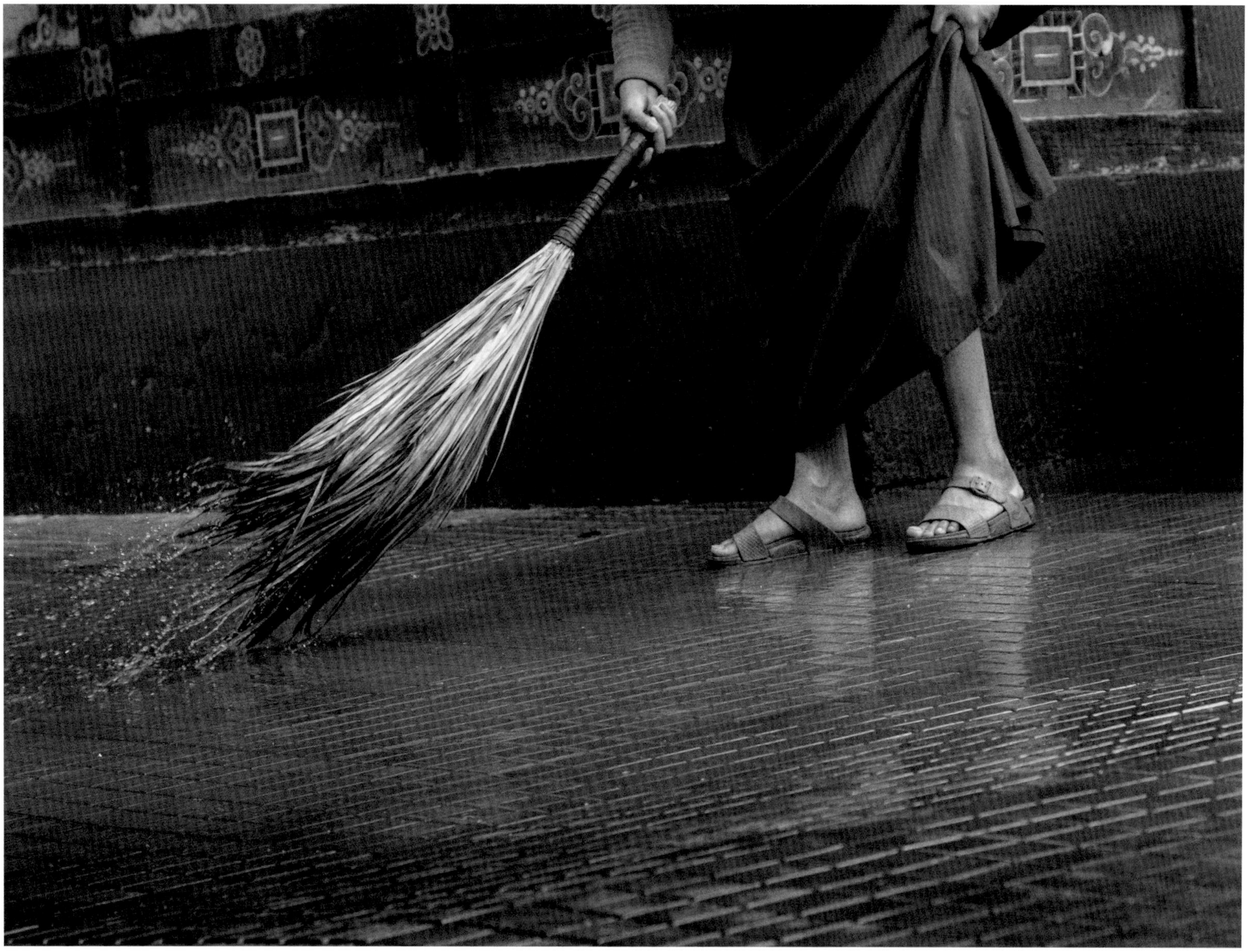

Cleaning Karma, Thimphu Dzongkhag, Bhutan, 2019 (KARMA)
Nuns carry buckets of water to the courtyard, throw the water onto the tile, and then sweep it clean.

Das Karma reinigen, Distrikt Thimphu, Bhutan, 2019 (KARMA)
Nonnen tragen Eimer mit Wasser in den Hof, schütten das Wasser auf die Fliesen und fegen sie dann sauber.

Point of Contact, Himachal Pradesh, India, 2015 ➤
Auf den Punkt ..., Himachal Pradesh, Indien, 2015 ➤

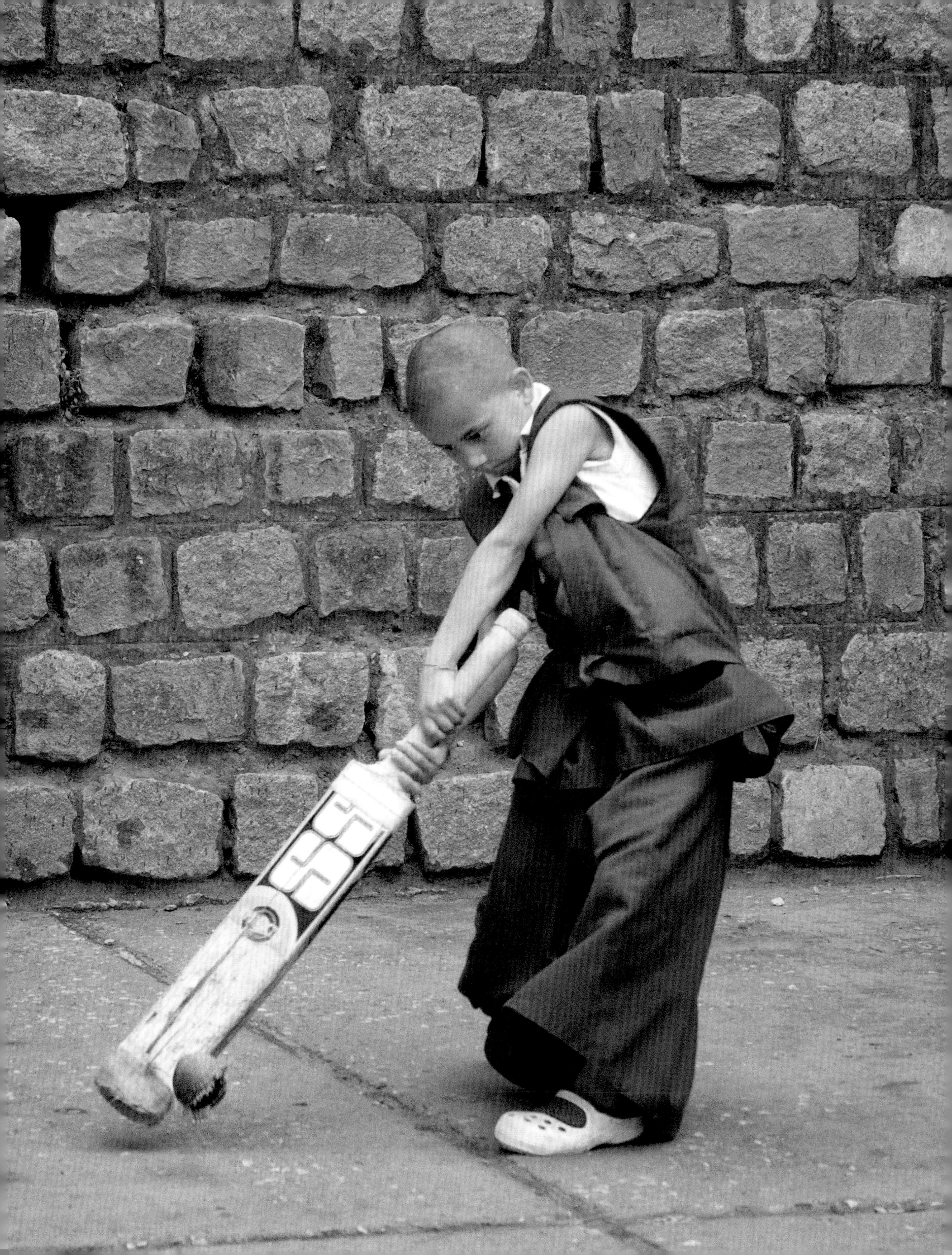
SS

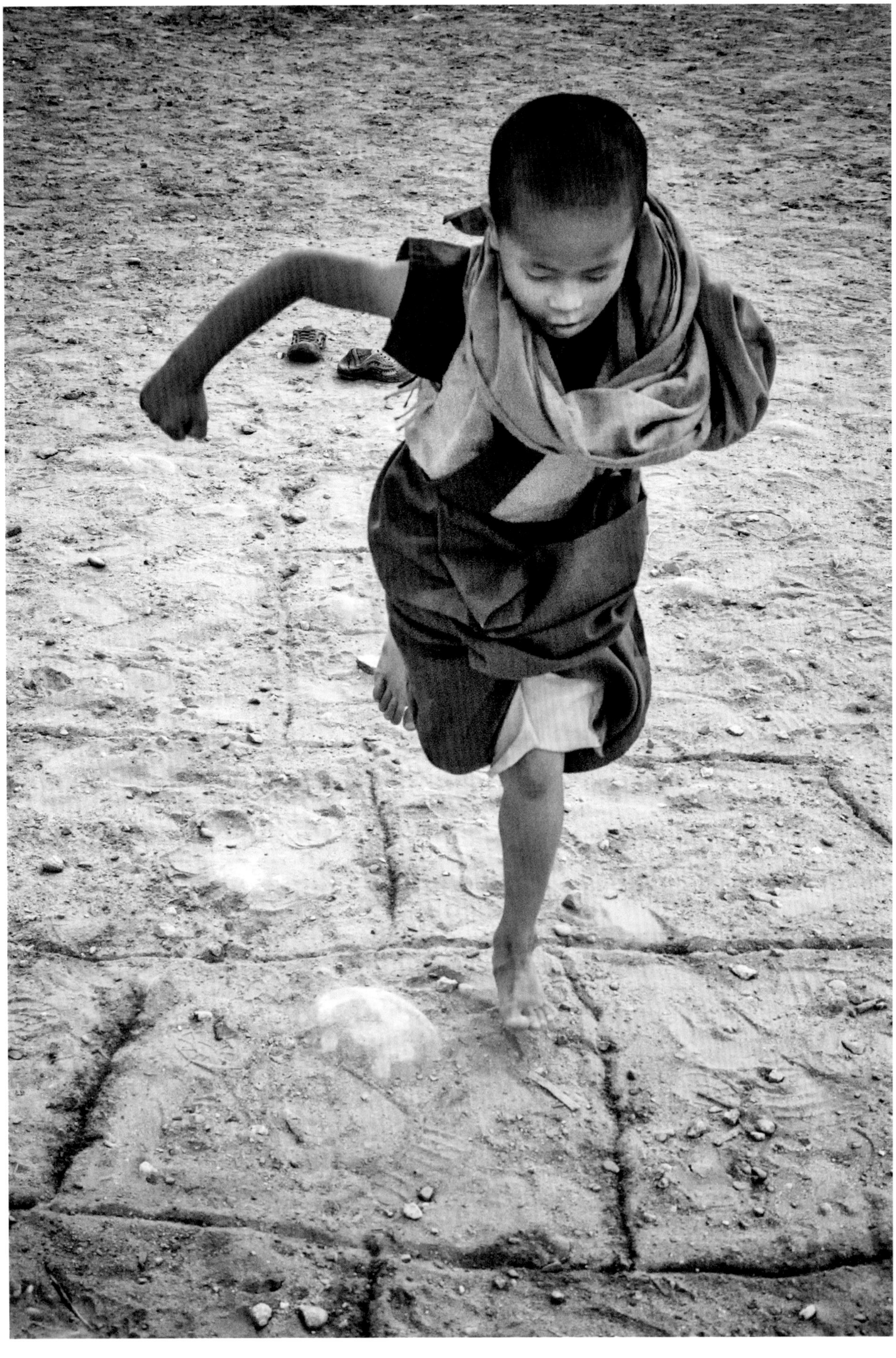

In Flight, Punakha Dzongkhag, Bhutan, 2015

Wie im Flug, Distrikt Punakha, Bhutan, 2015

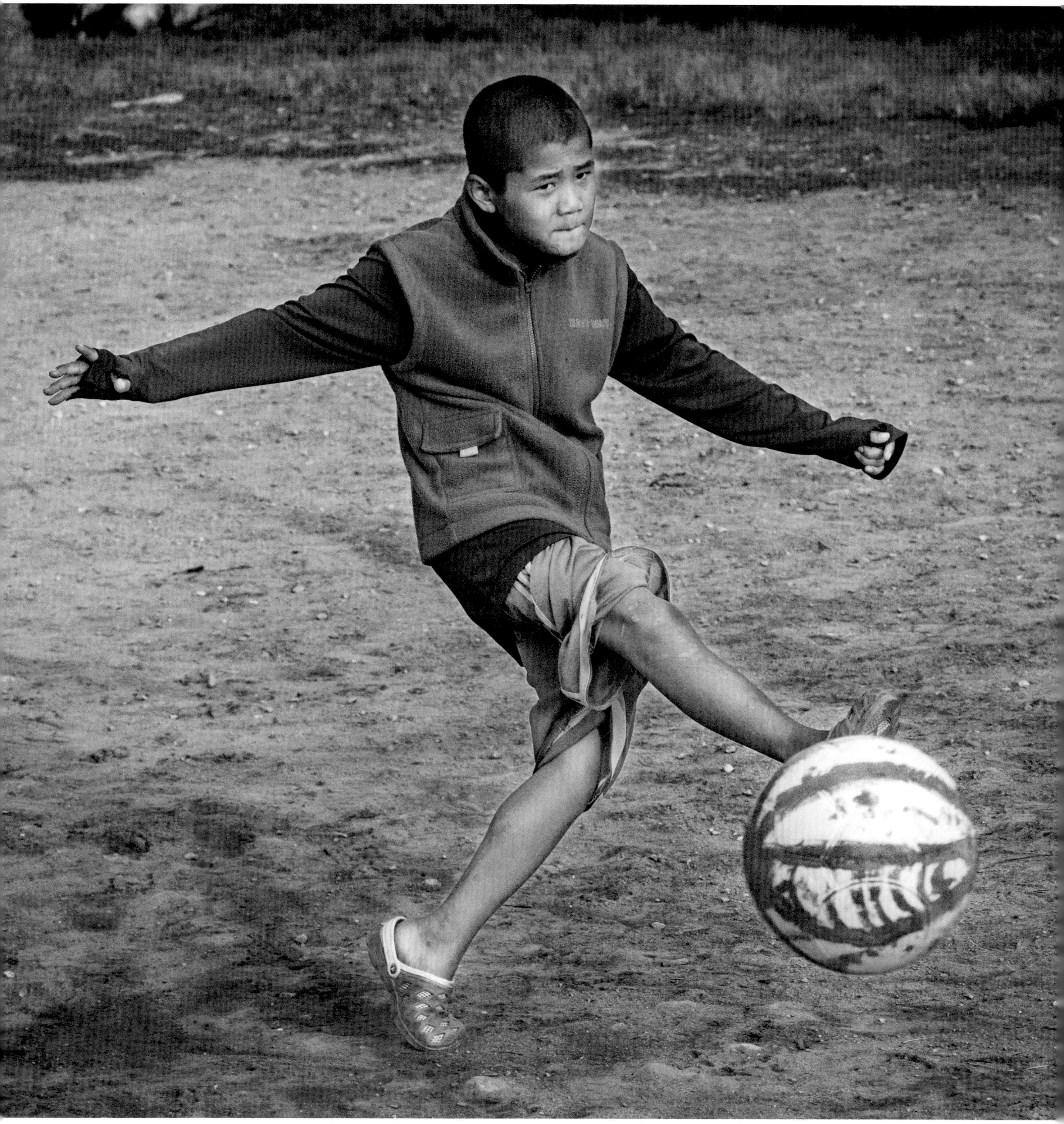

Taking Aim, Punakha Dzongkhag, Bhutan, 2015

Beim Zielen, Distrikt Punakha, Bhutan, 2015

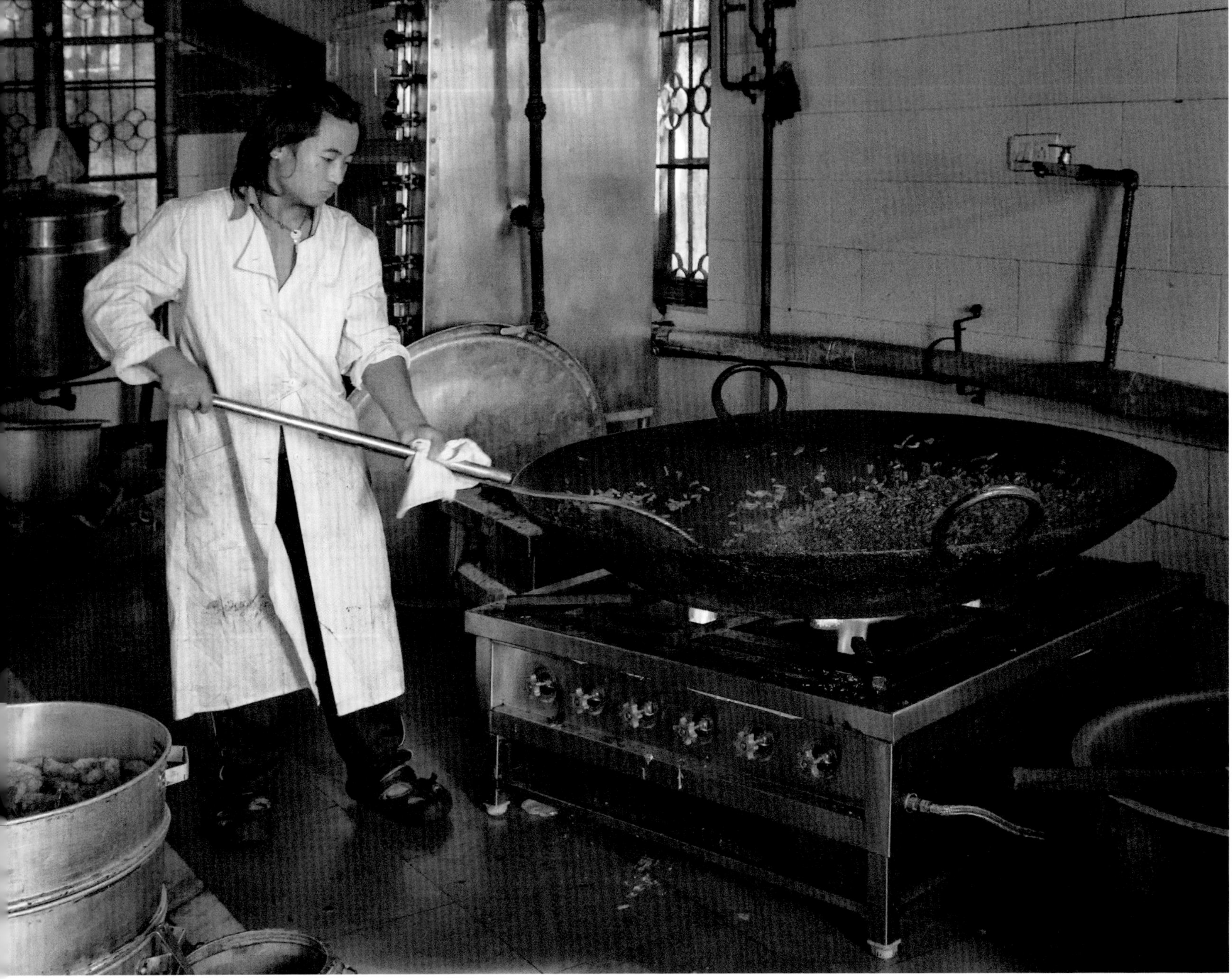

King Wok, Himachal Pradesh, India, 2015
At some monastic enclaves laypeople come to prepare meals for the monks and nuns.

Großer Wok, Himachal Pradesh, Indien, 2015
In manchen klösterlichen Enklaven bereiten Laien die Mahlzeiten für die Mönche und Nonnen zu.

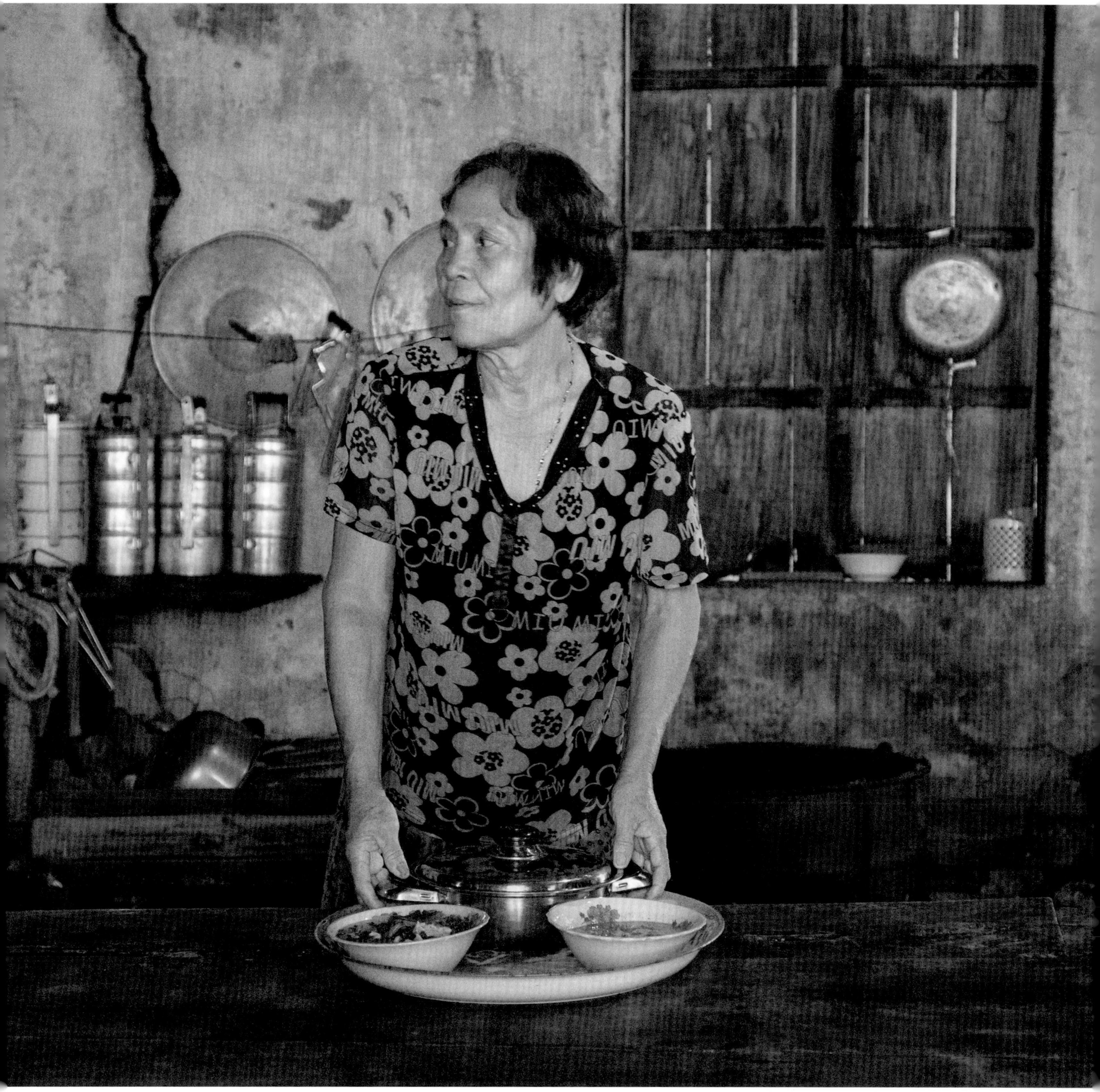

Prepared with Compassion, Battambang Province, Cambodia, 2018

Mit Gefühl zubereitet, Provinz Battambang, Kambodscha, 2018

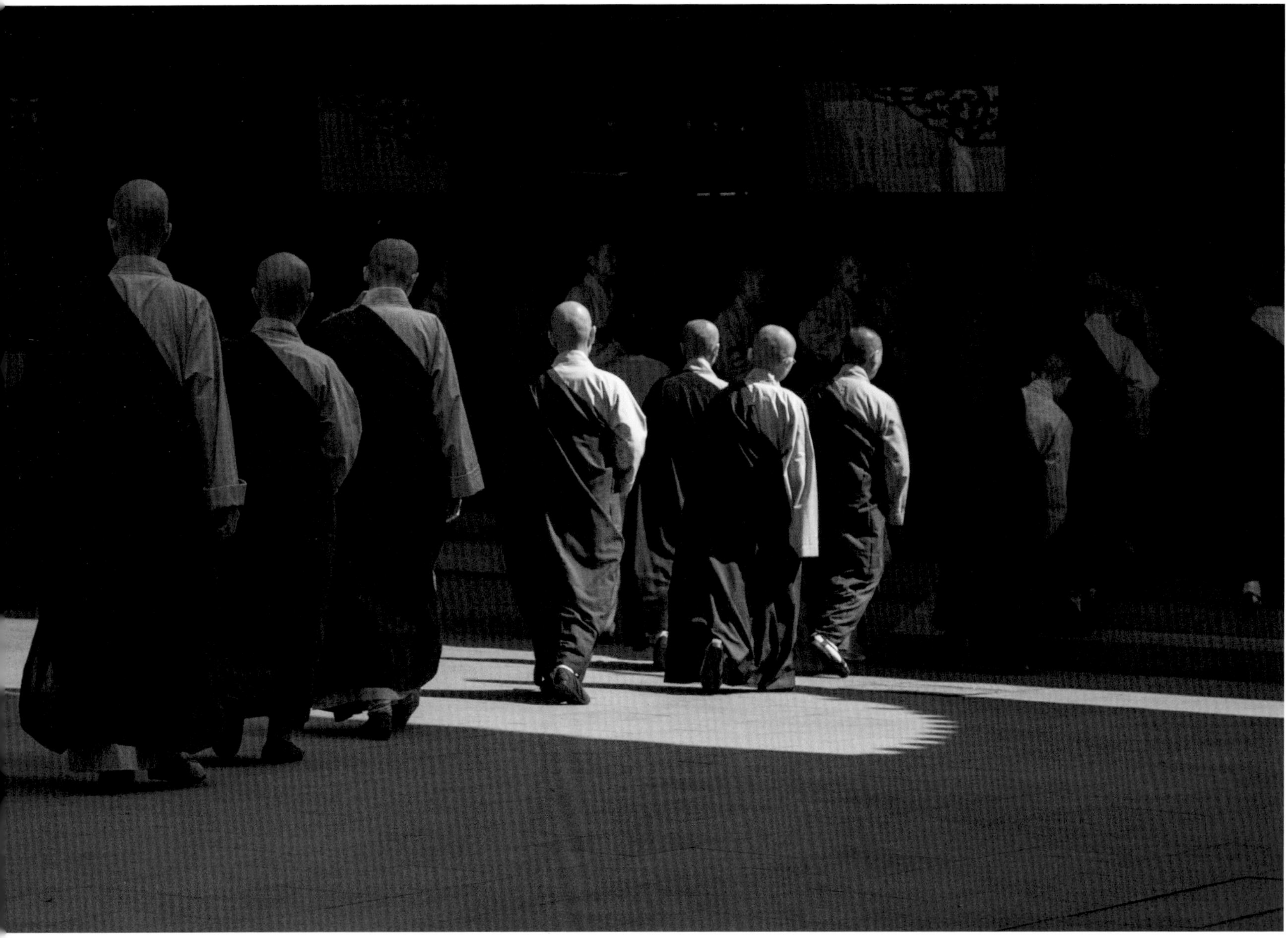

Procession, Zhejiang Province, China, 2012
Nuns approach the dining hall for an afternoon meal.

Umzug, Provinz Zhejiang, China, 2012
Nonnen begeben sich zum Abendessen in den Speisesaal.

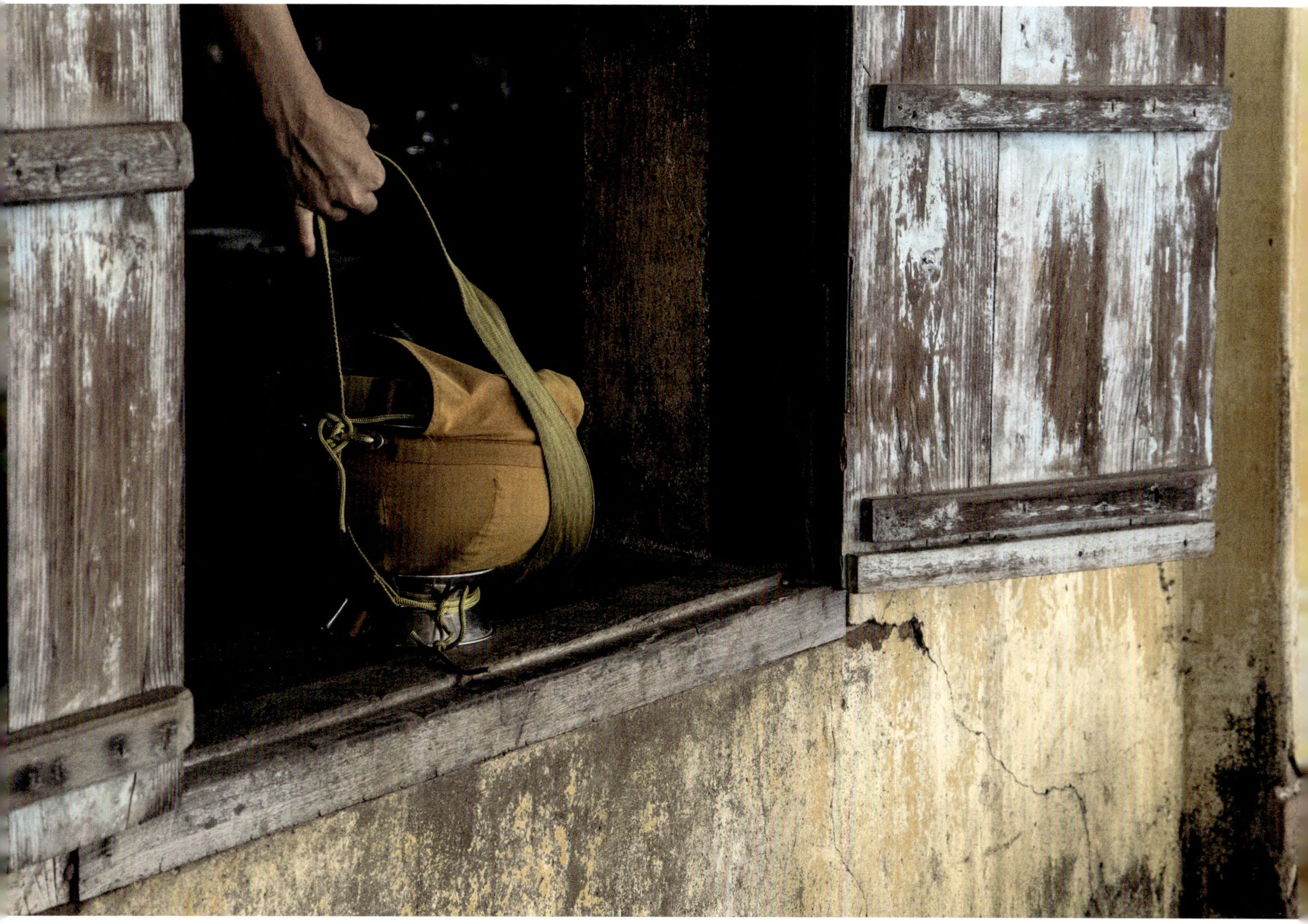

Packed Lunch, Battambang Province, Cambodia, 2018
A young monk takes his lunch to a private location.

Lunchpaket, Provinz Battambang, Kambodscha, 2018
Ein junger Mönch holt sein Lunch ab.

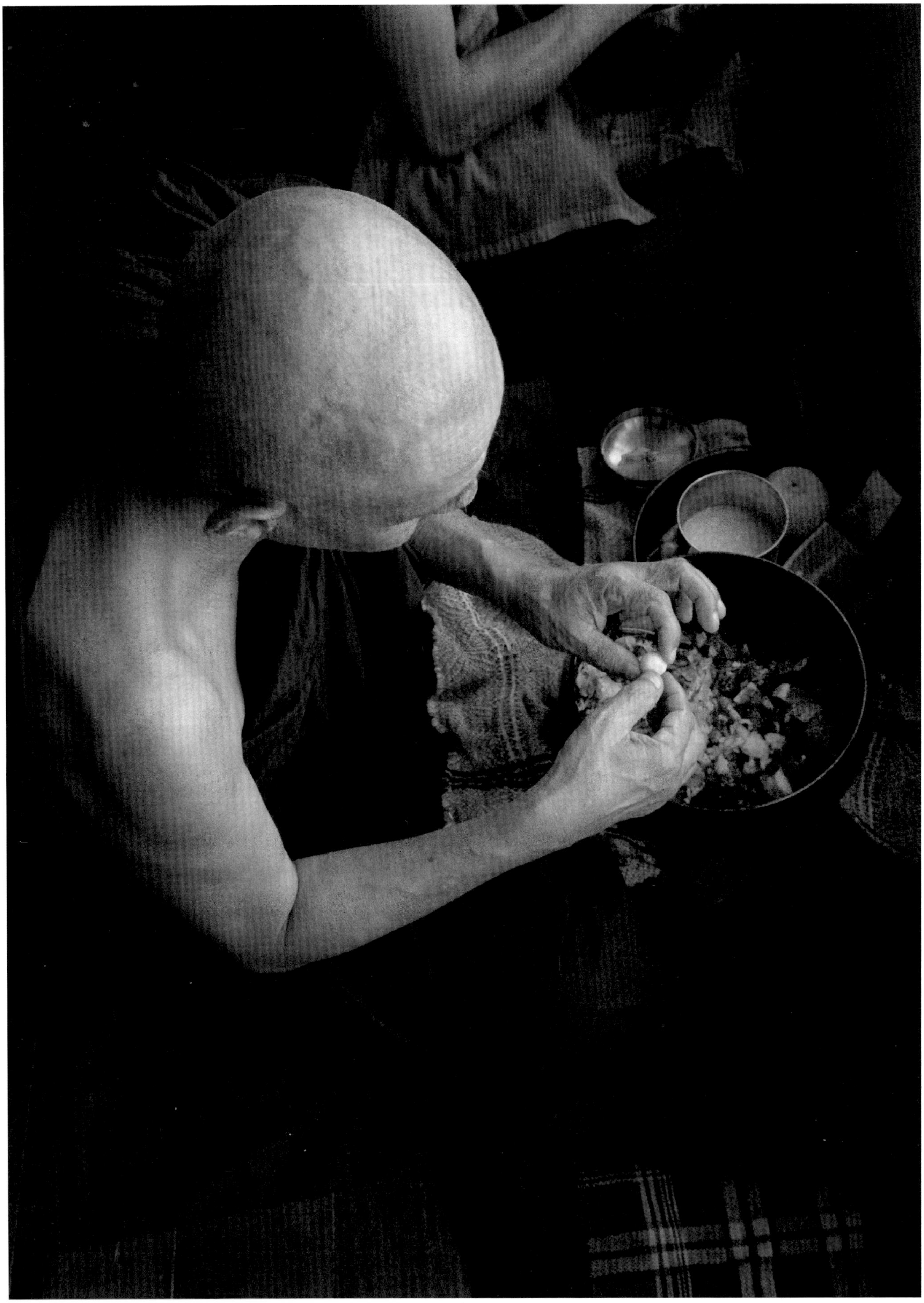

Tasty Morsels, Mawlamyine District, Myanmar, 2014

Schmackhafte Bissen, Distrikt Mawlamyaing, Myanmar, 2014

Afternoon Pause, Himachal Pradesh, India, 2015 ➤

Pause am Nachmittag, Himachal Pradesh, Indien, 2015 ➤

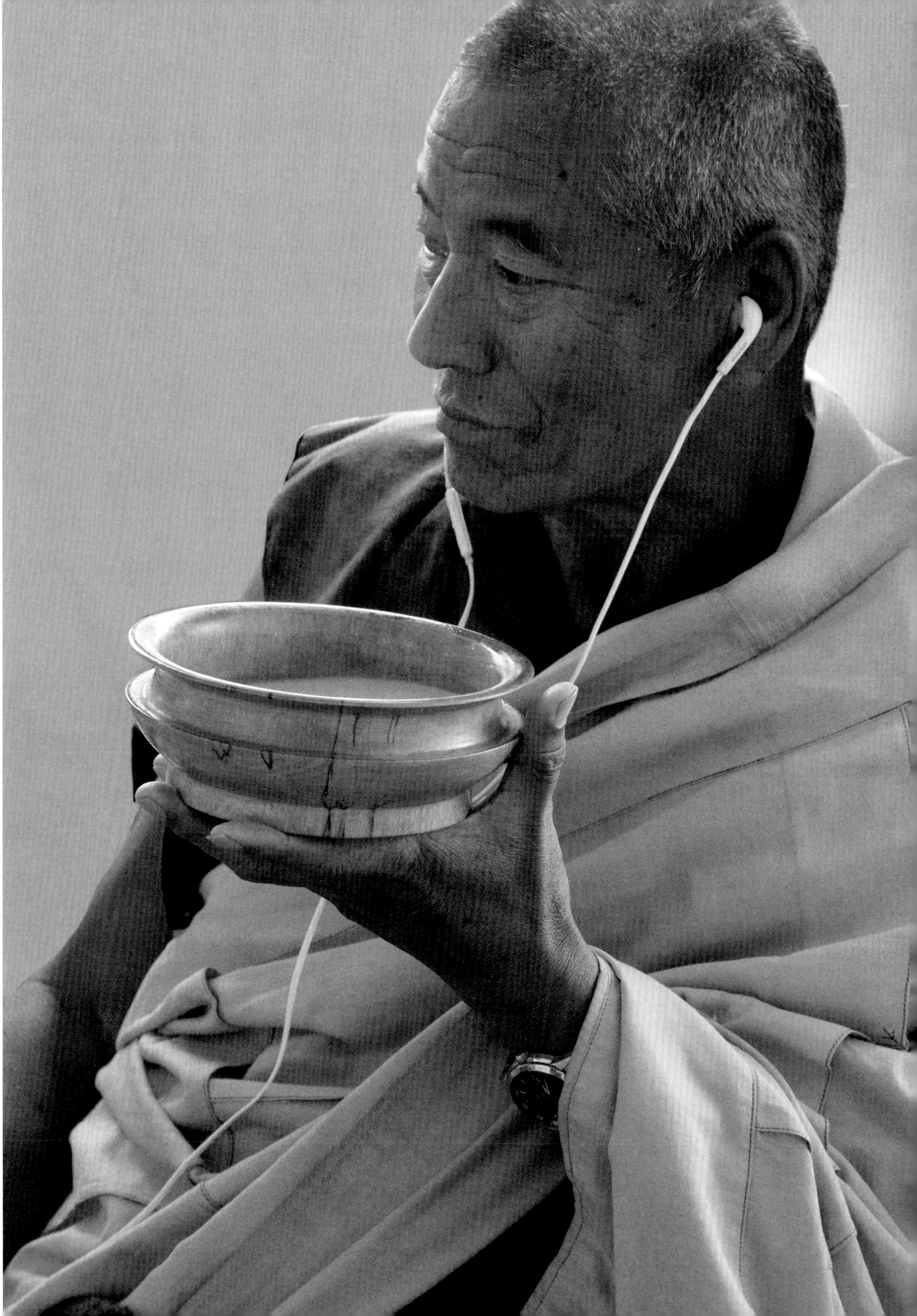

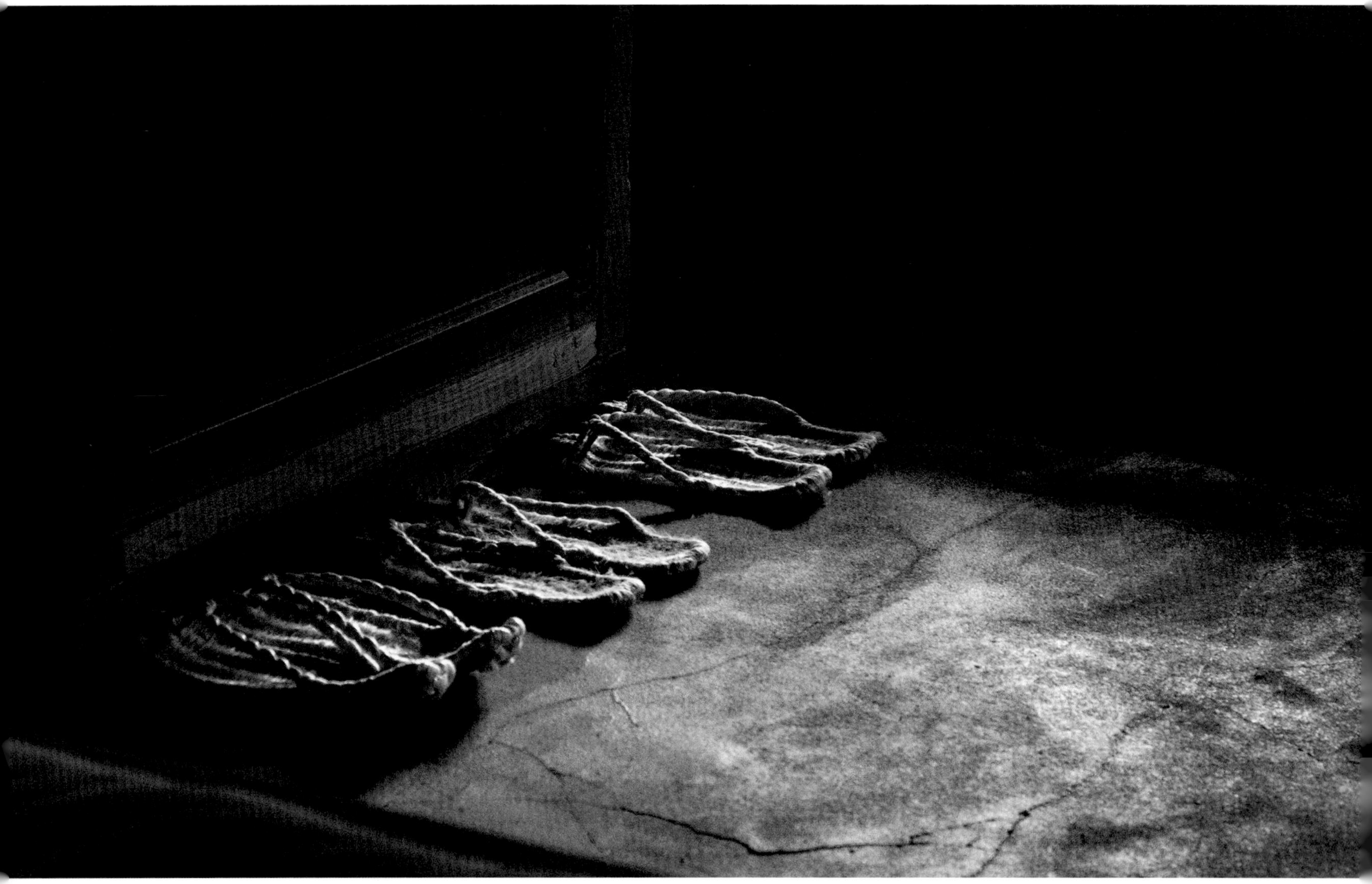

Resting Soles, Okayama Prefecture, Japan, 2016

Rastende Strohsandalen, Präfektur Okayama, Japan, 2016

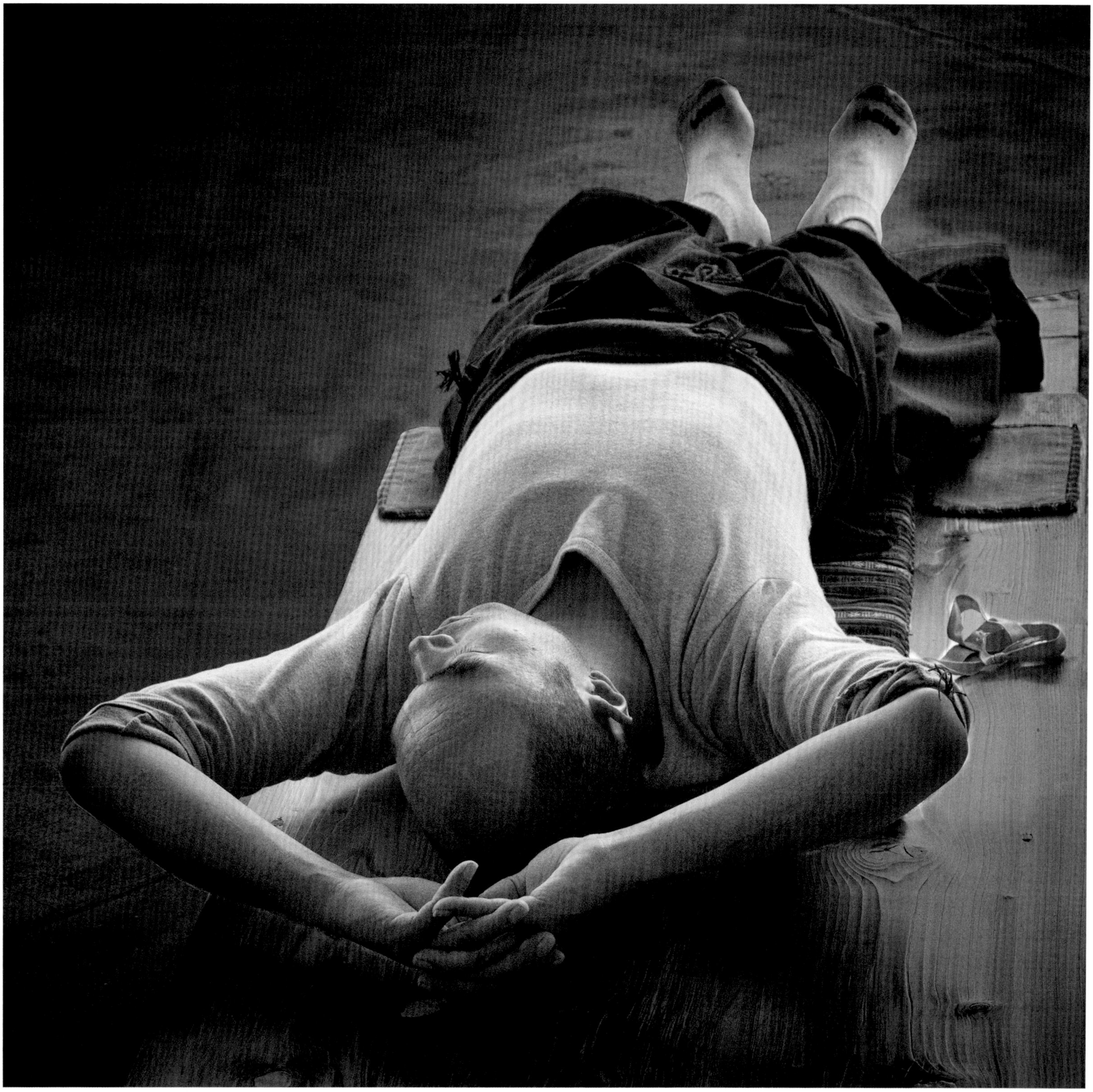

Respite #1, Himachal Pradesh, India, 2018 (PROSTRATION)
Performing prostrations can be exhausting.

Rast #1, Himachal Pradesh, Indien, 2018 (NIEDERWERFUNG)
Niederwerfungen sind anstrengend.

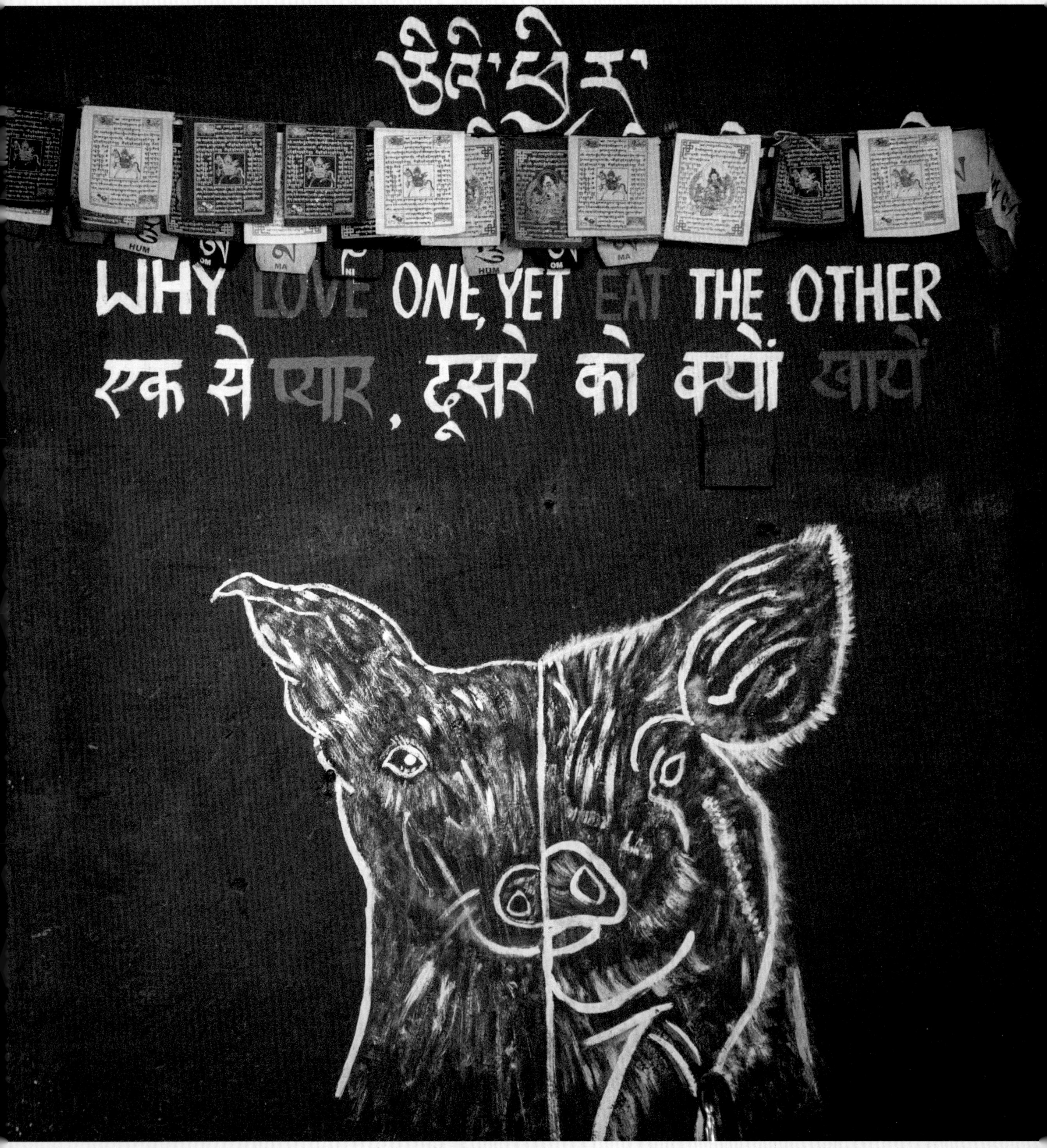
WHY LOVE ONE, YET EAT THE OTHER
एक से प्यार, दूसरे को क्यों खायें

4

NURTURING NATURE

Bestowing peace,
A mother cow's eye.
Deep pools of grace.

Anyone in a close relationship with an animal would not be surprised to learn that scientific studies confirm that animals have a wide range of emotions and abilities. In some cases they have capacities far superior to humans. Whales locate objects by creating soundwaves. Some dogs can detect when a person is about to have a seizure. Birds navigate thousands of miles guided by Earth's magnetic field. Plant species communicate information and share nutrients.

An experience I had in Bhutan helped heighten my awareness and respect for all living things. A fellow physician invited me to a traditional, home-cooked dinner, which I knew required days of preparation. I asked a Bhutanese woman if she thought my hosts might appreciate receiving a gift of cut flowers. After an initial look of puzzlement, she replied kindly, "We prefer letting the flowers live outside, where they can be enjoyed by everyone for a long time."

This provided me an opportunity to pause and reflect on my culturally-ingrained—and habitually anthropocentric—perspective. Humans are not lords of this planet. All living things deserve compassion and respect.

DIE NATUR PFLEGEN

Friedensgeschenk,
Der Mutterkuh Blick.
Tiefgründige Seen der Anmut.

Wer mit Tieren alltäglichen Umgang hat, dürfte nicht überrascht sein zu erfahren, dass, wie wissenschaftliche Studien belegen, Tiere über ein breites Gefühlsspektrum verfügen. Auf manchen Gebieten überragen die Fähigkeiten der Tiere die der Menschen weit. Wale lokalisieren mit Hilfe von Schallwellen Objekte. Es gibt Hunde, die erkennen können, ob eine Person kurz vor einem epileptischen Anfall steht. Zugvögel finden über Tausende von Kilometern zum Ziel und orientieren sich dabei am Erdmagnetfeld. Pflanzenarten tauschen miteinander Informationen und Nährstoffe aus.

Ein Erlebnis in Bhutan erhöhte meine Achtsamkeit und Ehrerbietung gegenüber allem Lebendigen. Ich war von einem Arztkollegen zu einem traditionellen Abendessen eingeladen und wusste, dass zur Zubereitung der Speisen tagelange Vorbereitungen nötig waren. Also bat ich eine bhutanische Bekannte bezüglich des Gastgeschenks um Rat. Ich fragte sie, ob meine Gastgeber sich über einen großen Strauß Schnittblumen freuen würden. Sie sah mich kurz verdutzt an und gab dann freundlich zur Antwort: „Wir lassen Blumen lieber draußen am Leben, wo man sich lange Zeit an ihnen erfreuen kann."

Dies gab mir eine Gelegenheit inne zu halten und über meine kulturell bedingte, normalerweise anthropozentrische Sichtweise nachzudenken. Die Menschen sind nicht die Herren auf diesem Planeten. Alle Wesen verdienen Achtung und Mitgefühl.

< *Loving Both,* Himachal Pradesh, India, 2018
Dietary restrictions vary among different schools of Buddhism.

< *Beide lieben,* Himachal Pradesh, Indien, 2018
Die Ernährungsvorschriften unterscheiden sich in den verschiedenen buddhistischen Schulen.

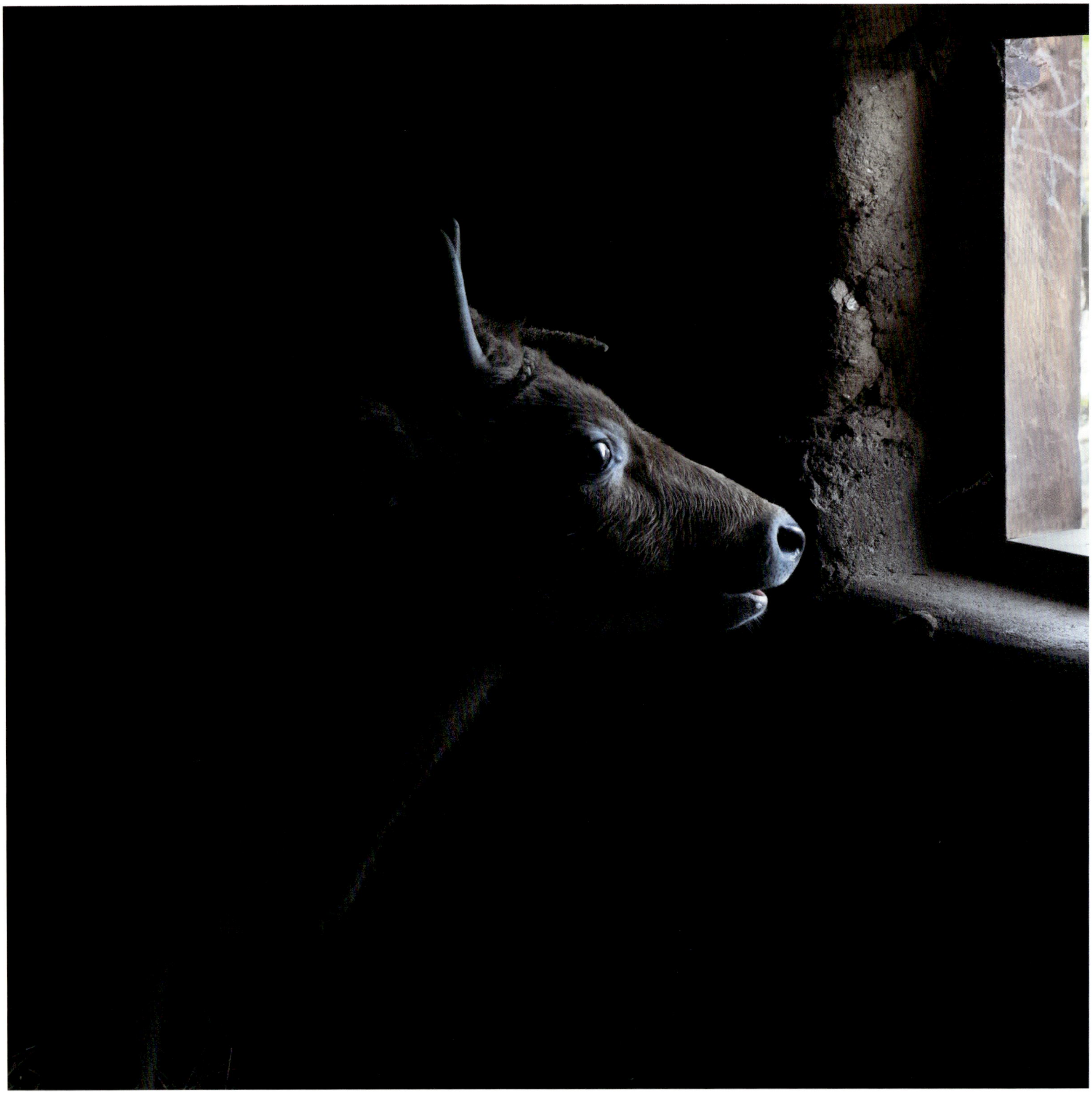

Thoughts and Emotions, Paro Dzongkhag, Bhutan, 2015

Gedanken und Gefühle, Distrikt Paro, Bhutan, 2015

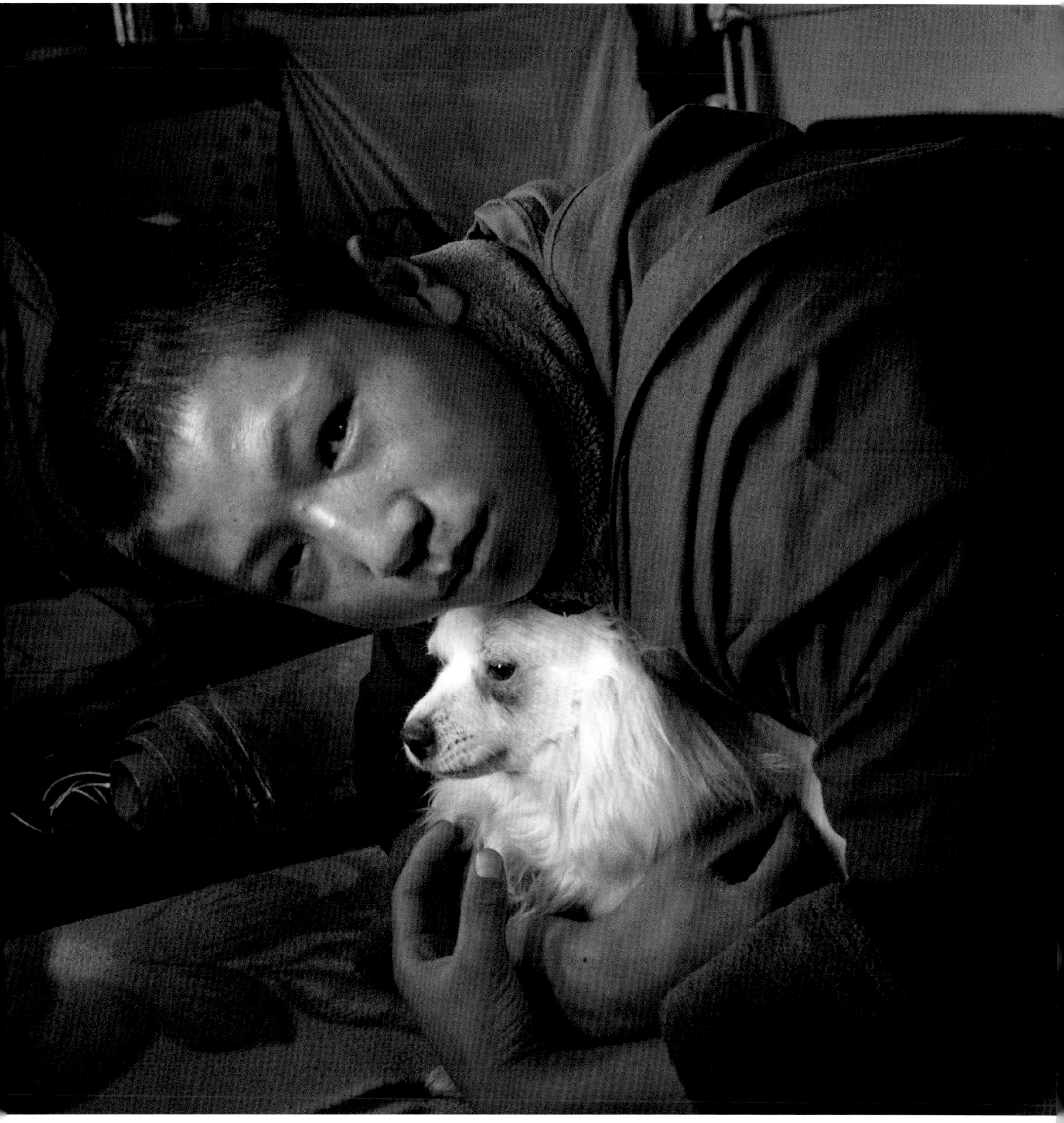

Comforting #1, Thimphu Dzongkhag, Bhutan, 2017

Tröstliche Gesellschaft #1, Distrikt Thimphu, Bhutan, 2017

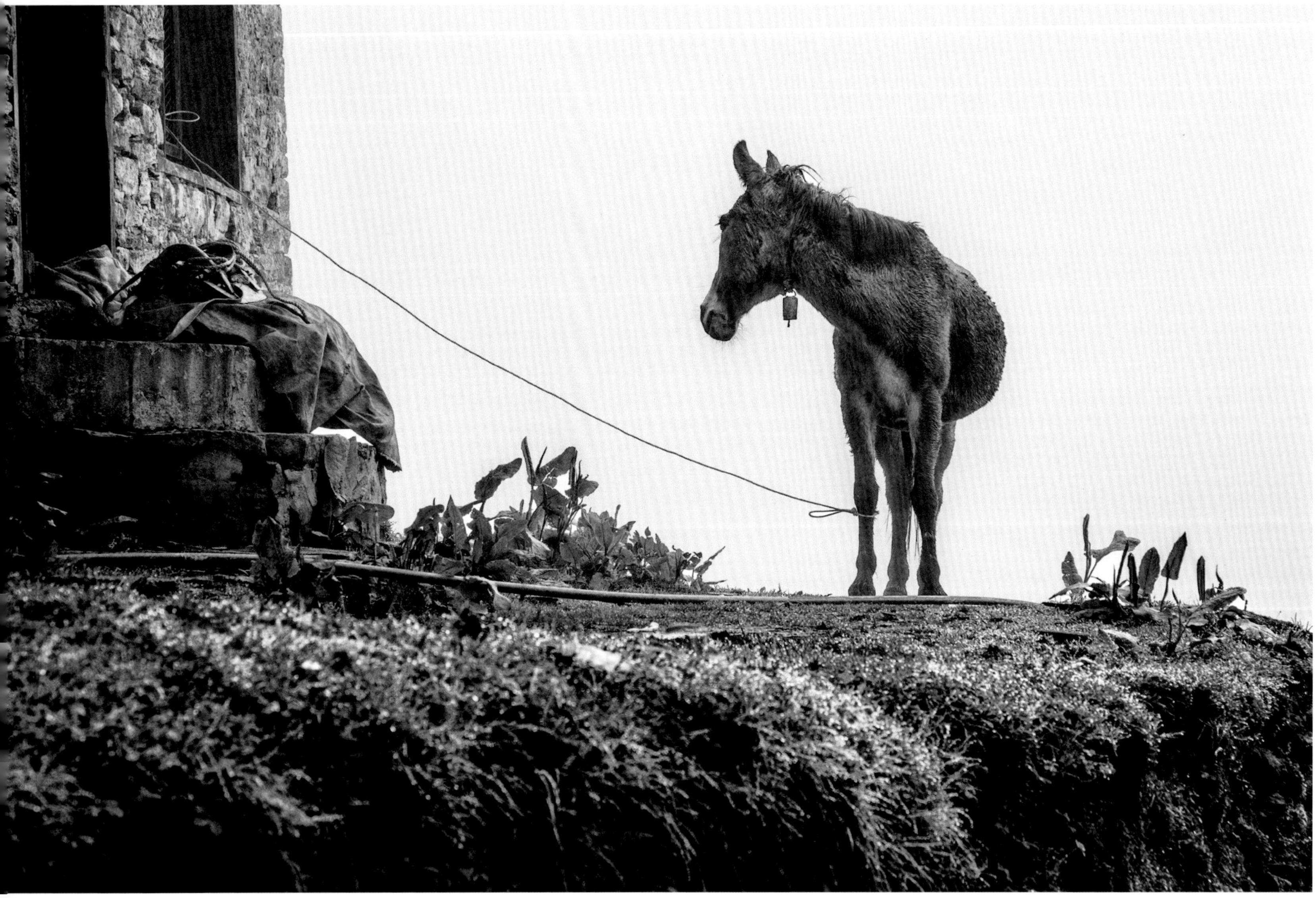

Servitude, Thimphu Dzongkhag, Bhutan, 2017

Dienstbarkeit, Distrikt Thimphu, Bhutan, 2017

A Beating Heart, Himachal Pradesh, India, 2015 >

Ein schlagendes Herz, Himachal Pradesh, Indien, 2015 >

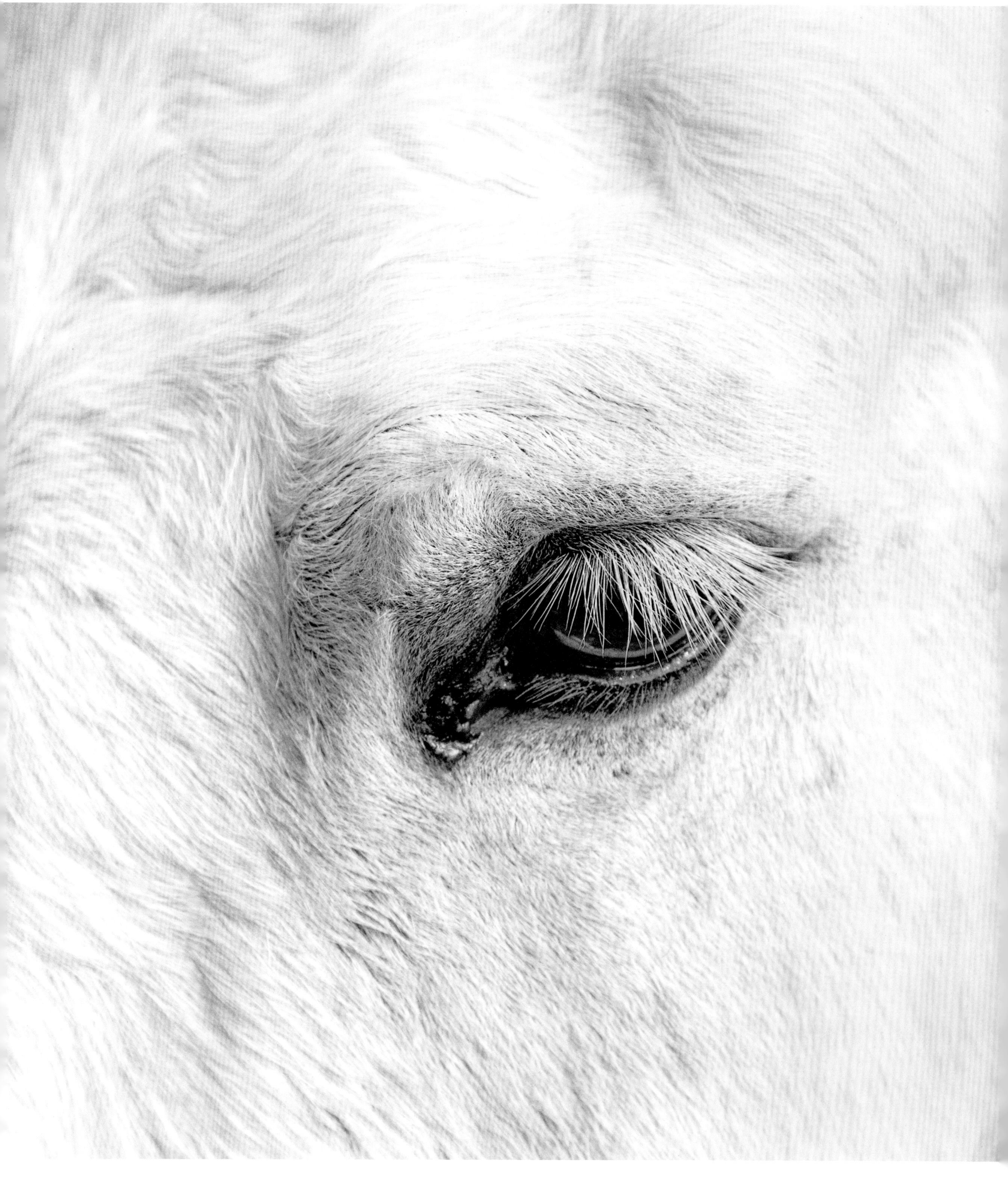

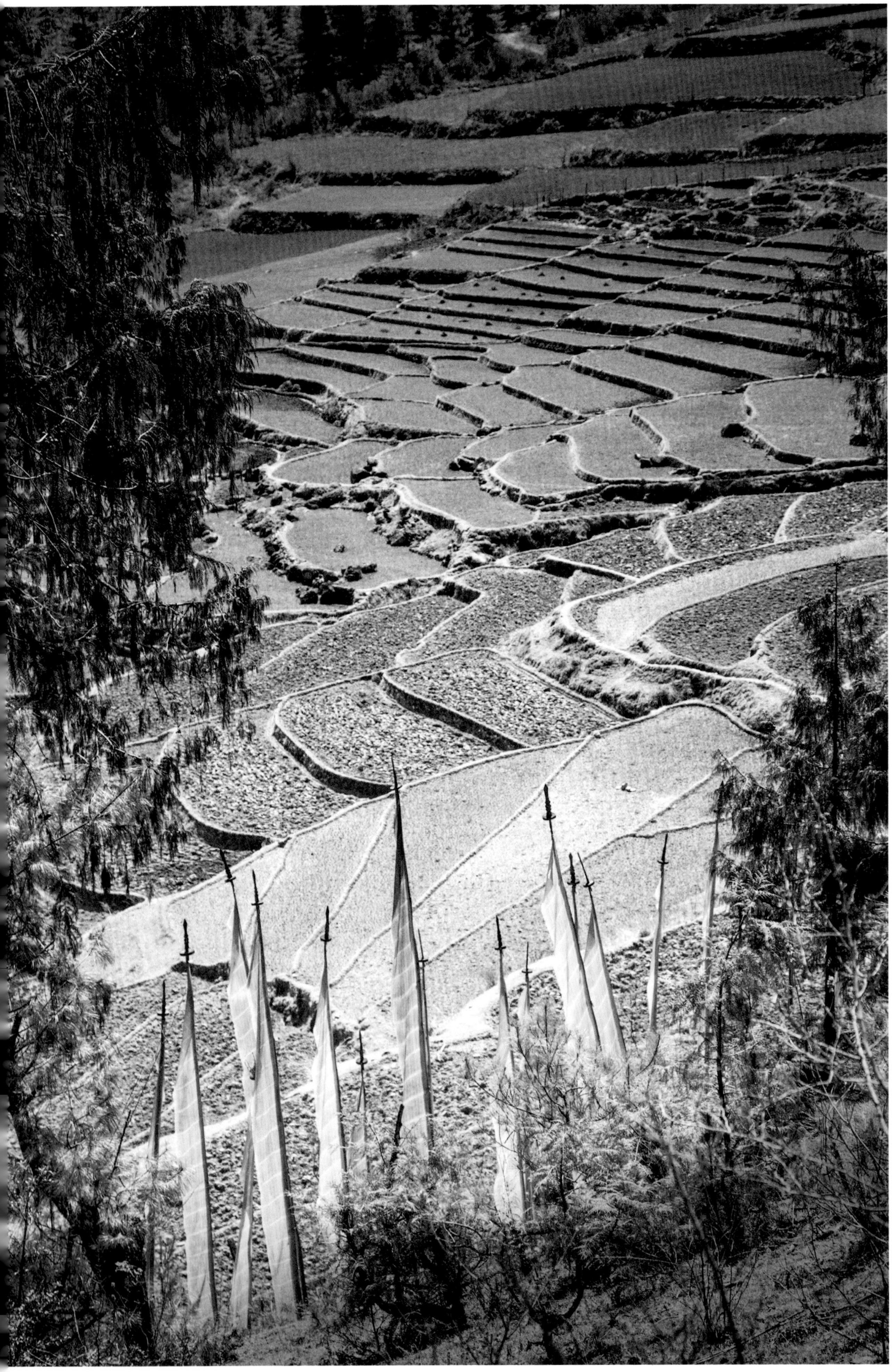

Giving Life, Paro Dzongkhag, Bhutan, 2011 (PRAYER FLAG)

On the hillside a cluster of white prayer flags memorialize someone whose present life has come to a close, while the cycle of life continues with the biannual rice harvest. (REINCARNATION)

Lauf des Lebens, Distrikt Paro, Bhutan, 2011 (GEBETSFAHNE)

Eine Gruppe weißer Fahnen an einem Abhang erinnert daran, dass jemandes Leben zu Ende ging, während das Leben mit der halbjährlichen Reisernte weitergeht. (WIEDERGEBURT)

Father's Helper, Punakha Dzongkhag, Bhutan, 2011

He and his father bring hay to the family's animals.

Er hilft dem Vater, Distrikt Punakha, Bhutan, 2011

Die beiden bringen Stroh heim zu den Haustieren.

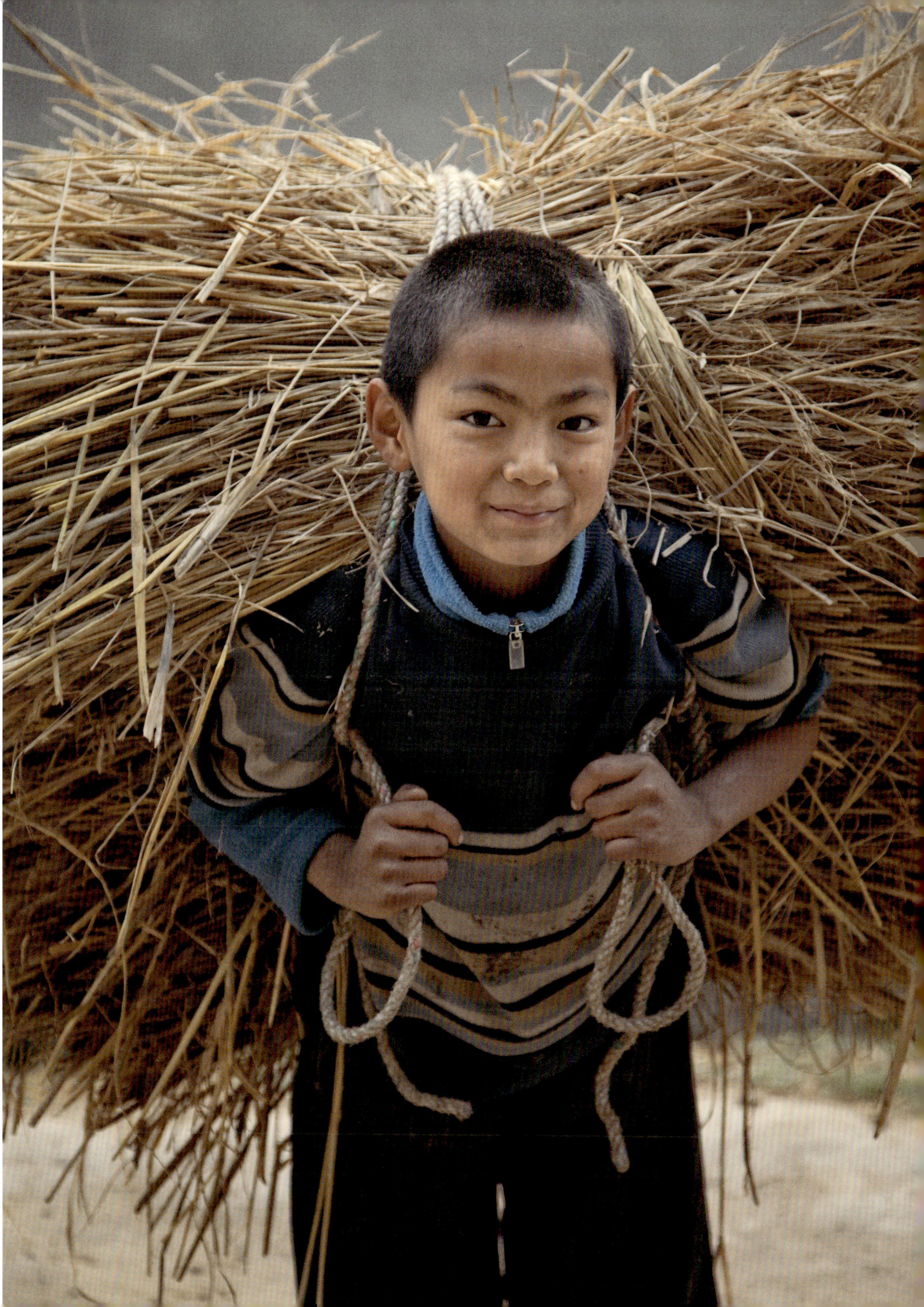

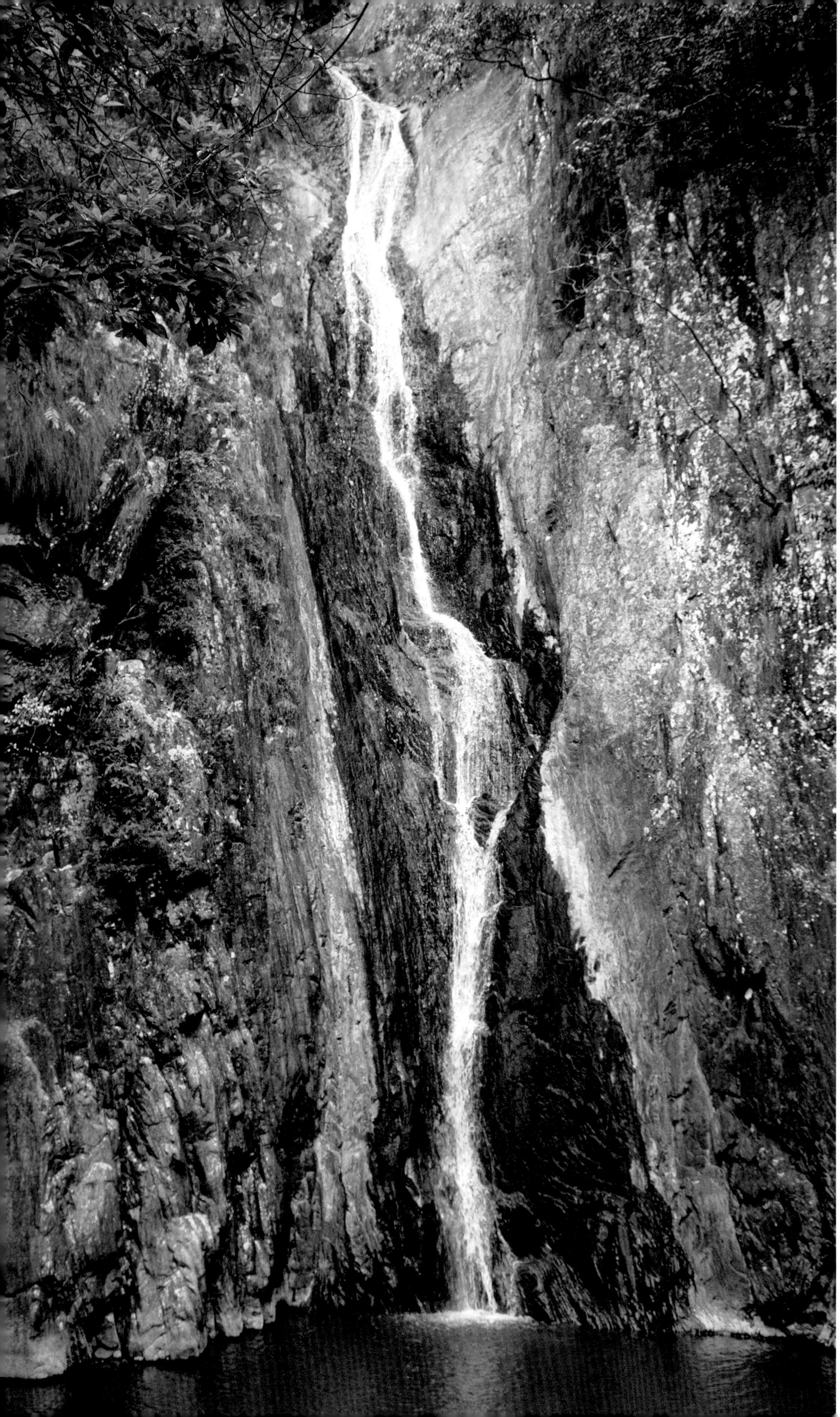

Lifeblood, Zhejiang Province, China, 2012

Lebenselixier, Provinz Zhejiang, China, 2012

Breathtaking Splendor, Ladakh Union Territory (disputed), India, 2019 (MONUMENT)

Atemberaubende Majestät Unionsterritorium Ladakh, Indien, 2019 (DENKMAL)

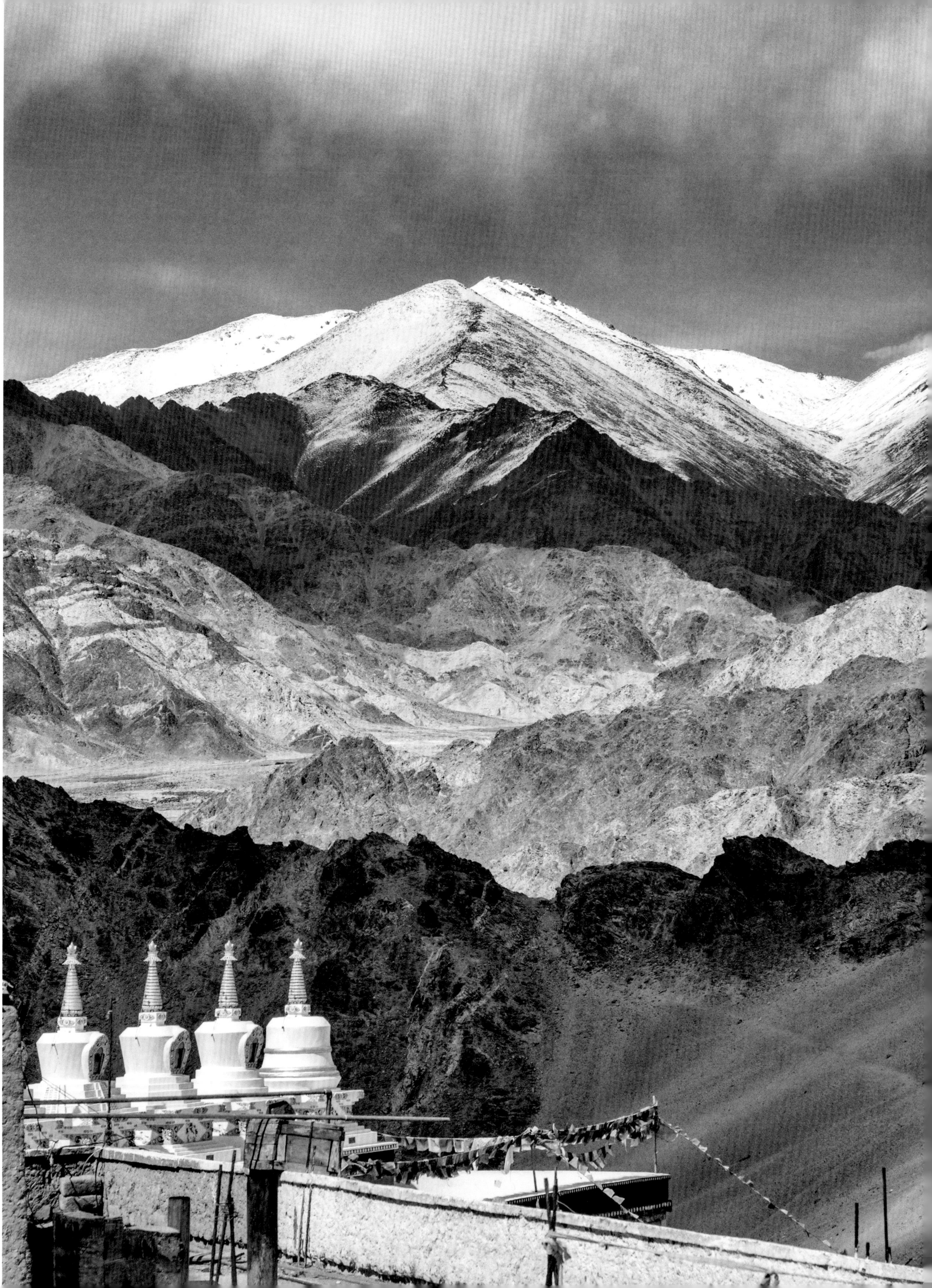

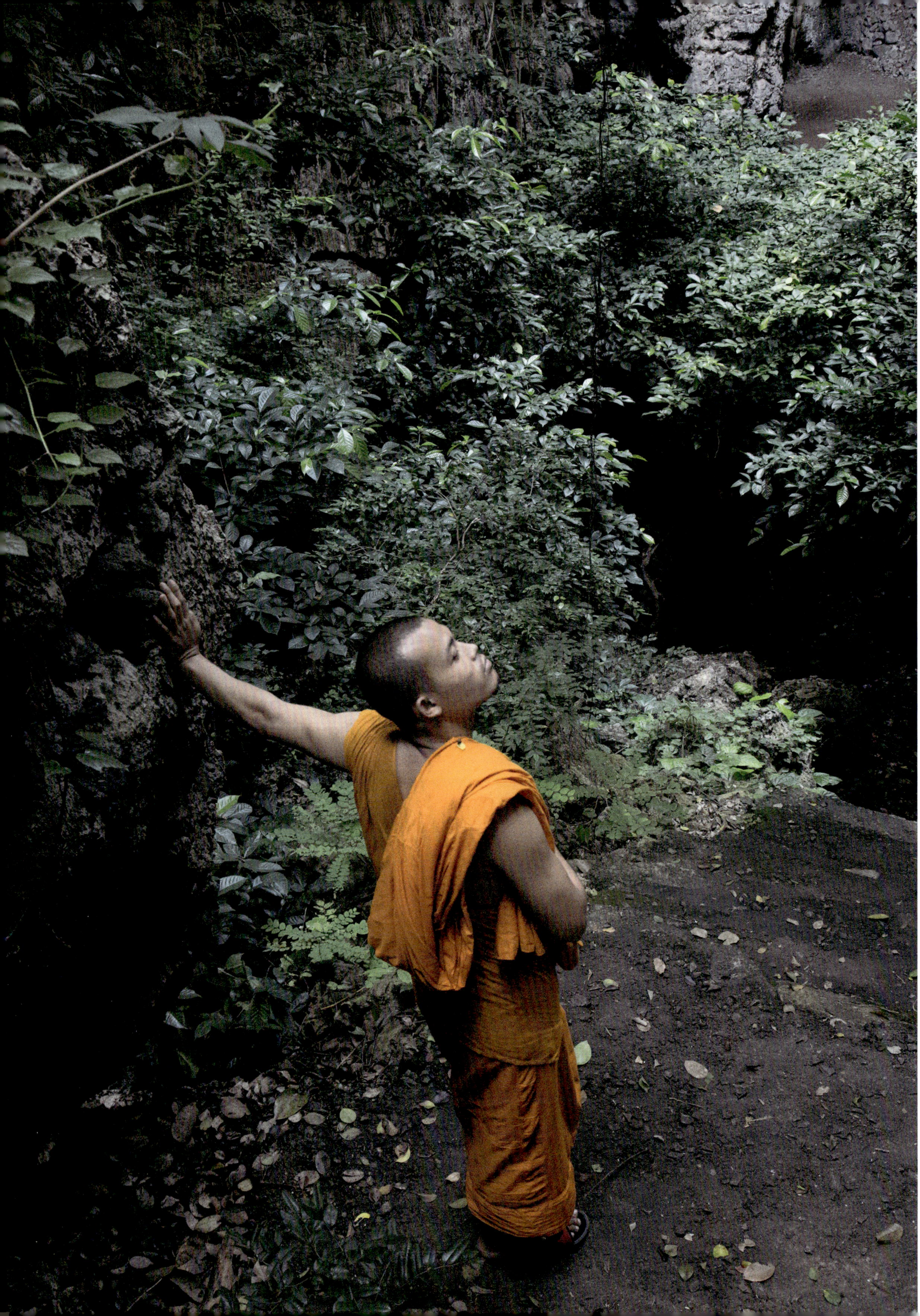

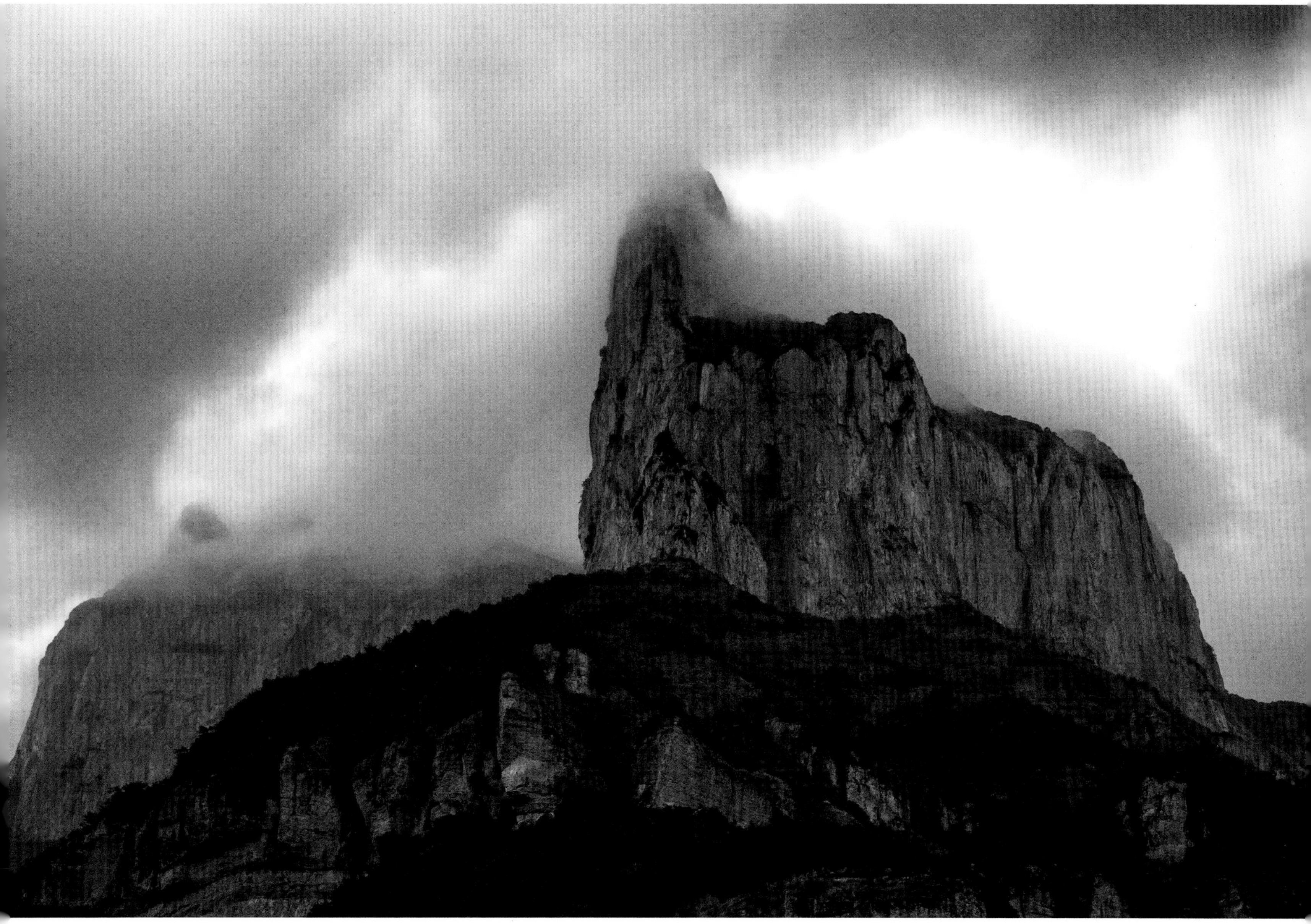

< *Intertwined with Nature,* Battambang Province, Cambodia, 2018

< *Eins mit der Natur,* Provinz Battambang, Kambodscha, 2018

Formidable Presence, Zhejiang Province, China, 2012

Monumentale Erscheinung, Provinz Zhejiang, China, 2012

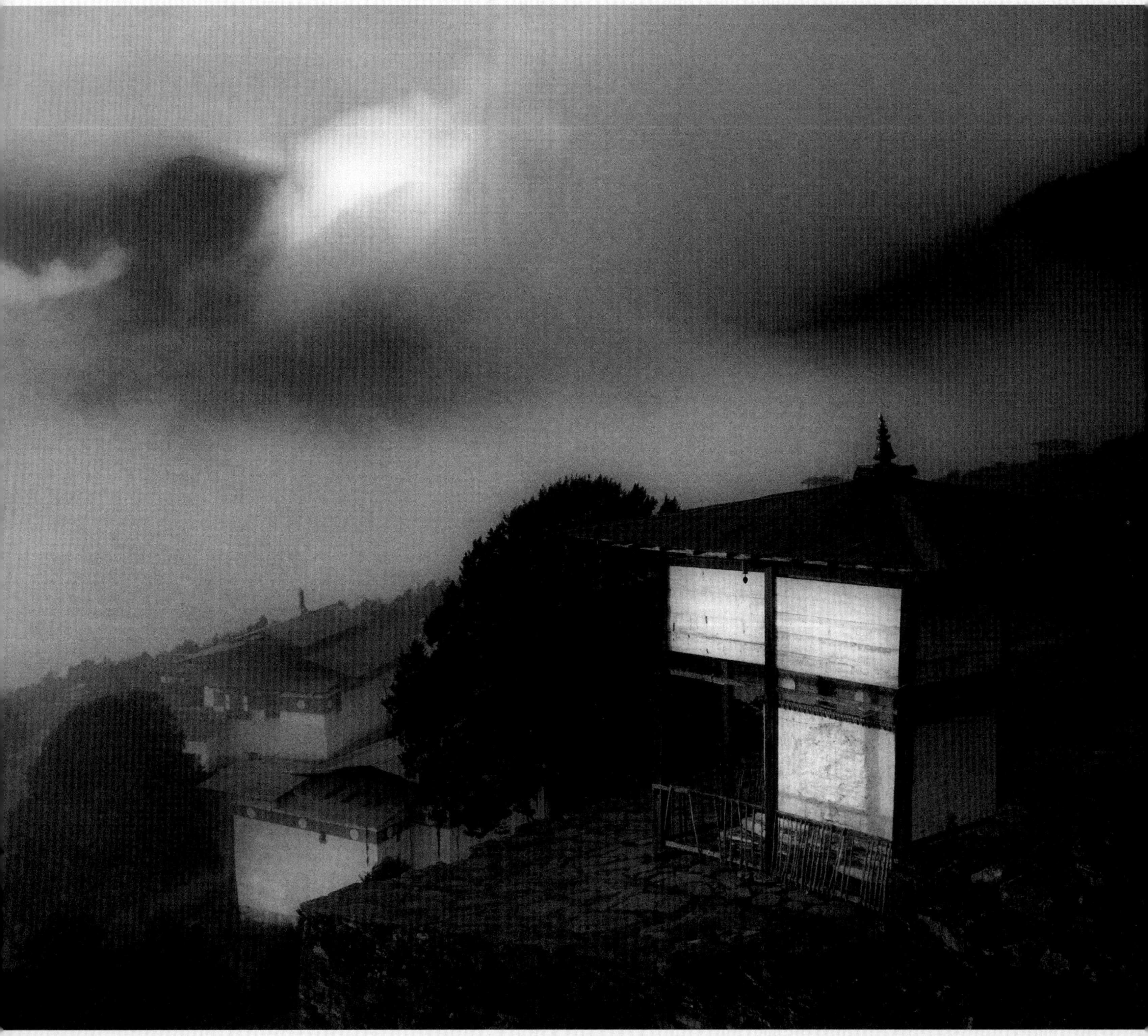

5

TRANSFORMING LIVES

Arching across ages,
Bridging valleys,
Seasons ebb and flow.
Winter births spring.

Blanketed in clouds, nestled twelve thousand feet up a snow-capped mountain sits the Phajoding Monastery, with Bhutan's capital city, Thimphu, hidden in the valley four thousand feet below. This sanctuary serves as a year-round home and school for over sixty disadvantaged boys, ranging in age from six to sixteen. All came from harsh conditions: extreme poverty, unhealthy family dynamics, and the loss of parents. During four visits over seven years, I came to understand the nurturing environment that Lama Namgay, the inspirational headmaster, cultivates by exemplifying humility, respect, wisdom, and compassion.

For me, the journey to be there with them is arduous but well worth the effort. Being a chillup (an affectionate nickname for foreigners) who did not wish to add to reports circulating around town about visitors being carried down mountains on stretchers due to severe altitude sickness, each of my month-long stays in the country* began by heeding the advice of locals to stay in the valley for a few days, to acclimate to the high altitude before venturing into the mountains. Getting to the monastery begins with a thirty-minute drive in a vehicle on a well-paved, winding road and ends one-third of the way up the mountain at a non-descript trailhead. From there, you climb. The unmarked, interwoven paths that snake their way up the mountain are replete with the challenges of loose rocks, multiple

LEBENSWANDEL

Über Jahrhunderte hinweg,
Eine Brücke zu den Tälern,
Ein Kommen und Gehen der Jahreszeiten.
Auf den Winter folgt der Frühling.

In Wolken gehüllt, auf 3.658 m Höhe an den Hang eines schneebedeckten Berges geschmiegt, liegt das Phajoding-Kloster oberhalb von Bhutans Hauptstadt Thimphu, die 1.219 m tiefer, versteckt im Tal liegt. Das Heiligtum umfasst eine Klosterschule und bietet über 60 benachteiligten Jungen im Alter von sechs bis 16 Jahren eine ganzjährige Heimstätte. Oftmals Waisenkinder, kommen sie alle aus schwierigen Verhältnissen, haben ungesunde Familienverhältnisse und bittere Armut kennengelernt. Während meiner vier Aufenthalte im Lauf von sieben Jahren lernte ich das gedeihliche Umfeld kennen, das Lama Namgay, der tüchtige Schulleiter, durch vorbildliche Bescheidenheit, Achtung, Weisheit und Mitgefühl zu schaffen versteht.

Für mich ist der Weg dorthin beschwerlich, aber der Mühe wert. Als ein „Chillup" (ein liebevoller Spitzname für Fremde), der nicht vorhatte, dass wieder einmal ein Stadtgespräch die Runde machte, der Besucher sei wegen Höhenkrankheit auf der Bahre den Berg hinuntergetragen worden, hielt ich mich sinnvollerweise zu Beginn meiner jeweils einmonatigen Aufenthalte im Land* erst einmal einige Tage im Tal auf. So konnte ich mich an die große Höhe akklimatisieren, bevor ich in die Berge ging.

Das erste Drittel des Weges zum Kloster besteht aus einer halbstündigen Autofahrt, eine gut ausgebaute Serpentinenstraße hinauf, bis zu einem Halteplatz, wo ein unausgeschilderter Weg beginnt. Von

< *Morning Light,* Thimphu Dzongkhag, Bhutan, 2015

< *Morgenlicht,* Distrikt Thimphu, Bhutan, 2015

steep sections, and switch-backs that traverse heavily forested areas that open to vistas with expansive views of the surrounding mountains. Deep troughs along the way speak of heavy rains that had washed away the soil. Thousands of colorful prayer flags are tied in clusters to trees along sections of the trail. A Bhutanese friend taught me that to respect these flags inscribed with sacred mantras—and avoid misfortune—one must always go under them, never over them, even if they had sagged. He also taught me that it was correct to circumambulate clockwise around the stupas (monuments) we encountered on the route.

Loving athletic challenges, I mentally prepared myself for a fast-paced, three-hour hike up the mountain, weighed down with all the water I would need, but aided by walking sticks to help propel me uphill. I relied on the sticks even more to prevent falls on the steep, and sometimes slippery, way down. When there is no rain, ice, or snow, a hike to the monastery often takes local residents from three to four hours. Living at high altitude, accustomed to walking everywhere, and frequently playing aerobic sports such as football, the monks can do the ascent in under two hours, which they demonstrate on the rare occasion when they venture into the city below to spend their allowances on a few items.

Living in a remote setting under harsh winter conditions, most boys manage to thrive. In addition to Lama Namgay, a few other adult monks and an occasional visiting lay teacher help guide the boys. A typical day for the monks includes three solid meals, sessions of group prayer, individual prayer, study, sports, and free time. Each monk, regardless of age, also has daily responsibilities: cleaning, preparing and serving meals, harvesting wood, tending the animals, and caring for the younger monks. Most are housed in poorly insulated, two-person rooms, each with their own two-inch thick mattress for sitting and sleeping on the floor. A small, low table and a few shelves for storing personal effects complete the typical room, though some have an

dort aus geht es zu Fuß weiter. Unmarkierte, verflochtene Pfade schlängeln sich nun den Berg hinauf und sind eine sportliche Herausforderung wegen der losen Gesteinsbrocken, der vielen Steilstellen und der Spitzkehren durch dichten Wald und freies Feld, wo sich ein weiter Ausblick auf die umliegenden Berge bietet. Tiefe Rinnen verraten, dass schwere Regenfälle den Boden ausgewaschen haben. Streckenweise sind unzählige bunter Gebetsfahnen gleich büschelweise an den Bäumen festgebunden. Ein bhutanischer Freund sagte mir, dass man, um Unglück zu vermeiden, immer unter diesen, mit heiligen Mantras bedruckten Fahnen hindurchgehen muss und niemals darübersteigen darf, selbst wenn sie tief herunterhängen. Er brachte mir auch bei, um die Stupas (Denkmale), denen wir unterwegs begegneten, im Uhrzeigersinn herumzugehen.

Da ich sportliche Herausforderungen liebe, machte ich mich auf einen straffen, dreistündigen Aufstieg gefasst, das benötigte Wasser im Gepäck, die Wanderstecken zur Hand, mit denen ich mich bergauf schwingen wollte. Noch mehr setzte ich auf die Stecken, um beim steilen, manchmal glitschigen Abstieg Stürze zu vermeiden. Wenn es weder Regen noch Schnee und Eis gibt, brauchen Einheimische für die Wanderung zum Kloster meist drei bis vier Stunden. Da die Mönche in großer Höhe leben, alles zu Fuß unternehmen und oft Sport treiben, zum Beispiel Fußball spielen, können sie den Aufstieg in unter zwei Stunden bewältigen, was sie bei den seltenen Gelegenheiten beweisen, wenn sie in die Stadt kommen, um mit ihrem Taschengeld ein paar Dinge einzukaufen.

Trotz einer schweren Vergangenheit gelingt es den meisten Jungen, sich in dem abgelegenen, von harten Wintern heimgesuchten Umfeld gut zu entwickeln. Außer Lama Namgay übernehmen neben einigen anderen erwachsenen Mönchen gelegentlich Laienlehrer die Erziehung der Jungen. Zum geregelten Tagesablauf eines Mönches gehören drei kräftige Mahlzeiten, Gemeinschaftsgebete, individuelle Gebete, Lernen, Sport und Freizeit. Jeder Mönch, ganz gleich welchen Alters, hat zudem tägliche Pflichten zu

intermittently working electric space heater. The two-level structure of dormitory-style rooms face a central courtyard, partially covered by a corrugated tin roof. A single wood stove in the communal dining room-assembly hall is the primary site for them to huddle around for warmth. Beyond it is an outhouse and an outdoor area where the monks wash (by hand) and dry their clothes. The Bhutanese government strives to provide its citizens healthy and constructive forms of engagement, regulating television programming. However, in recent years most members of Bhutanese society, including monks, have cell phones and ready access to unfiltered internet content.

The government of Bhutan and private charities provide financial support for the maintenance of the compound's buildings, many dating back to the mid-eighteenth century. They also regularly receive provisions transported up the mountain by a team of five to eight pack horses led by a layperson who lives in the valley. Otherwise, they are self-sufficient.

Their numerous kindnesses to me were humbling. Not only did they mercifully put fewer chili peppers in the food they prepared for me, I was grateful to be granted, out of pity, two 2-inch mattresses to sleep on in Lama Namgay's private quarters, which is complete with heat and indoor plumbing. It was a delight being in a position to offer them something they yearned for: practicing their English and hearing about life beyond Bhutan. My days there were punctuated with warmhearted and playful interactions.

Bathed in tranquility, the early mornings in this cloud kingdom were especially magical. Each morning crisp mountain air filled my lungs and aroused me from the warmth of my blankets. After stretching my stiff body, I would go outside to drink in the ethereal setting. Once the early morning clouds dissipated, I was treated to a glorious, panoramic view of the surrounding mountain range. I often shook my head in disbelief. Gratitude for the monks flooded through me as I contemplated the privilege and conditions that gave rise to my being in their

erfüllen. Unter die Hausarbeit fallen Tätigkeiten wie Putzen, Kochen und Mahlzeiten servieren, Holzklauben, die Versorgung der Haustiere und das Betreuen der jüngeren Mönche. Die meisten Mönche wohnen in schlecht isolierten Zimmern jeweils zu zweit, jeder besitzt eine etwa 15 cm dicke Matratze, die dazu dient, darauf zu sitzen und auf dem Fußboden zu schlafen. Ein kleiner niedriger Tisch und ein paar Regale zum Verstauen von persönlichen Sachen vervollständigen die typische Schlafkammer, wobei sich in einigen eine ab und zu funktionierende Elektroheizung befindet. Die Fenster der zweistöckig angelegten Schlafkammern schauen in den Innenhof, der von Wellblechdächern teilweise überragt wird. Ein freistehender Holzofen im Gemeinschaftsraum, der Speisesaal und Versammlungsraum zugleich ist, ist die einzige Wärmequelle, um die man sich zum Aufwärmen versammeln kann. Weiter gibt es einen Außenbereich, wo die Mönche ihre Kleidung mit der Hand waschen und zum Trocknen aufhängen können. Die bhutanische Regierung ist darum bemüht, ihre Bürger zu gesunden und sinnvollen Freizeitbeschäftigungen anzuhalten und kontrolliert daher das Fernsehprogramm. Seit einigen Jahren haben jedoch die meisten Bhutanesen, einschließlich der Mönche, Smartphones und damit ungefilterten Zugang zum Internet.

Die Regierung von Bhutan und private Hilfsorganisationen unterstützen den Erhalt der Klosteranlage, dessen Gebäude zum Großteil aus der Mitte des 18. Jahrhunderts stammen, finanziell. Die Klostergemeinde wird zudem regelmäßig mit Proviant versorgt, den ein im Tal ansässiger Laie auf fünf bis acht Packeseln und -pferden den Berg hinaufschafft. Davon abgesehen versorgt sich die Klostergemeinde selbst.

Die vielen, mir von den Mönchen erwiesenen Gefälligkeiten waren beschämend. Nicht nur gaben sie weniger Chilischoten in das für mich zubereitete Essen, ich bekam liebenswürdigerweise auch zwei der 15 cm dicken Matratzen zugeteilt, auf denen ich in Lama Namgays Privaträumen übernachtete, wo es eine Heizung und eine Innentoilette gab. Es war mir eine Freude, den Mönchen etwas zurückgeben zu

sanctuary. Though it is not necessary to move to a remote mountaintop to do so, these young monks showed me that each person can cultivate creative ways of integrating healthy activities into their daily lives. They are living proof that, regardless of one's past experiences, if given the opportunity to live in an environment that guides with wisdom, nurtures compassion for self and others, embodies respect, cultivates concentration, and is committed to communal harmony, we all have the capacity to achieve inner harmony and true happiness.

* A typical foreigner vies for one of the country's limited pool of seven to fourteen-day tourist visas and at all times must be accompanied by a tour guide. I, however, have had the extraordinary privilege of receiving medical volunteer visas, which allow me to stay for over a month and travel freely throughout many regions of the country, often on my own or accompanied by one or more of my Bhutanese friends.

können, was sie ihrerseits sehr wertschätzten: Englischunterricht und Nachrichten aus aller Welt jenseits von Bhutan. Die mit ihnen zusammen verbrachten Tage waren gespickt mit herzlichen und heiteren zwischenmenschlichen Begegnungen.

Die frühe Morgenstimmung in diesem Reich über den Wolken war besonders magisch. Frische Bergluft erfüllte meine Lungen und holte mich aus den Federn. Sobald ich mich gestreckt und gedehnt hatte, ging ich ins Freie, um die himmlische Umgebung in mich aufzunehmen. Hatte sich der Morgennebel einmal aufgelöst, wurde ich mit einem grandiosen Panoramablick auf die umliegenden Berge belohnt. Oft konnte ich es einfach nicht glauben. Wie dankbar war ich den Mönchen dann, wenn ich mir die privilegierten Umstände vor Augen hielt, die mir den Aufenthalt in ihrem Heiligtum ermöglichten. Auch wenn man dafür auf keinem entlegenen Berggipfel wohnen musste: Diese jungen Mönche zeigten mir, dass jeder Mensch auf kreative Weise gesunde Verhaltensweisen in sein tägliches Leben integrieren kann. Sie sind der lebendige Beweis dafür, dass wir unabhängig von unserer Vergangenheit die Fähigkeit haben, innere Harmonie und wahres Glück zu erlangen — solange die Gelegenheit besteht, in einem Umfeld zu leben, wo Weisheit regiert, wo Aufmerksamkeit und Mitgefühl gefördert, Rücksicht aufeinander genommen und Eintracht in der Gemeinschaft gesucht wird.

* Ausländer sind normalerweise darauf angewiesen, eines der nur in beschränkter Anzahl zur Verfügung stehenden sieben- bis vierzehntägigen Visa zu erwerben, und müssen die ganze Zeit in Begleitung eines Reiseführers sein. Ich habe jedoch das außerordentliche Privileg, an Visa für medizinische Freiwillige zu kommen, die einen einmonatigen Aufenthalt erlauben, wodurch ich mich, oft alleine oder in Begleitung eines oder mehrerer bhutanischen Freunde, in vielen Regionen des Landes frei bewegen kann.

Awakening, Thimphu Dzongkhag, Bhutan, 2017 ➤
Monks step outside to greet the early morning fog.

Wach werden, Distrikt Thimphu, Bhutan, 2017 ➤
Mönche, ins Freie gegangen, betrachten den Morgennebel.

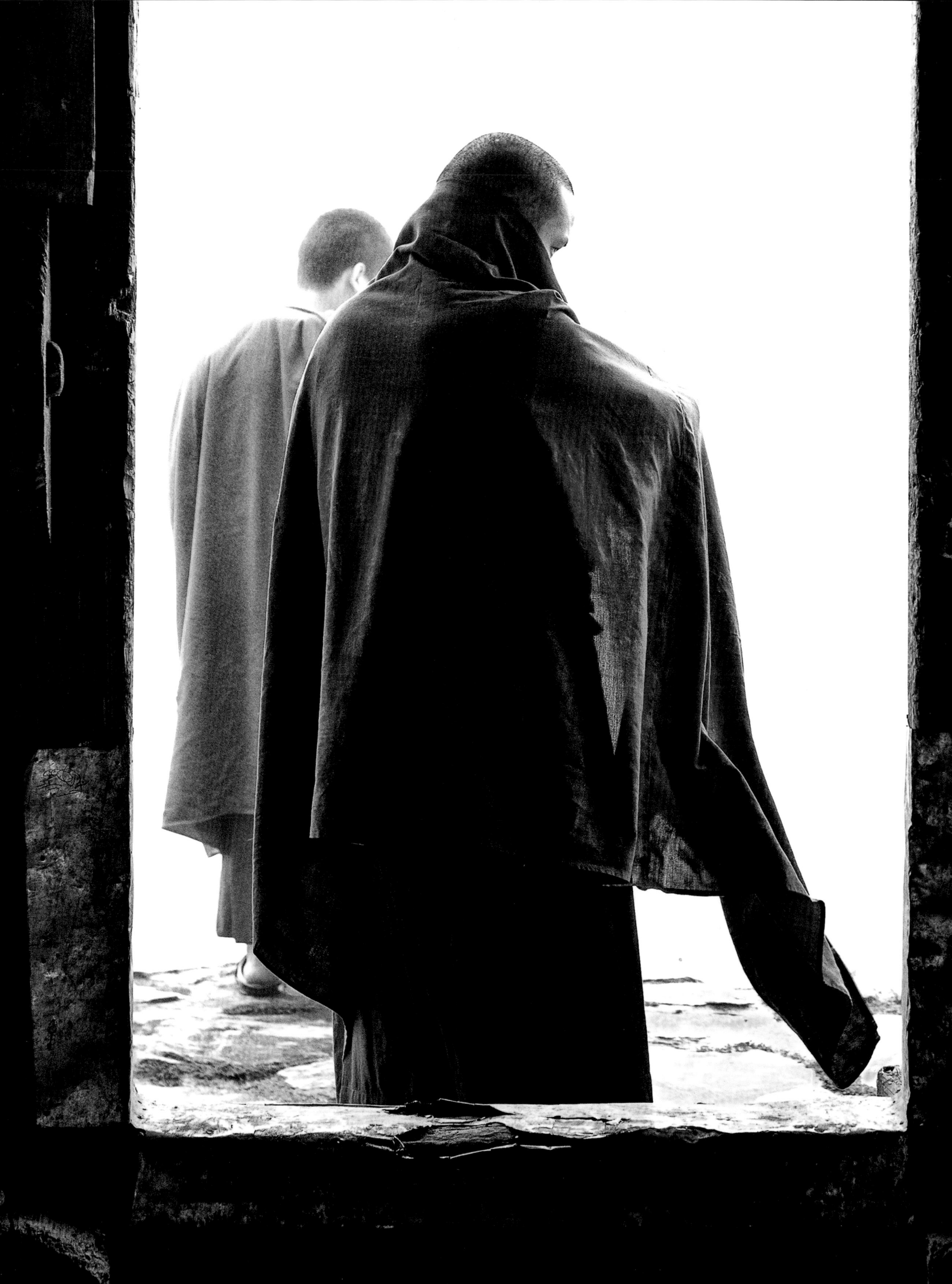

Breaking Fast, Thimphu Dzongkhag, Bhutan, 2015

Frühstück, Distrikt Thimphu, Bhutan, 2015

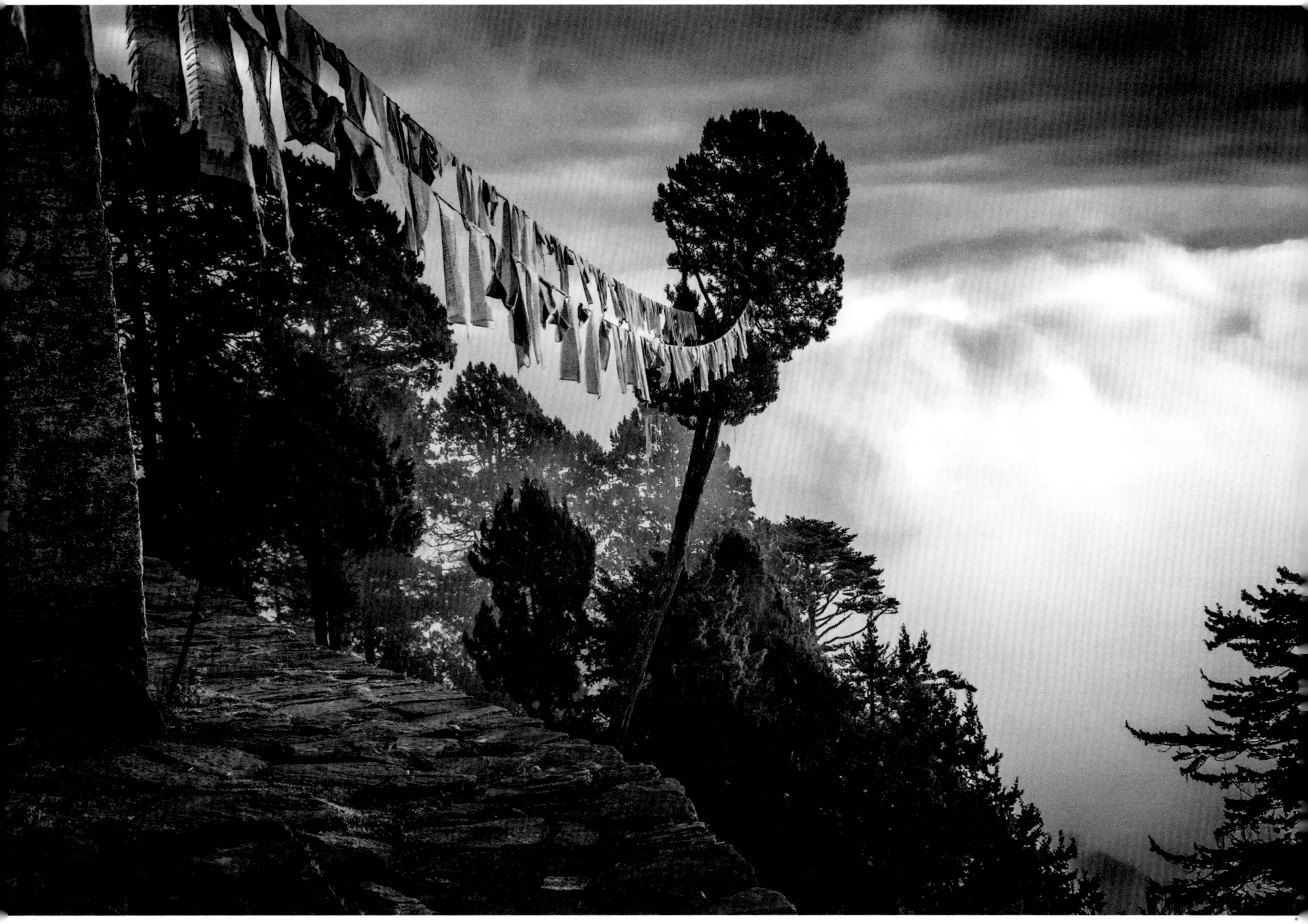

From Here to Eternity, Thimphu Dzongkhag, Bhutan, 2015 (PRAYER FLAG)
The early morning fog dissipates, revealing distant mountain peaks still partially shrouded in a bank of clouds.

Von hier zur Ewigkeit, Distrikt Thimphu, Bhutan, 2015 (GEBETSFAHNE)
Der Morgennebel löst sich auf und enthüllt ferne Berggipfel, die noch immer von Wolken umflossen sind.

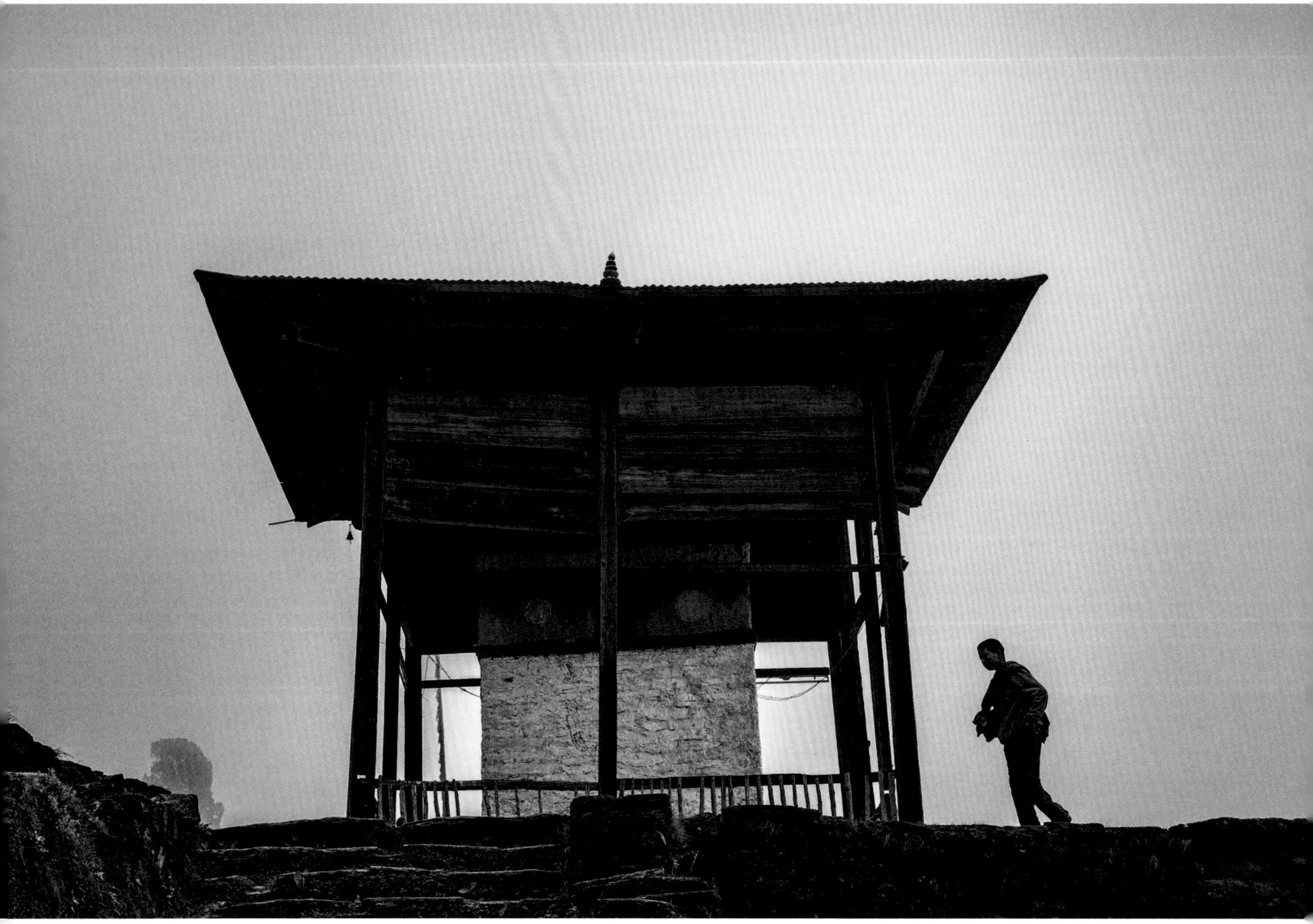

Sacred in the Ether, Thimphu Dzongkhag, Bhutan, 2017
(ETHER; MONUMENT)

Geheiligt im Äther, Distrikt Thimphu, Bhutan, 2017
(ÄTHER; DENKMAL)

Morning Quest, Thimphu Dzongkhag, Bhutan, 2017 >

Young monks engage in their studies as the sun crests over a nearby mountain.

Morgenstudium, Distrikt Thimphu, Bhutan, 2017 >

Junge Mönche sind in ihre Studien vertieft, während die Sonne über einen nahegelegenen Berg steigt.

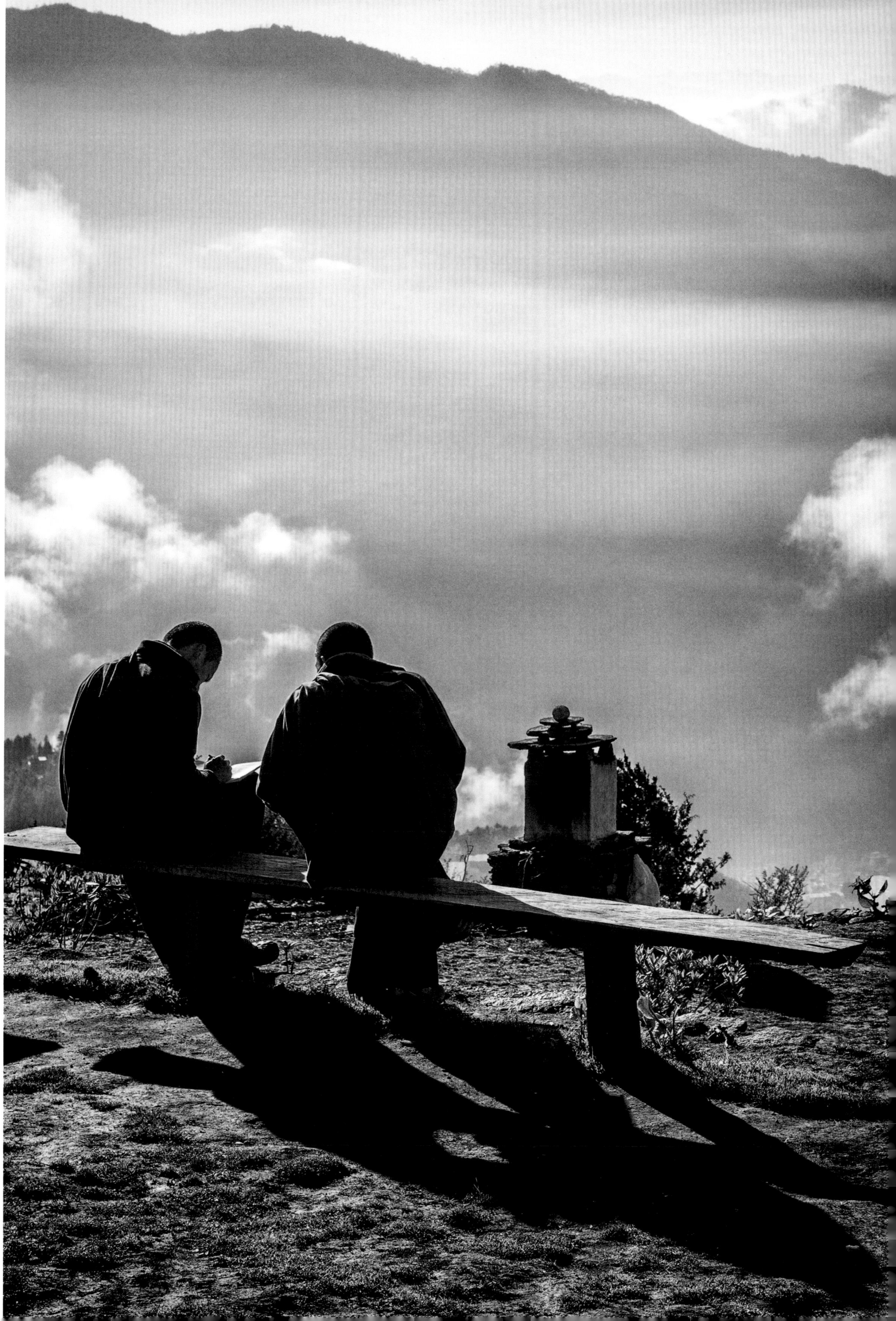

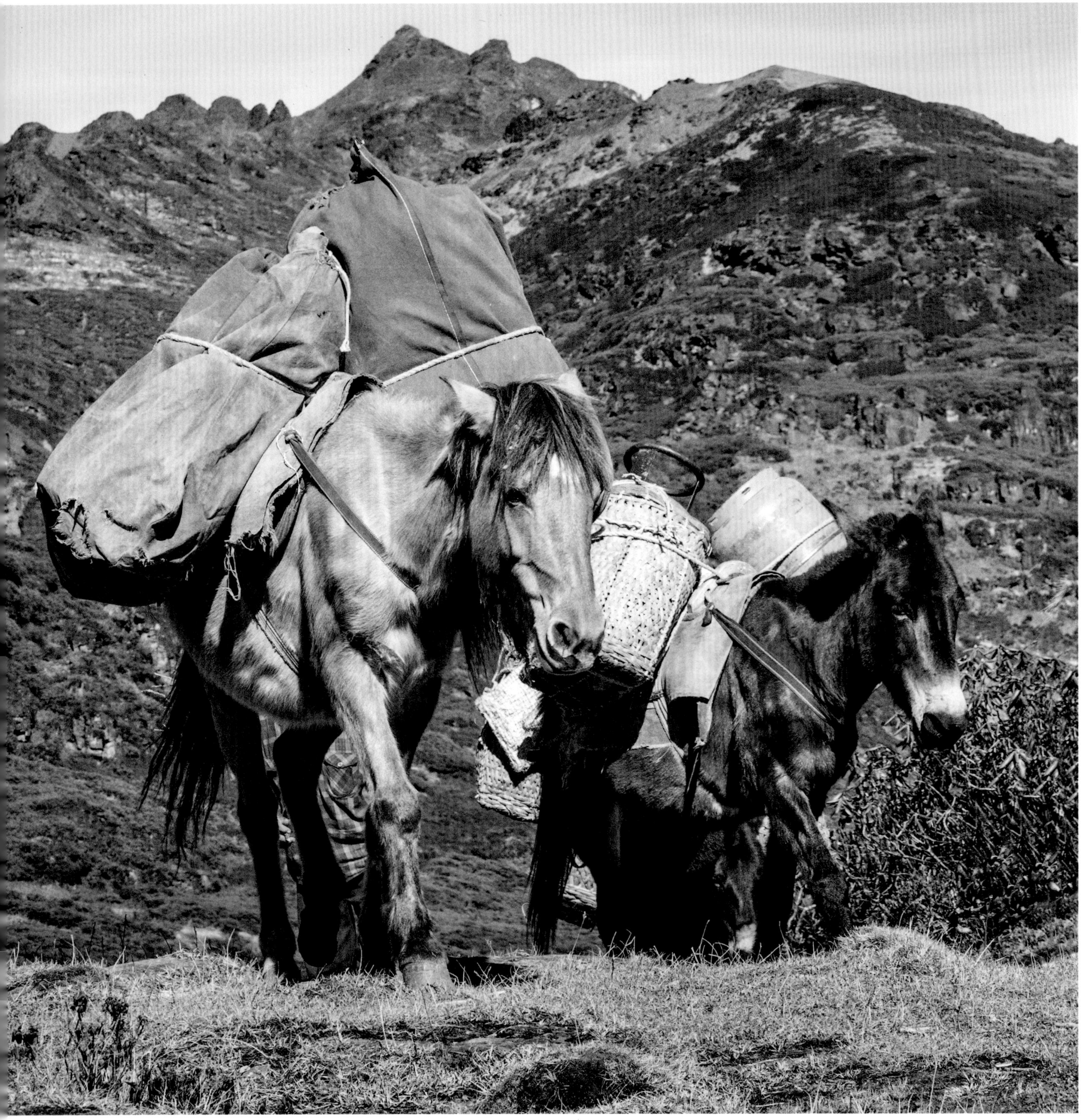

Welcomed Colleague, Thimphu Dzongkhag, Bhutan, 2013 ➤

He leads the packhorses up the mountain, sometimes twice a day, and often spends the night.

Willkommener Landsmann, Distrikt Thimphu, Bhutan, 2013 ➤

Er führt die Lastesel und -pferde den Berg hinauf, manchmal zweimal am Tag, und oft verbringt er oben die Nacht.

Providers, Thimphu Dzongkhag, Bhutan, 2015

Lieferanten, Distrikt Thimphu, Bhutan, 2015

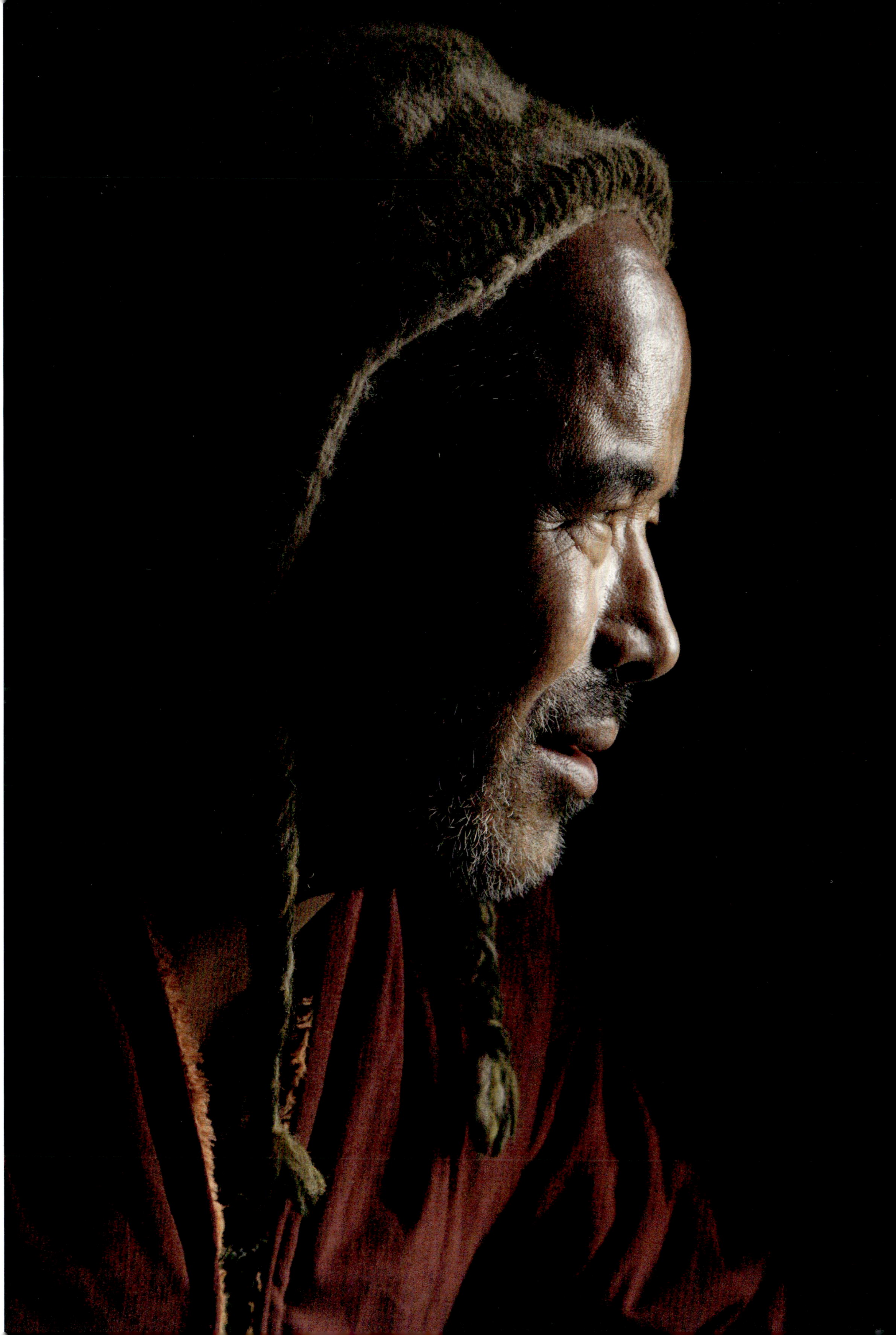

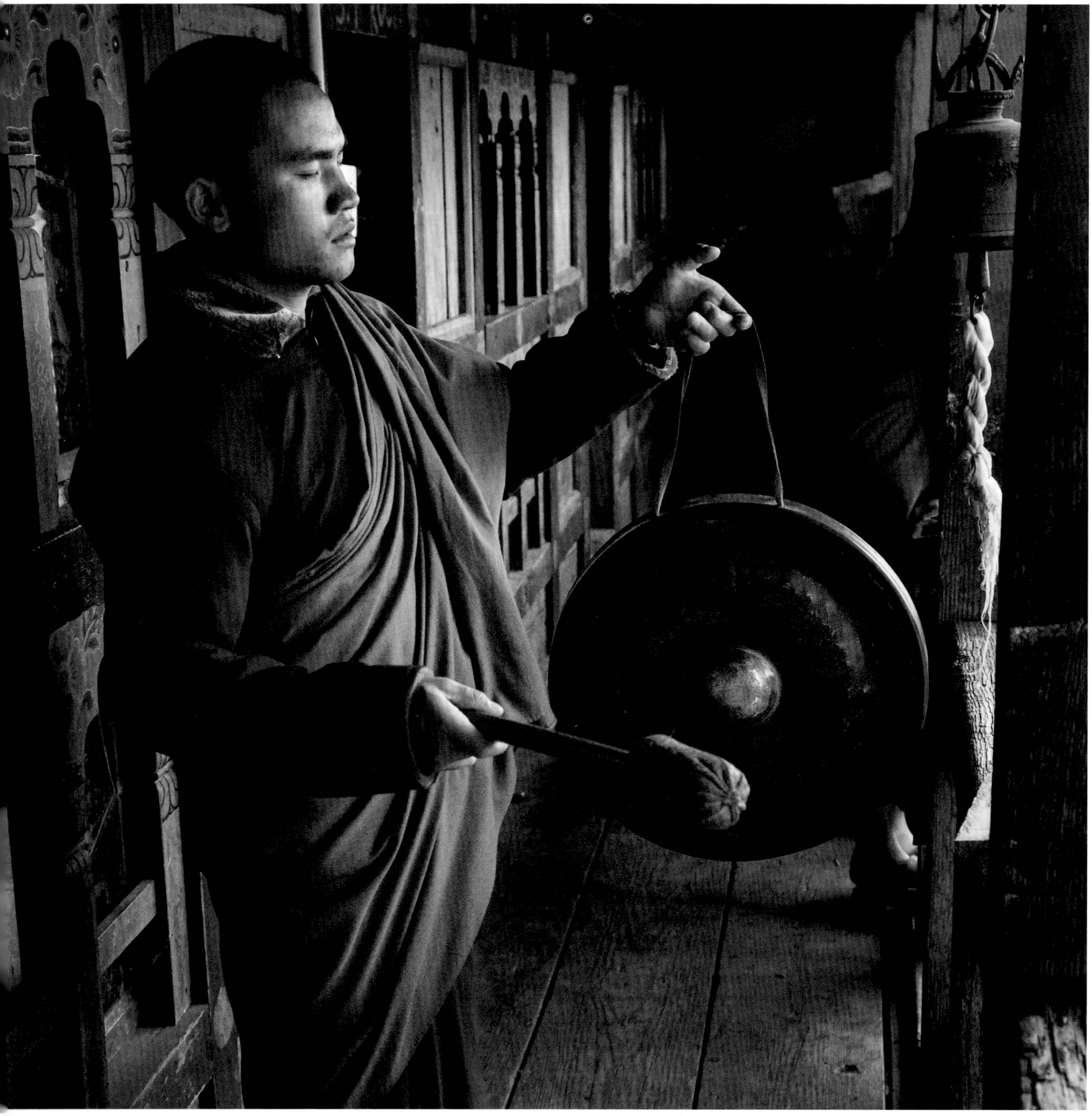

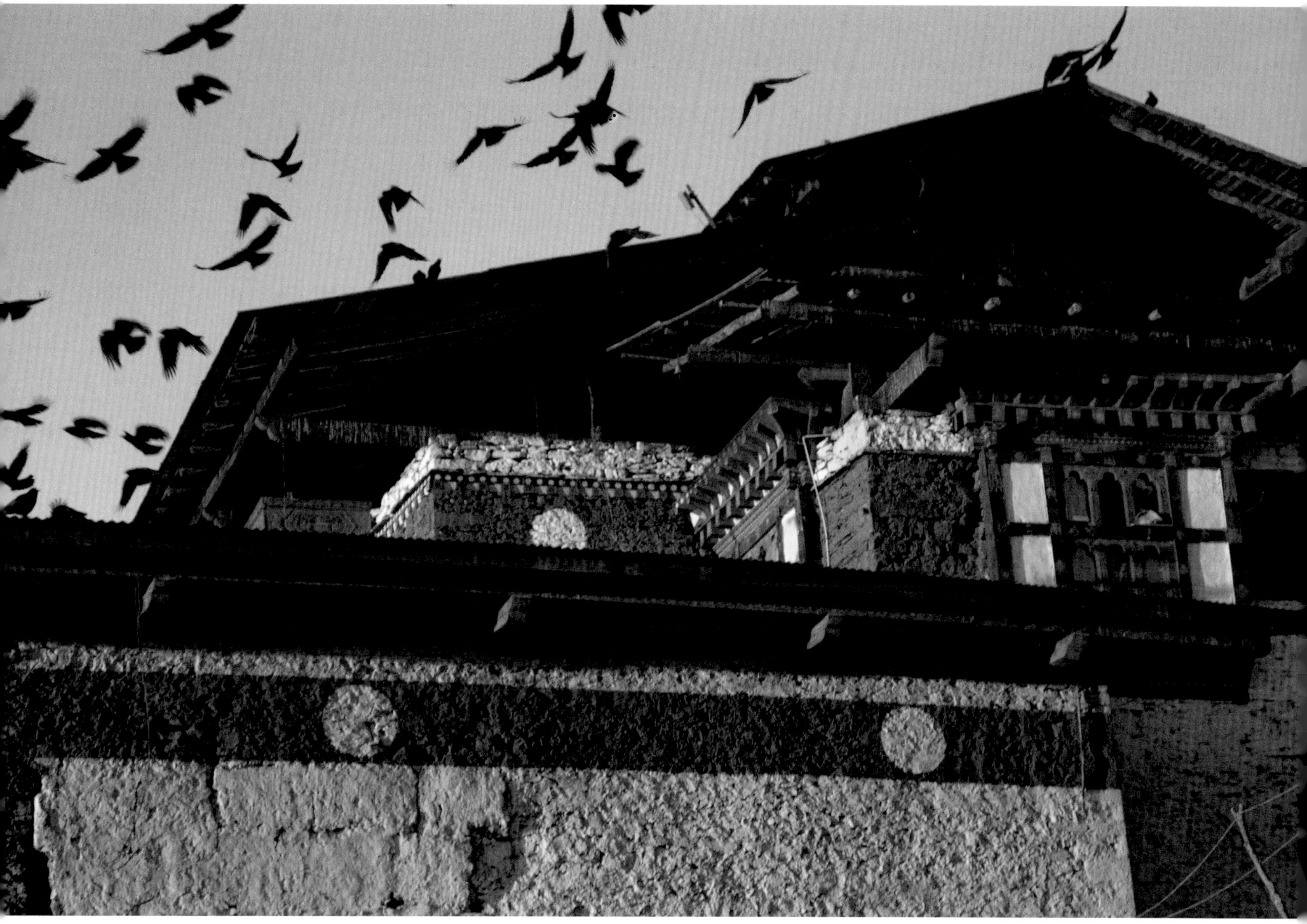

Morning Call, Thimphu Dzongkhag, Bhutan, 2017

The senior monk strikes the gong to awaken everyone from sleep, announce mealtimes, and summon monks to prayer.

Zeit zum Aufstehen, Distrikt Thimphu, Bhutan, 2017

Der vorstehende Mönch schlägt den Gong, um die Mönche morgens aufzuwecken, ihnen Mahlzeiten anzukündigen und sie zum Gebet zu rufen.

From Here We Can Fly, Thimphu Dzongkhag, Bhutan, 2015

Losfliegen können, Distrikt Thimphu, Bhutan, 2015

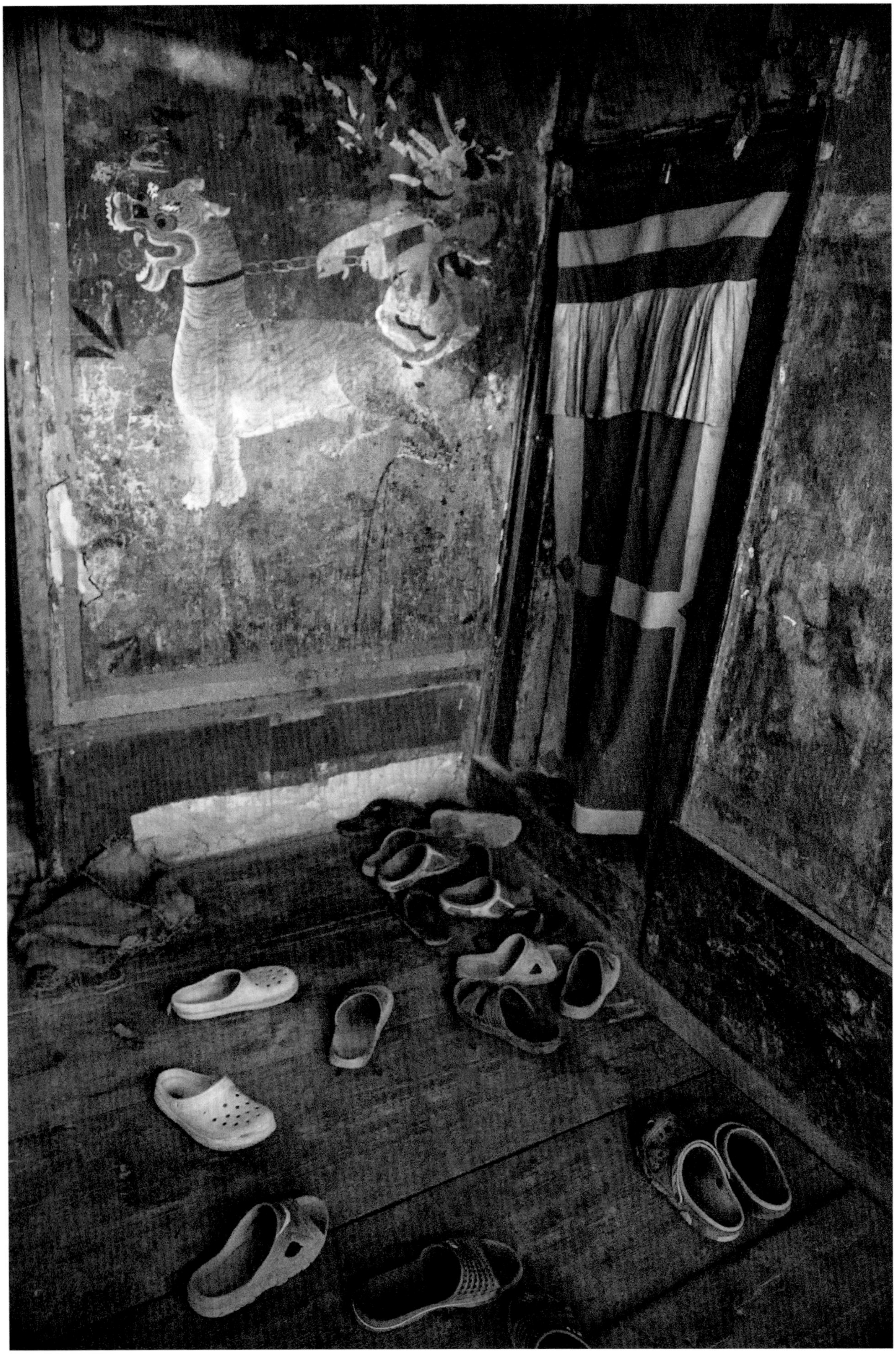

◂ *Monks Pray, Sandals Wait,* Thimphu Dzongkhag, Bhutan, 2017

Sandals are left in the vestibule when entering any building at the monastery.

◂ *Drinnen Mönche im Gebet, draußen lauter Sandalen,* Distrikt Thimphu, Bhutan, 2017

Beim Betreten eines Klostergebäudes werden die Sandalen im Vorraum zurückgelassen.

Receiving Light, ▸ Thimphu Dzongkhag, Bhutan, 2017 (CANON)

Lichteinfall, ▸ Distrikt Thimphu, Bhutan, 2017 (KANON)

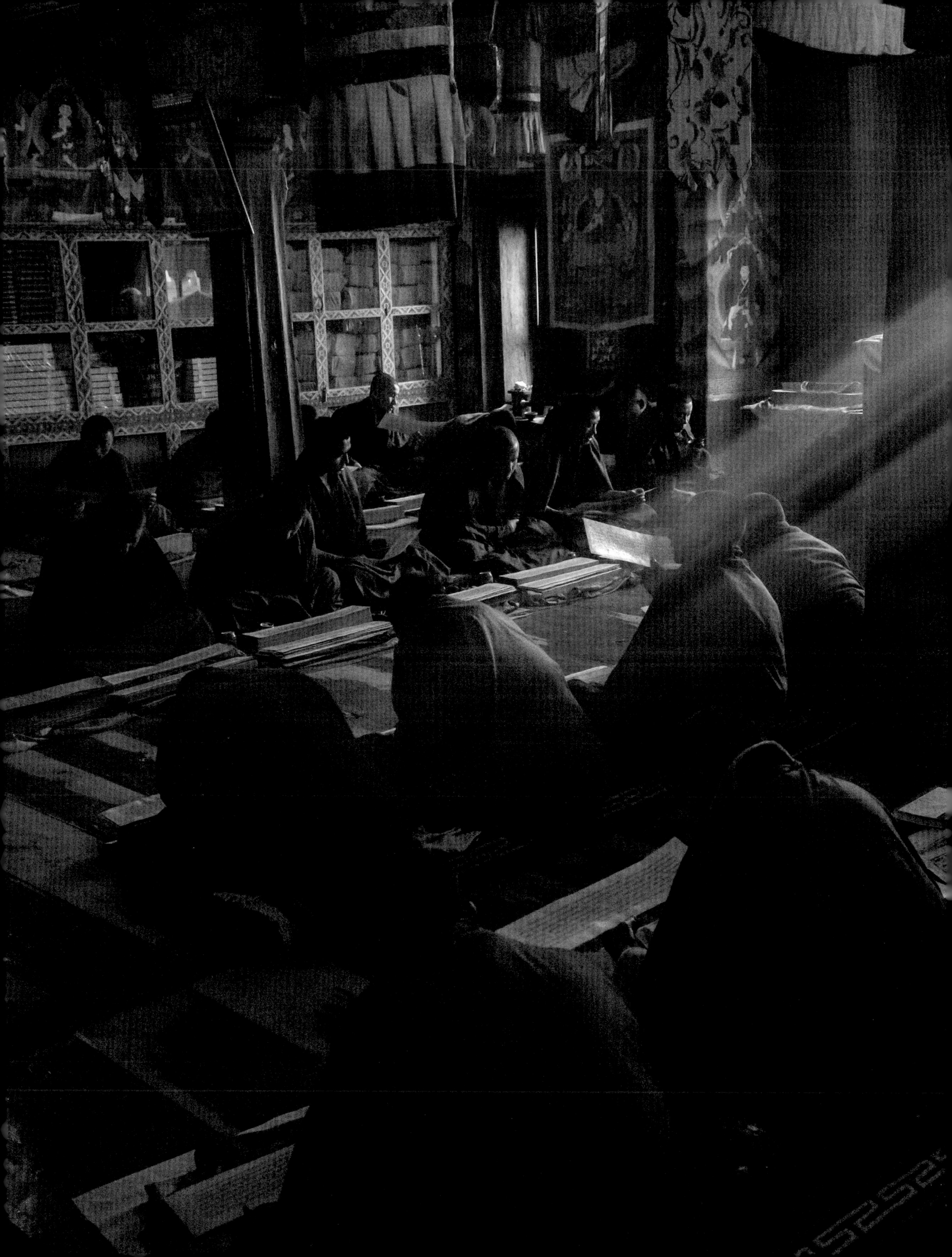

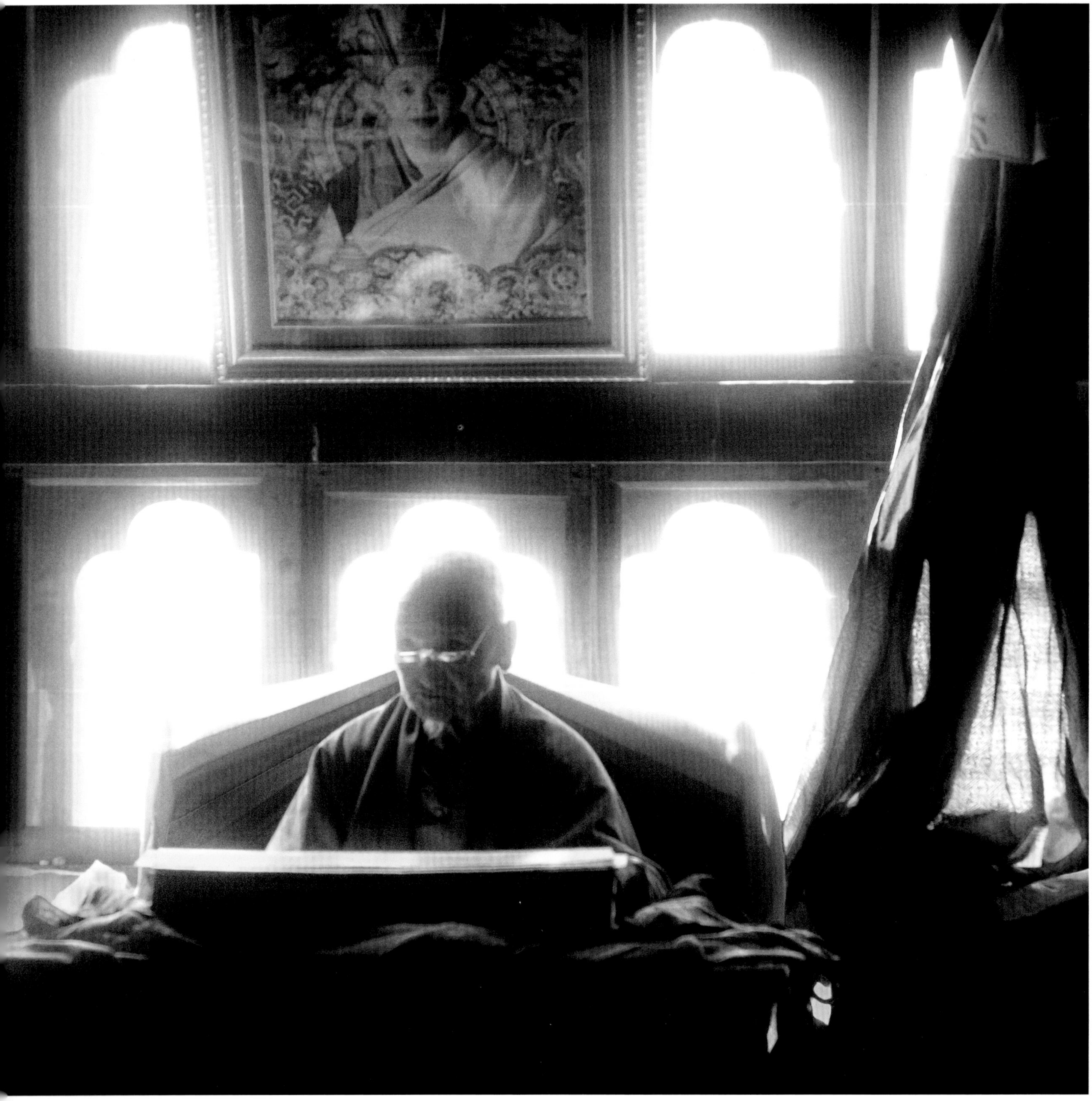

Elder's Light, Thimphu Dzongkhag, Bhutan, 2017 (CANON; PUJA)
A visiting senior Lama leads a special, all-day Puja ceremony.

Des Ältesten Licht, Distrikt Thimphu, Bhutan, 2017 (KANON; PUJA)
Ein gastierender, ranghoher Lama führt eine besondere, ganztägige Puja durch.

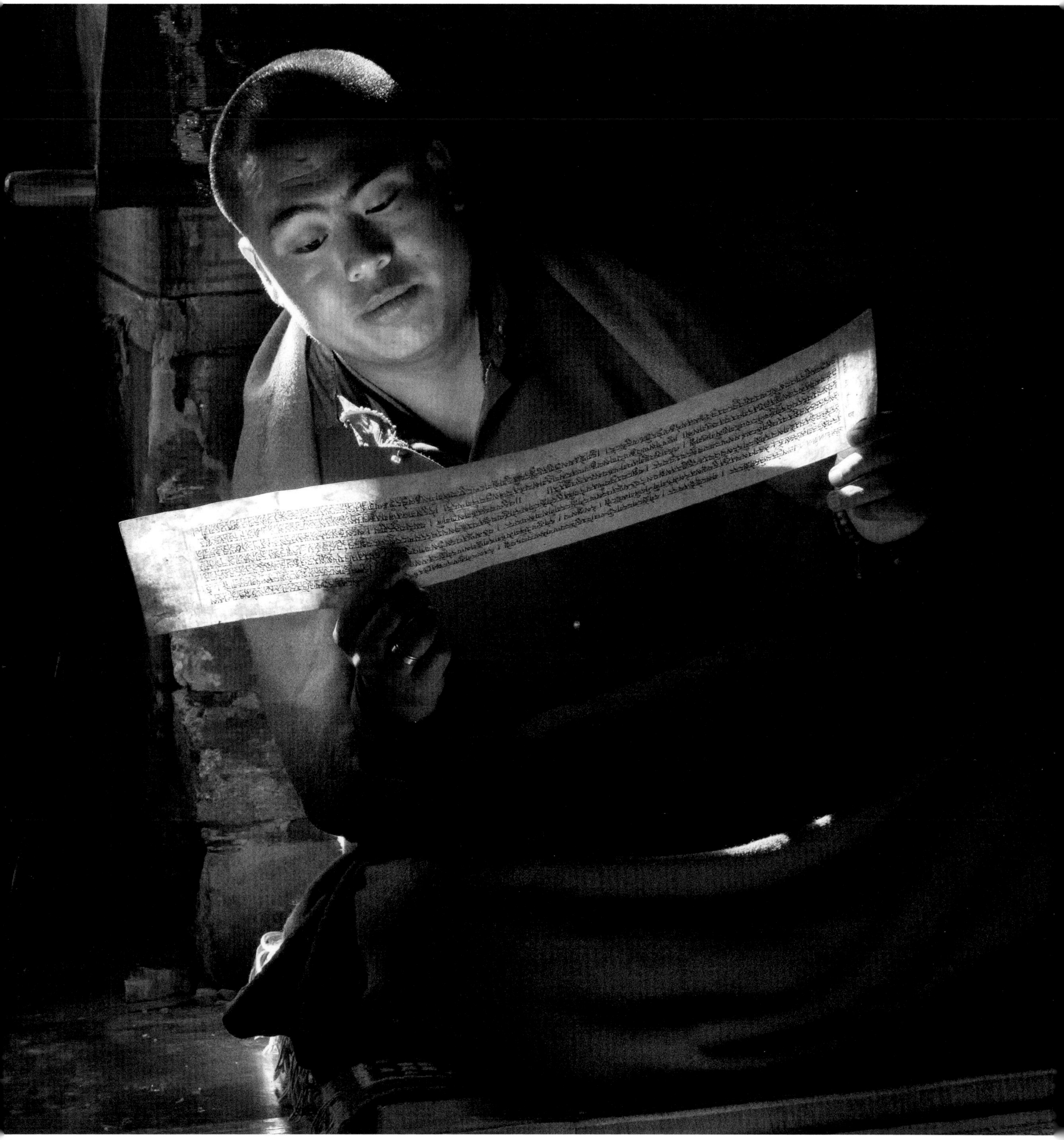

Illuminating Wisdom, Thimphu Dzongkhag, Bhutan, 2017 (CANON)

Einleuchtende Weisheit, Distrikt Thimphu, Bhutan, 2017 (KANON)

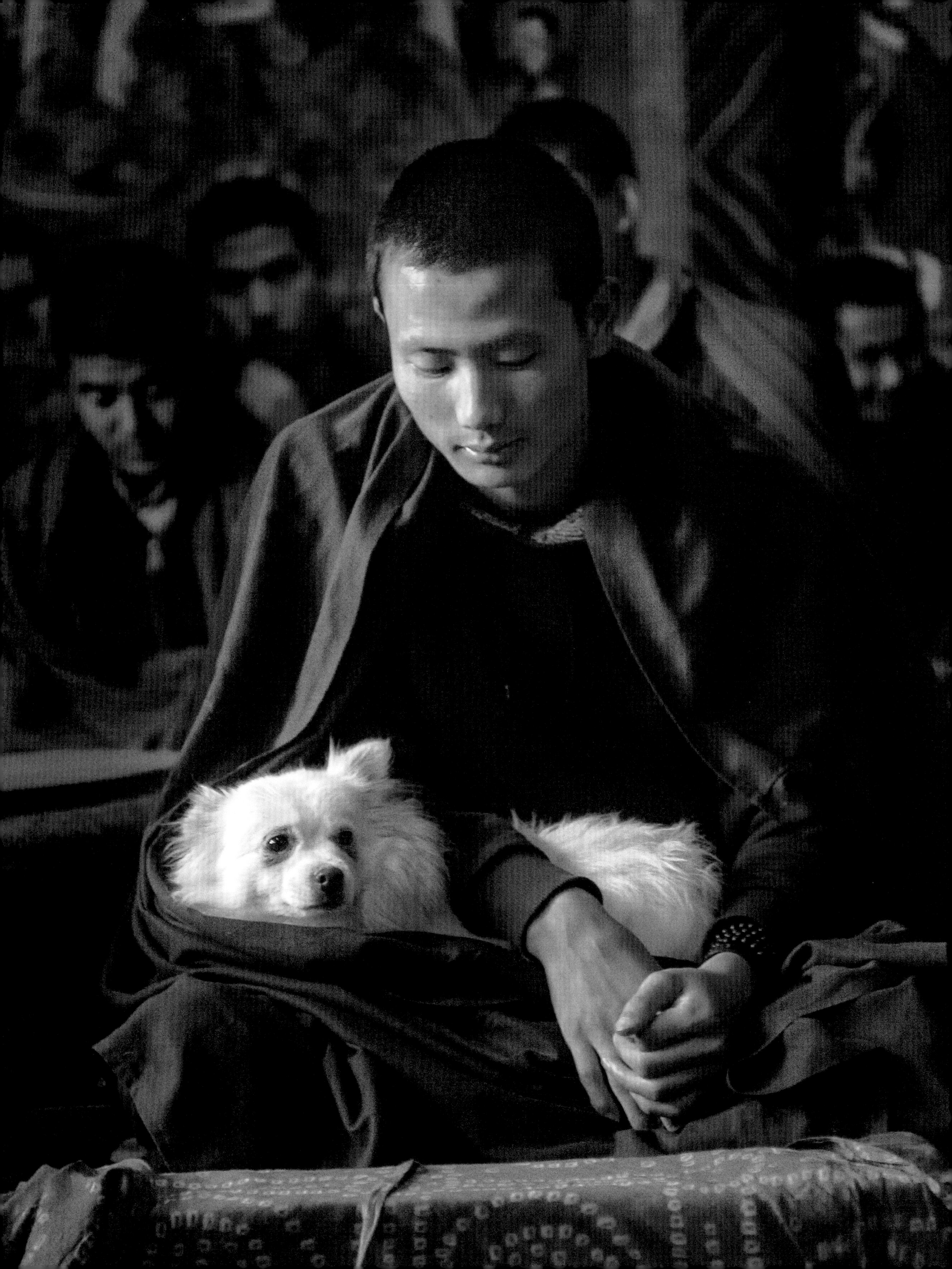

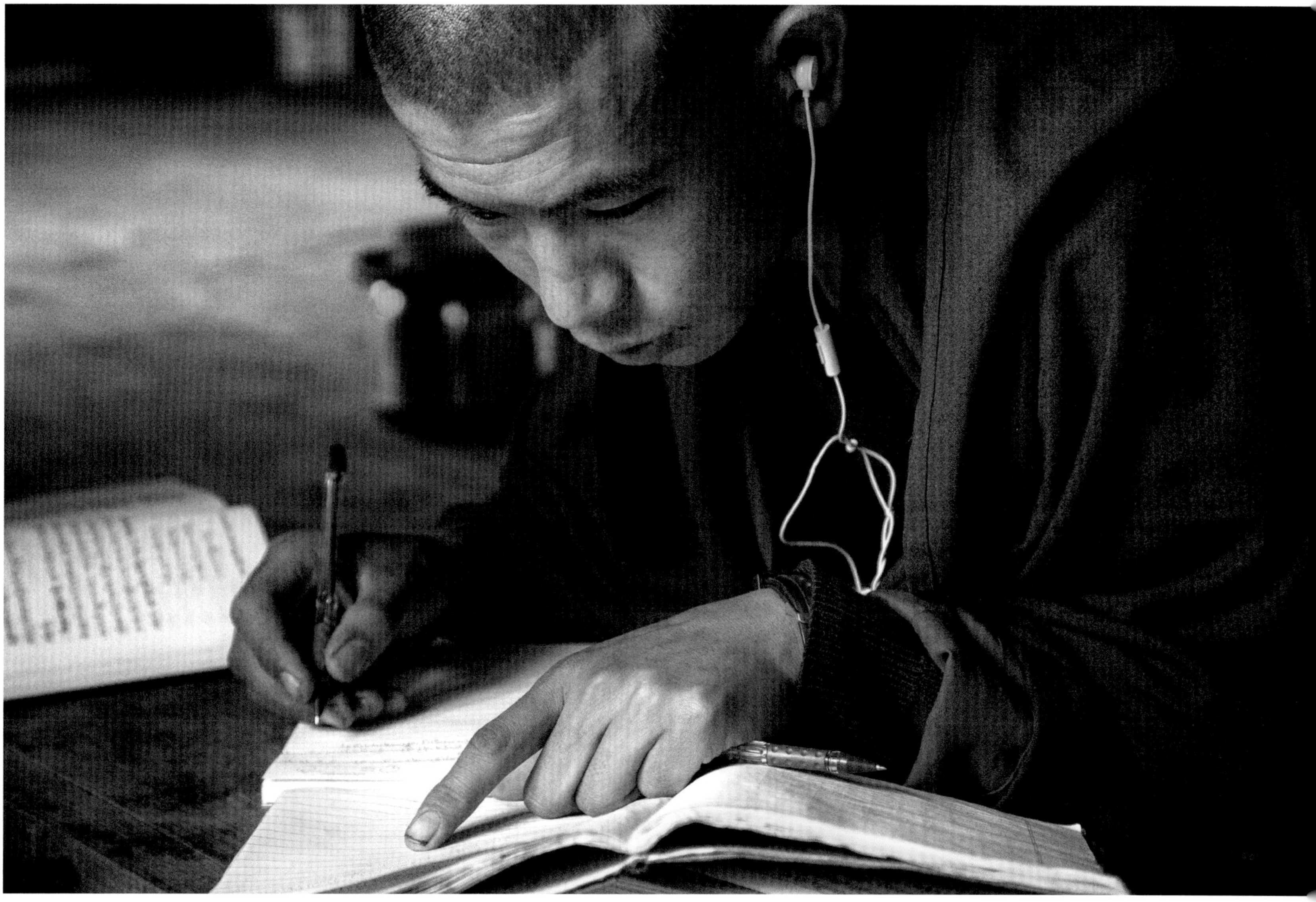

◀ *Comforting #2,* Thimphu Dzongkhag, Bhutan, 2017

◀ *Tröstliche Gesellschaft #2,* Distrikt Thimphu, Bhutan, 2017

Homework, Thimphu Dzongkhag, Bhutan, 2015

Hausaufgaben, Distrikt Thimphu, Bhutan, 2015

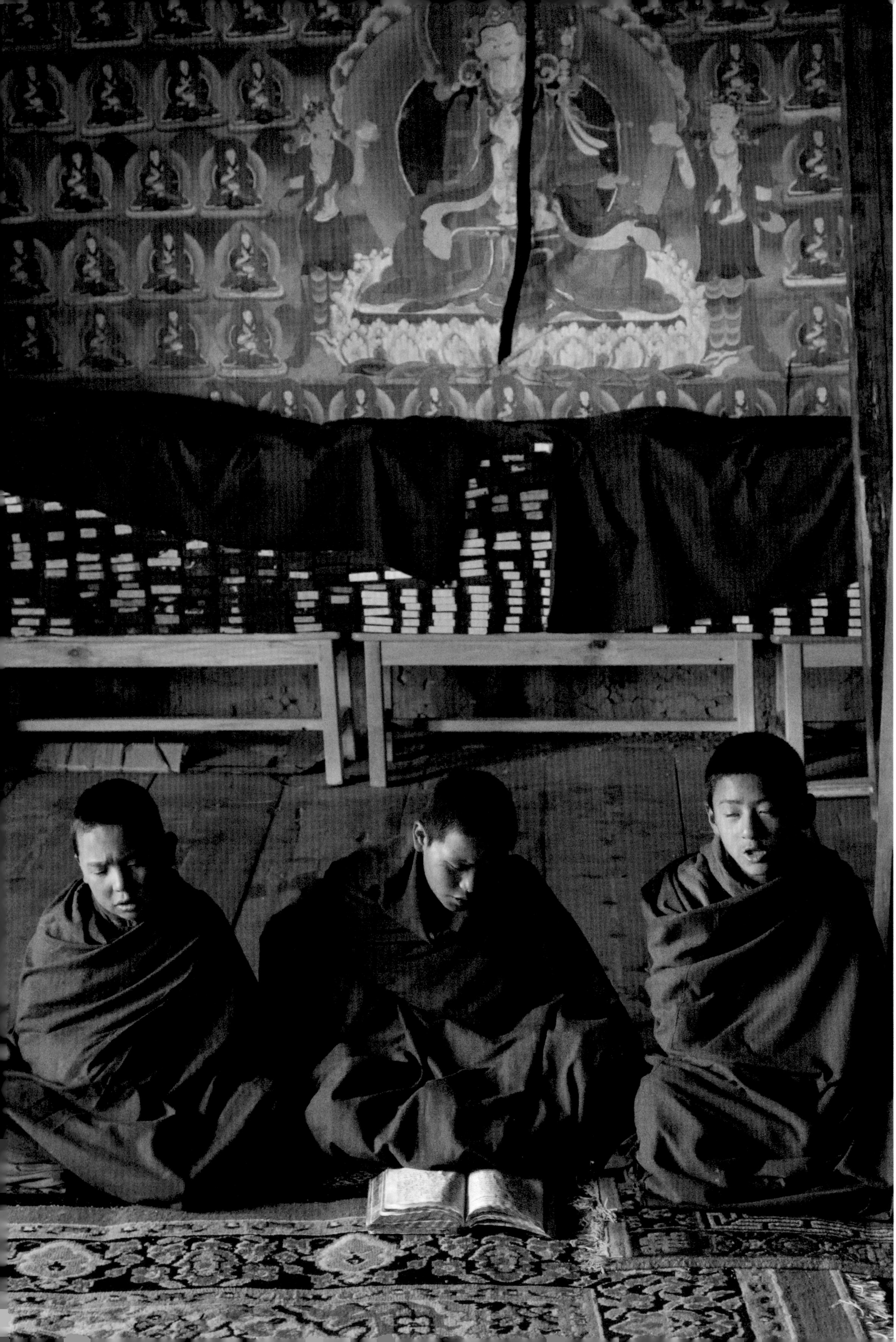

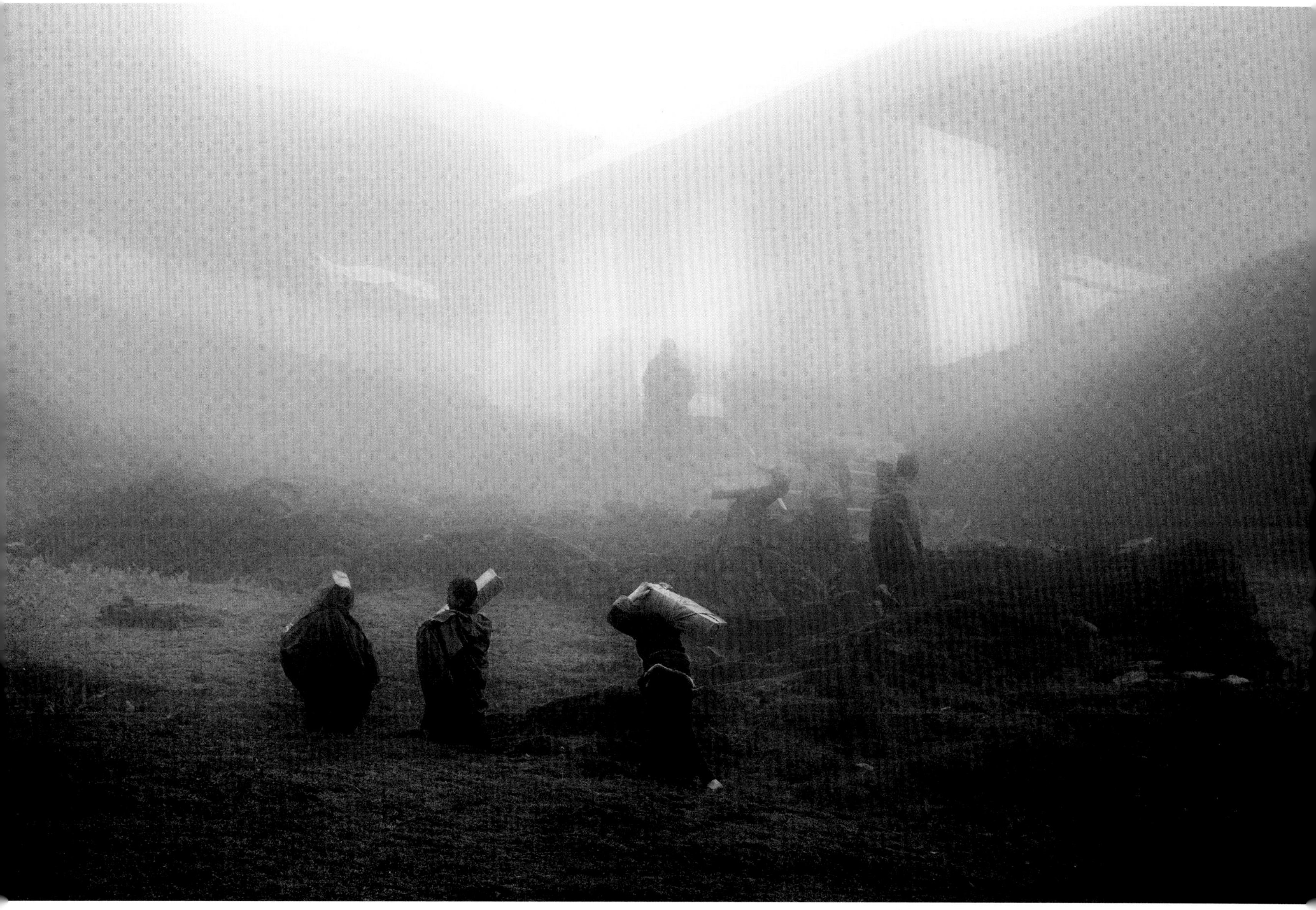

< *Recitations,* Thimphu Dzongkhag, Bhutan, 2017

Young monks practice their recitations in a rarely used temple while outdated cassette tapes keep them company.

< *Rezitationen,* Distrikt Thimphu, Bhutan, 2017

Junge Mönche praktizieren ihre Rezitationen in einem kaum benutzten Tempel, während ihnen ausrangierte Videokassetten Gesellschaft leisten.

Climbing Toward Enlightenment #1, Thimphu Dzongkhag, Bhutan, 2017

Young monks carry sacred texts from the main compound to a 200-year old temple.

Aufstieg zur Erleuchtung #1, Distrikt Thimphu, Bhutan, 2017

Junge Mönche tragen heilige Texte aus dem Hauptkloster zu einem 200 Jahre alten Tempel hinauf.

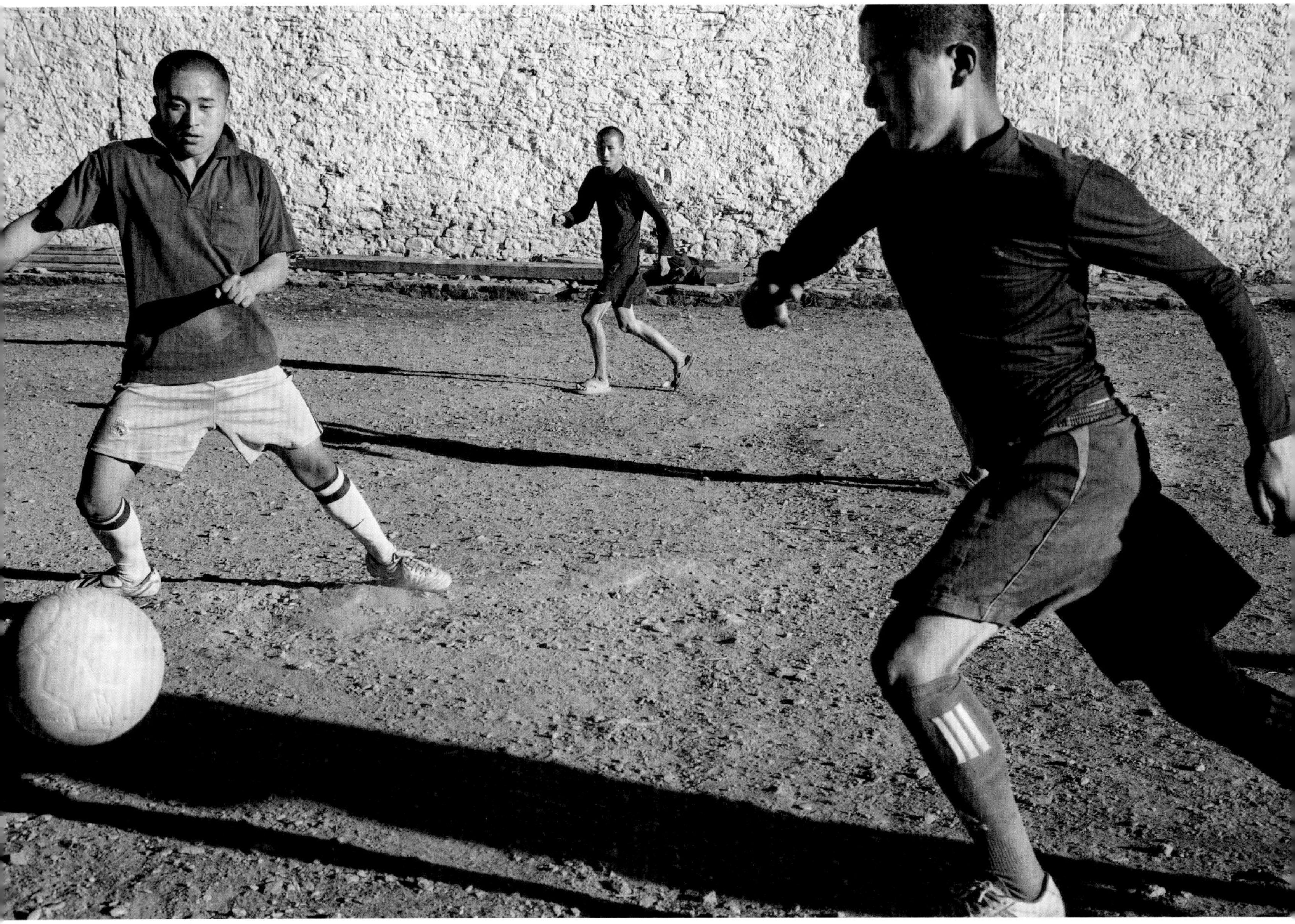

Enjoying the Action, Thimphu Dzongkhag, Bhutan, 2017 >

Lama Namgay and other monks enjoy a spirited football match.

Spaß am Spiel, Distrikt Thimphu, Bhutan, 2017 >

Lama Namgay und die anderen Mönche schauen gerne einem spannenden Fußballspiel zu.

Pursuit, Thimphu Dzongkhag, Bhutan, 2015

Hinterhersein, Distrikt Thimphu, Bhutan, 2015

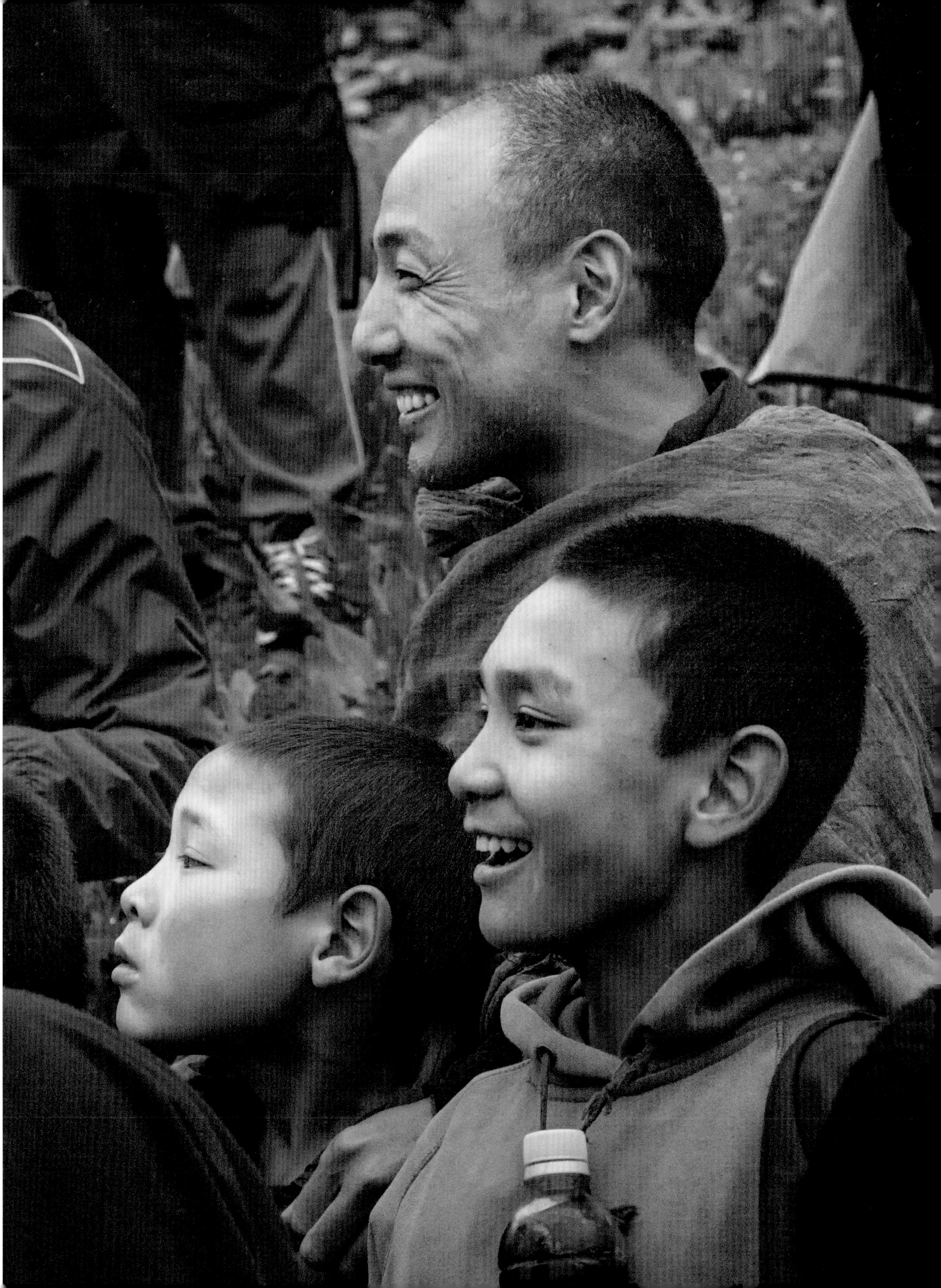

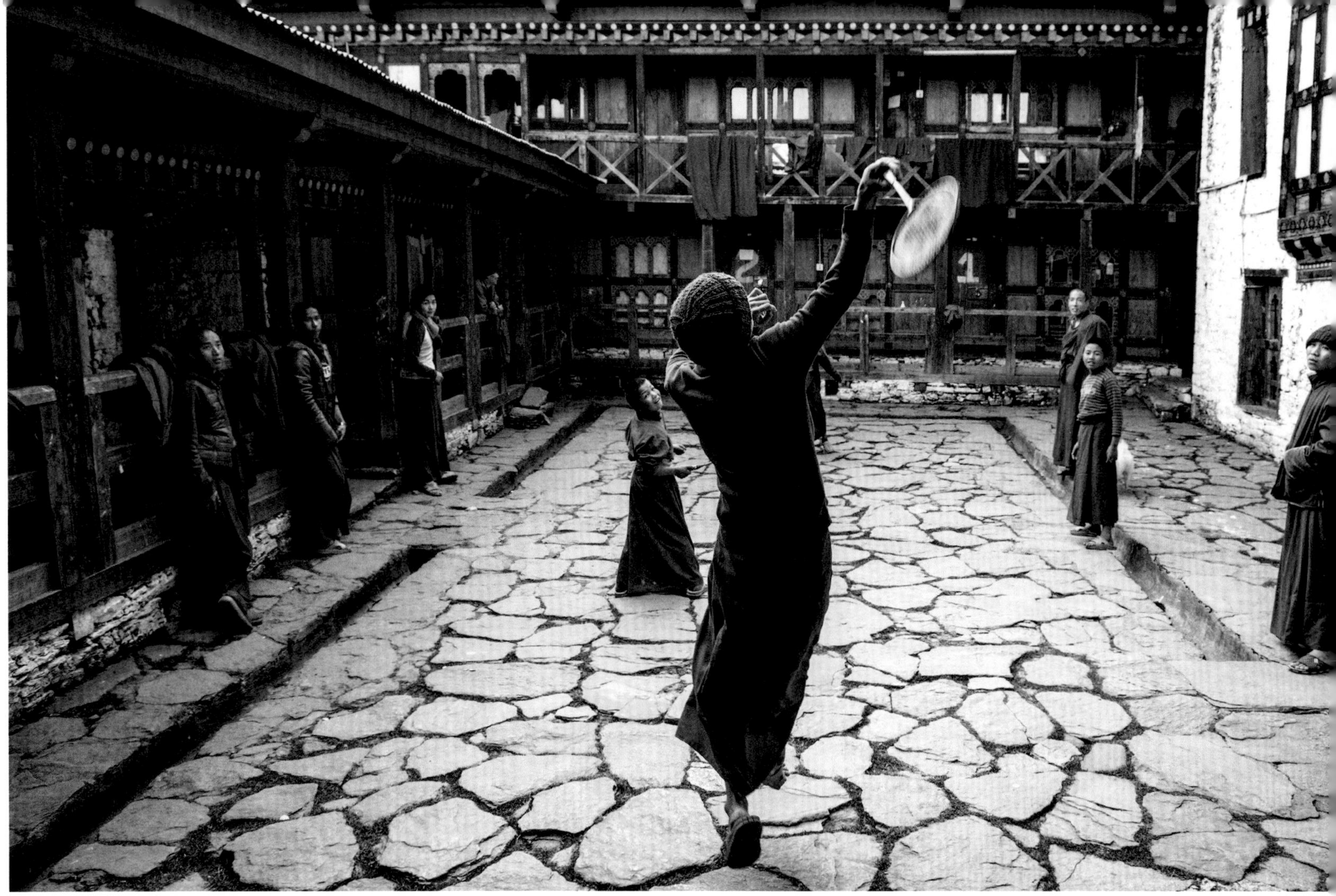

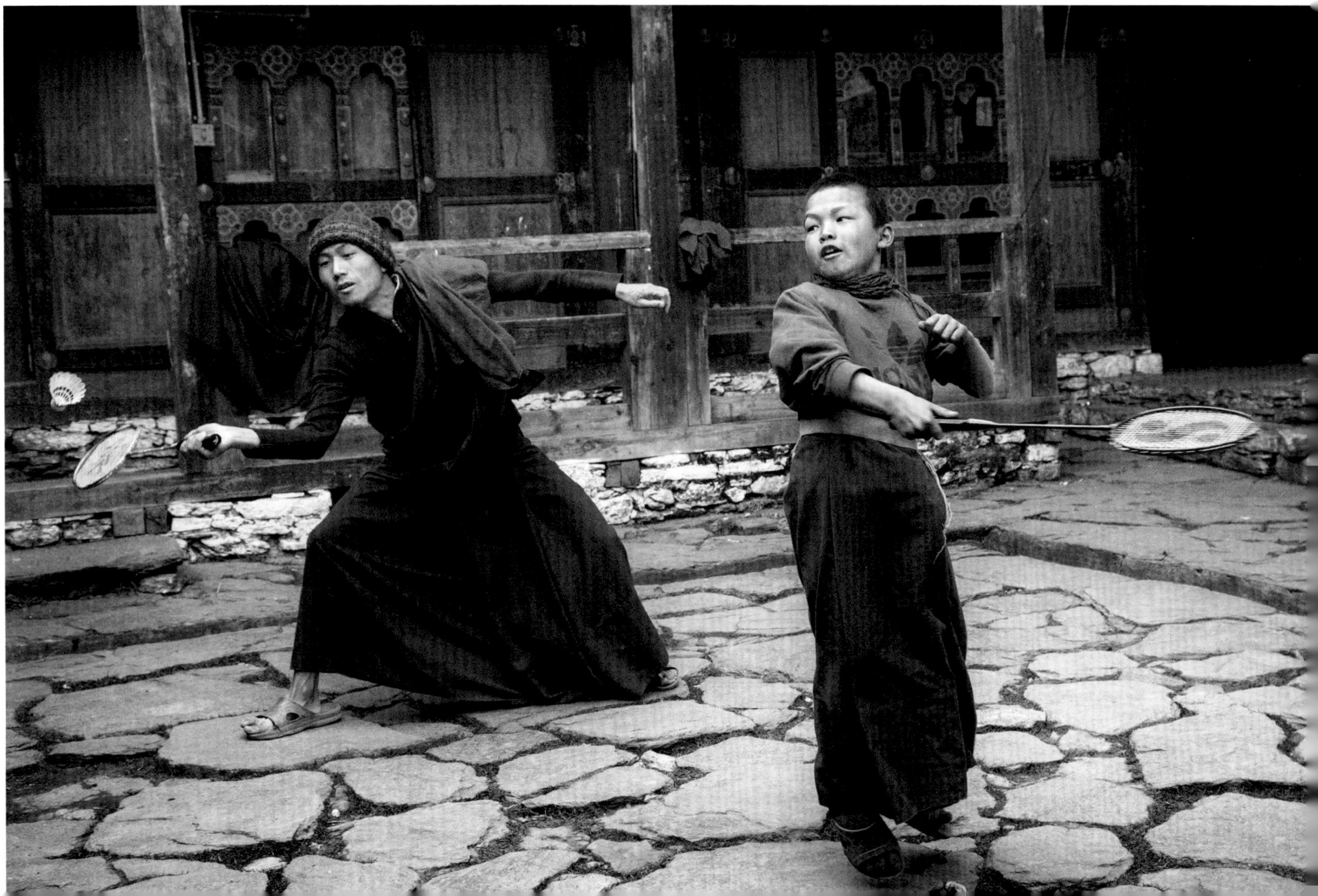

◀ *The Stretch,* Thimphu Dzongkhag, Bhutan, 2015

◀ *Sich in die Höhe strecken,* Distrikt Thimphu, Bhutan, 2015

◀ *Backup,* Thimphu Dzongkhag, Bhutan, 2015

◀ *Deckung,* Distrikt Thimphu, Bhutan, 2015

Refuge, Thimphu Dzongkhag, Bhutan, 2013 ▶

A monk seeks shelter as the wind picks up and the temperature drops, while thick rain clouds advance up the valley from the west.

Schutzsuche, Distrikt Thimphu, Bhutan, 2013 ▶

Als der Wind stärker wird und die Temperatur fällt, bringt sich ein Mönch in Sicherheit, während von Westen dicke Regenwolken aus dem Tal aufziehen.

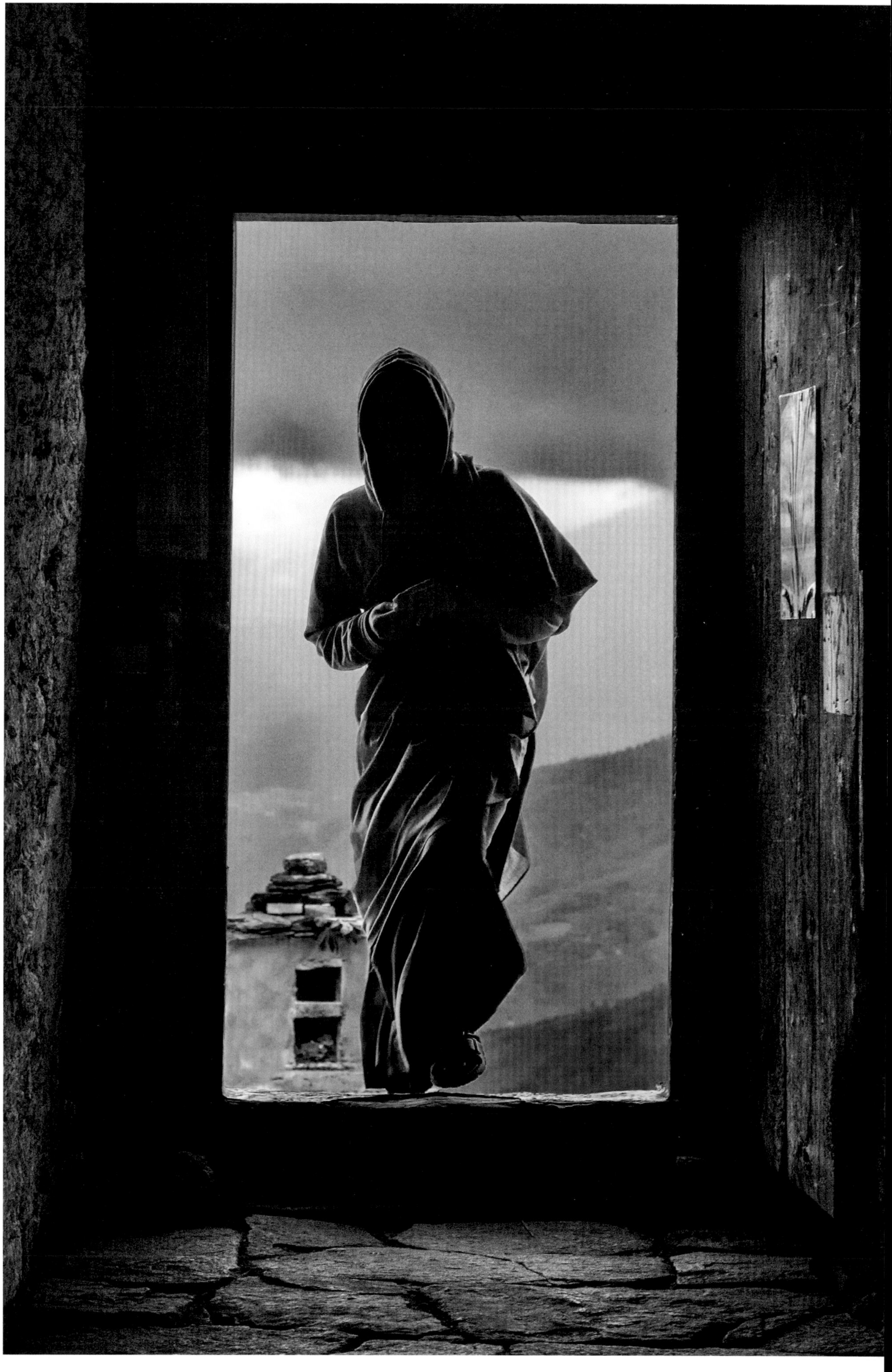

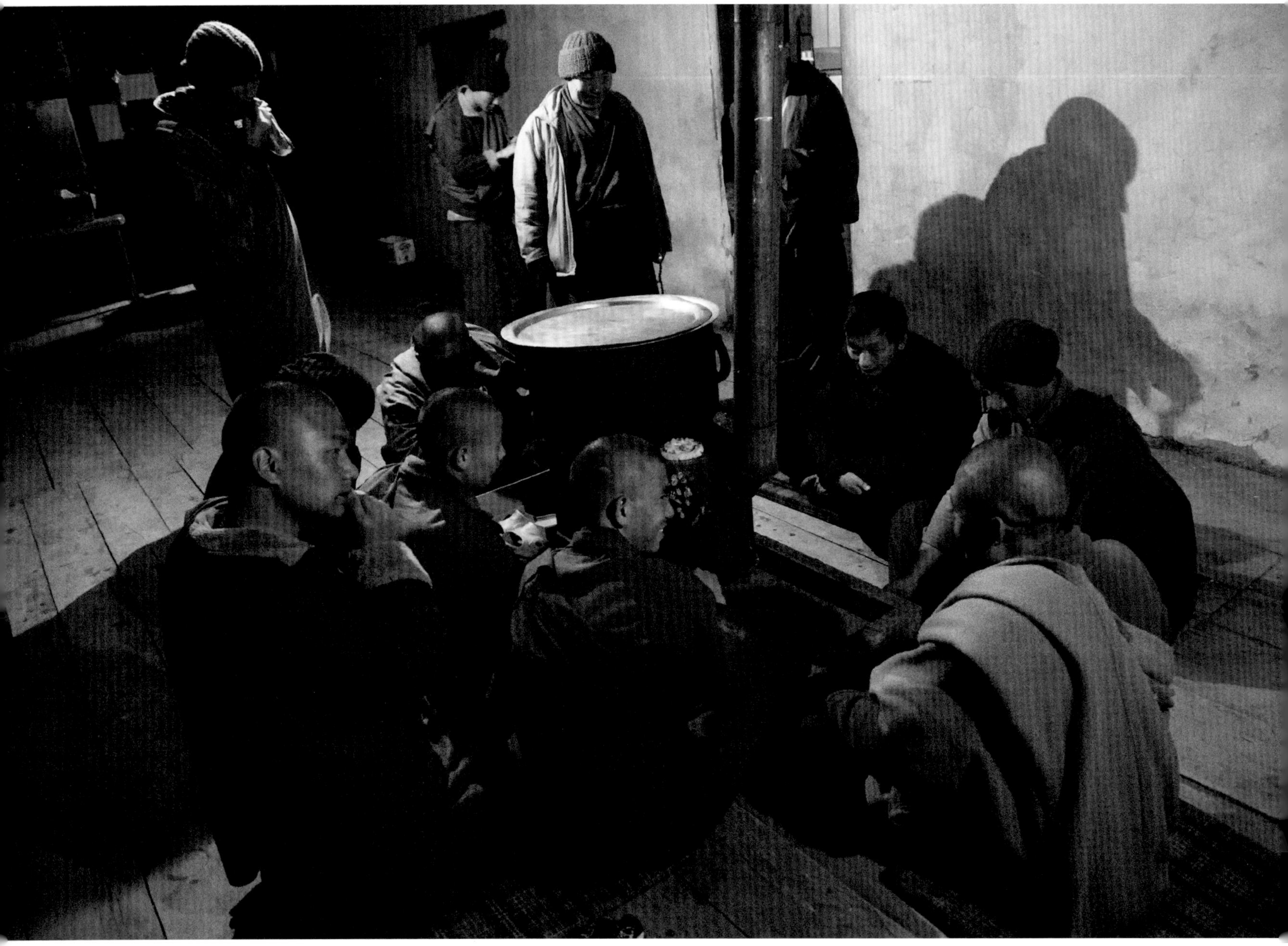

A Day's Reflections, Thimphu Dzongkhag, Bhutan, 2015

When the sun sets the temperature can drop very quickly. Monks wrap themselves in thick robes and gather around the wood stove.

Zusammenkunft am Abend, Distrikt Thimphu, Bhutan, 2015

Nach Sonnenuntergang kann es sehr schnell kalt werden. Die Mönche ziehen sich warme Sachen über und versammeln sich um den Holzofen.

Retained Warmth, Thimphu Dzongkhag, Bhutan, 2015 ➤

Beim sich Aufwärmen, Distrikt Thimphu, Bhutan, 2015 ➤

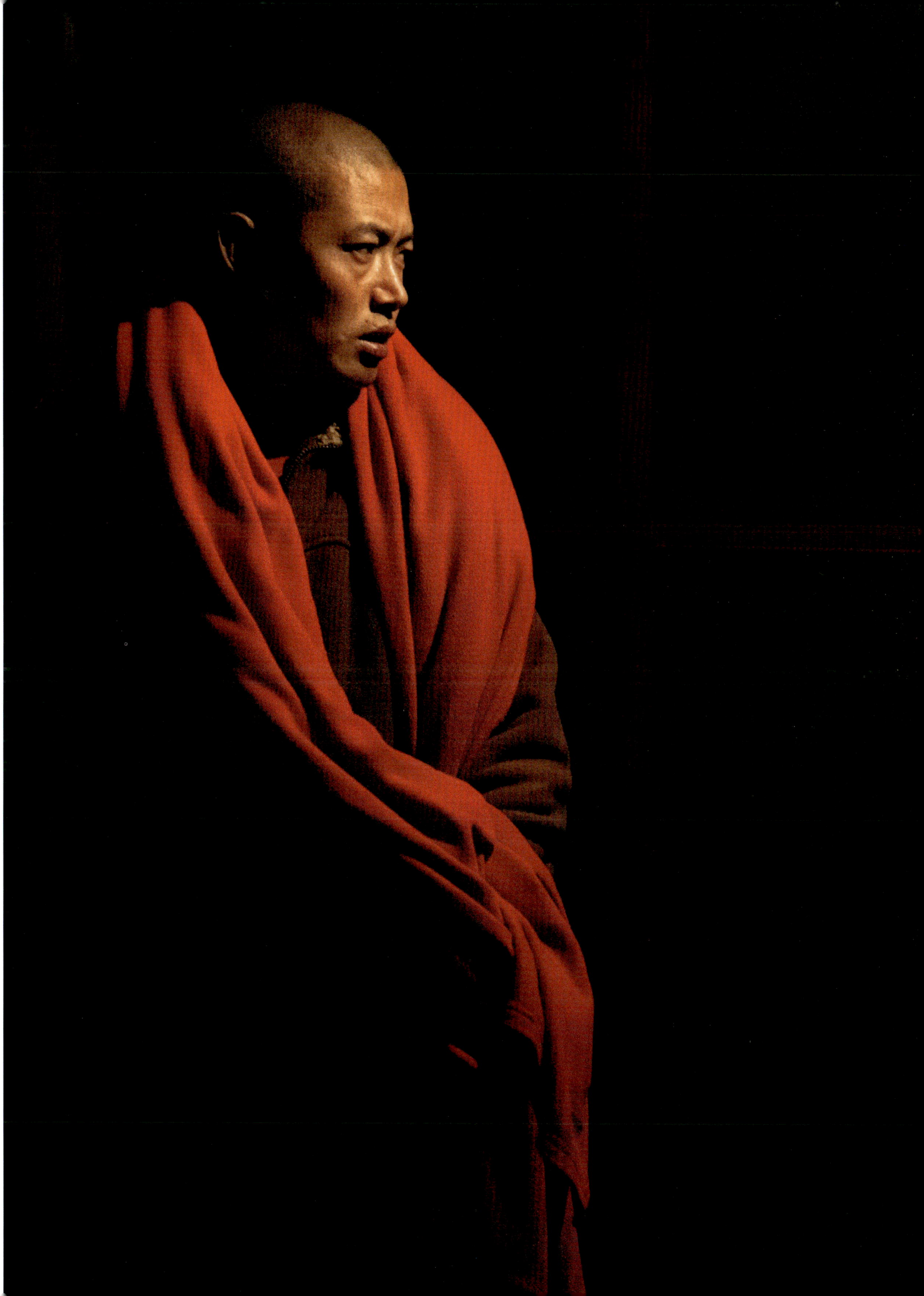

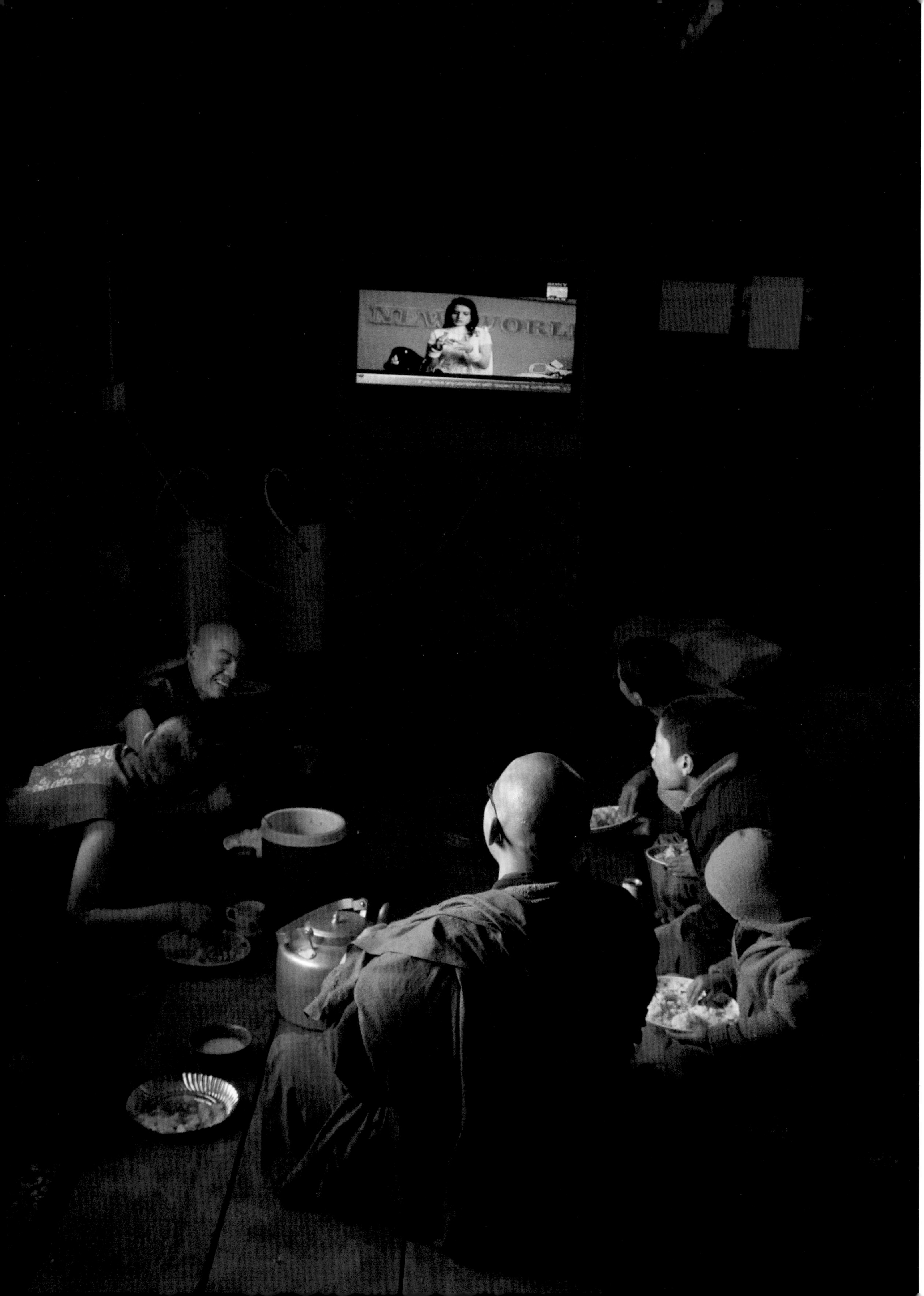

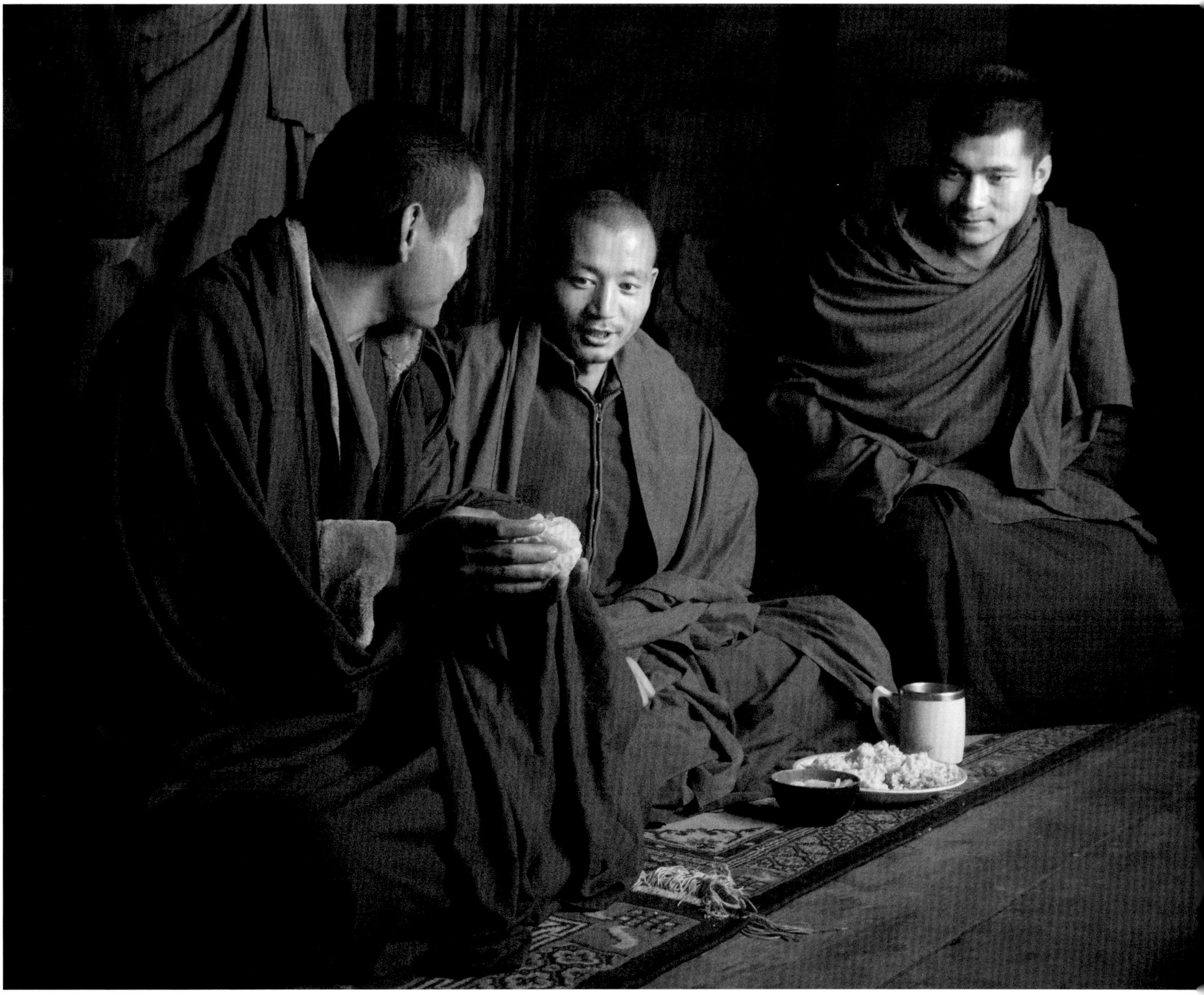

◀ *Elsewhere News,* Thimphu Dzongkhag, Bhutan, 2017
The monastery's television is kept out of sight and occasionally brought into the common area for special programs.

◀ *Auswärtige Nachrichten,* Distrikt Thimphu, Bhutan, 2017
Der Fernseher des Klosters ist meist weggeräumt und wird nur für bestimmte Sendungen im Gemeinschaftsraum aufgestellt.

Dinner Conversation, Thimphu Dzongkhag, Bhutan, 2017

Unterhaltung beim Abendessen, Distrikt Thimphu, Bhutan, 2017

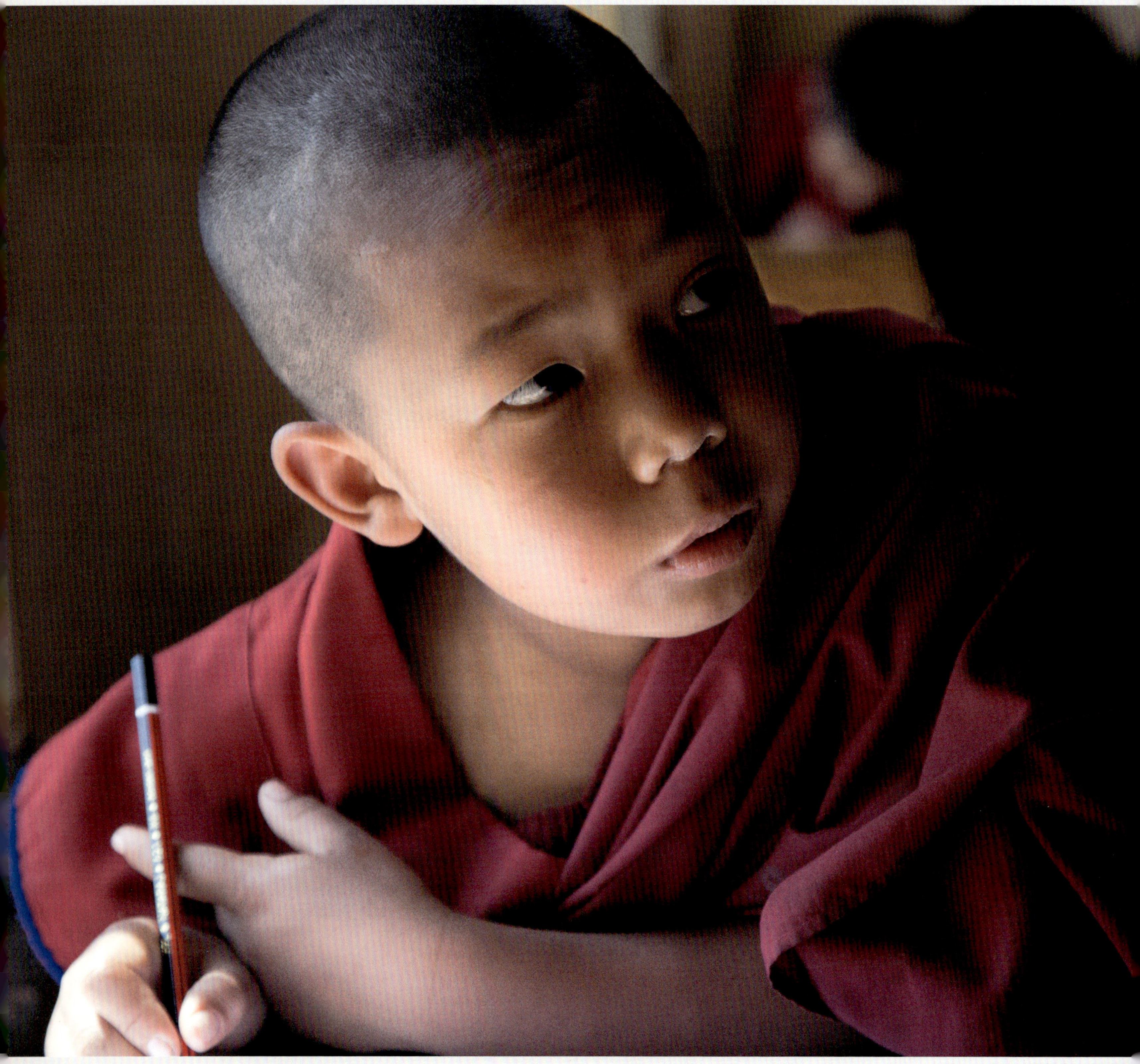

6

OPENING MINDS

Beams of curiosity
Illuminating
Wells of wisdom.
Horizons unfurl.

Grounded in a history that reaches back centuries, the novices at Gyuto Tantric Monastery receive an education in the traditional spectrum of tantric studies. The current location lies about four miles southeast of Dharamshala—a sixty to ninety minute drive—where a commanding view of Himalayan peaks is ever visible from the monastery compound, inspiring monastics to expand their perspective. Chanting beckons me to a classroom. Through the soft light, I see young monks attentive to their teacher at the chalkboard. Committing complex texts to memory, his young charges repeat after him. These memorized texts form a strong foundation upon which they develop their skills in ritual and meditation. Tantric training encourages inner contemplation, leading practitioners to realms of reality that open doors to an ever-expanding vision.

GEISTIGE OFFENHEIT

Strahlen der Neugierde
Leuchten in den
Weisheitsquell.
Horizonte tun sich auf.

An eine Jahrhunderte zurückreichende Tradition anknüpfend, werden die Novizen im Gyuto-Kloster in das klassischen System tantrischer Praktiken eingeführt. Gegenwärtig ist das Kloster sechseinhalb Kilometer südöstlich von Dharamsala beheimatet — eine Wegstrecke, für die man mit dem Auto eine bis eineinhalb Stunden braucht. Von der Klosteranlage aus hat man einen imposanten Blick auf die Gipfel des Himalaya, deren stete Gegenwart die Mönche zur Erweiterung ihres geistigen Horizontes ermahnt. Sprechgesang lockt mich zu einem der Klassenzimmer. In dem weichen Licht sehe ich, wie die jungen Mönche dem vor der Tafel stehenden Lehrer gespannt zuhören. Um sich die von ihm vorgesprochenen schwierigen Texte besser ins Gedächtnis einprägen zu können, wiederholen seine Schützlinge diese. Die auswendig gelernten Texte bilden ein gutes Fundament, auf dem sie ihre rituelle meditative Meisterschaft entfalten lernen. Tantrische Praktiken schulen die innere Beobachtungsgabe und führen zu Wirklichkeitsebenen, wo sich den Übenden Türen zu immer größeren Einsichten öffnen.

◄ *Attentive,* Himachal Pradesh, India, 2015

◄ *Aufmerksamkeit*, Himachal Pradesh, Indien, 2015

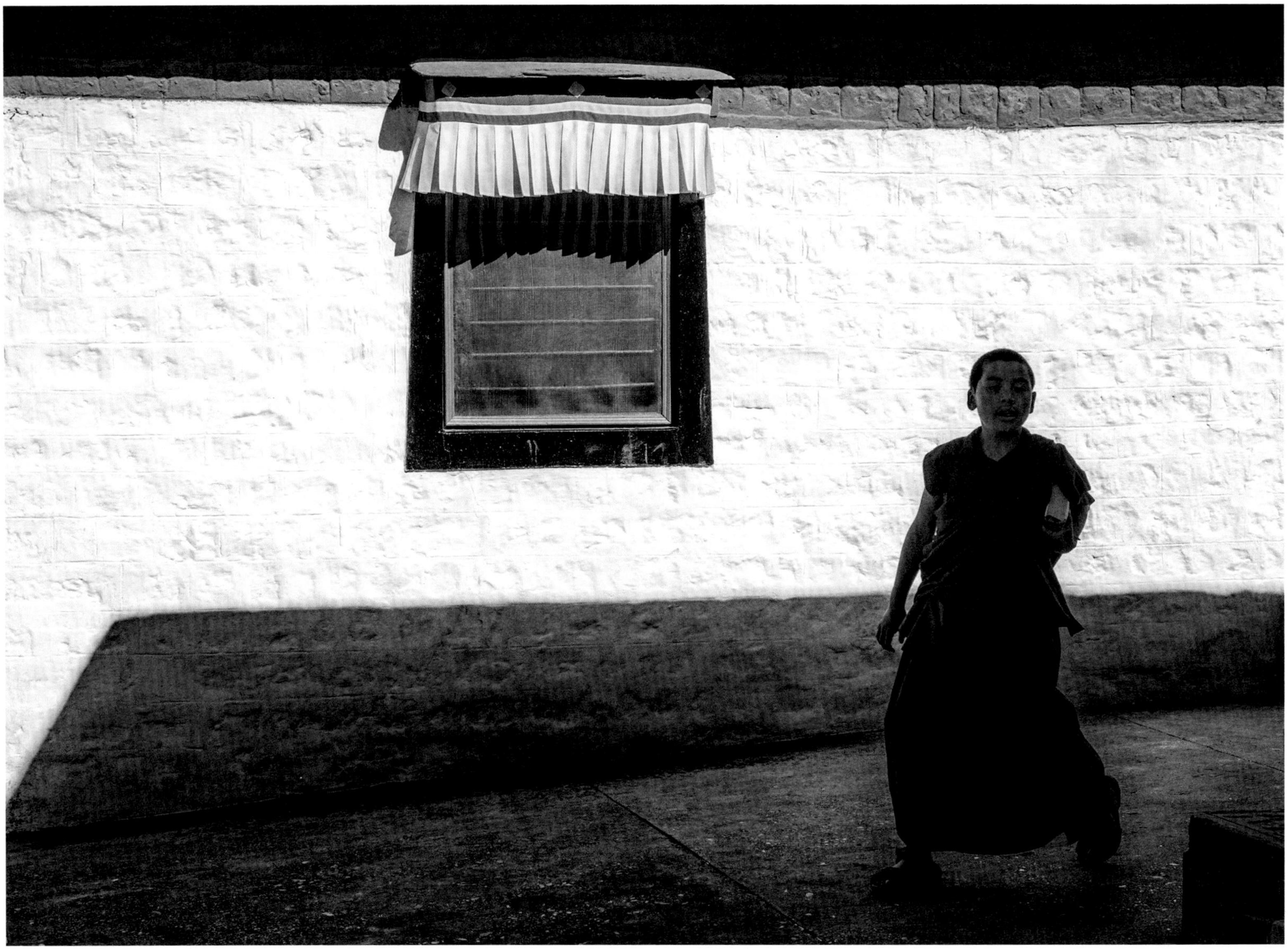

Running Late, Himachal Pradesh, India, 2015

Spät dran sein, Himachal Pradesh, Indien, 2015

Lesson Time, Himachal Pradesh, India, 2015 ➤

Unterrichtszeit, Himachal Pradesh, Indien, 2015 ➤

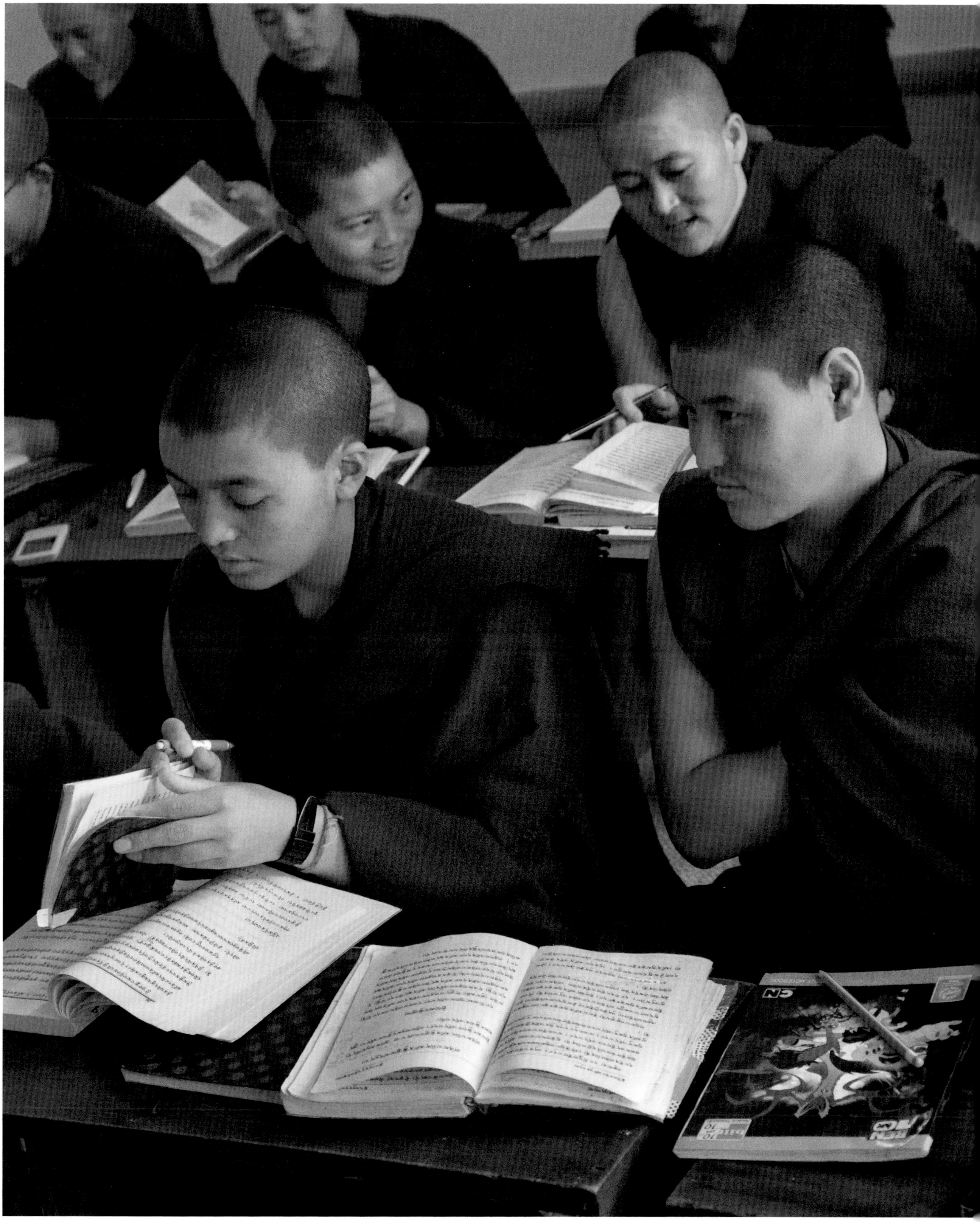

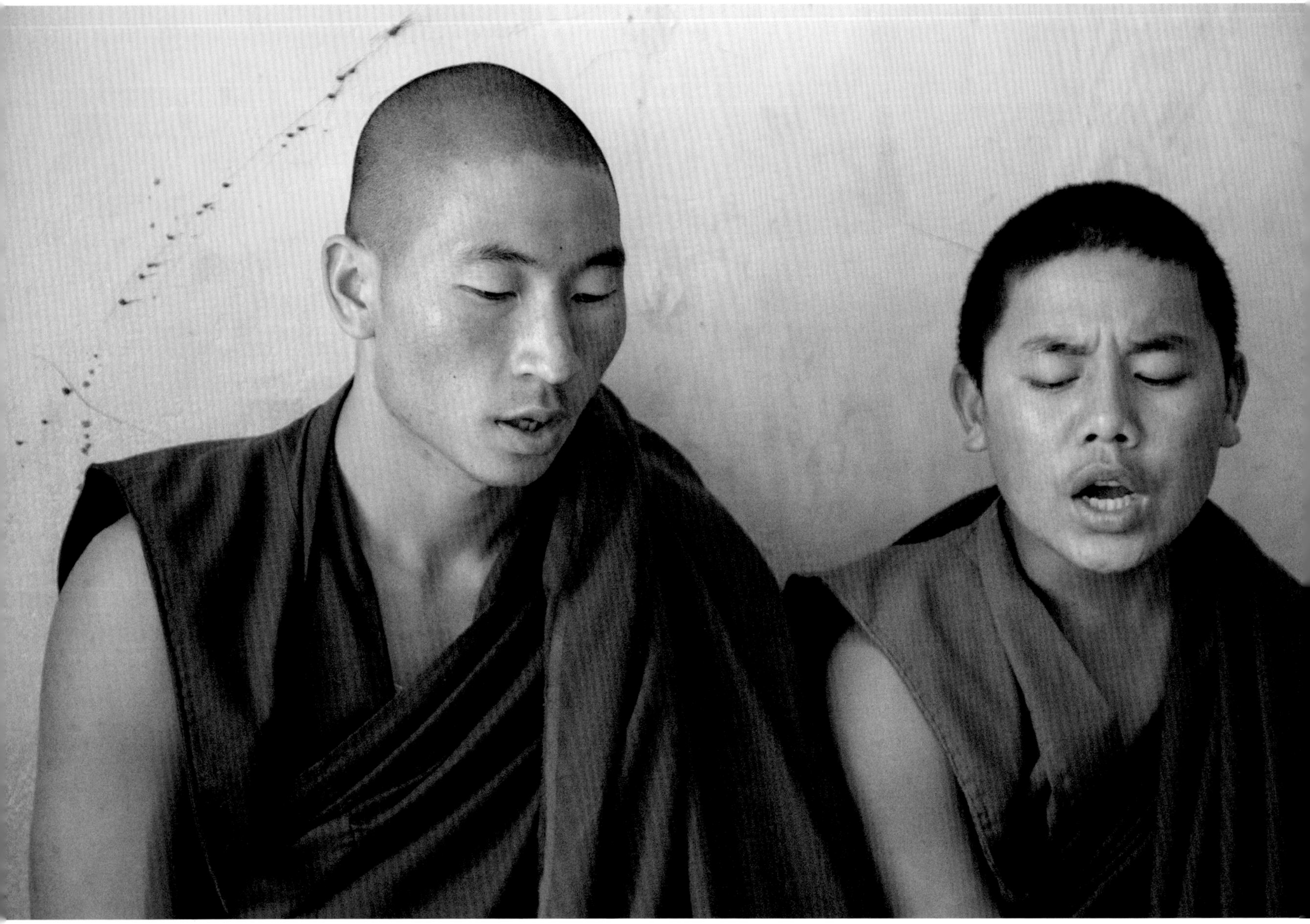

The Chant, Himachal Pradesh, India, 2015

Der Sprechgesang, Himachal Pradesh, Indien, 2015

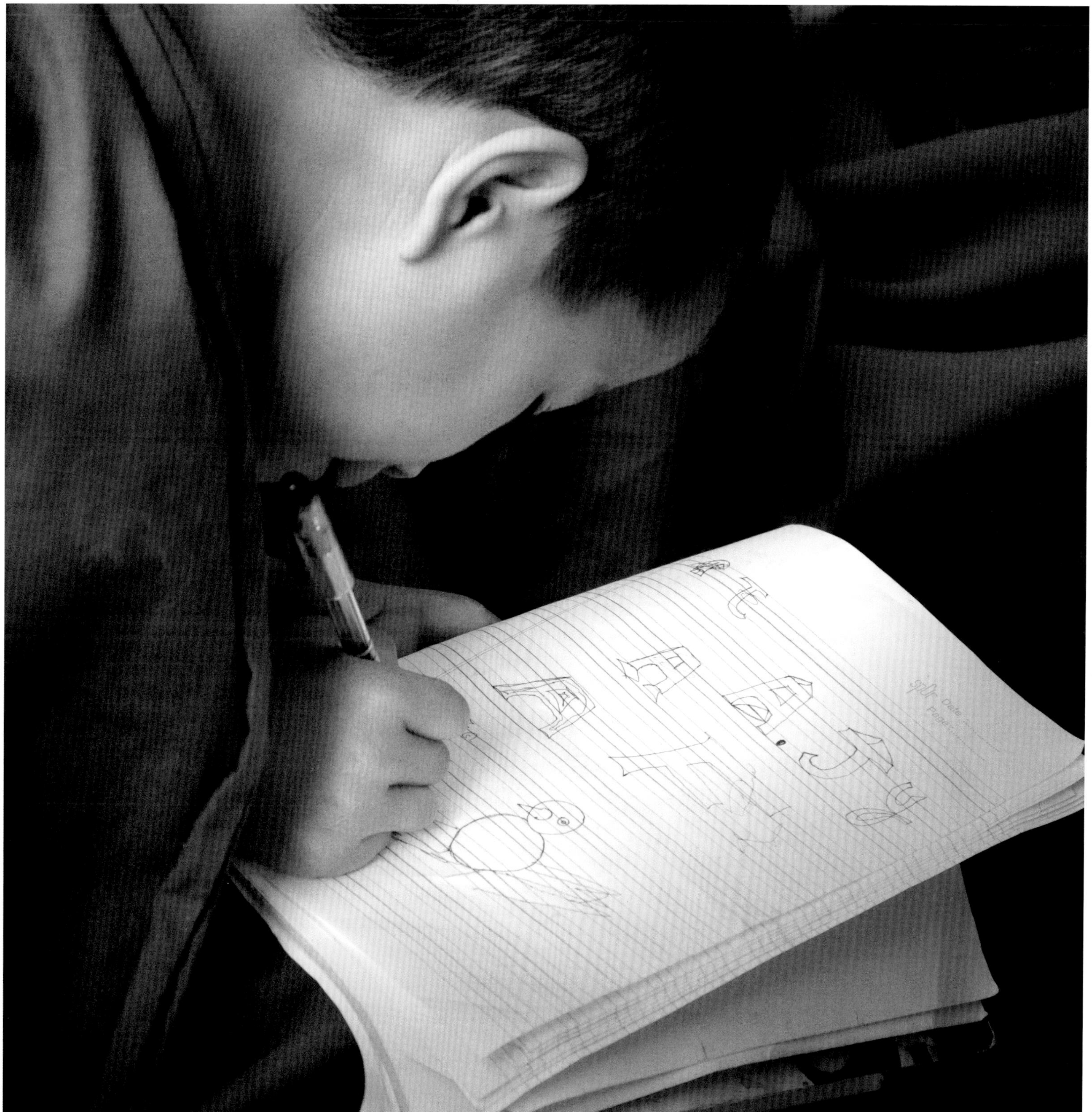

Nature Lover, Himachal Pradesh, India, 2015

Der Naturliebhaber, Himachal Pradesh, Indien, 2015

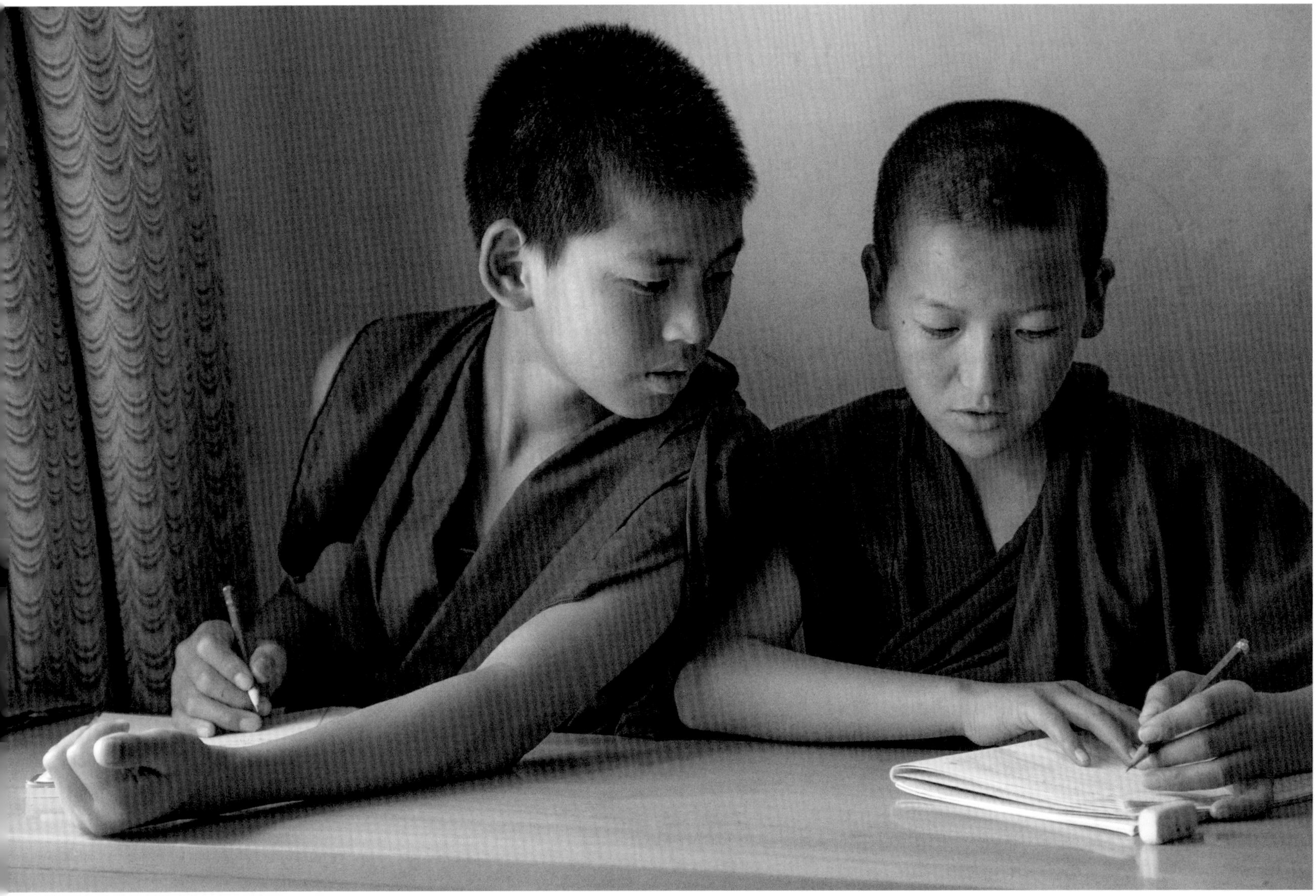

Understanding, Himachal Pradesh, India, 2015

Beim Erklären, Himachal Pradesh, Indien, 2015

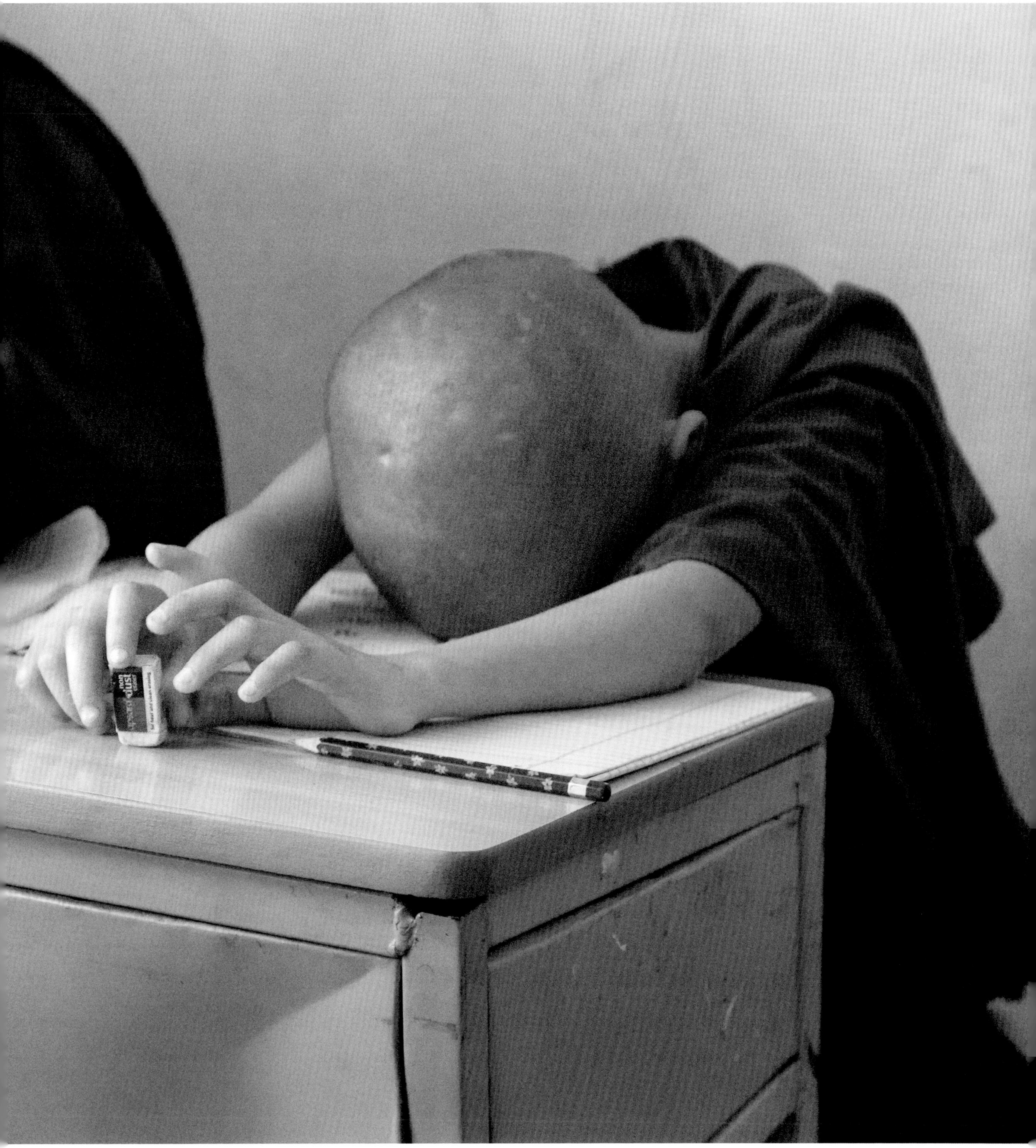

Time Out, Himachal Pradesh, India, 2015

Auszeit, Himachal Pradesh, Indien, 2015

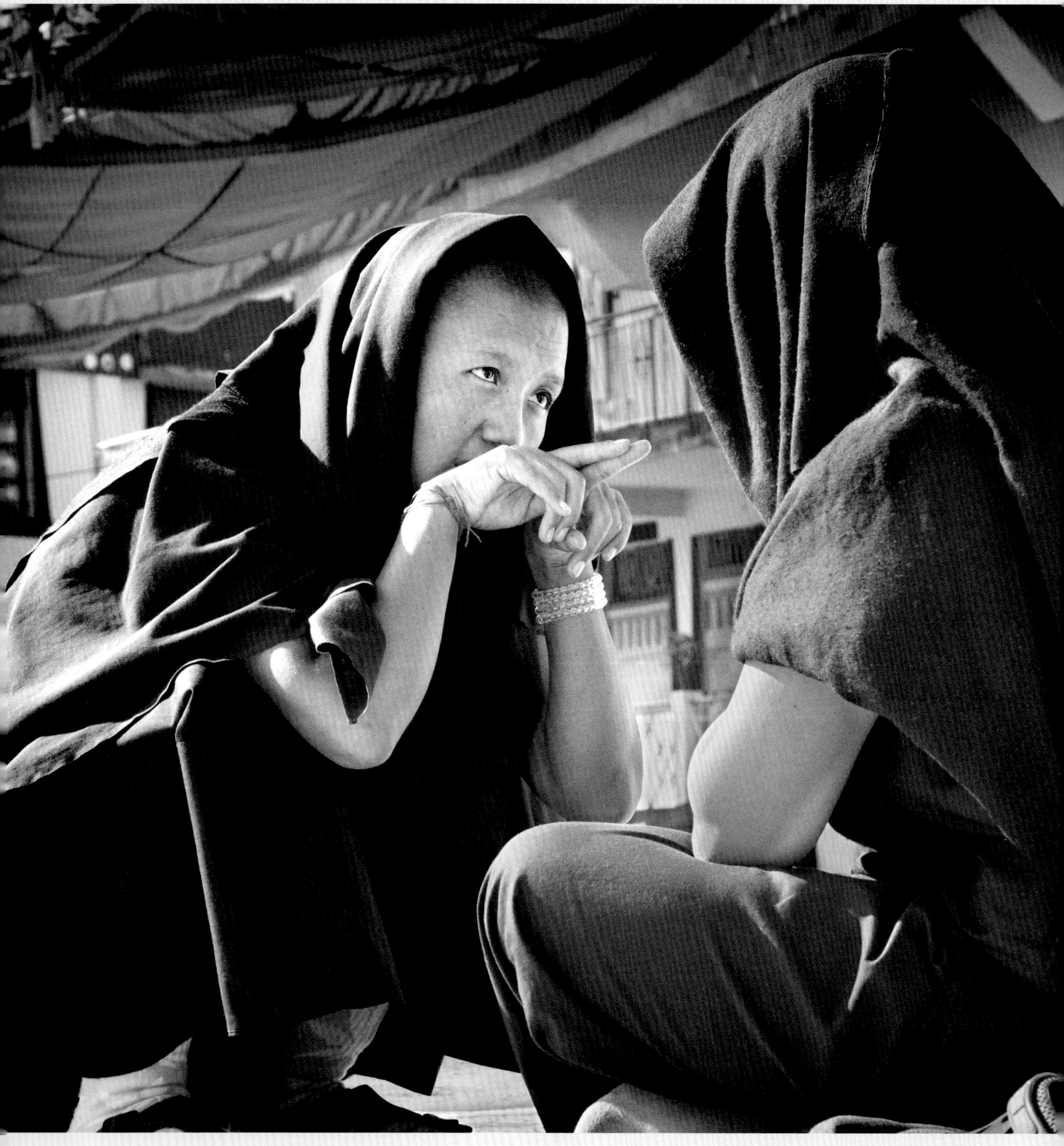

7

ENGAGING DEBATE

STREITGESPRÄCHE ÜBEN

Listen!
Clap!!
Laugh!!!

Listen!!
Clap!!!
Laugh!!!!

Sounds of nuns
Engaging the rhythms of wisdom.

Zurufe!
Händeklatschen!!
Lachen!!!

Zurufe!
Händeklatschen!!
Lachen!!!

Rhythmischer Lärm von Nonnen,
Eifrig um Weisheit bemüht.

Up the road from my rented abode, not far from the residence of His Holiness the Dalai Lama, a cacophony of energized voices wends through the hushed air. Drawn up the hill to the Geden Choeling Nunnery, the source of the excitement comes into view. Nearly 150 nuns divided into groups of fifteen to twenty engage in the rigorous tradition of Tibetan Buddhist debate, a practice that employs philosophical subtleties to sharpen the mind.

To find the optimum angles and lighting for capturing the dynamics of the nuns' interactions, yet minimize the risk of disrupting their training, I draw upon a technique I often relied on when preparing to perform surgery: visualizing my area of focus in 3D, weighing the pros and cons of various approaches, reaching a decision, then initiating the process—always having a backup plan in mind.

Oberhalb der Straße, wo ich meine Unterkunft gemietet habe, unweit der Residenz von Seiner Heiligkeit dem Dalai Lama, zerreißt eine Kakophonie von energischen Stimmen die gewohnte Stille. Mich zieht es den Hügel hinauf, dorthin, wo das Geden-Choeling-Nonnenkloster liegt, und bald gerät die Ursache des Lärms in den Blick. Etwa 150 Nonnen, eingeteilt in Gruppen zu 15 oder 20, üben sich lautstark in Streitgesprächen, eine Tradition des tibetischen Buddhismus, durch den im Austausch philosophischer Argumente der Geist geschärft wird.

Um die optimalen Blickwinkel und Lichtverhältnisse zum Einfangen dieser dynamischen Interaktionen der Nonnen zu finden, ohne den Verlauf der Streitgespräche zu stören, habe ich auf eine Technik zurückgegriffen, die ich oft bei der Vorbereitung auf eine Operation anwende. Ich stelle mir dabei mein Aufgabengebiet räumlich vor, wäge das Für und Wider verschiedener Vorgehensweisen ab, treffe eine Entscheidung und mache mich an die Arbeit, immer eine Alternative im Hinterkopf behaltend.

< *Making the Point,* Himachal Pradesh, India, 2015

< *Auf den Punkt gebracht,* Himachal Pradesh, Indien, 2015

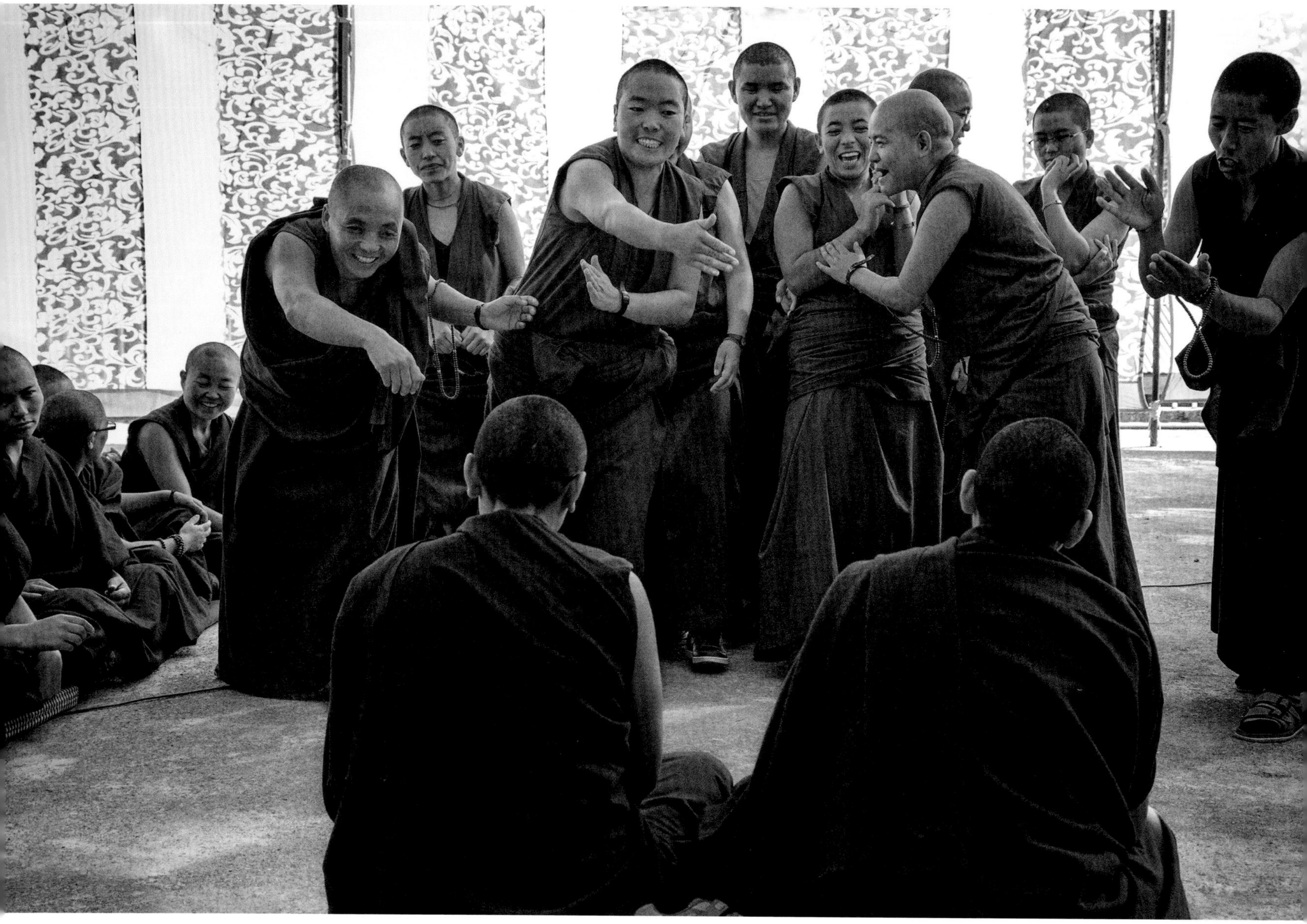

Animated Thoughts #2, Himachal Pradesh, India, 2015

Gestures, including slapping hands together and stomping feet, help to emphasize the point.

Lebhafte Gedanken #2, Himachal Pradesh, Indien, 2015

Gesten, auch das in die Hände Klatschen und das auf den Boden Aufstampfen, helfen das Wesentliche zu betonen.

Approval, Himachal Pradesh, India, 2015 ➤

Gutheißung, Himachal Pradesh, Indien, 2015 ➤

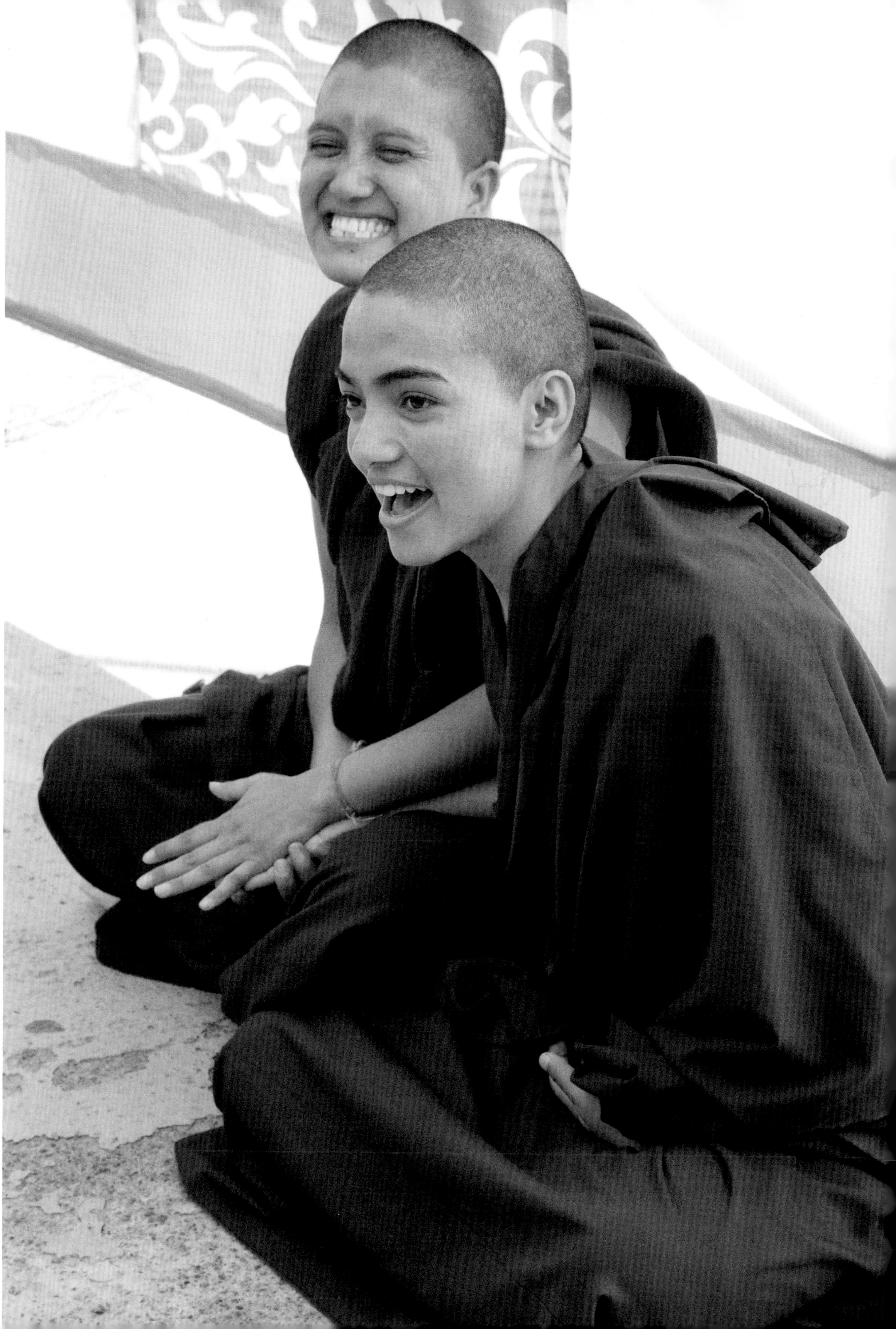

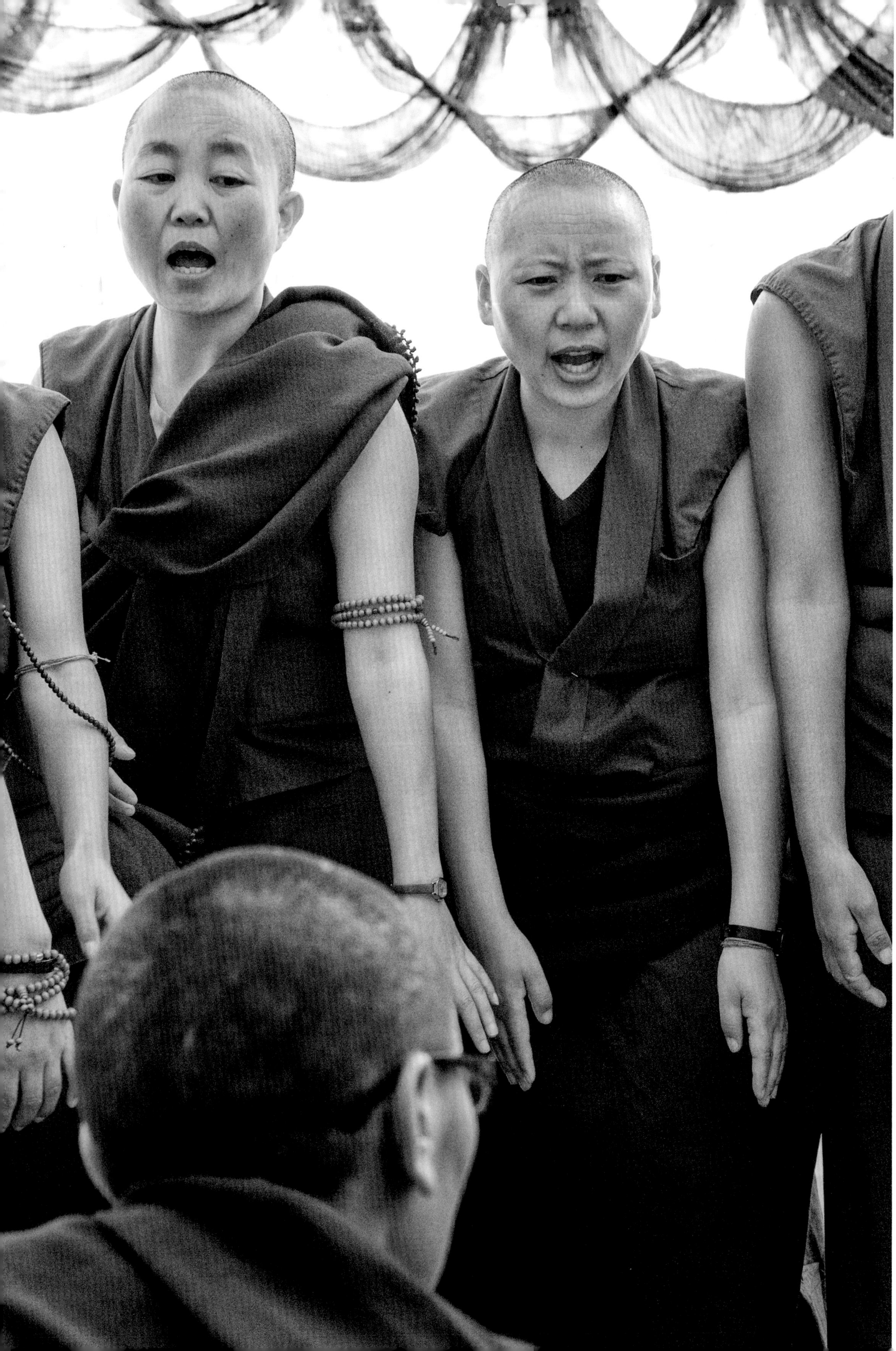

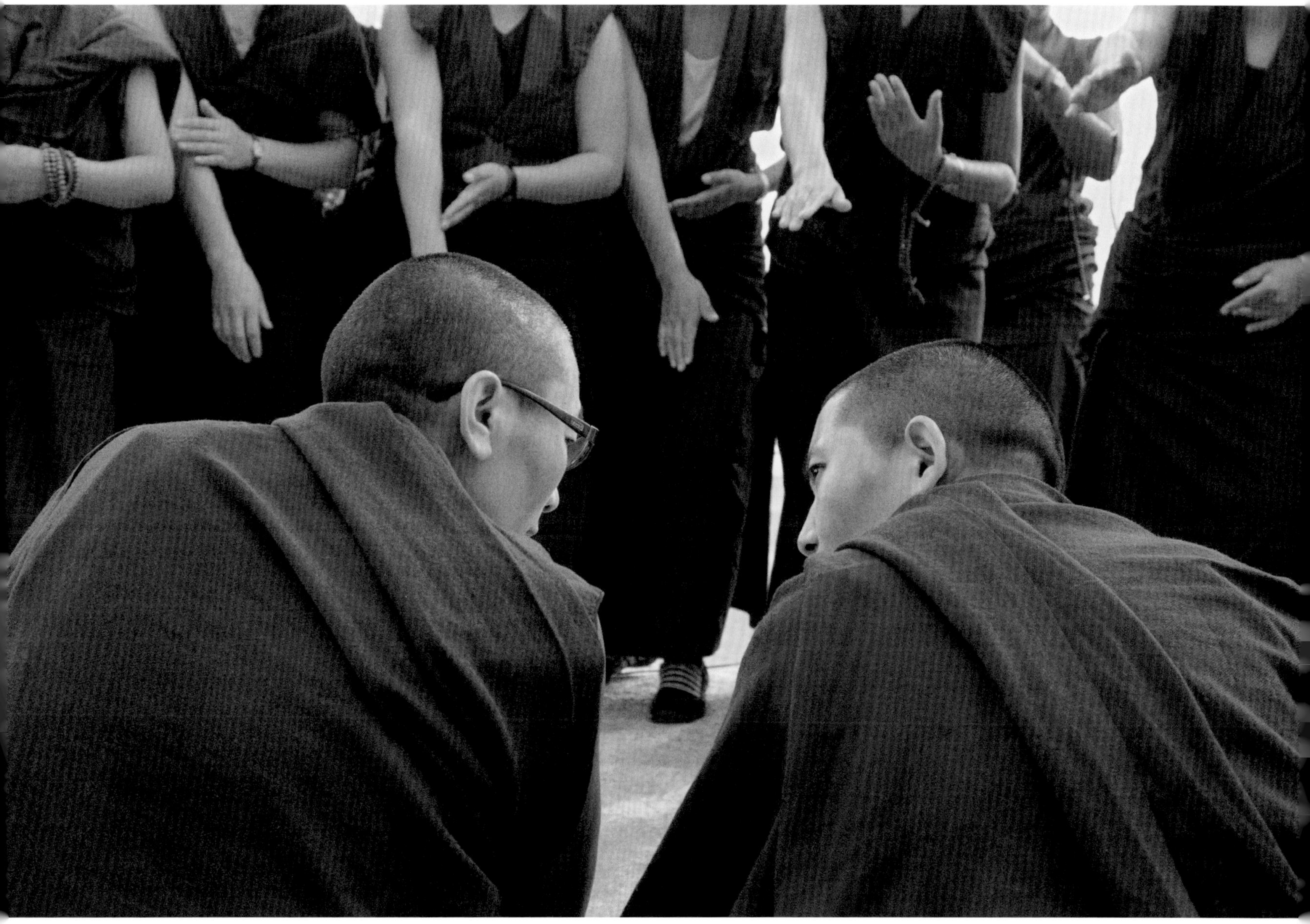

< *Listen,* Himachal Pradesh, India, 2015

< *Hör zu!,* Himachal Pradesh, Indien, 2015

Consultation, Himachal Pradesh, India, 2015

Erörterung, Himachal Pradesh, Indien, 2015

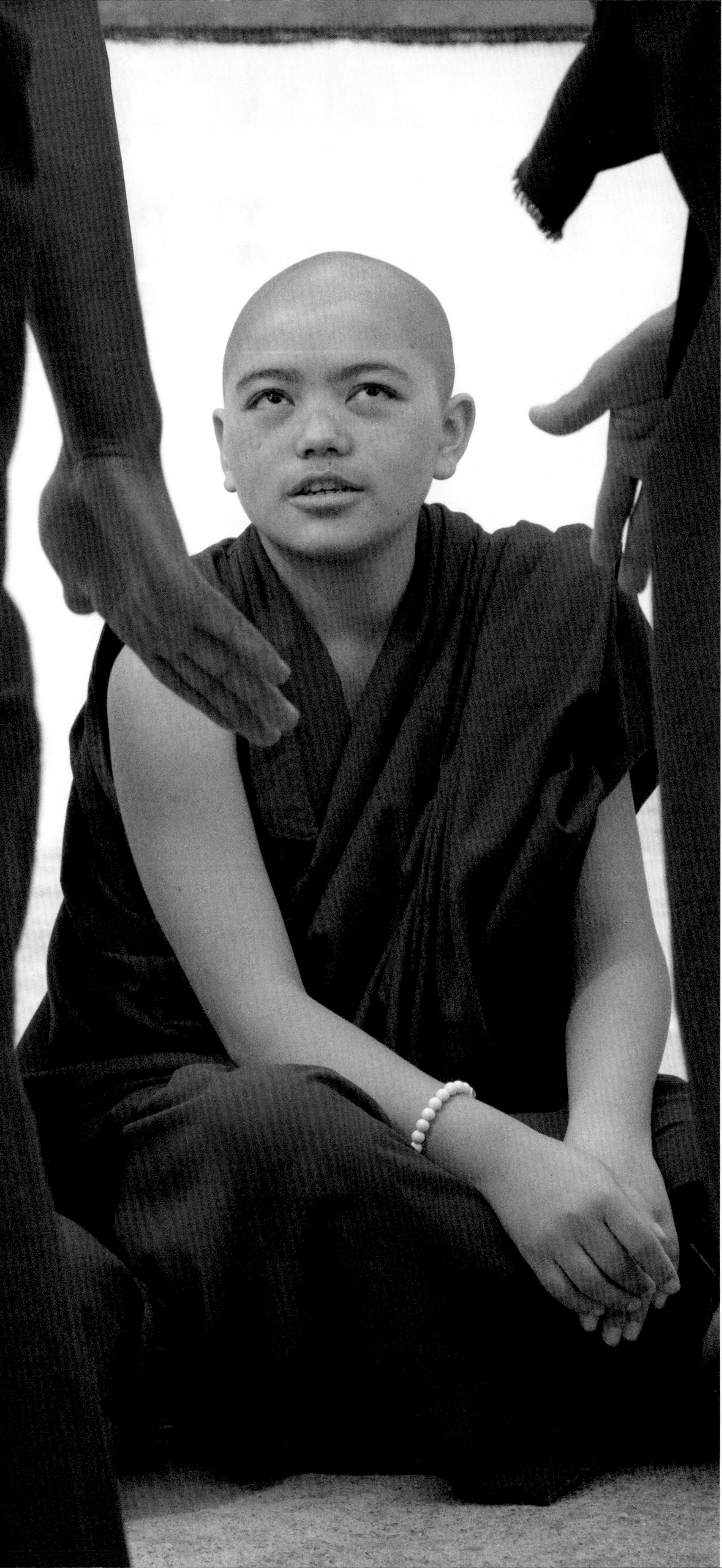

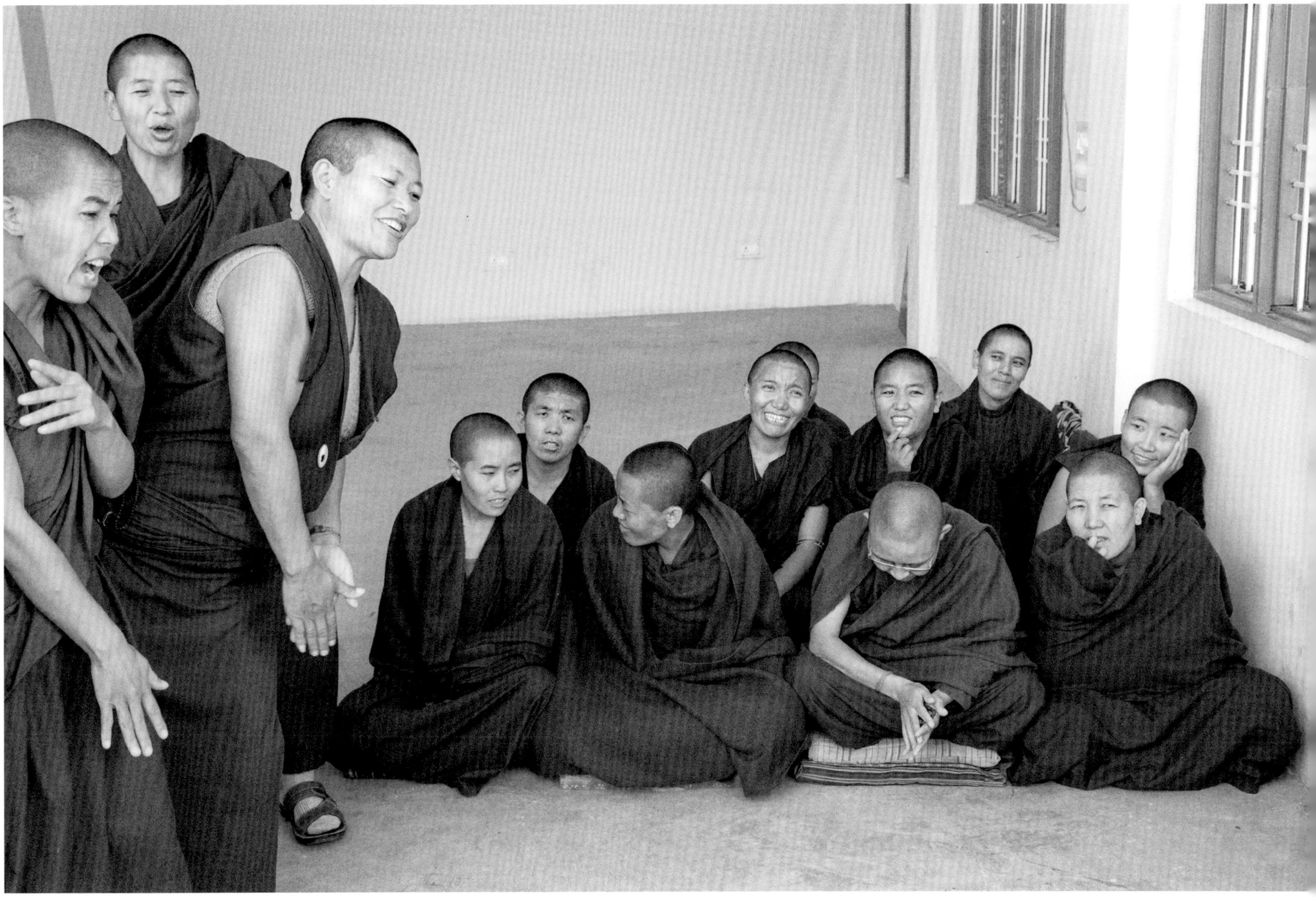

< *Listening with Discernment,* Himachal Pradesh, India, 2015

< *Mit Scharfsinn zuhören,* Himachal Pradesh, Indien, 2015

And Furthermore, Himachal Pradesh, India, 2015

Und außerdem, Himachal Pradesh, Indien, 2015

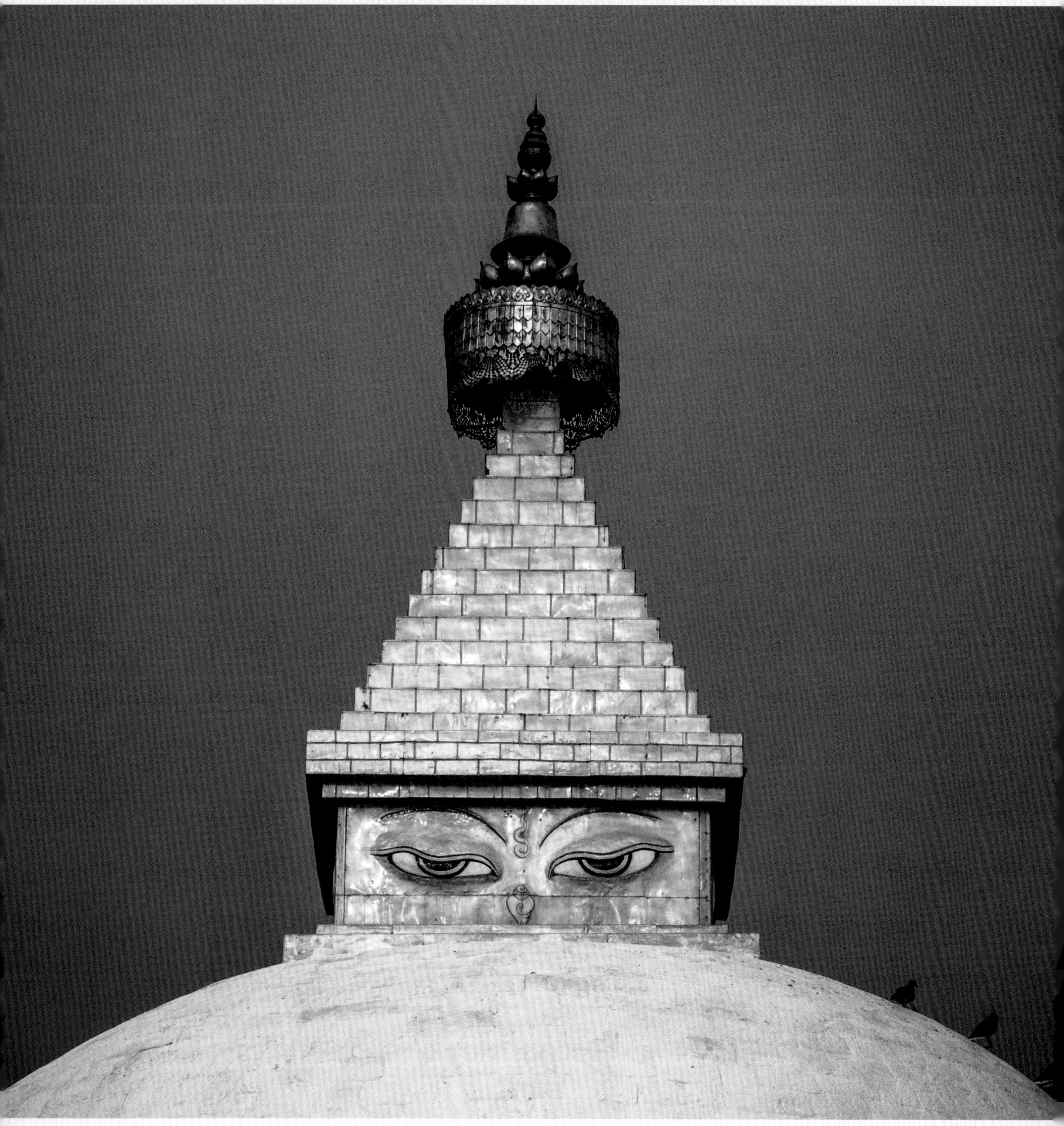

8

HEALING WISDOM

Braving oceanic waters,
Diving for ancient treasure,
Healing wisdom
Awaits in the depths.

Legend has it that some Buddhist scriptures were buried in the sea, awaiting a time when people were ready to receive their profound teachings. Lore notwithstanding, texts preserve insights. They enable us to time-travel and listen to ancient wisdom that has weathered the centuries. Deciphering the meaning of the words, however, is not merely a matter of learning a language. The text and reader intertwine in a creative dance. Choreographic cues emerge from the root assumptions, motivations, questions, and ideals that animate those attuned to the rhythms of the text. It is an intimate engagement that can be transformative. Fathoming Buddhist scripture is an act grounded in moral behavior, for Buddhists have long been aware that a text can empower one toward liberation and healing, or be manipulated as a tool of oppression.

WEISHEIT, DIE HEILT

Sich mutig ins Meer stürzen,
Nach alten Schätzen tauchen,
Heilsame Weisheit
Harrt in der Tiefe.

Eine Legende besagt, es würden einige buddhistische Schriften auf dem Meeresgrund liegen und solange verborgen bleiben, bis die Menschen bereit sind, diese tiefgründigen Lehren zu empfangen. Auch wenn das nur eine Sage ist: Texte beinhalten Erkenntnisse. Sie erlauben uns auf Zeitreise zu gehen und alten Weisheiten zu begegnen, die Jahrhunderte überdauert haben. Die Entzifferung der Worte und ihrer Bedeutung ist jedoch nicht nur eine Frage der Sprachkenntnis. Text und Leser bilden eine schöpferische Einheit wie in einem Tanz. Choreographische Fingerzeige tauchen aus den Grundannahmen als Motive, Fragen und Ideale auf und befeuern die intensive Auseinandersetzung mit dem Text im Rhythmus der Satzgefüge. Es ist ein transformativer Prozess. Das Verständnis der buddhistischen Schriften erfordert ein moralisches Verhalten, denn unter Buddhisten ist es nichts Neues zu wissen, dass sich ein Text ebenso als Mittel zur Heilung und Befreiung gebrauchen wie als Mittel der Unterdrückung missbrauchen lässt.

◄ *Discerning Eyes,* Punakha Dzongkhag, Bhutan, 2015 (EYES OF WISDOM; MONUMENT)

◄ *Achtsame Augen,* Distrikt Punakha, Bhutan, 2015 (AUGEN DER WEISHEIT; DENKMAL)

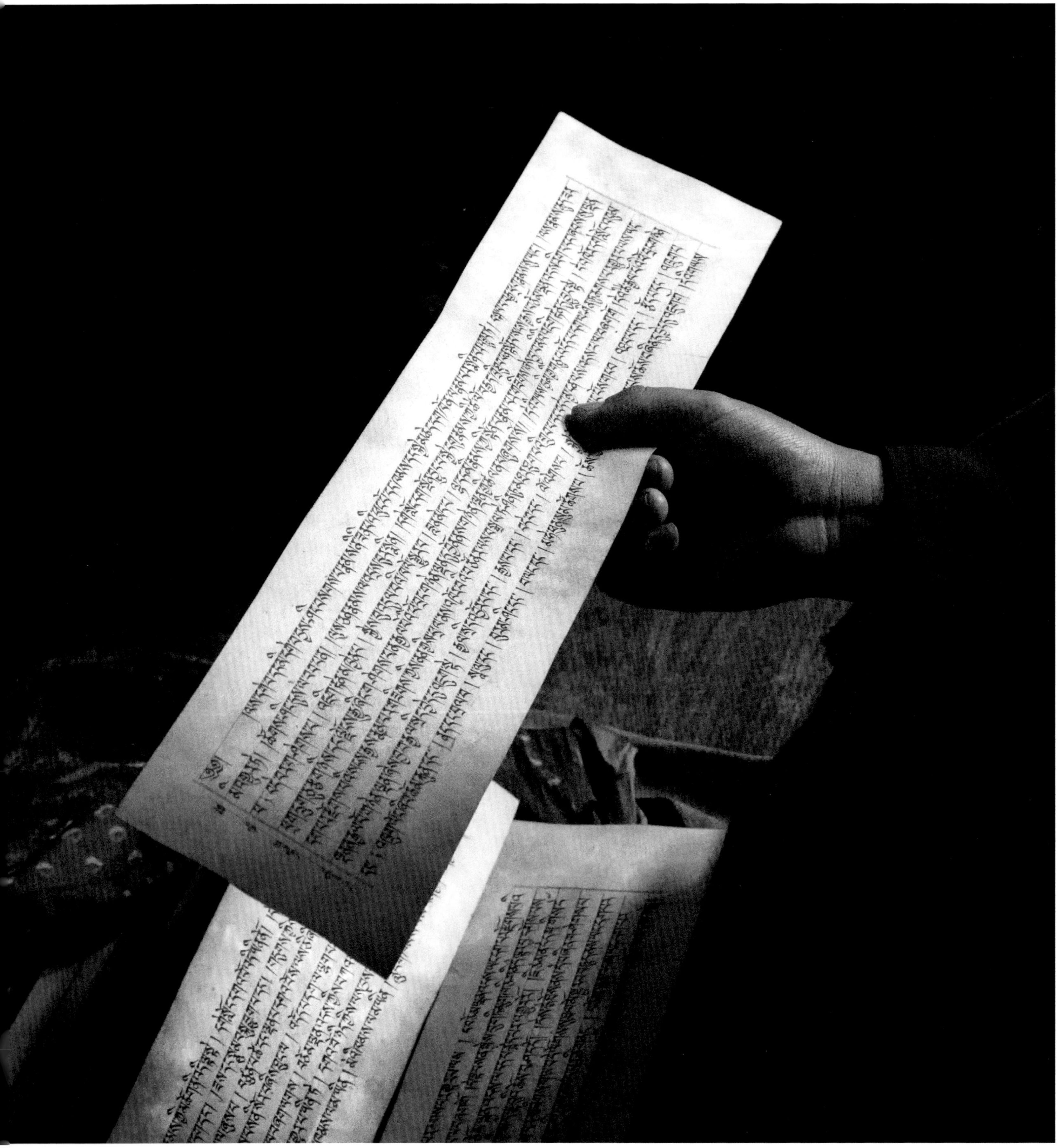

Eternal Light, Thimphu Dzongkhag, Bhutan, 2017 (CANON)

Ewiges Licht, Distrikt Thimphu, Bhutan, 2017 (KANON)

The Lighted Path, Thimphu Dzongkhag, Bhutan, 2011 ➤

Der beleuchtete Pfad, Distrikt Thimphu, Bhutan, 2011 ➤

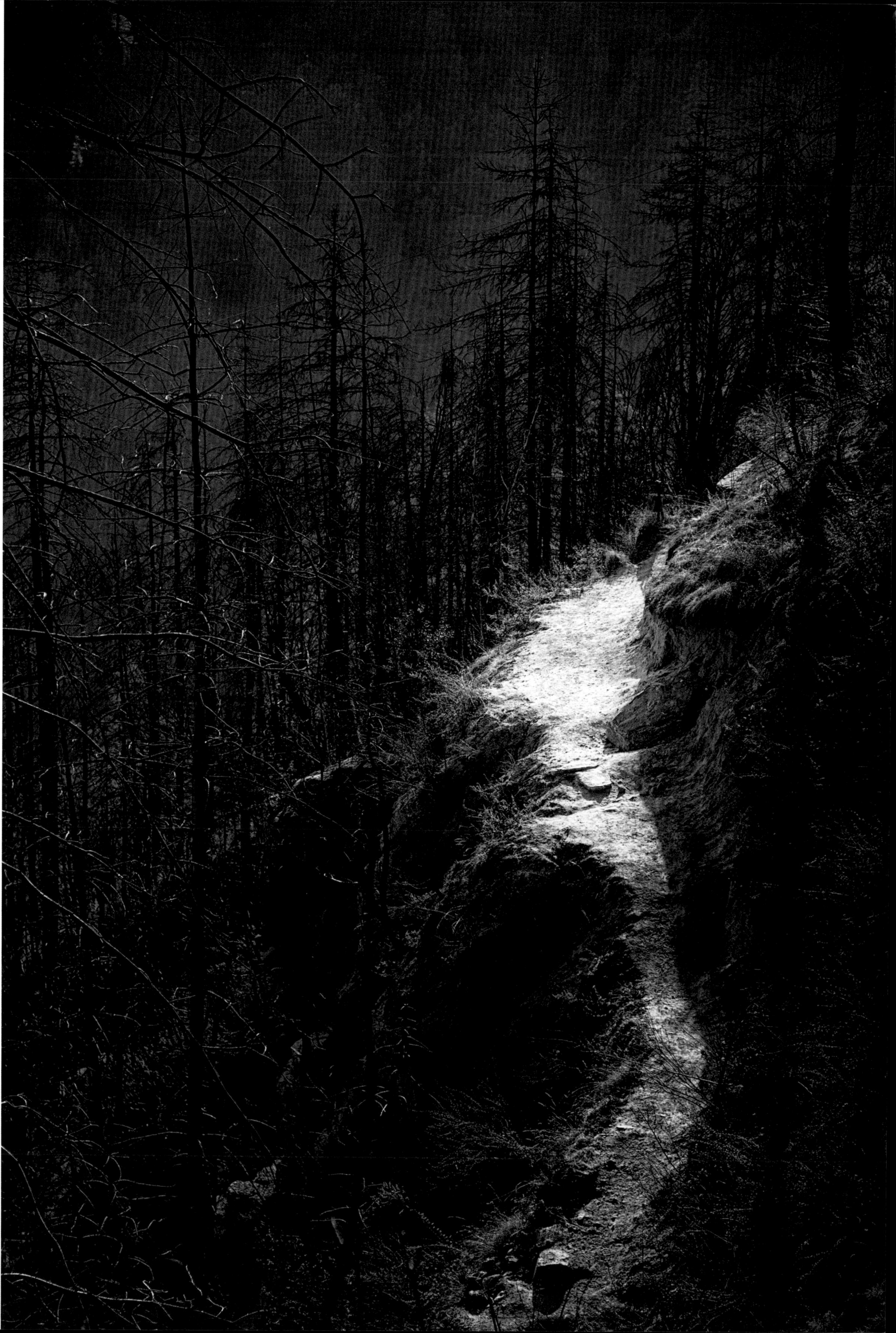

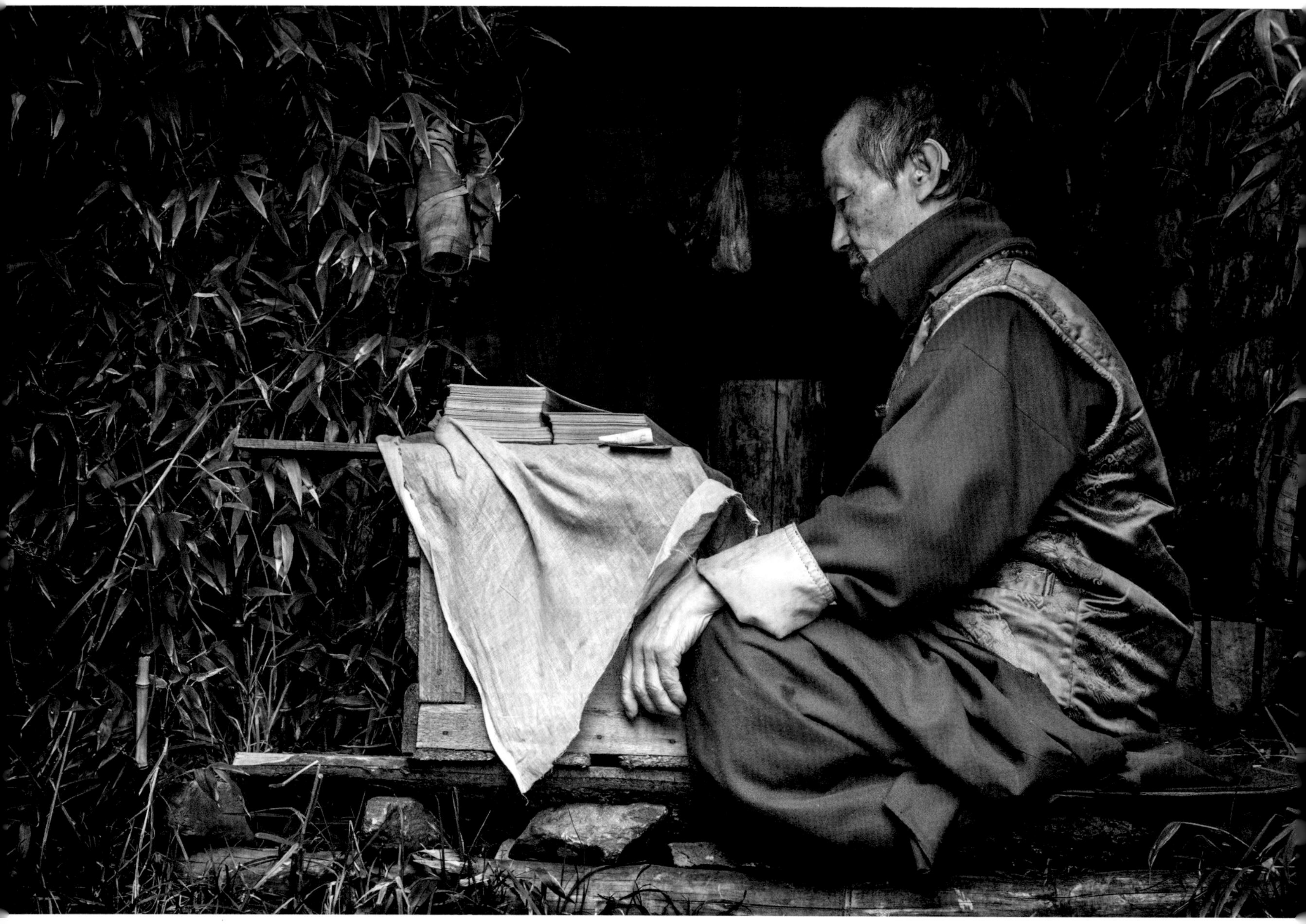

Immersed in Devotion, Thimphu Dzongkhag, Bhutan, 2015 (CANON)

Bhutanese laypeople traditionally wear loose fitting garments that sometimes include multi-colored, intricate patterns. The cuff on each sleeve is a solid color. Monastic robes have no cuff or pattern, and each layer is only one color.

Konzentrierte Andacht, Distrikt Thimphu, Bhutan, 2015 (KANON)

Bhutanische Laien tragen traditionell weite, manchmal mit bunten komplizierten Ornamenten versehene Gewänder. Die Manschetten sind einfarbig.

Engrossed #2, Thimphu Dzongkhag, Bhutan, 2013 (CANON) ➤

Vertieft #2, Distrikt Thimphu, Bhutan, 2013 (KANON) ➤

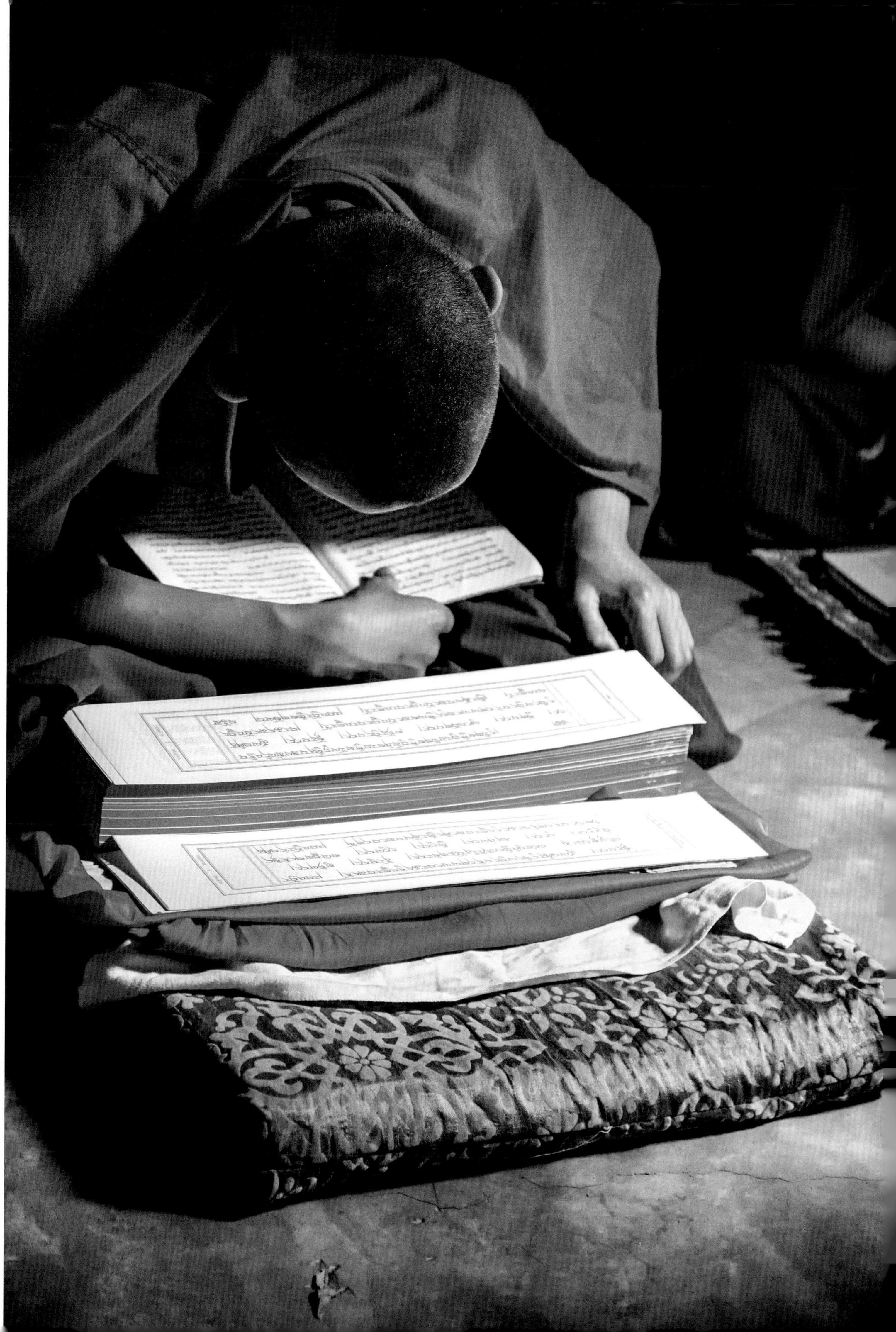

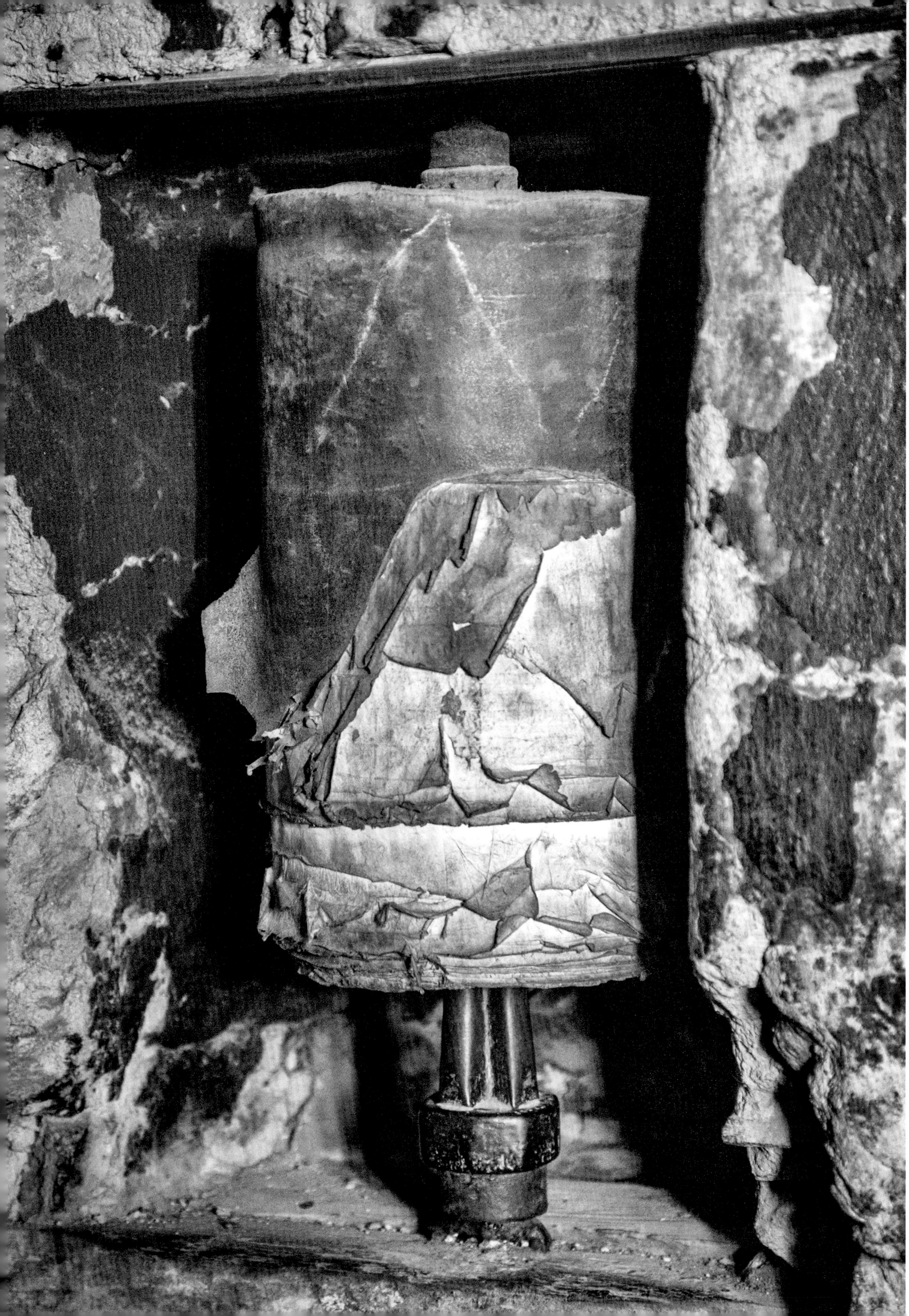

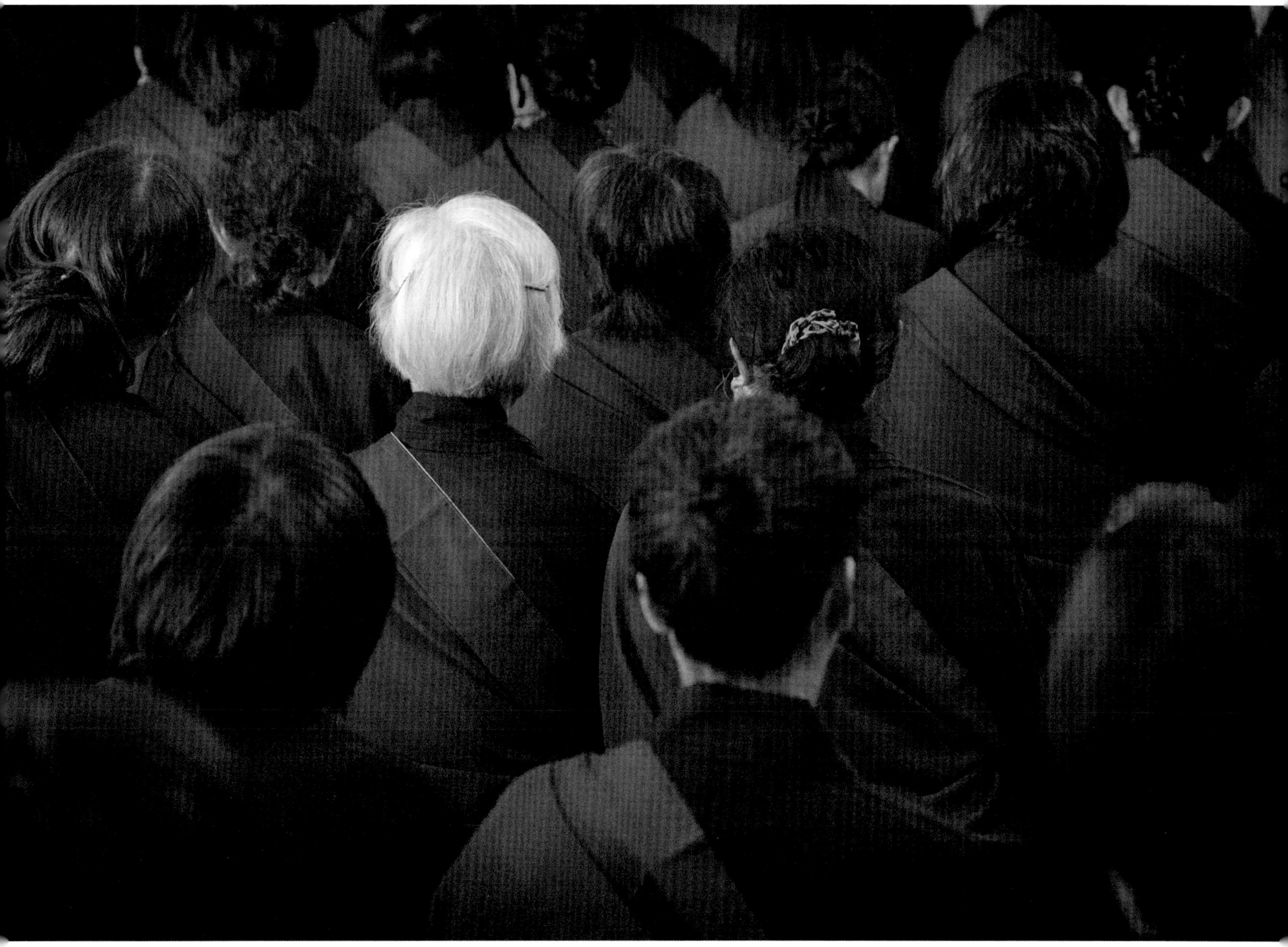

◄ *Ancient Wisdom,* Thimphu Dzongkhag, Bhutan, 2011 (PRAYER WHEEL)

◄ *Alte Weisheit,* Distrikt Thimphu, Bhutan, 2011 (GEBETSMÜHLE)

The Wise Among Us, California, USA, 2013

Die Weisheit unter uns, Kalifornien, USA, 2013

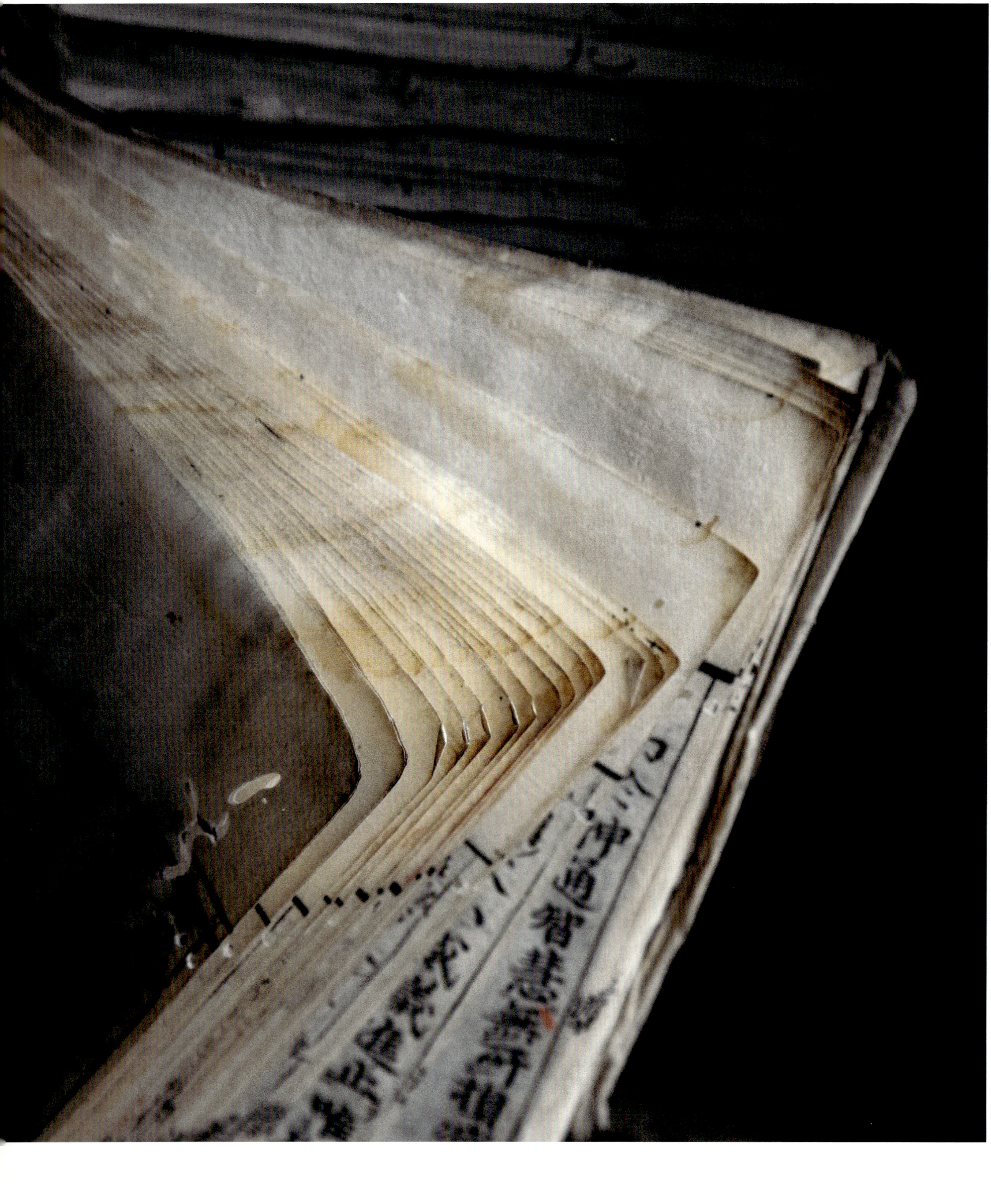

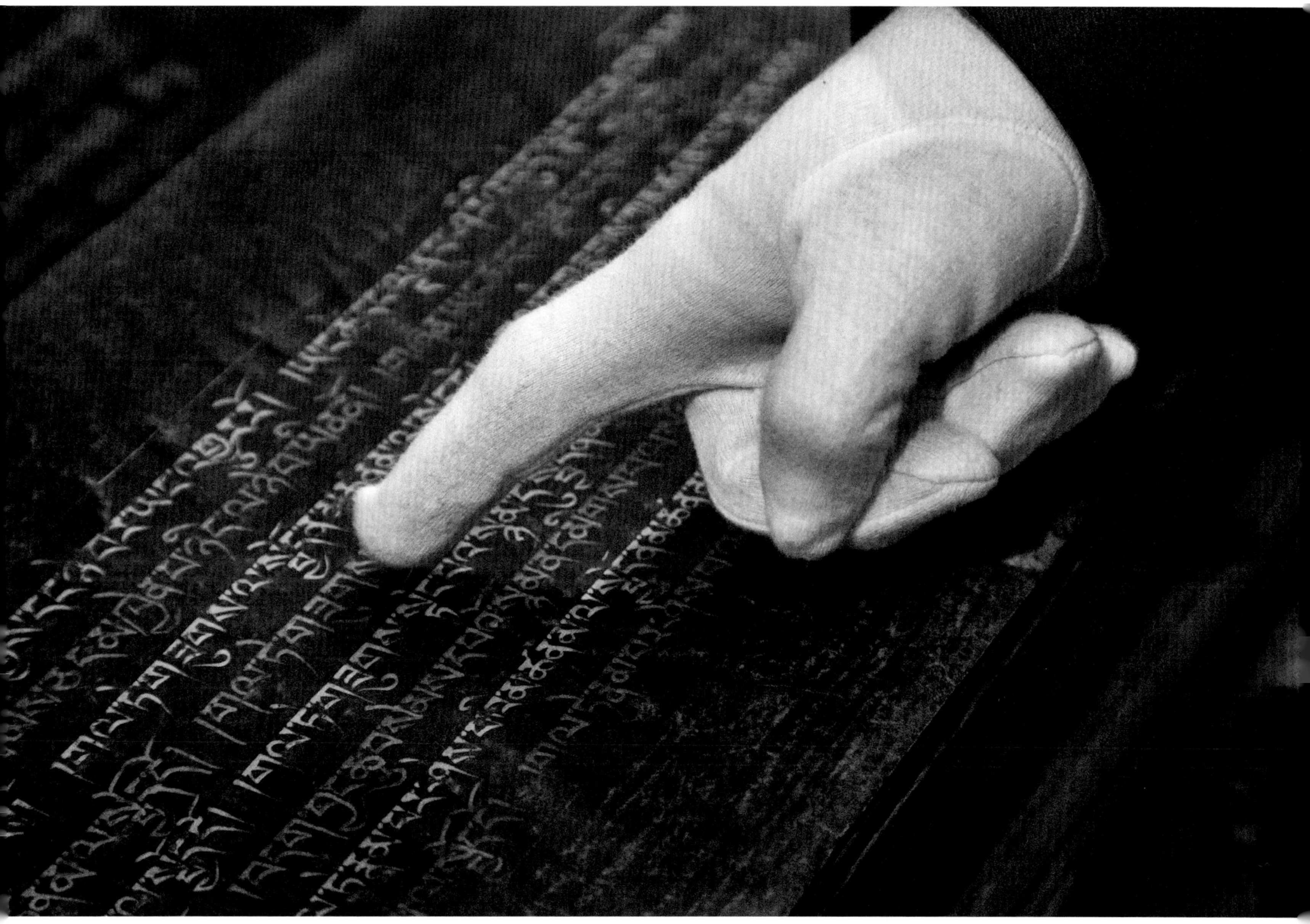

Preserving the Intent, Himachal Pradesh, India, 2015 (CANON)

Ancient Buddhist religious text is preserved by the Library of Tibetan Works and Archives in Dharamshala.

Aufbewahrung des Gedankens, Himachal Pradesh, India, 2015 (KANON)

In der Bibliothek der tibetischen Werke und Archive in Dharamsala werden alte buddhistische Texte aufbewahrt.

◀ *Evolution of Thought #2,* Okayama Prefecture, Japan, 2016 (CANON)

◀ *Gedankengang #2,* Präfektur Okoyama, Japan, 2016 (KANON)

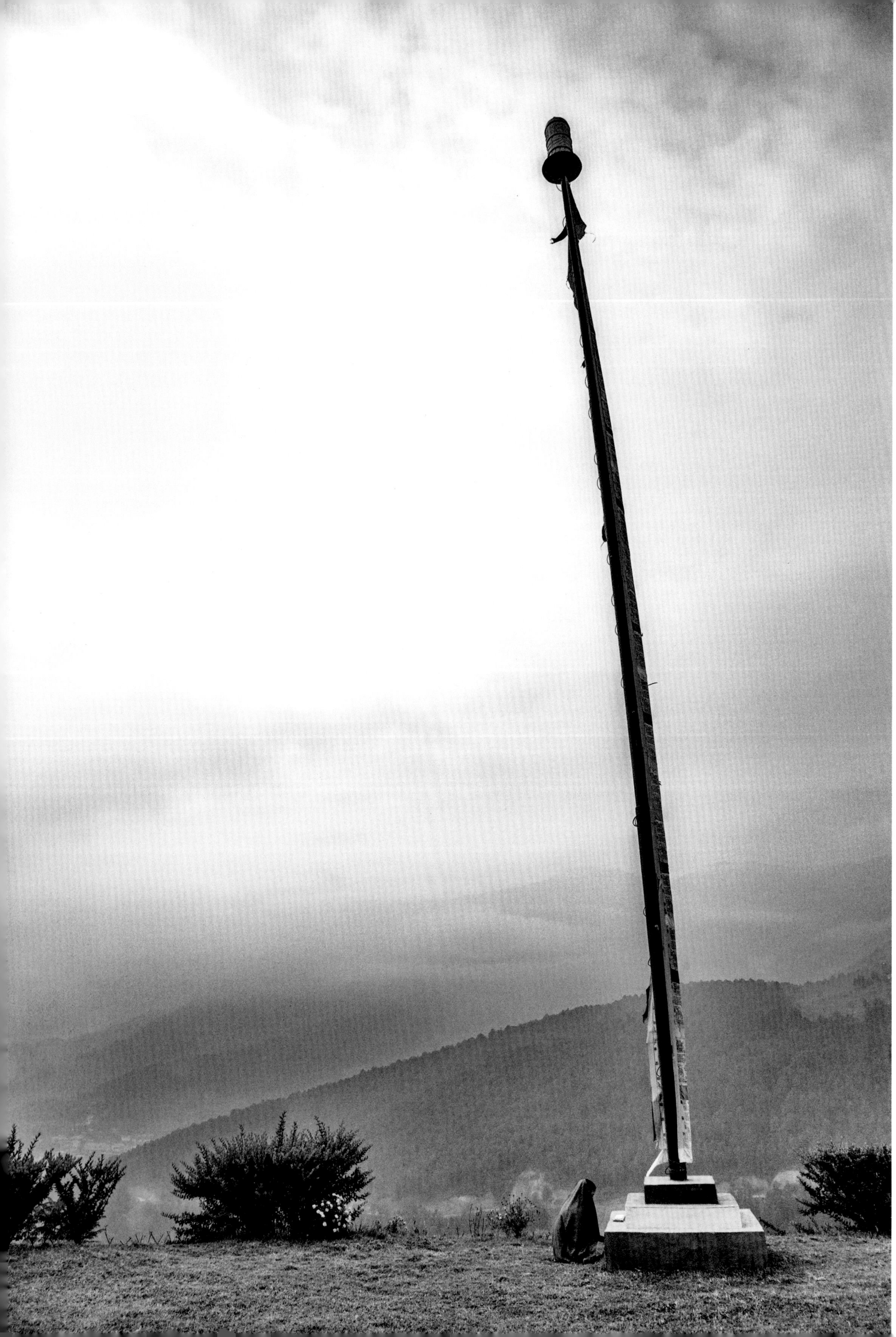

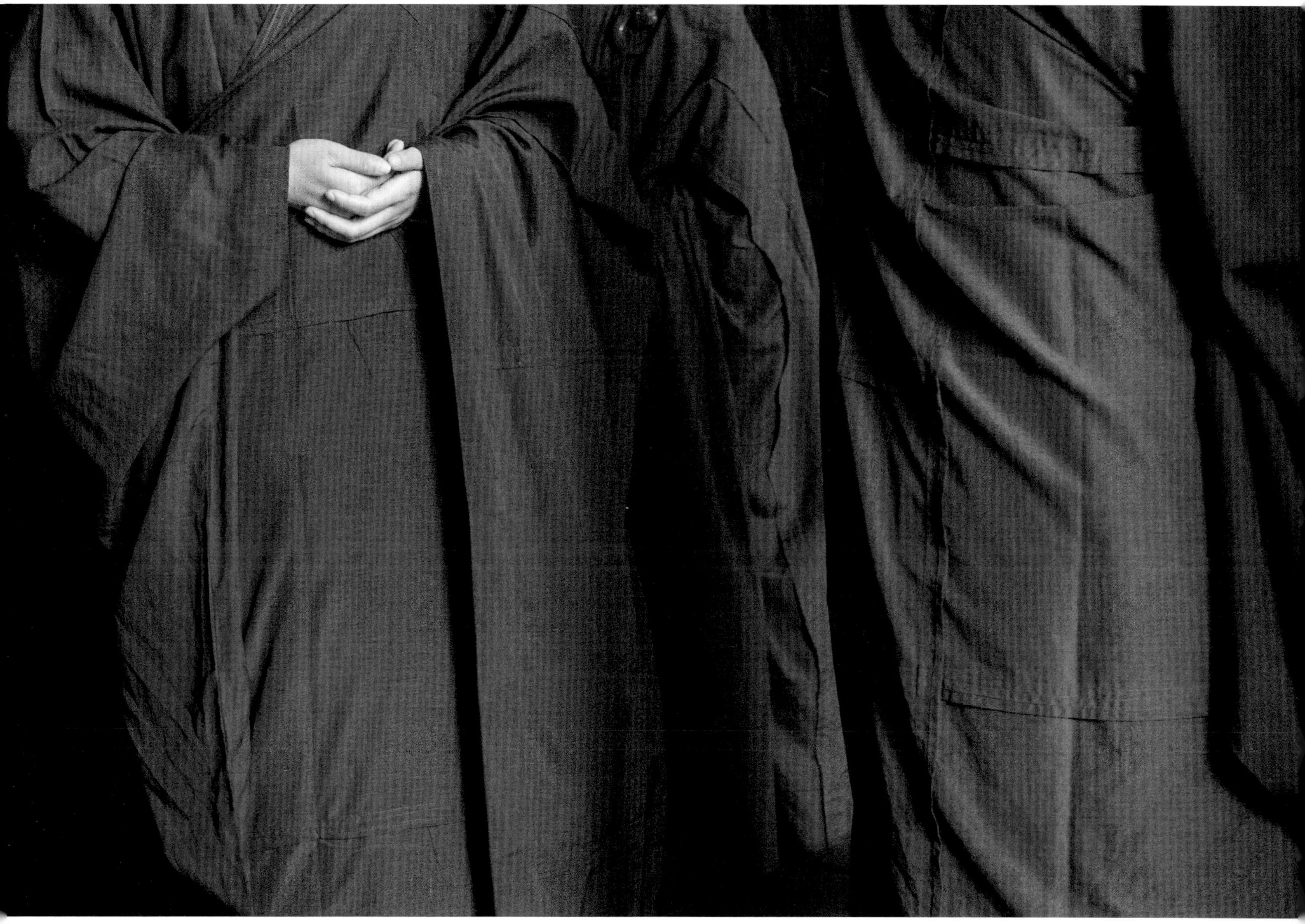

Connecting with the Cosmos #1, Punakha Dzongkhag, Bhutan, 2015 (PRAYER FLAG)

Mit dem Kosmos in Verbindung treten #1, Distrikt Punakha, Bhutan, 2015 (GEBETSFAHNE)

Holding Wisdom, Zhejiang Province, China, 2012 (MEDITATION)

Weisheit in sich bergen, Provinz Zhejiang, China, 2012 (MEDITATION)

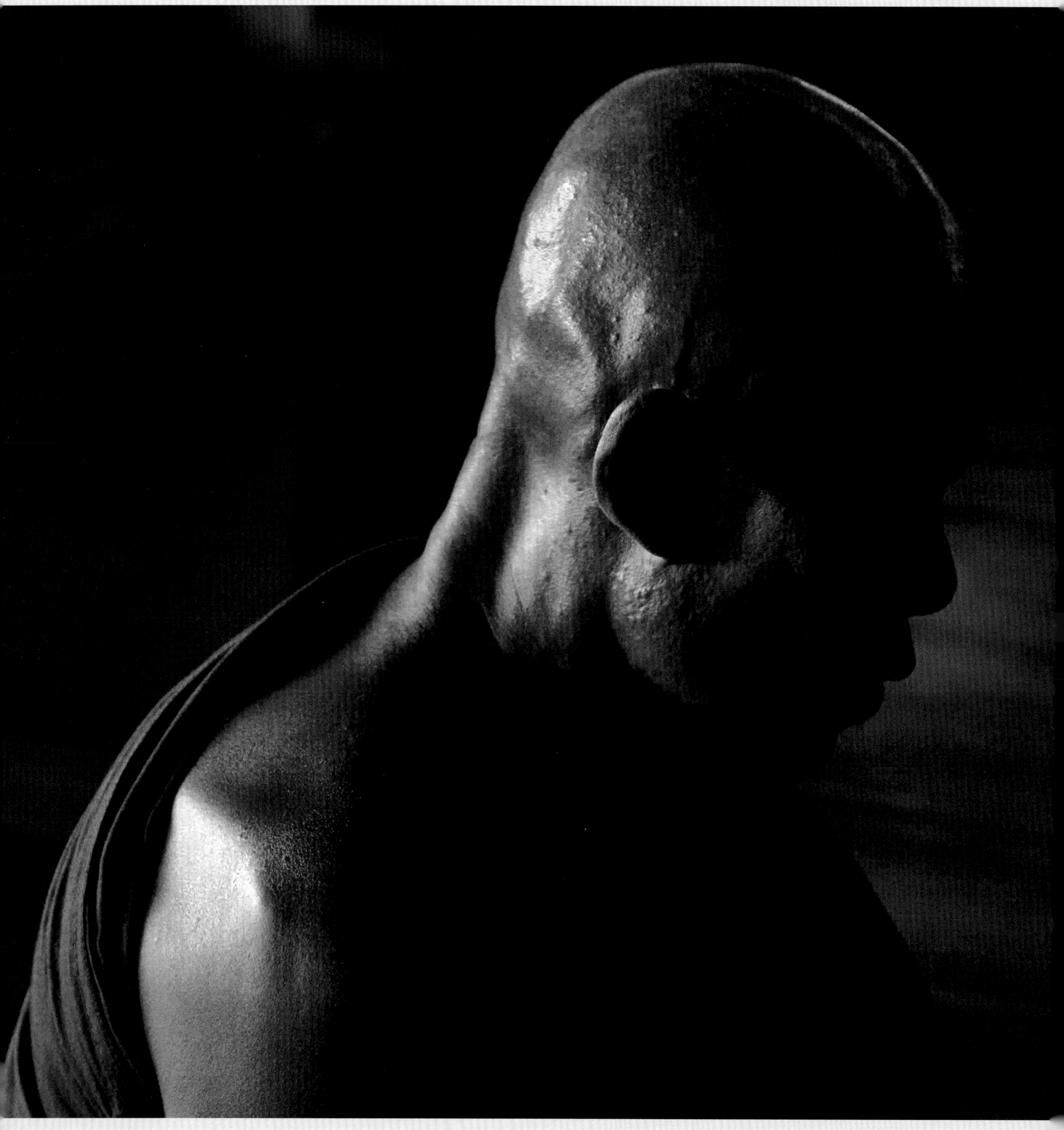

9

MEDITATING STILLNESS

Clouds shrouding the mind
Evanesce in the
Presence of tranquility.

Resonating through a forested mountain in southeast Myanmar, a sonorous bell rouses the pre-dawn air at the Pa-Auk Meditation Centre. A remote enclave of a thousand monks and nuns begin their day at 3:30 am. Emerging from their respective sleeping quarters, they quietly commence their six sessions of silent meditation, punctuated by two vegetarian meals prepared and served by laity from a nearby village. Mosquito nets not only provide refuge from biting insects while meditating, they foster a cocoon-like environment. Reducing distracting sounds from without and taming distracting thoughts from within, the nets enhance calm focus.

MEDITATIVE STILLE

Umwölkter Geist.
Eine Flüchtigkeit in der
Gegenwart der Stille.

Weithin durch einen Bergwald im Südosten Myanmars schallend, lässt im Pa-Auk-Meditationszentrum ein lautes Klangholz im Morgengrauen die Luft erzittern. In der entlegenen Enklave beginnt für 1000 Mönche und Nonnen der Tag um halb vier Uhr früh. Aus ihren jeweiligen Schlafquartieren schweigend zusammenkommend beginnen sie ihre in sechs Sitzungen eingeteilte Schweigemeditation. Eingeschoben sind zwei vegetarische Mahlzeiten, die von Laien aus einem nahegelegenen Dorf zubereitet und serviert werden. Die Moskitonetze bieten nicht nur Schutz vor den stechenden Insekten, sie sorgen bei der Meditation auch für eine kokonartige Abschirmung. Indem sie ablenkende Außengeräusche dämpfen und abschweifende Gedanken einschränken, fördern die Netze die ruhige Aufmerksamkeit.

◀ *Powerful Mind,* Mon State, Myanmar, 2014

◀ *Starker Geist,* Mon-Staat, Myanmar, 2014

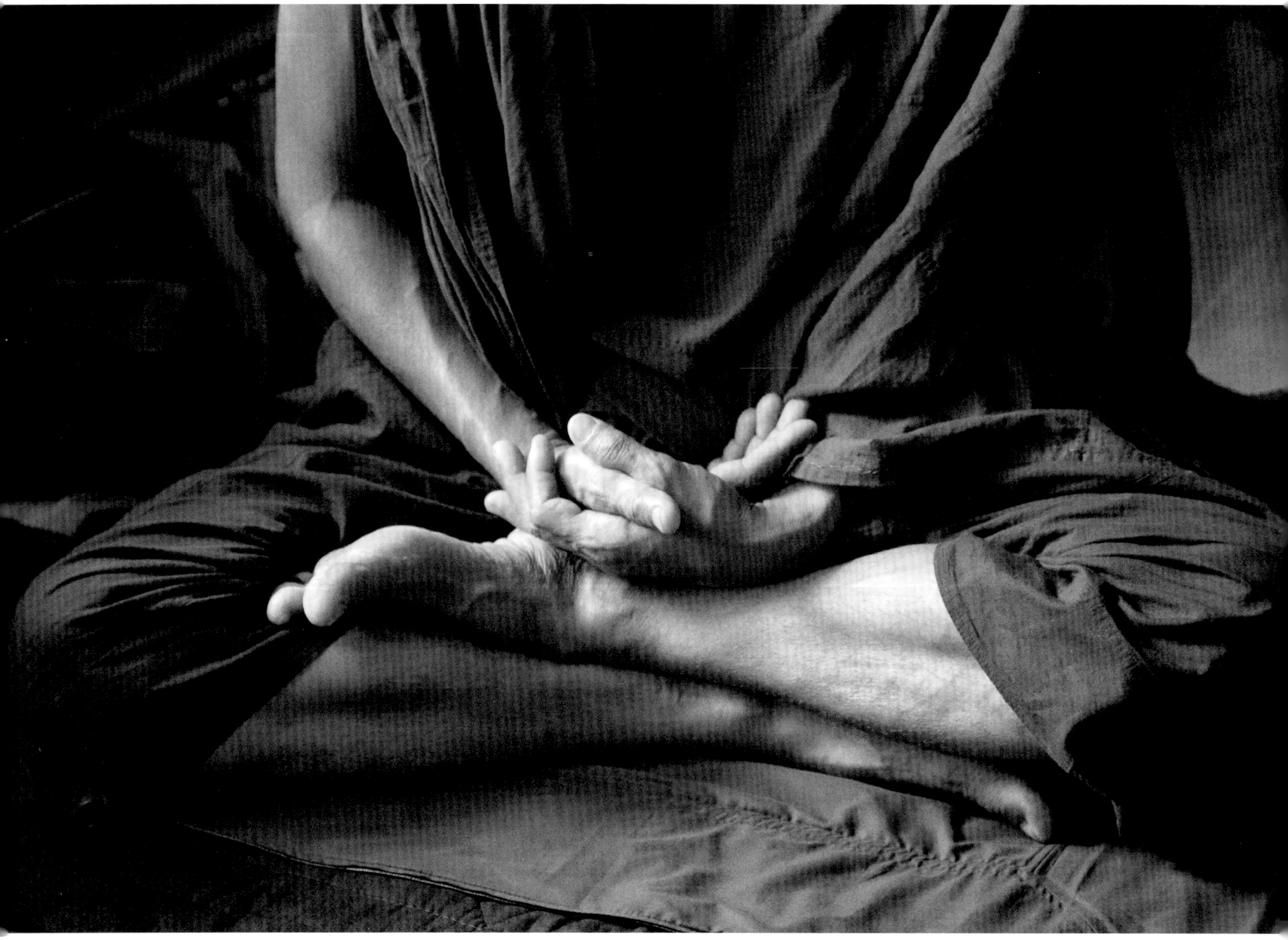

Sitting in Calm, Mon State, Myanmar, 2014

Stillsitzen, Mon-Staat, Myanmar, 2014

Liberated Hearts, Mon State, Myanmar, 2014 >

Freie Herzen, Mon-Staat, Myanmar, 2014 >

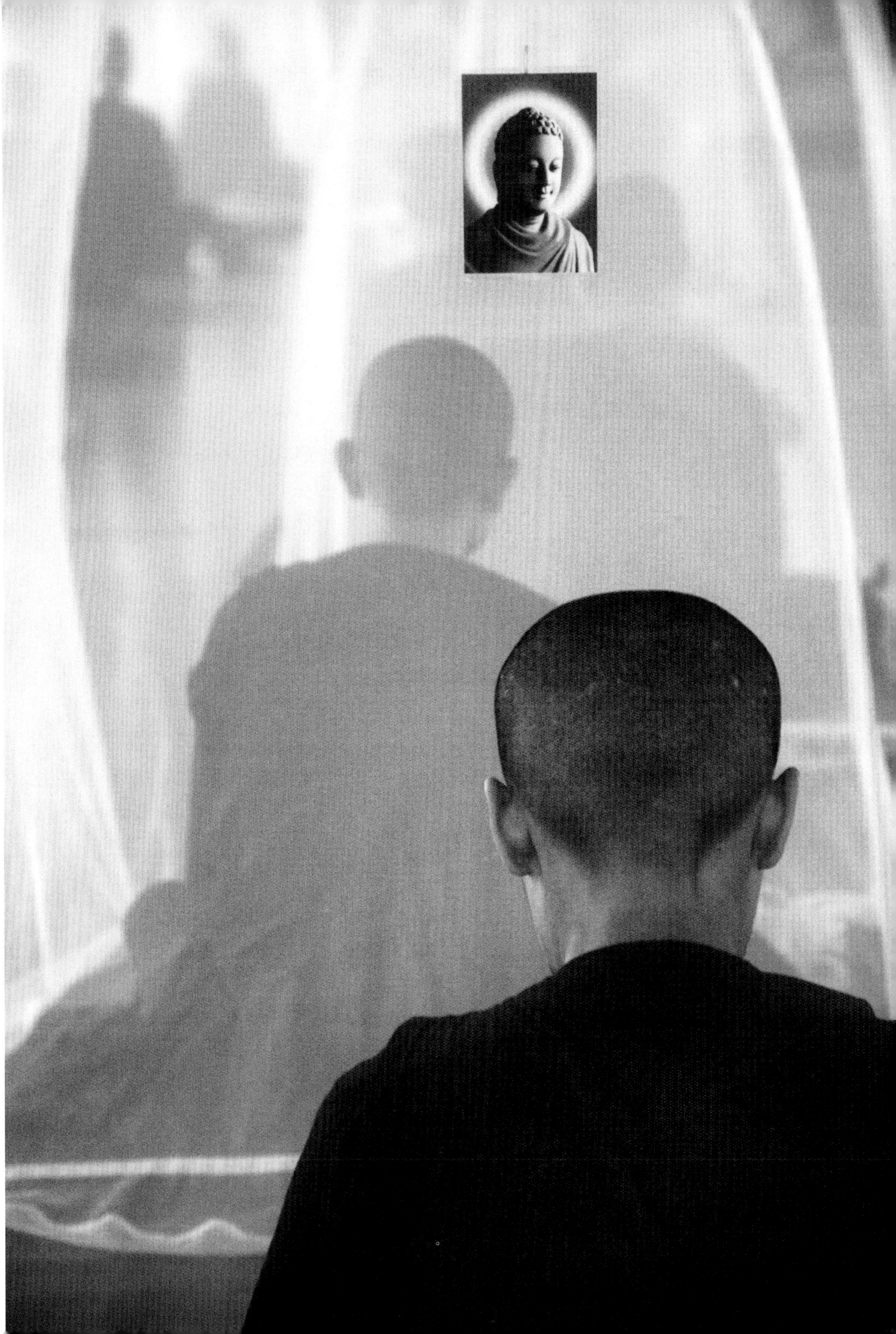

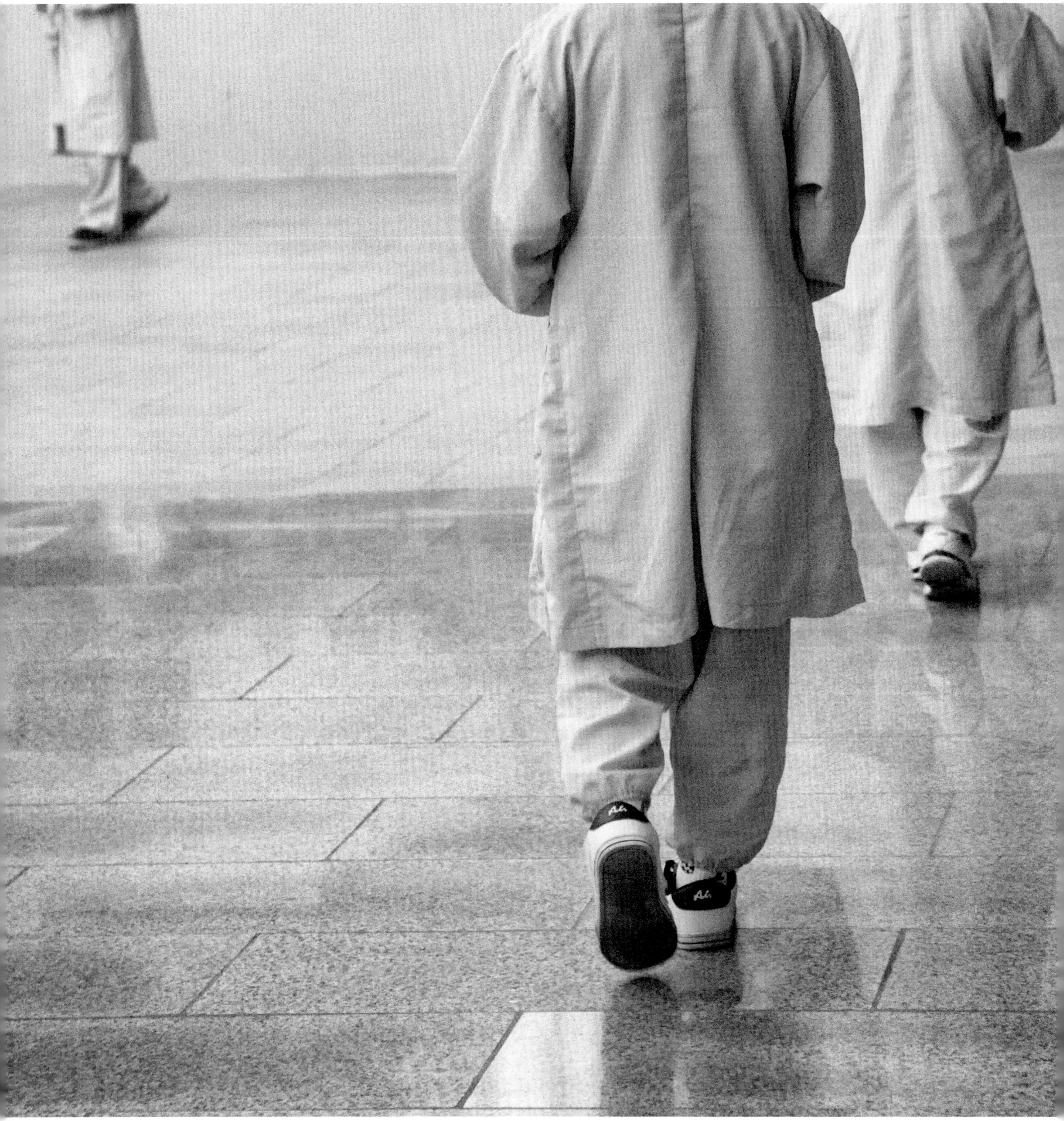

Walking Meditation #3, California, USA, 2013 (MEDITATION)

Geh-Meditation #3, Kalifornien, USA, 2013 (MEDITATION)

Walking Meditation #2, Zhejiang Province, China, 2012 ➤ (MEDITATION)

Geh-Meditation #2, Provinz Zhejiang, China, 2012 ➤ (MEDITATION)

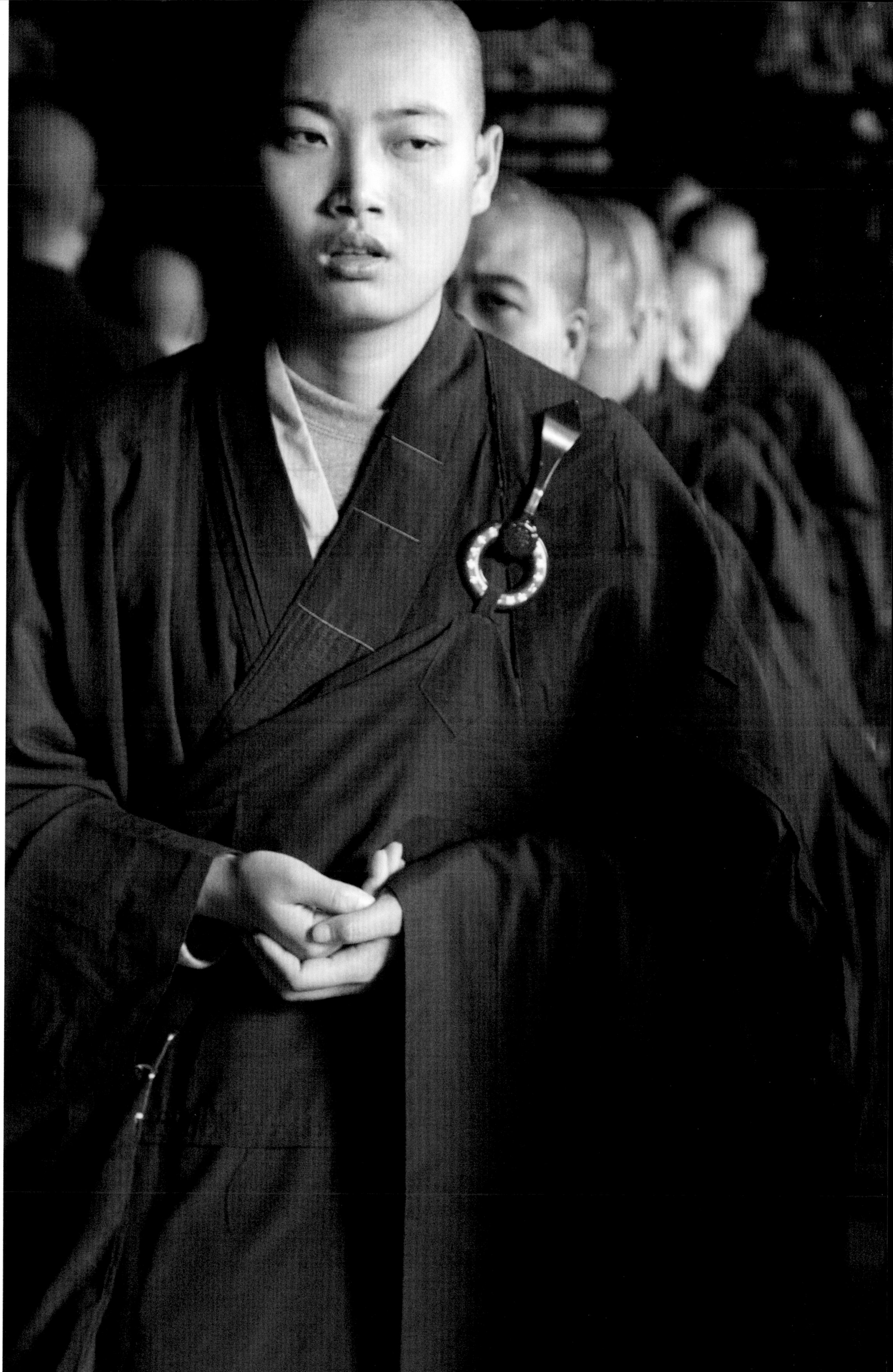

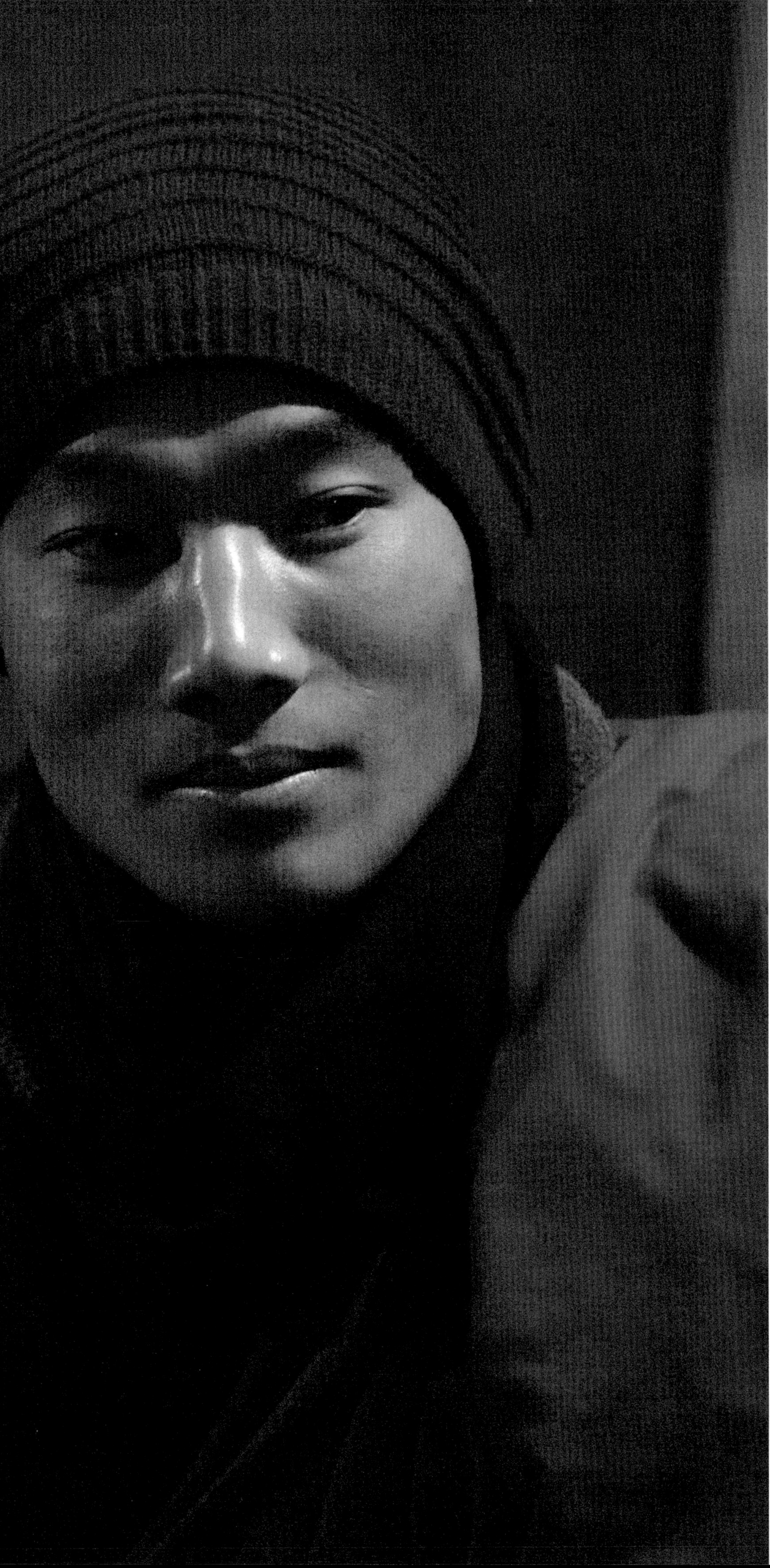

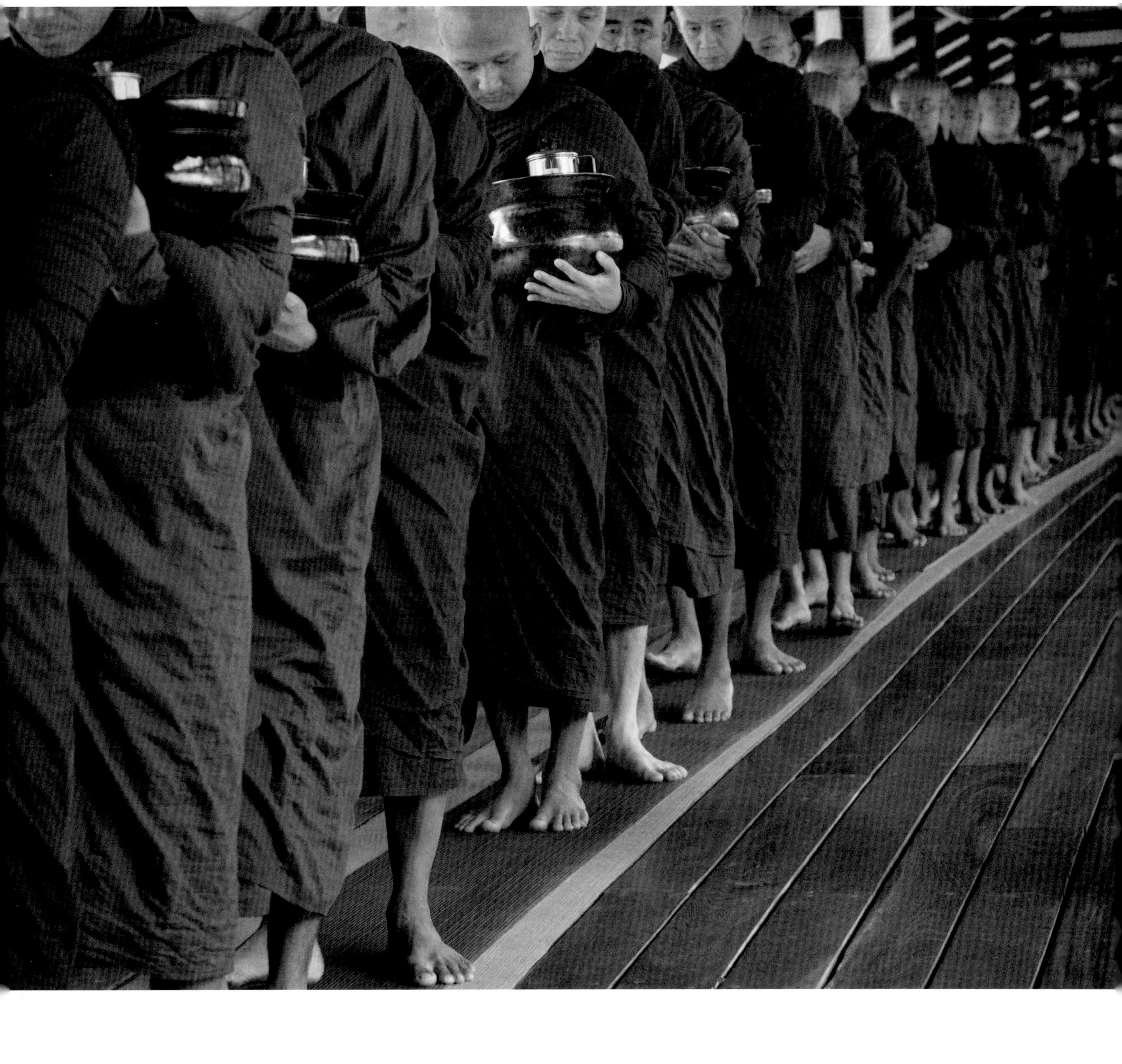

Waiting with Gratitude, Mon State, Myanmar, 2014
Waiting silently to receive their afternoon meal.

Geduldiges Warten, Mon-Staat, Myanmar, 2014
Ruhiges Schlangestehen für das Nachmittagsmahl.

◀ *Inner Thoughts,* Thimphu Dzongkhag, Bhutan, 2015

◀ *Besonnenheit,* Distrikt Thimphu, Bhutan, 2015

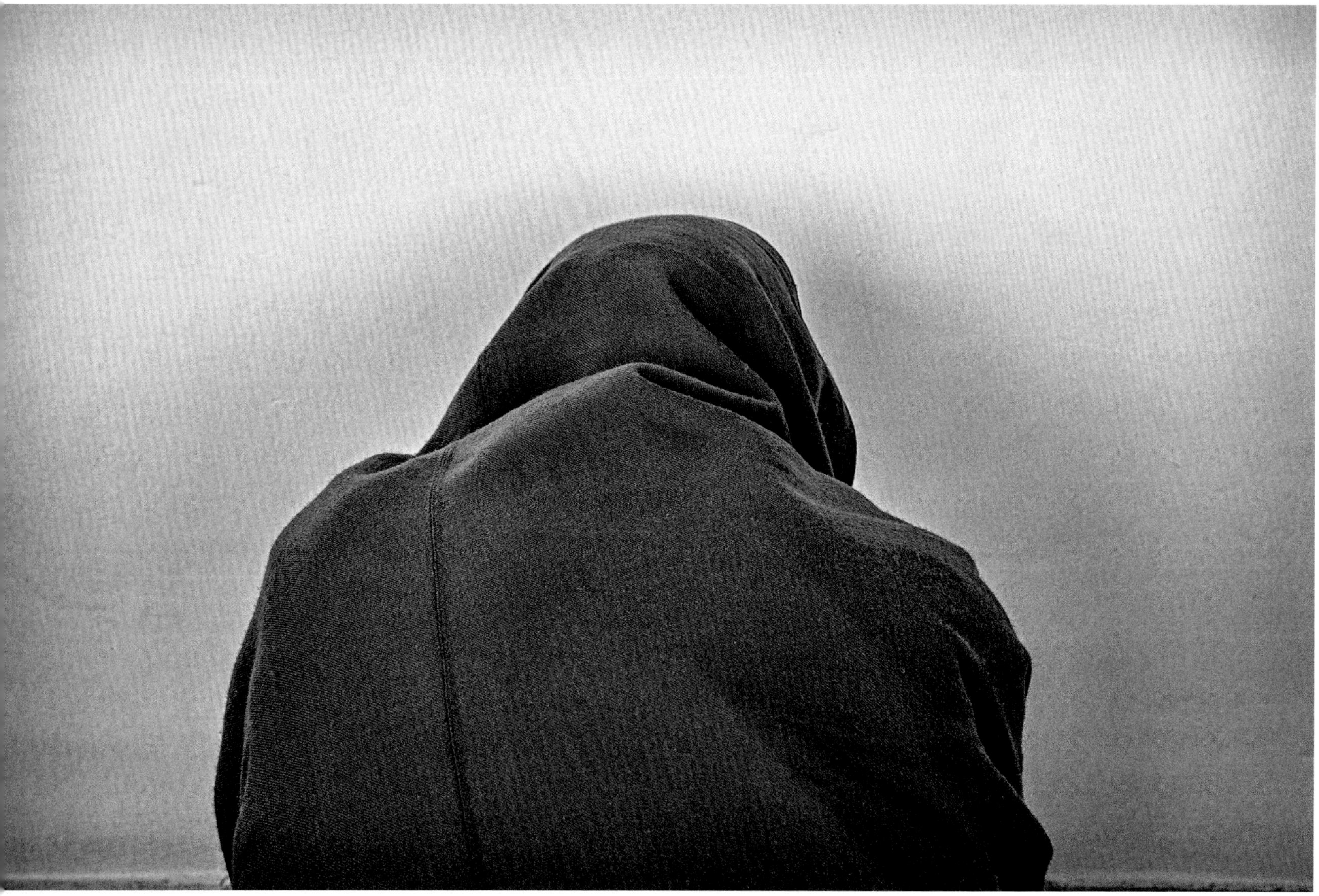

Personal World, Himachal Pradesh, India, 2015

Privatsphäre, Himachal Pradesh, Indien, 2015

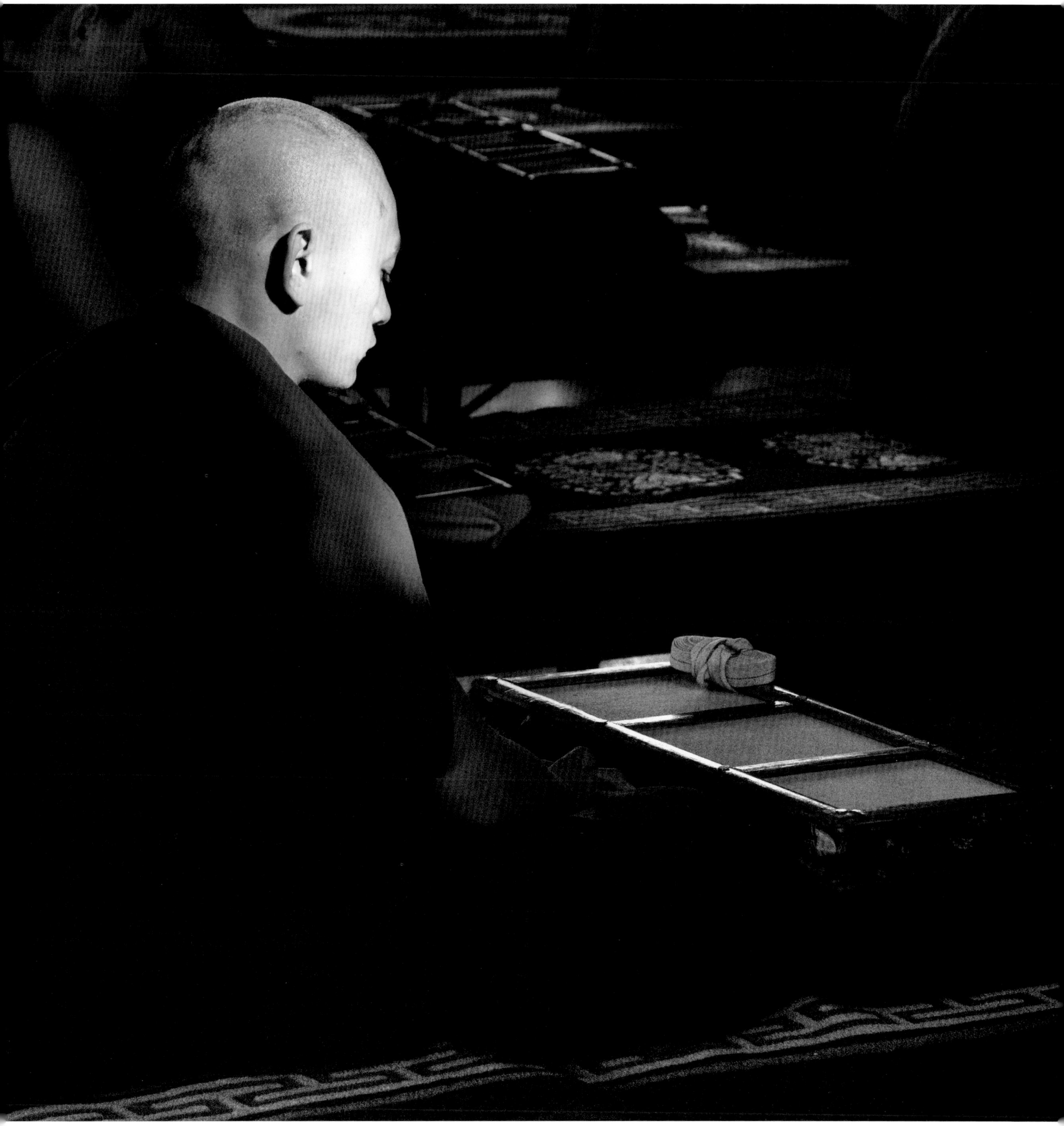

Unencumbered Thoughts, Himachal Pradesh, India, 2015

Ungestörtes Denken, Himachal Pradesh, Indien, 2015

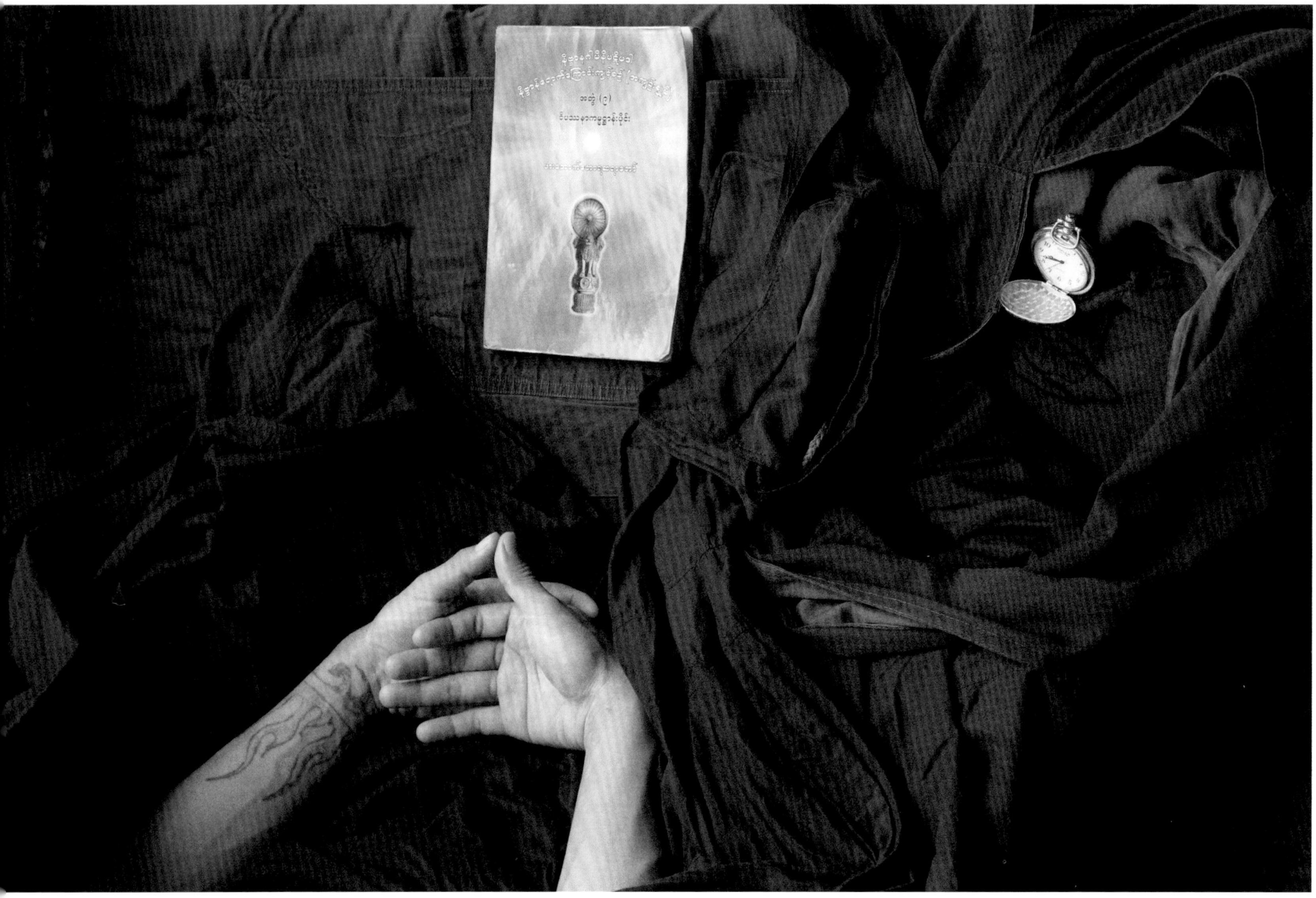

Perception of Time, Mon State, Myanmar, 2014

Zeitwahrnehmung, Mon-Staat, Myanmar, 2014

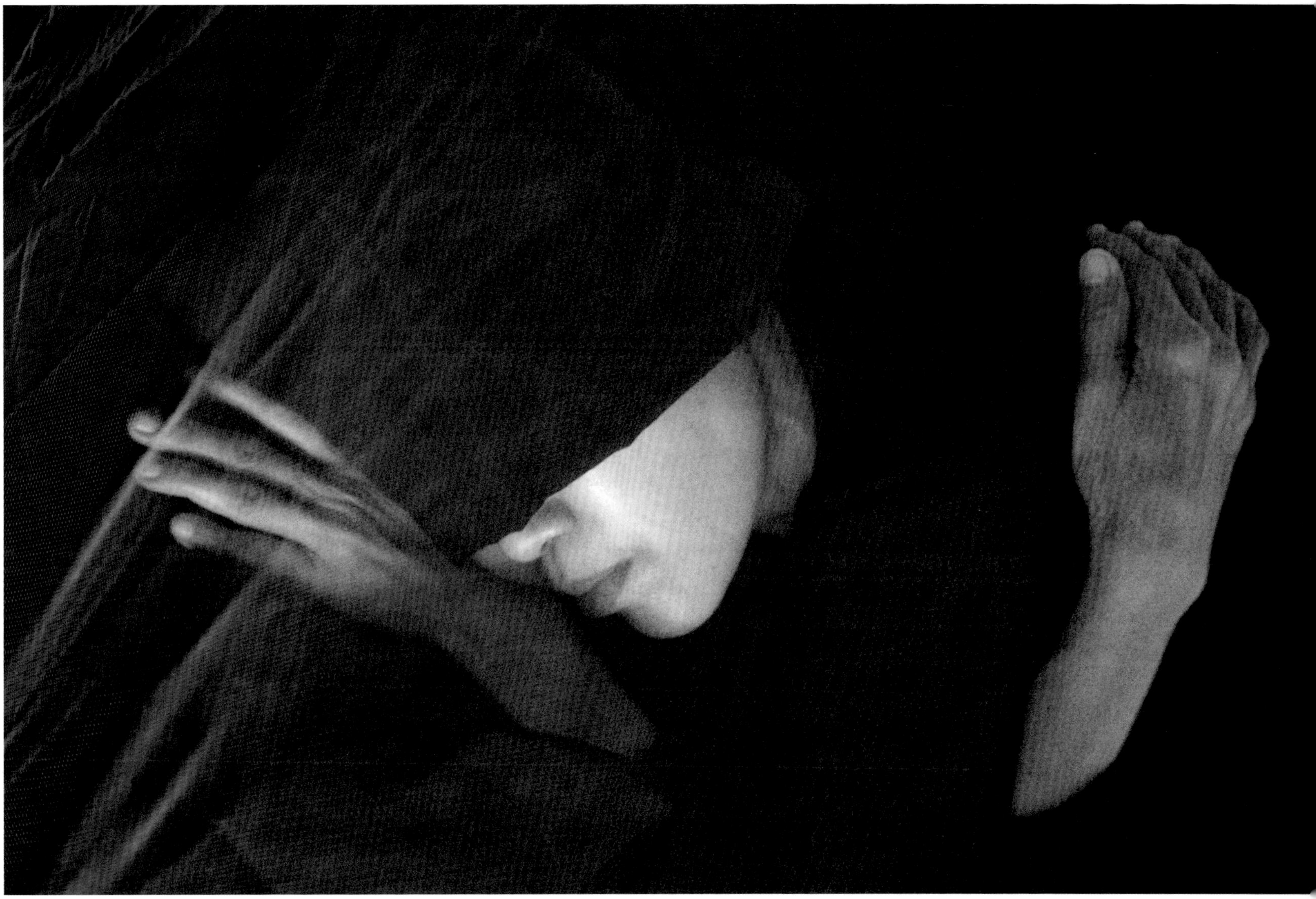

At Peace, Mon State, Myanmar, 2014

During a pause between meditation sessions, this nun lies down to rest, still enclosed in her mosquito net.

Beim Ausruhen, Mon-Staat, Myanmar, 2014

Diese Nonne ruht sich während einer Meditations-pause unter ihrem Moskitonetz aus.

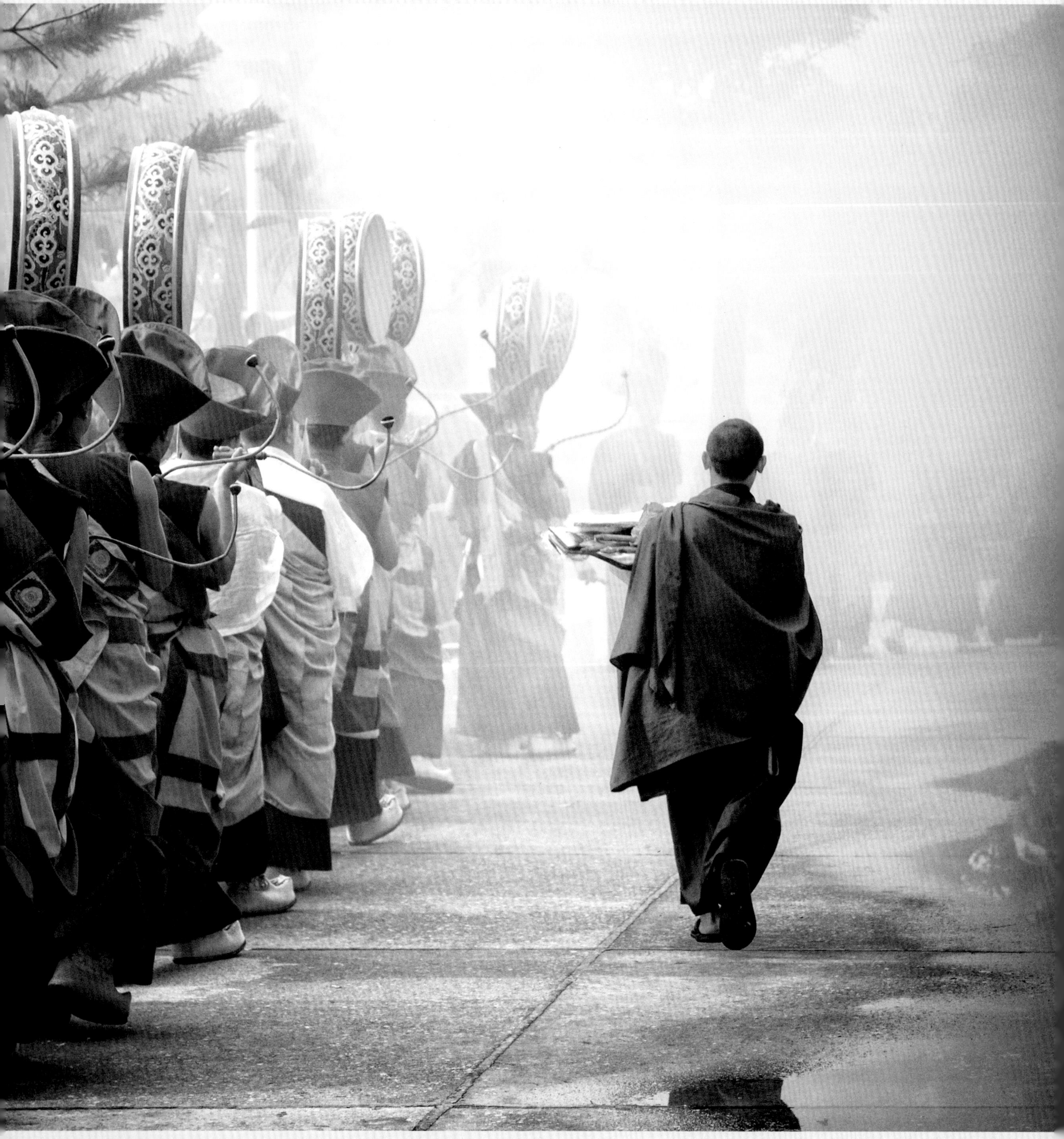

10

SOUNDING THE SACRED

Deep-throated horns
Tuned to the cosmos,
Pulse in rhythm
With the primordial heartbeat.

From calming balm to electrifying clamor, music stirs the sacred within us through invisible waves that fluidly permeate space. Like gossamer threads, subtle tones weave you into a healing tapestry of transcendent beauty. Ethereal sounds allure you into depths of being, infusing you with sublime emotions. Thunderous drums command attention—they insist: Be here, now! Each boom dislodges errant thoughts, opening a portal to lucidity. Musical currents have the power to transport you to temples of peace and joy, where you can flow harmoniously within the streams of wisdom and compassion.

HEILIGES TÖNEN

Volltönende Hörner
Mit dem Kosmos im Einklang
Schwingen im Rhythmus
Des ursprünglichen Herzschlags.

Von balsamischen Klängen bis hin zum elektrisierenden Lärm, Musik rührt uns im Innersten an, in unsichtbaren Wellen, die den Raum durchdringen. Wie flüchtige Spinnwebfäden im Altweibersommer treiben Töne durch die Luft und flechten ein beredtes Gewebe von transzendenter Schönheit. Ätherische Klänge locken Dich in die Tiefen des Seins, erfüllen Dich mit Zartgefühl. Donnernde Trommeln fordern Aufmerksamkeit. Sie dringen darauf: Sei jetzt da! Jeder Schlag verjagt einen störenden Gedanken, öffnet ein Tor zur Klarheit. Harmonische Fügungen vermögen Dich zu den Tempeln des Friedens und der Freude fortzutragen, wo Du in die Fluten von Weisheit und Mitgefühl eintauchen kannst.

◀ *Elevating Consciousness,* Himachal Pradesh, India, 2015 (DRUM)

◀ *Das Bewusstsein erhöhen,* Himachal Pradesh, Indien, 2015 (TROMMEL)

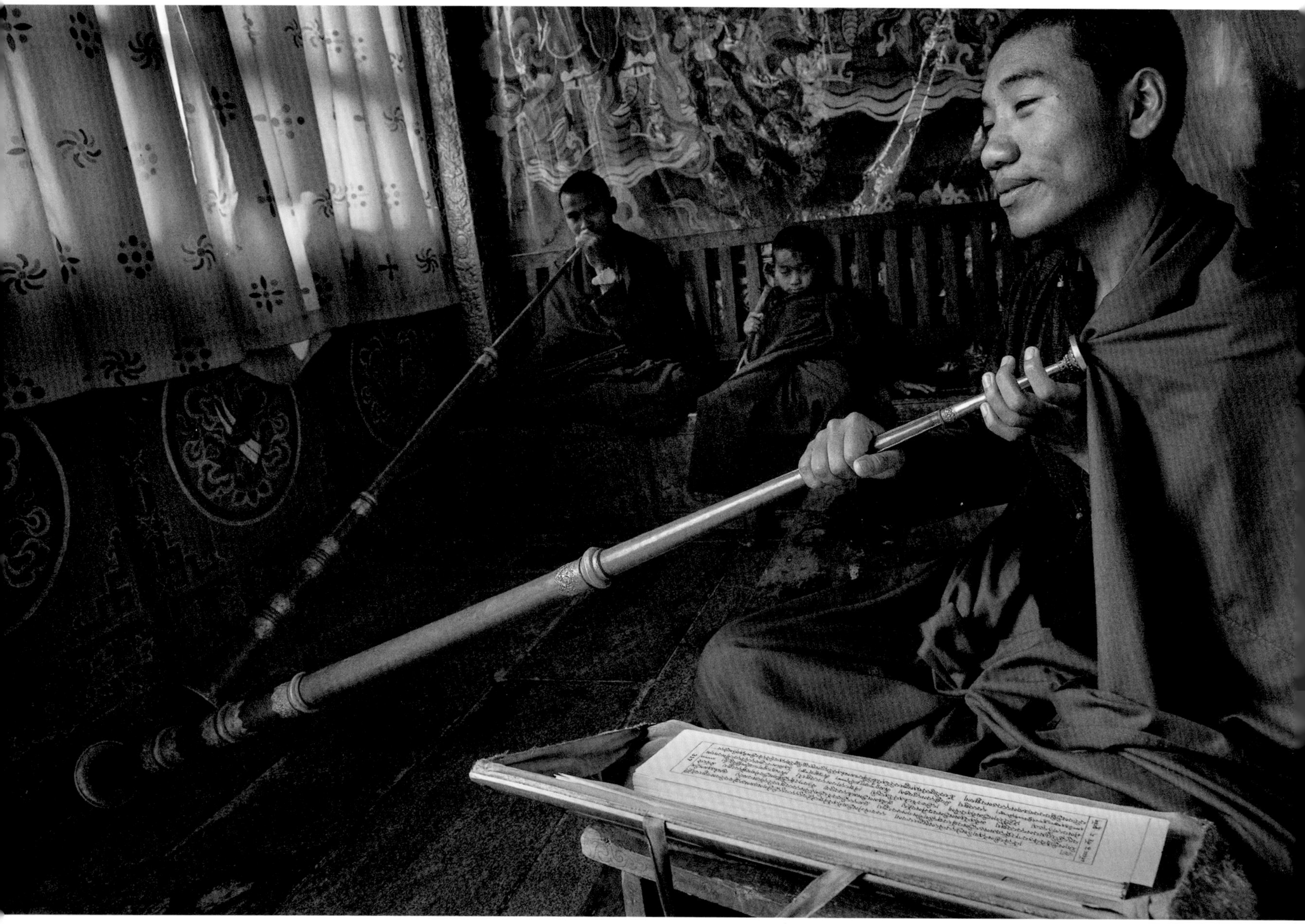

Instruments of Awakening, Paro Dzongkhag, Bhutan, 2013 (REED INSTRUMENT) ➤

Erweckungsinstrumente, Distrikt Paro, Bhutan, 2013 (ROHRBLATTINSTRUMENT) ➤

Earth Tremors, Punakha Dzongkhag, Bhutan, 2015 (HORN)

Aufrüttelnde Klänge, Distrikt Punakha, Bhutan, 2015 (LANGHORN)

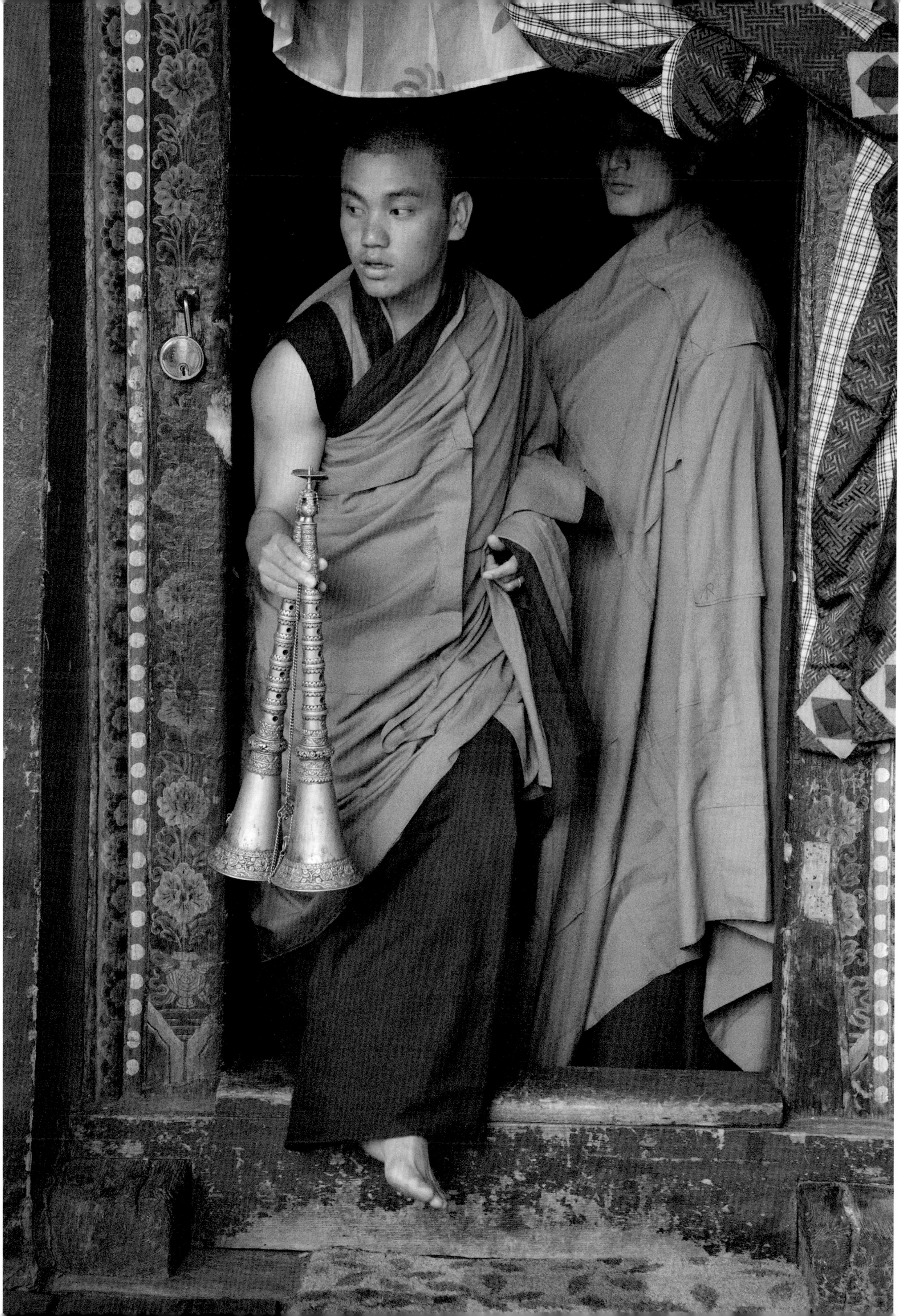

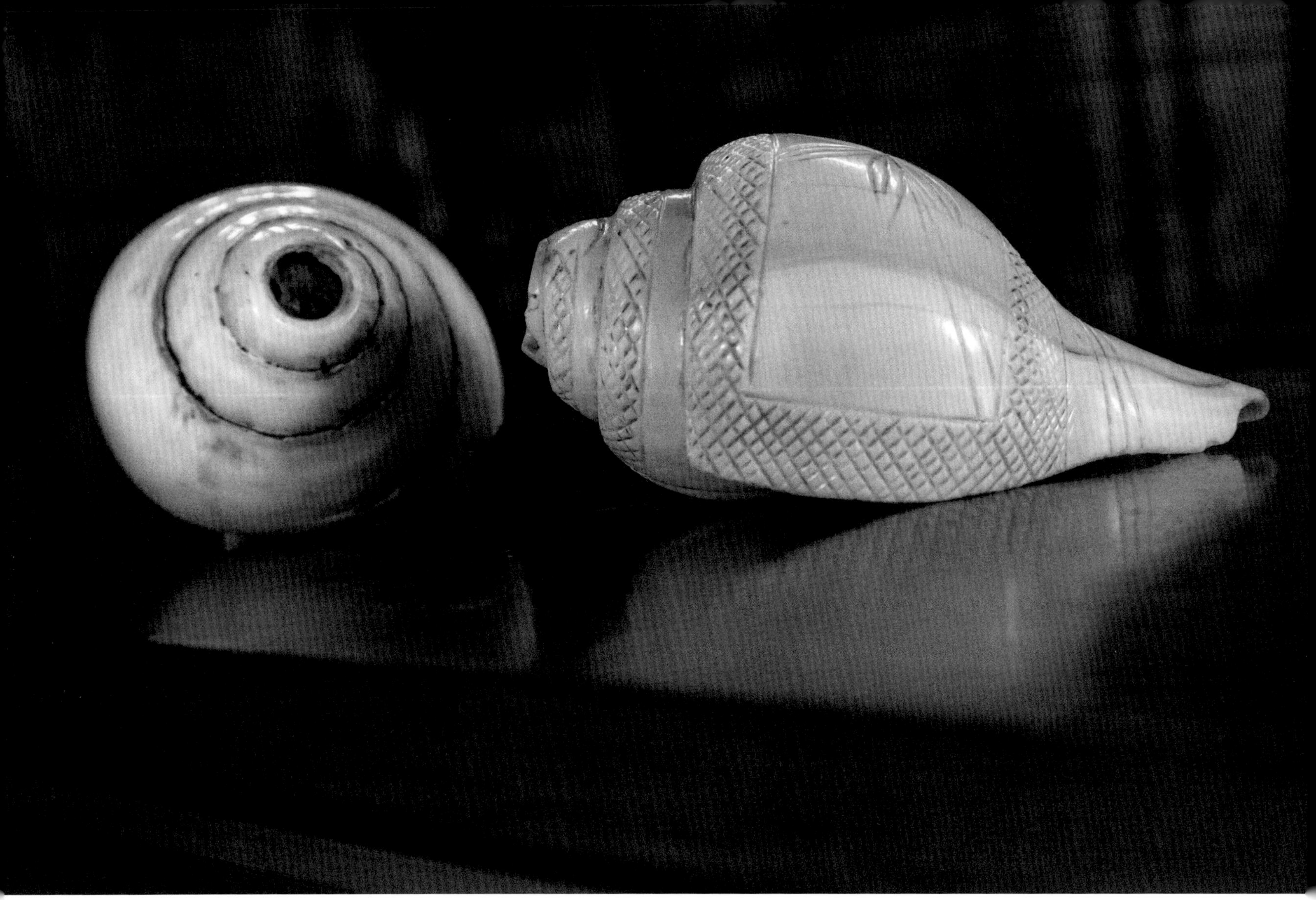

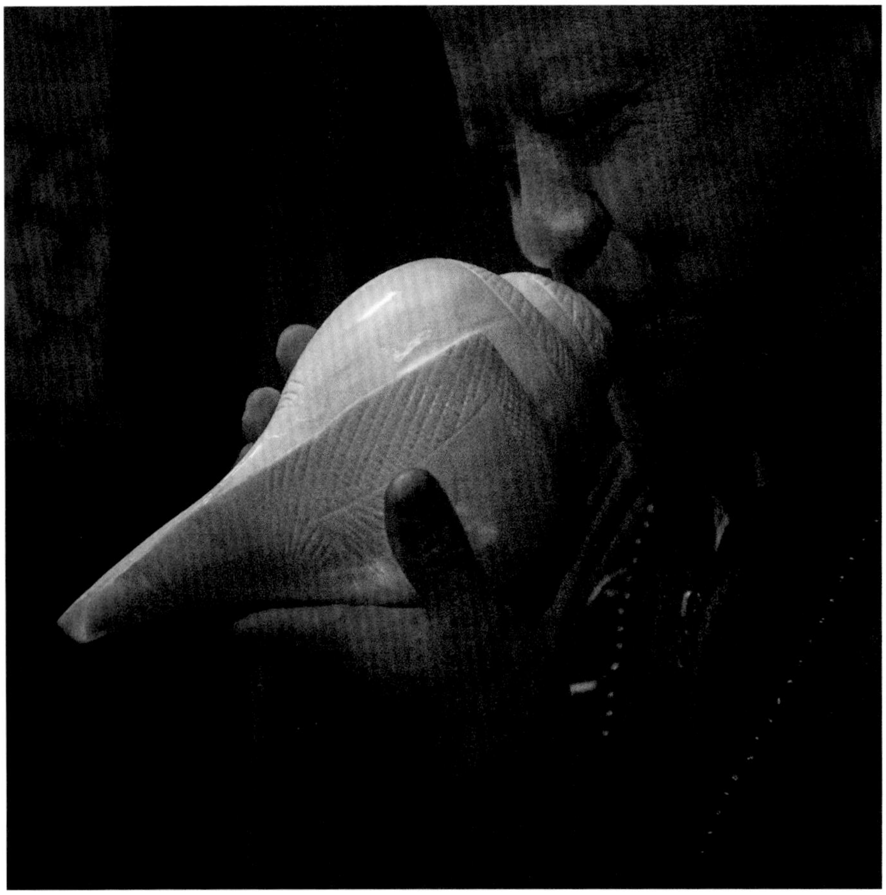

▲ *Illuminating Truth,* Bumthang Dzongkhag, Bhutan, 2019 (CONCH SHELL)

▲ *Hinweis auf die Wahrheit,* Distrikt Bumthang, Bhutan, 2019 (SCHNECKENHORN)

◀ *Rousing Consciousness,* Thimphu Dzongkhag, Bhutan, 2015 (CONCH SHELL)

◀ *Bewusstseinsaufrüttelung,* Distrikt Thimphu, Bhutan, 2015 (SCHNECKENHORN)

Piercing Sounds, Thimphu Dzongkhag, Bhutan, 2013 (REED INSTRUMENT) ▶

Durchdringende Töne, Distrikt Thimphu, Bhutan, 2013 (ROHRBLATTINSTRUMENT) ▶

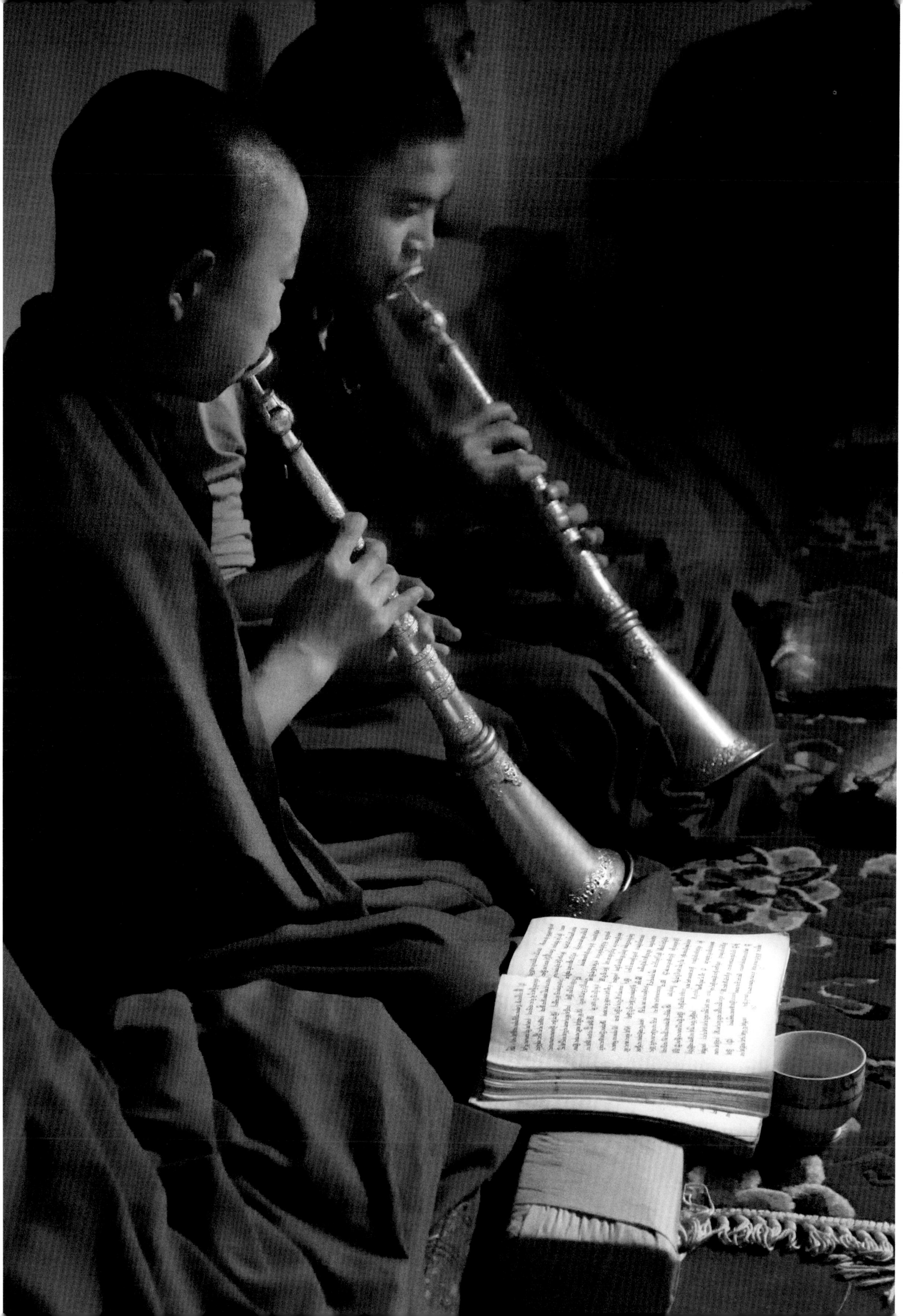

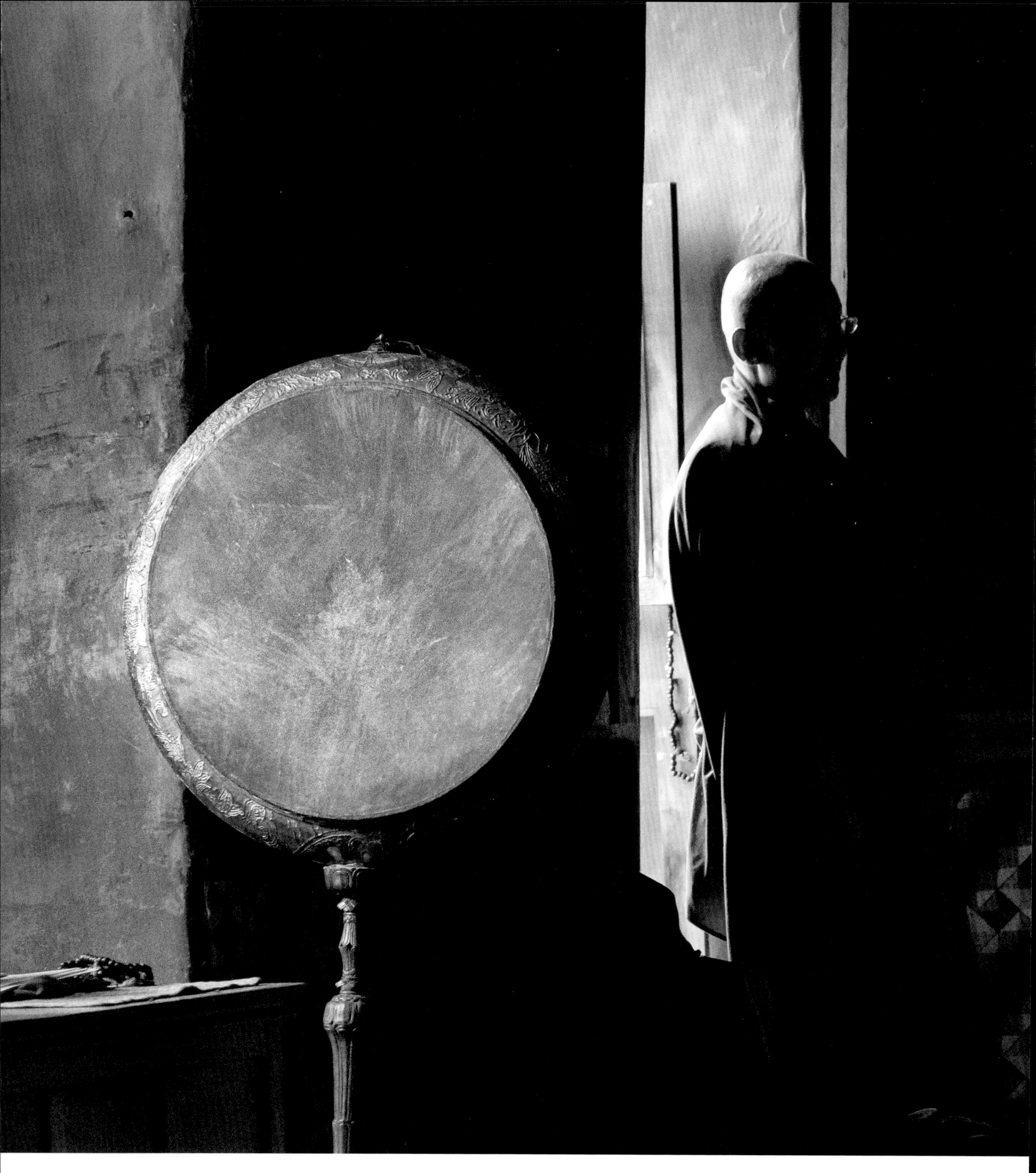

Primordial Stillness, Paro Dzongkhag, Bhutan, 2013 (DRUM)

Ursprüngliche Stille, Distrikt Paro, Bhutan, 2013 (TROMMEL)

Interlude, Ladakh Union Territory (disputed), India, 2019 (DRUM) ➤

Zwischenspiel, Unionsterritorium Ladakh, Indien, 2019 (TROMMEL) ➤

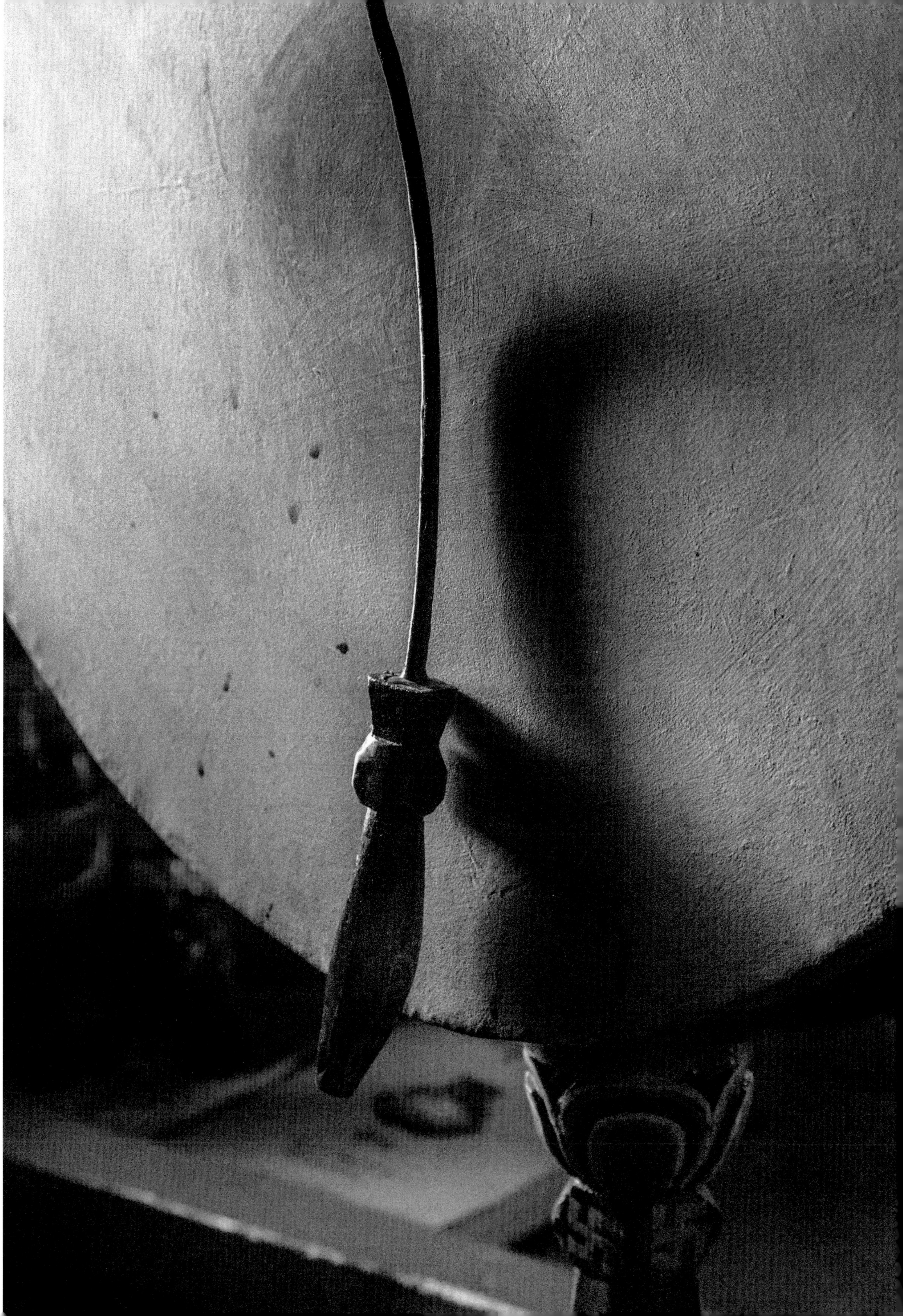

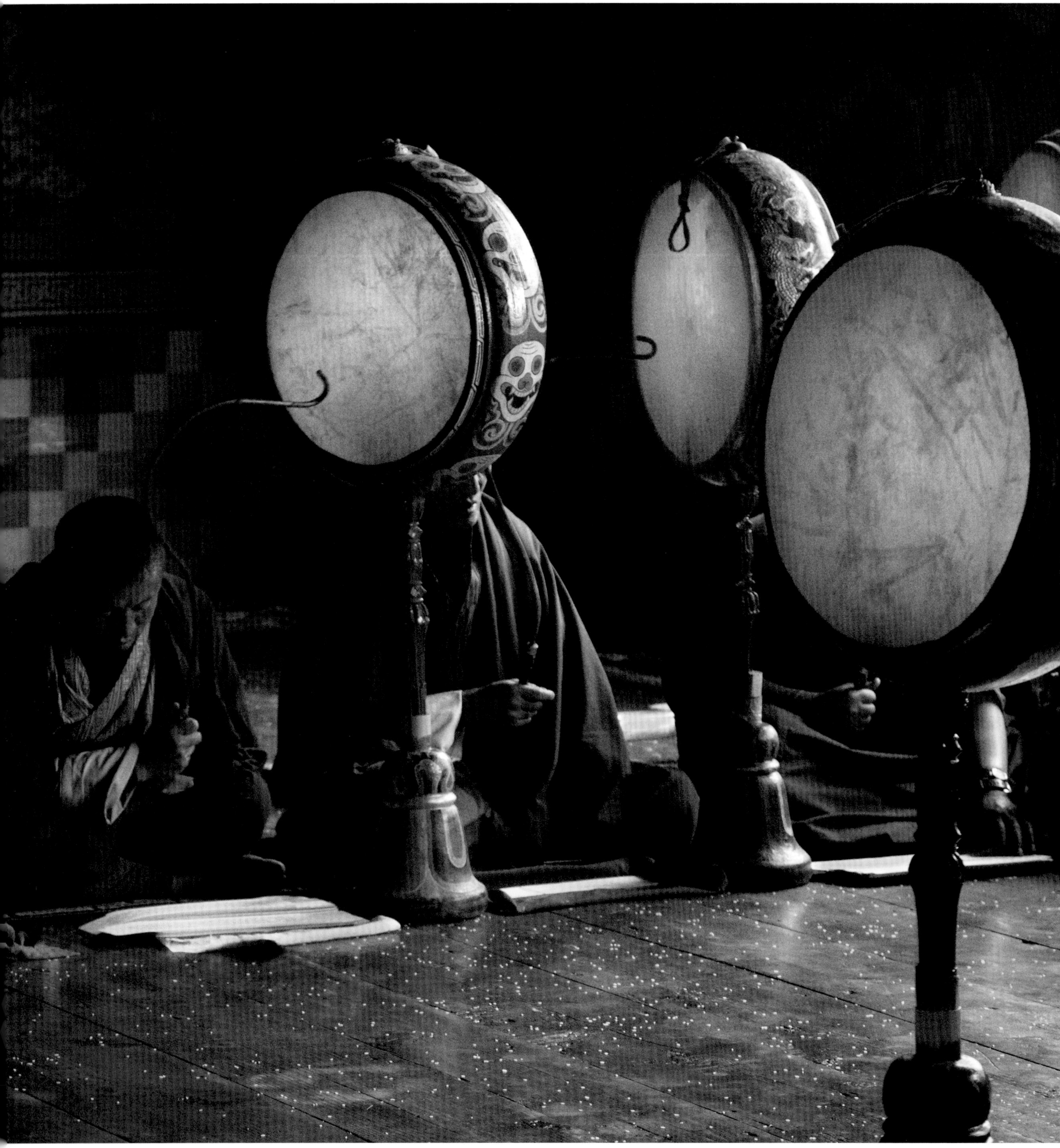

Heartbeat, Thimphu Dzongkhag, Bhutan, 2015 (DRUM)

Herzschlag, Distrikt Thimphu, Bhutan, 2015 (TROMMEL)

Thunder, Himachal Pradesh, India, 2015 (DRUM) ➤

Donner, Himachal Pradesh, Indien, 2015 (TROMMEL) ➤

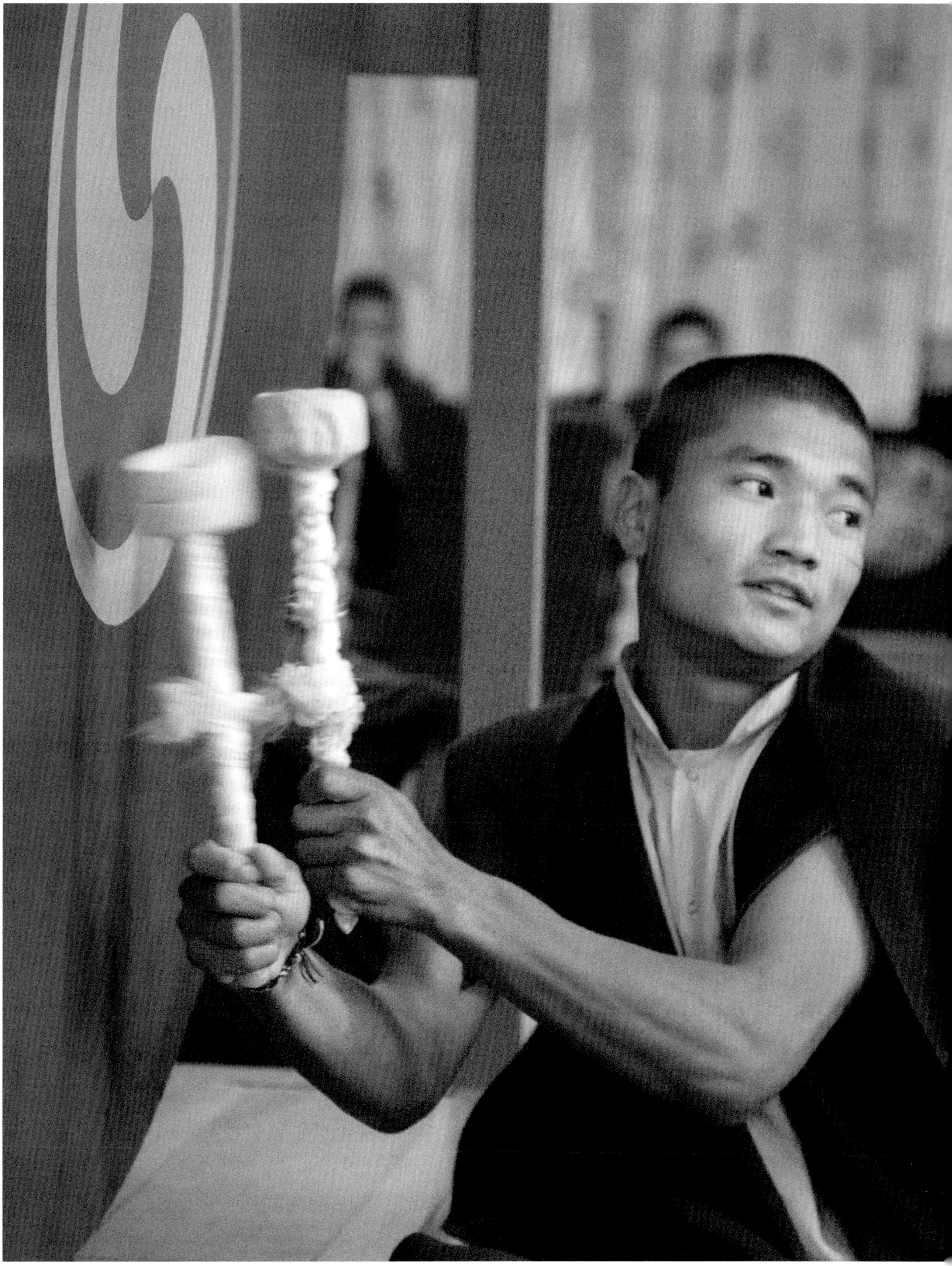

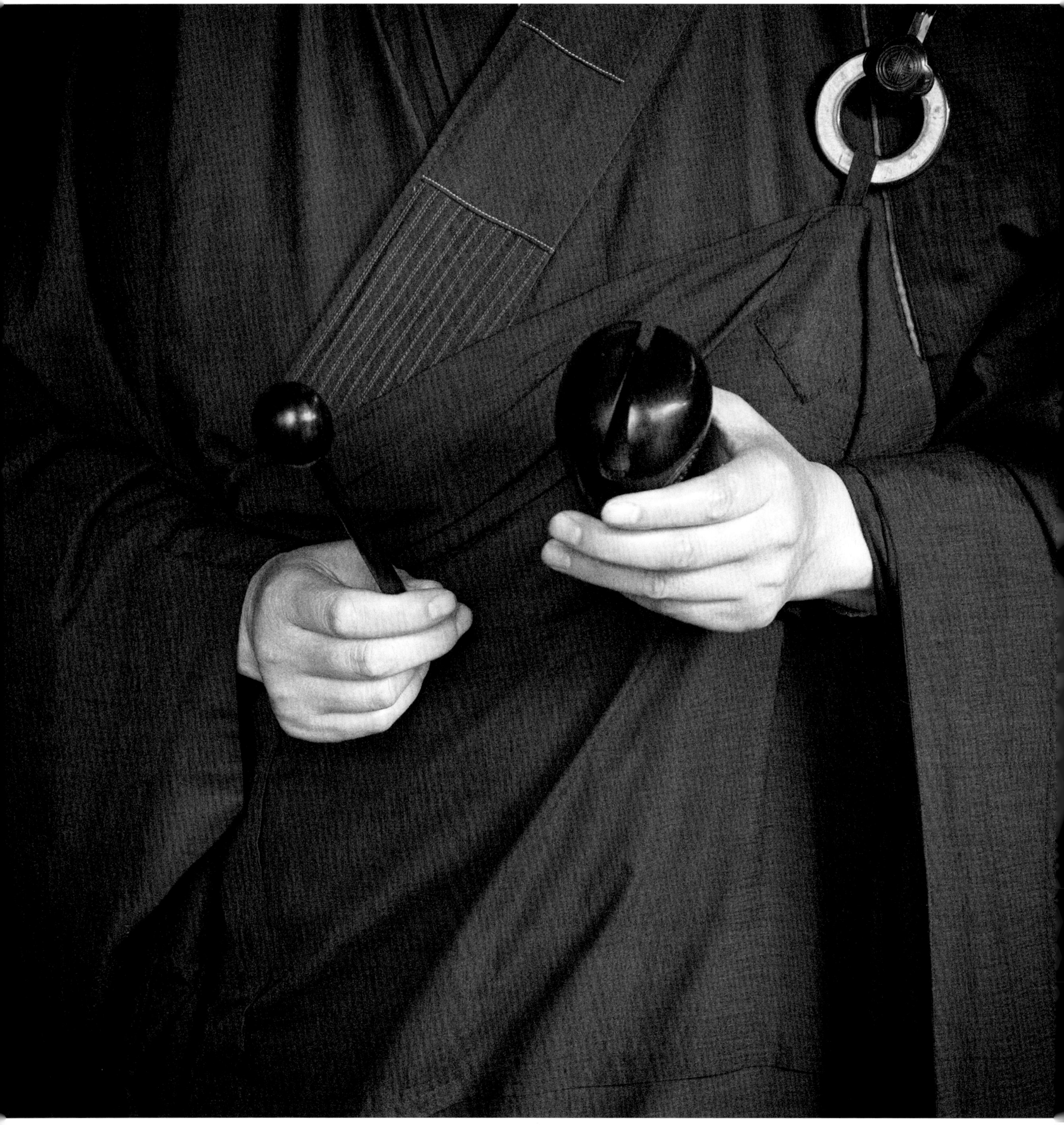

Rhythm of Prayer, Zhejiang Province, China, 2013 (WOODEN FISH)

Gebetsrhythmus, Provinz Zhejiang, China, 2013 (HOLZFISCH)

Enchanting Sounds, Zhejiang Province, China, 2013 (BELL WITH STRIKER) ➤

Entzückende Klänge, Provinz Zhejiang, China, 2013 (GLOCKE MIT SCHLEGEL) ➤

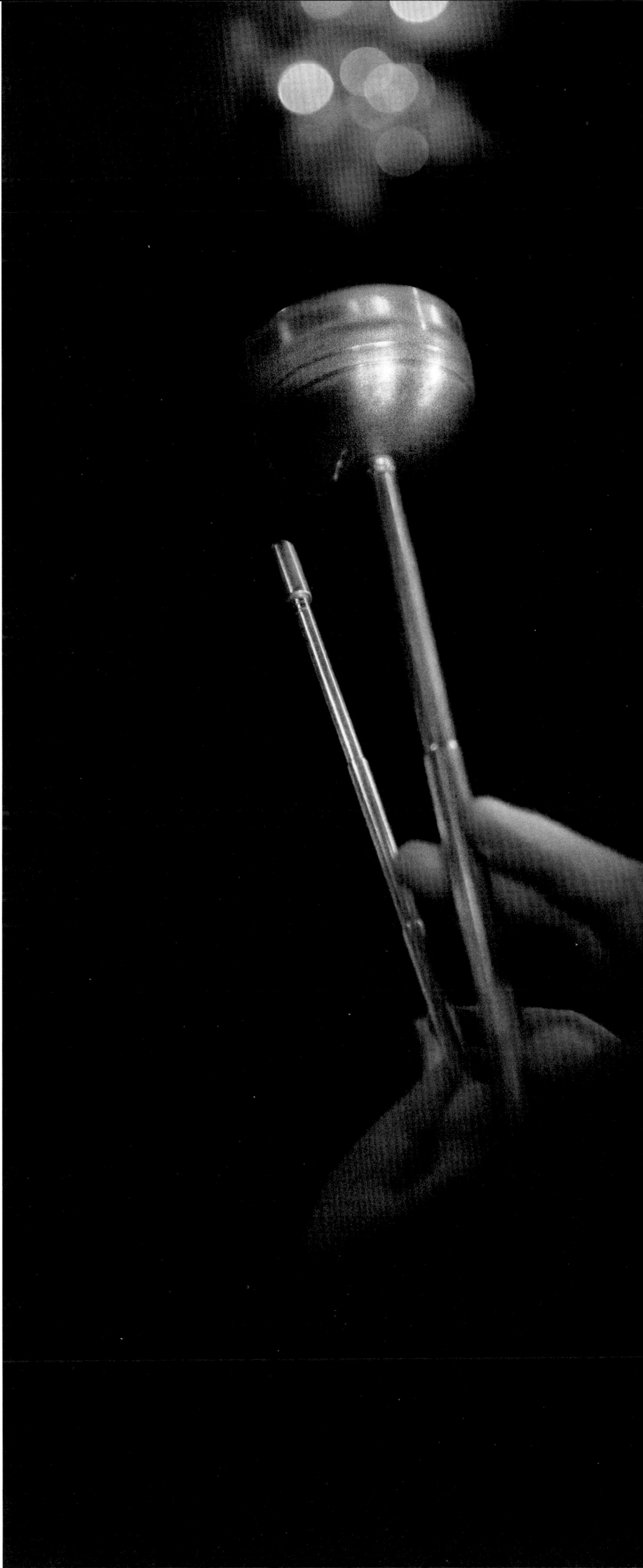

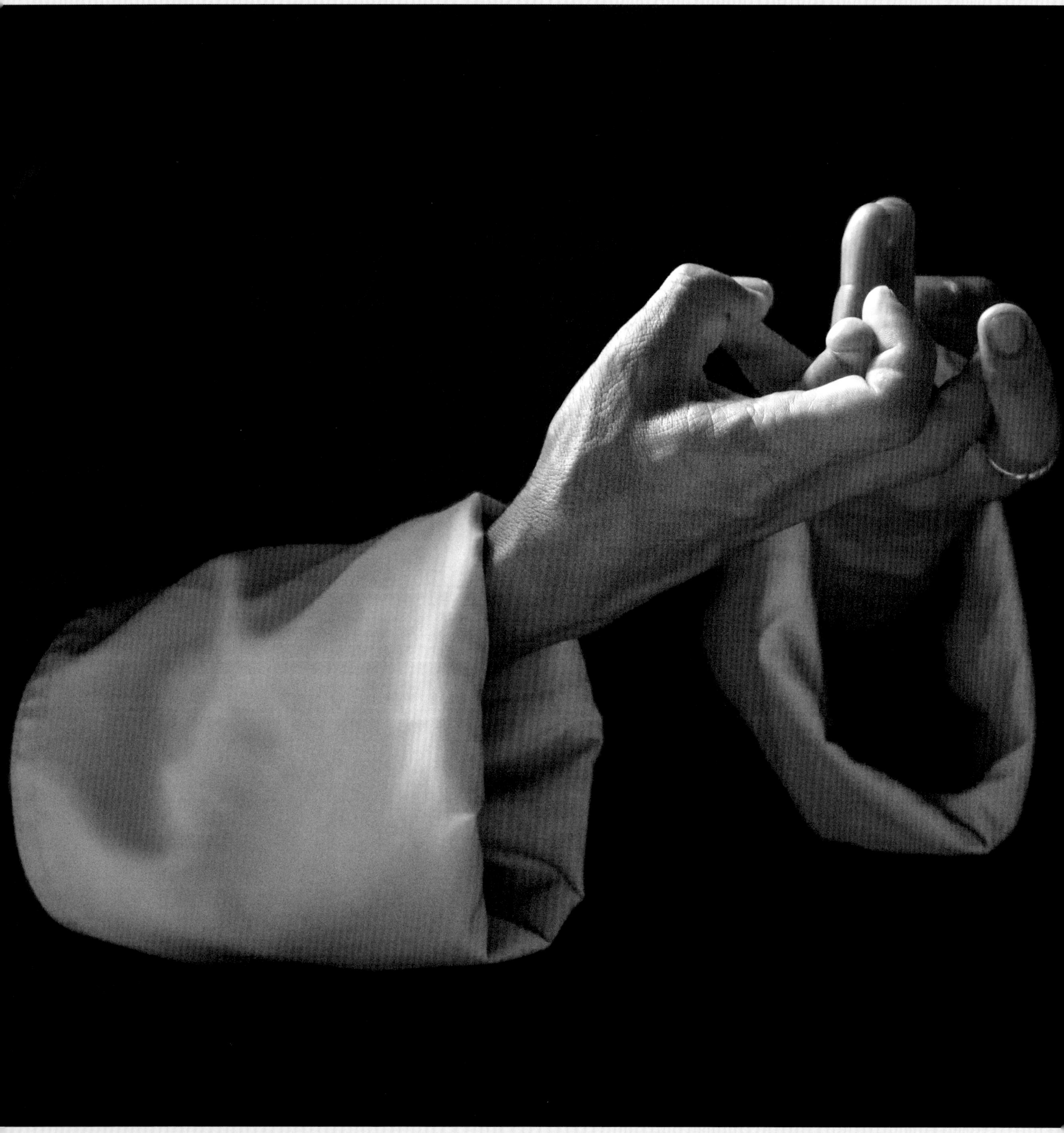

11

OFFERING BLESSINGS

Hands strengthened by use,
Wrinkled with wisdom,
Softened by compassion.

Since my medical career has been devoted primarily to helping people with their hands, I am naturally drawn toward noticing the subtleties associated with people's hands and how they are used. Not surprisingly, I have paid close attention to the intricate ritualized hand gestures known as *mudras* performed by lay and monastic practitioners. A lama revered by one of my Bhutanese friends explained that the positioning of the hands for "Giving Hands, Giving Heart" represents the *Mandala Mudra*. In Buddhist symbology, it represents Mount Meru, the central axis of the universe. It demonstrates that blessings ripple through the universe with each act of compassion. Making the mudra is a cosmic offering to all beings, including you and me. There are a myriad of ways the hands, heart, and mind can be used in offering the gift of kindness.

SEGEN SPENDEN

Hände, rüstig durch ihren Gebrauch,
Runzlig geworden durch Weisheit,
Zartfühlend durch Mitgefühl.

Da ich mich in meinem chirurgischen Beruf darauf spezialisiert habe, Hände zu operieren, bin ich es gewohnt, auf Hände zu achten und darauf, wie die Menschen sie gebrauchen. So ist es kein Wunder, dass ich mich besonders für rituelle Handgesten interessiere, sogenannte Mudras. Ein von einem meiner bhutanischen Freunde verehrter Lama erklärte mir, dass die Handhaltung „Gebende Hände, Gebendes Herz" *Mandala-Mudra* heißt. In der buddhistischen Symbolik stellt es den Berg Meru dar, das Zentrum des Universums. Es bedeutet, dass von jedem Akt des Mitgefühls Segenskräfte ausgehen und sich durch das ganze Universum ausbreiten. Wenn man dieses Mudra ausführt, stellt das einen kosmisches Segen für alle Lebewesen dar. Es gibt unzählige Arten und Weisen, in denen wir mithilfe unserer Hände, unseres Herzens und unseres Geistes Freundlichkeit erweisen können.

< *Giving Hands, Giving Heart*, Paro Dzongkhag, Bhutan, 2013 (MANDALA; MUDRA)

< *Gebende Hände, Gebendes Herz*, Distrikt Paro, Bhutan, 2013 (MANDALA; MUDRA)

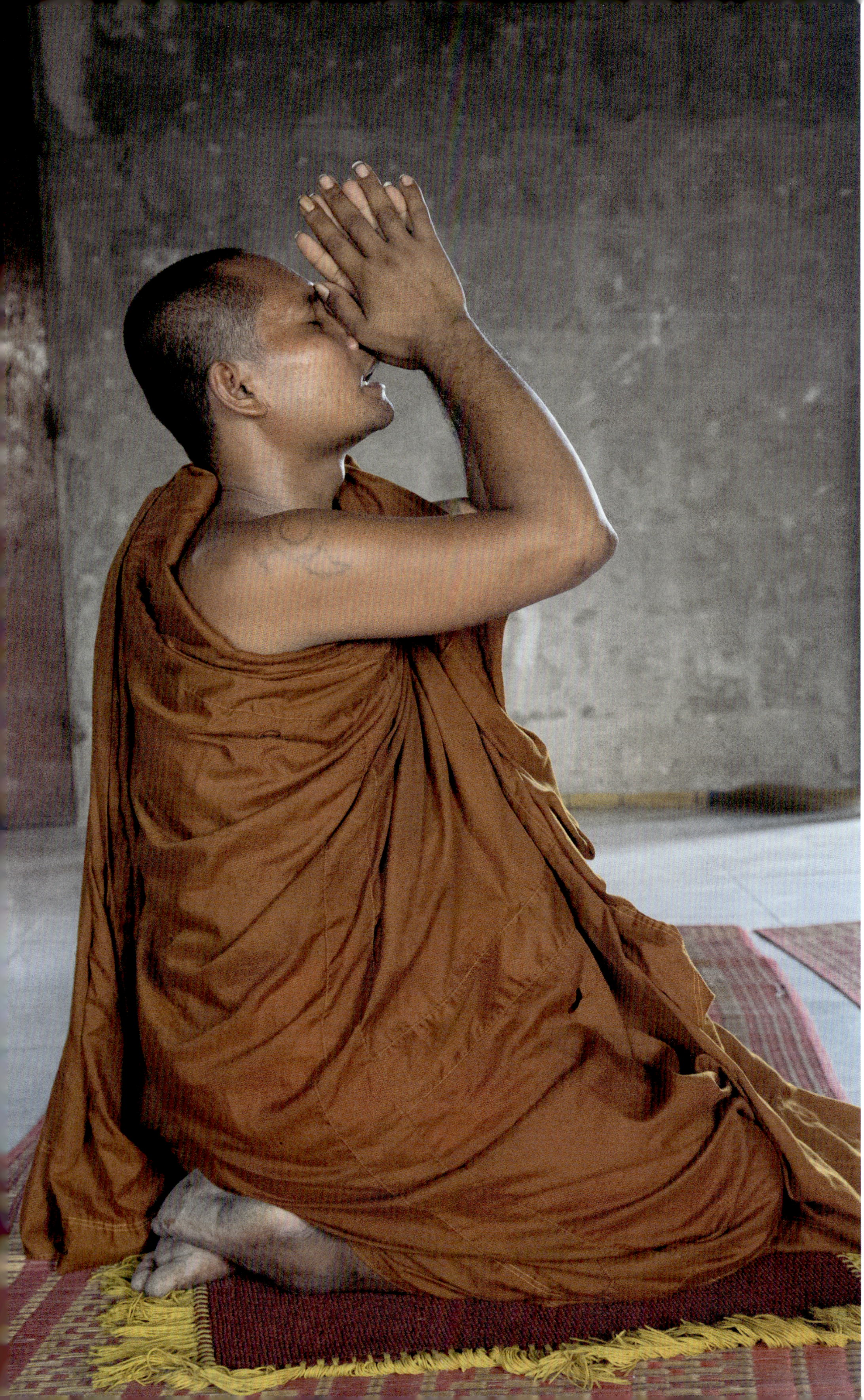

Heartfelt Prayer #1 and, opposite page, *Heartfelt Prayer #2,* Battambang Province, Cambodia, 2018

Von Herzen kommendes Gebet #1 und, gegenüberliegende Seite, *Von Herzen kommendes Gebet #2,* Provinz Battambang, Kambodscha, 2018

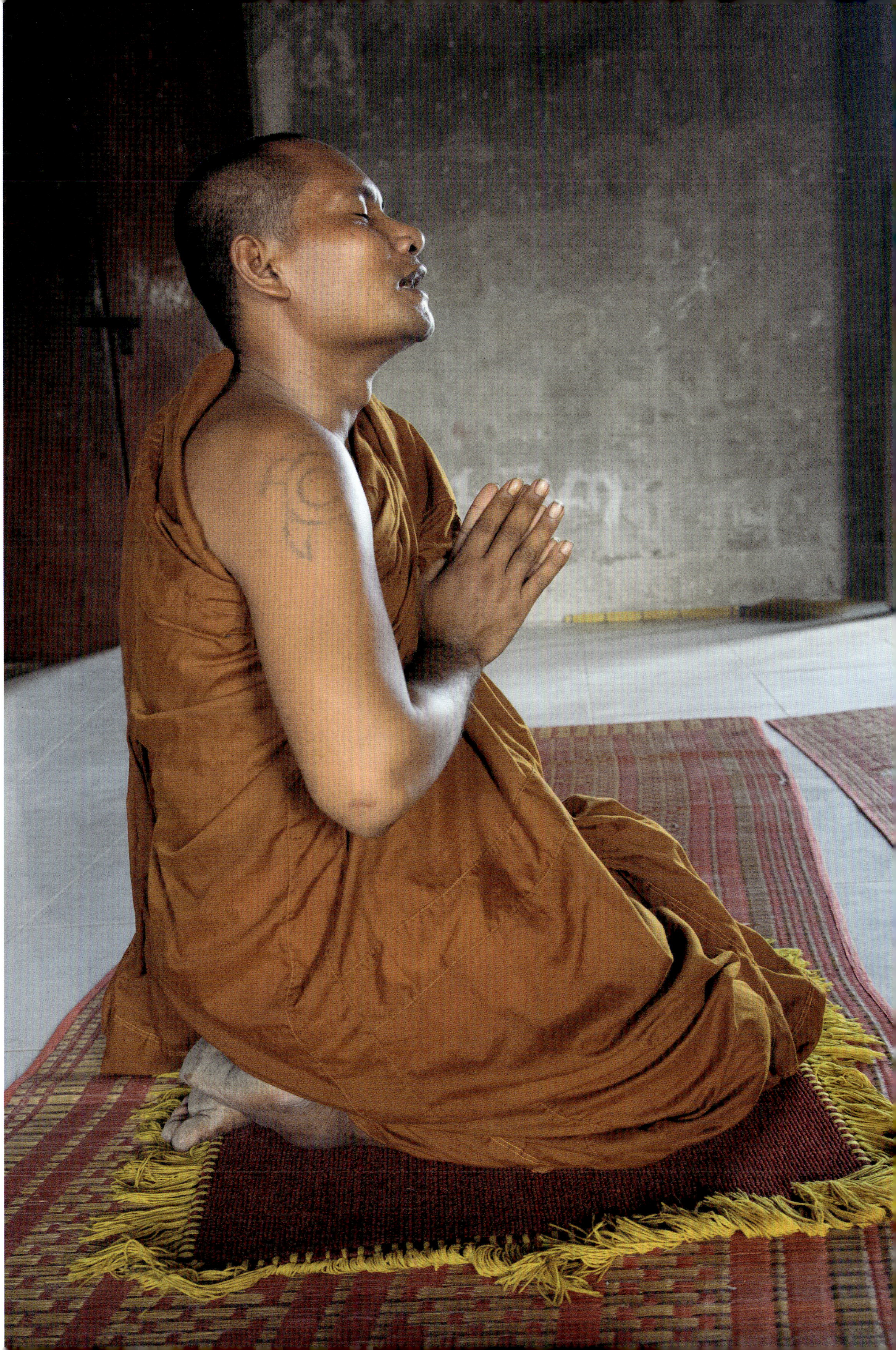

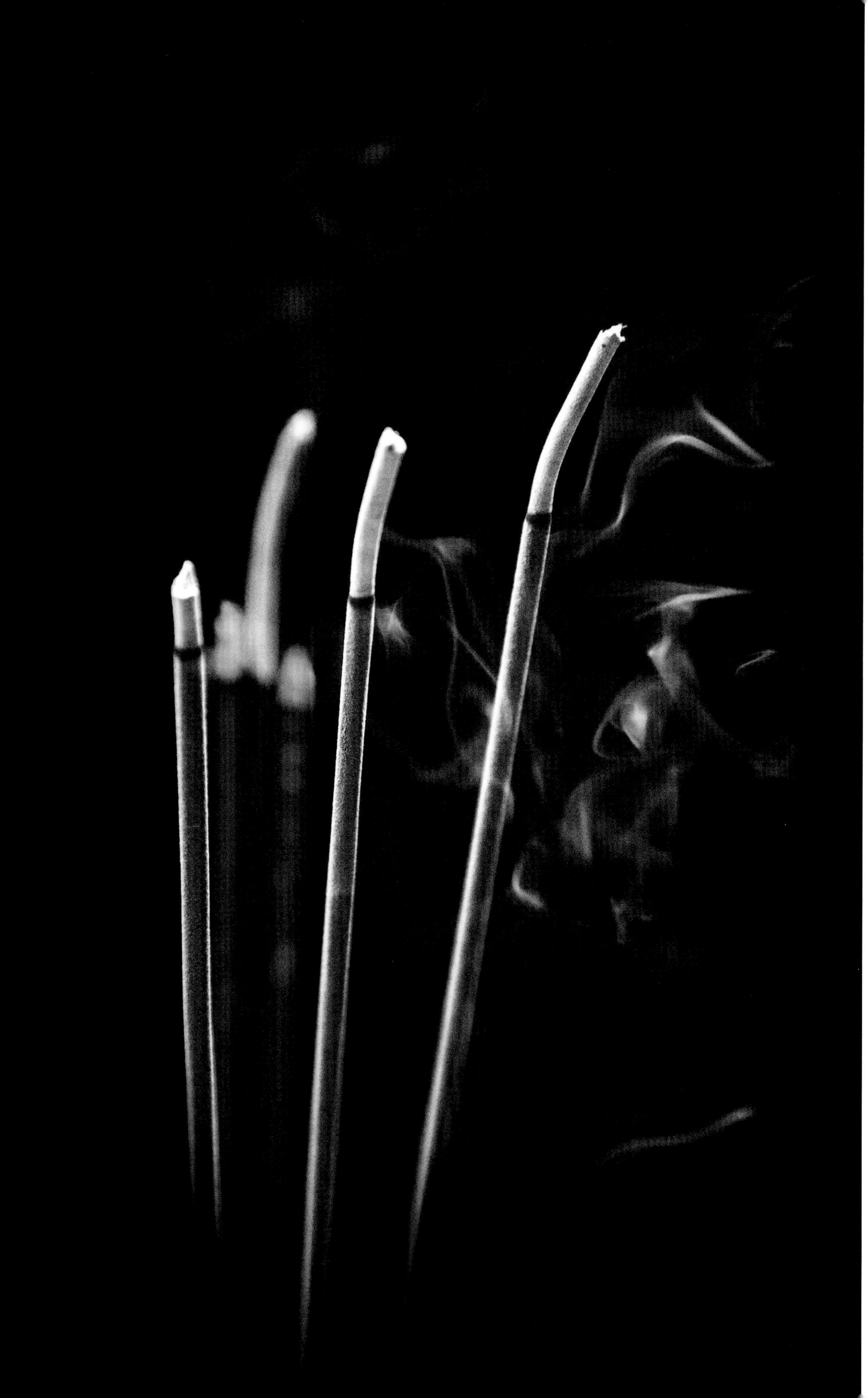

◀ *Scent of Prayer,* Zhejiang Province, China, 2013 (INCENSE)

◀ *Gebetsduft,* Provinz Zhejiang, China, 2013 (WEIHRAUCH)

Counting Mantras, Thimphu Dzongkhag, 2019 (PRAYER BEADS; MANTRA) ▶

Mantras zählen, Distrikt Thimphu, 2019 (GEBETSKETTE; MANTRA) ▶

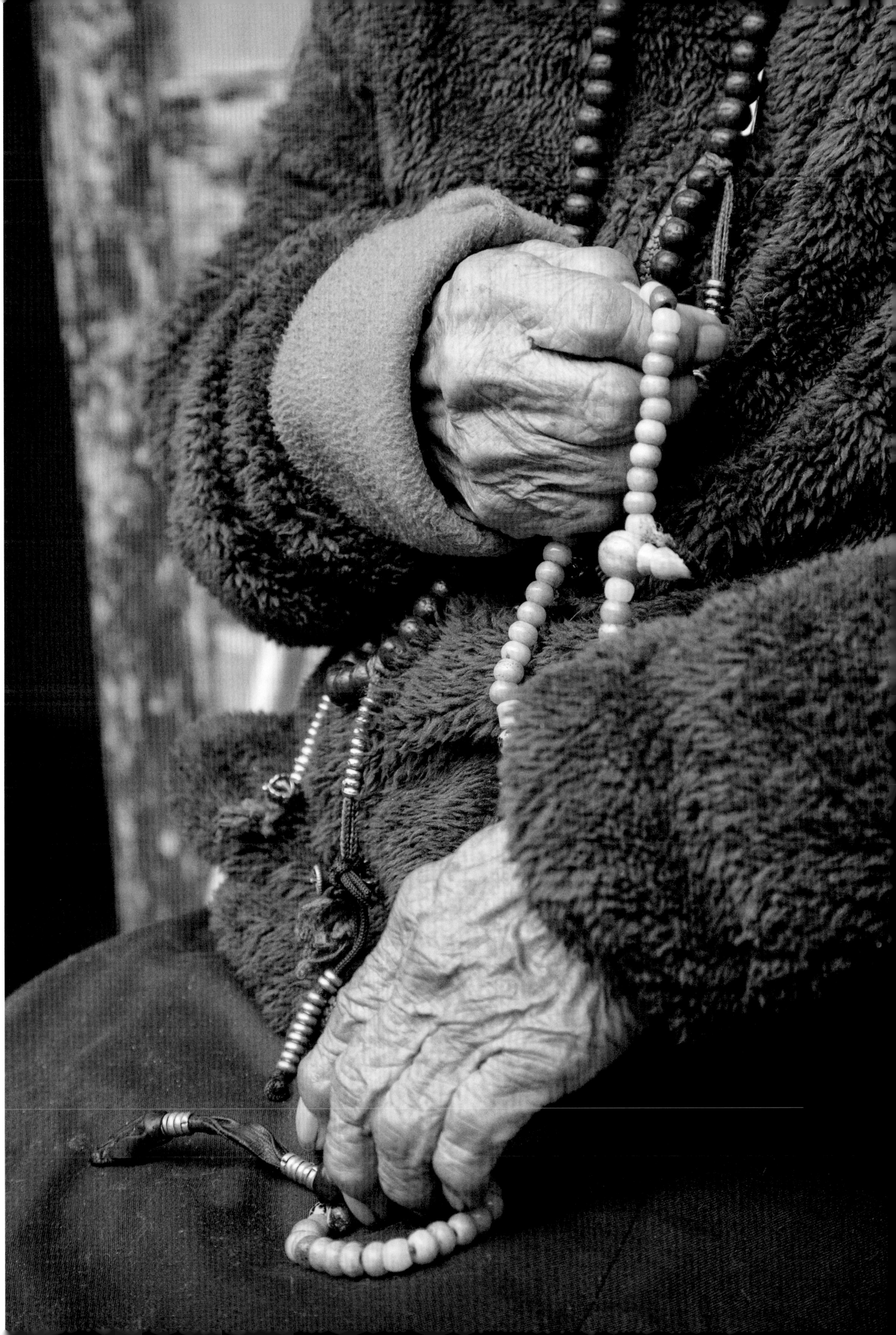

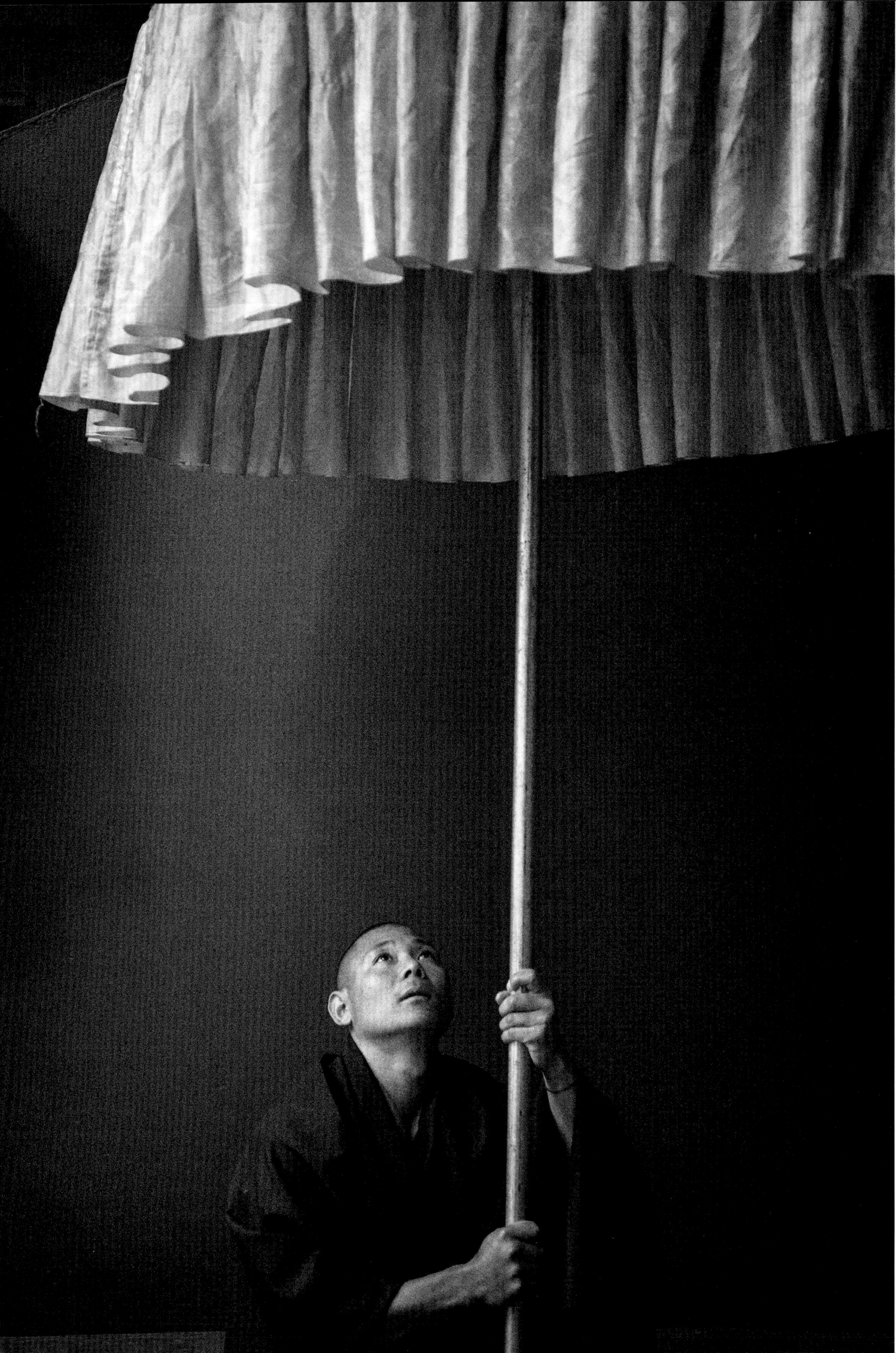

◀ *Shielded from Delusions,* Himachal Pradesh, India, 2015 (PARASOL)

◀ *Beschirmt vor Illusionen,* Himachal Pradesh, Indien, 2015 (SCHIRM)

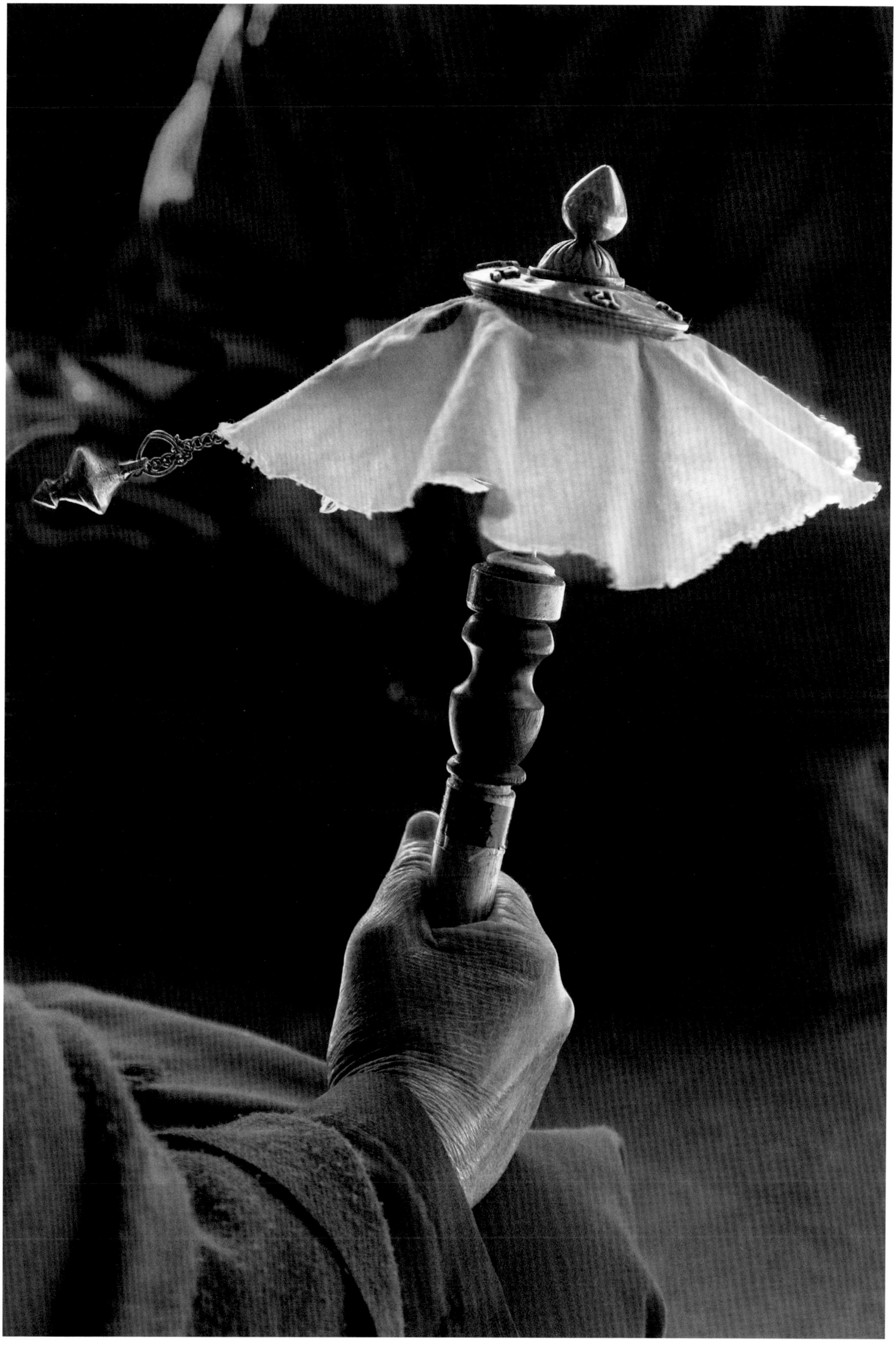

Spreading Compassion, Thimphu Dzongkhag, Bhutan, 2015 (PRAYER WHEEL) ▶

Klärende Gedanken, Distrikt Thimphu, Bhutan, 2015 (GEBETSMÜHLE) ▶

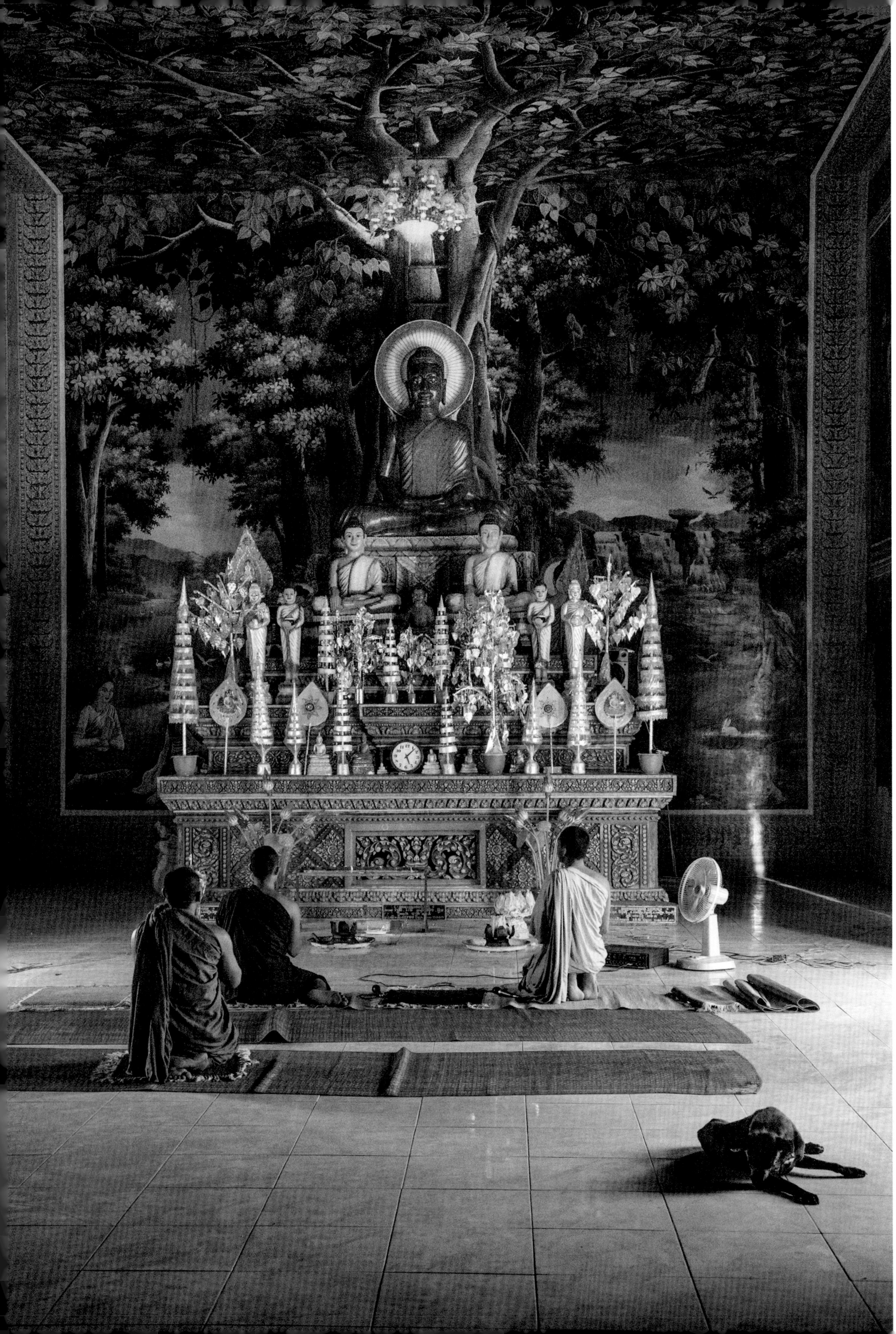

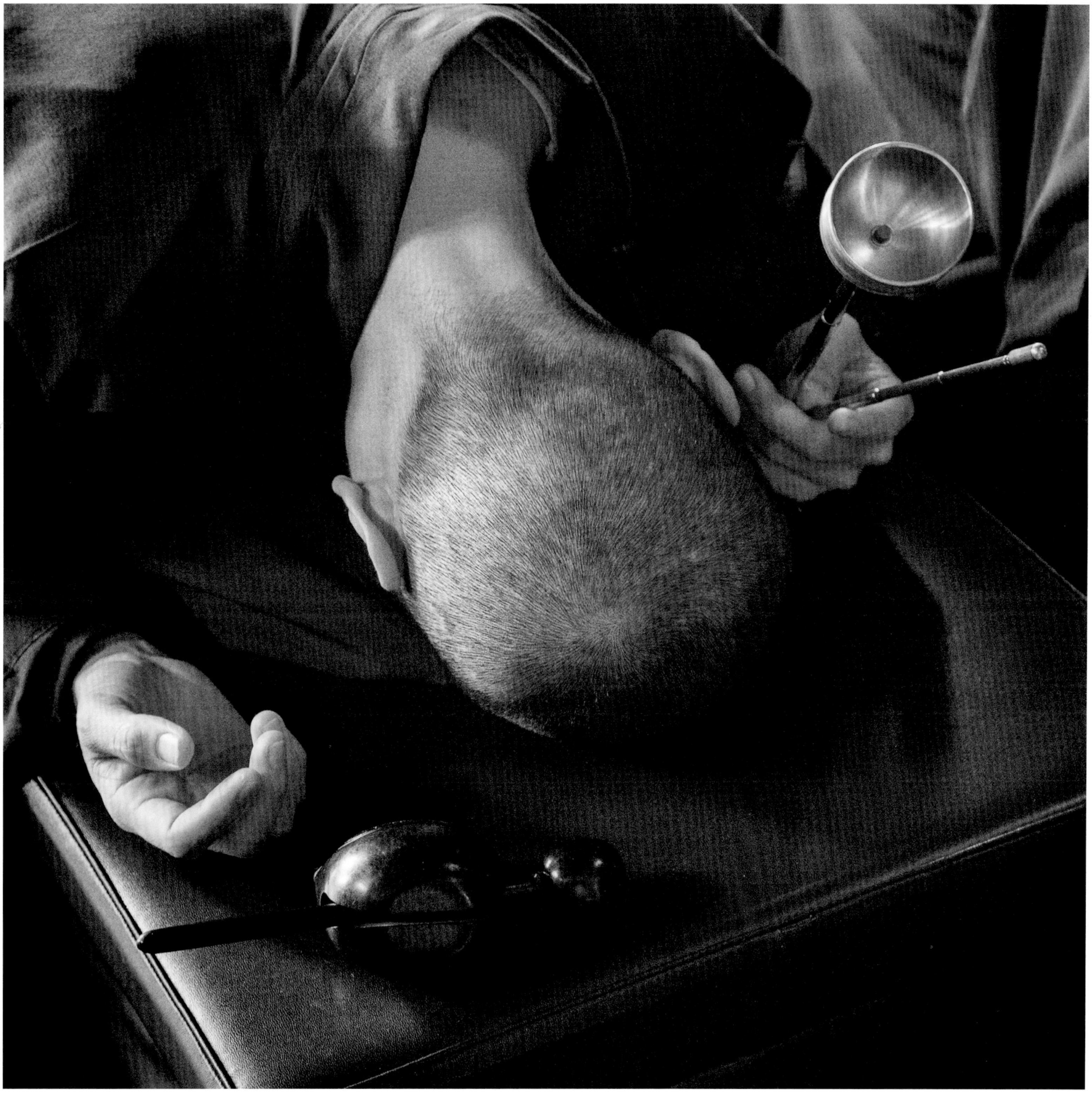

◀ *Seeking Enlightenment #1,* Battambang Province, Cambodia, 2018

◀ *Suche nach Erleuchtung #1,* Provinz Battambang, Kambodscha, 2018

Devoted Mind, Zhejiang Province, China, 2013 (BELL WITH STRIKER; WOODEN FISH)

Ergebener Geist, Provinz Zhejiang, China, 2013 (GLOCKE MIT SCHLEGEL; HOLZFISCH)

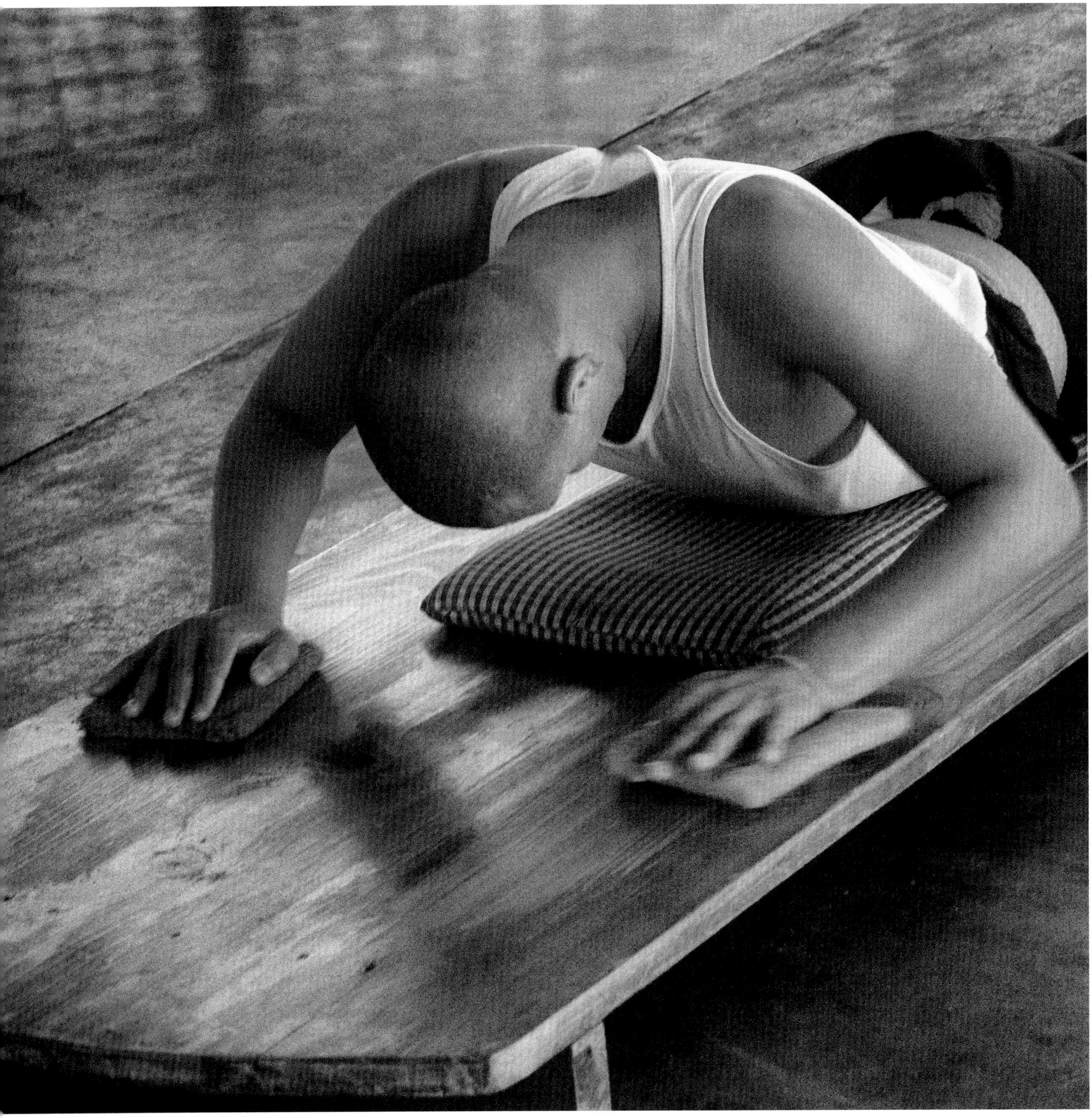

Reverence #1 and, opposite page, *Reverence #2,* Himachal Pradesh, India, 2015 (PROSTRATION)

Reverenz #1 und, gegenüberliegende Seite, *Reverenz #2,* Himachal Pradesh, Indien, 2015 (NIEDERWERFUNG)

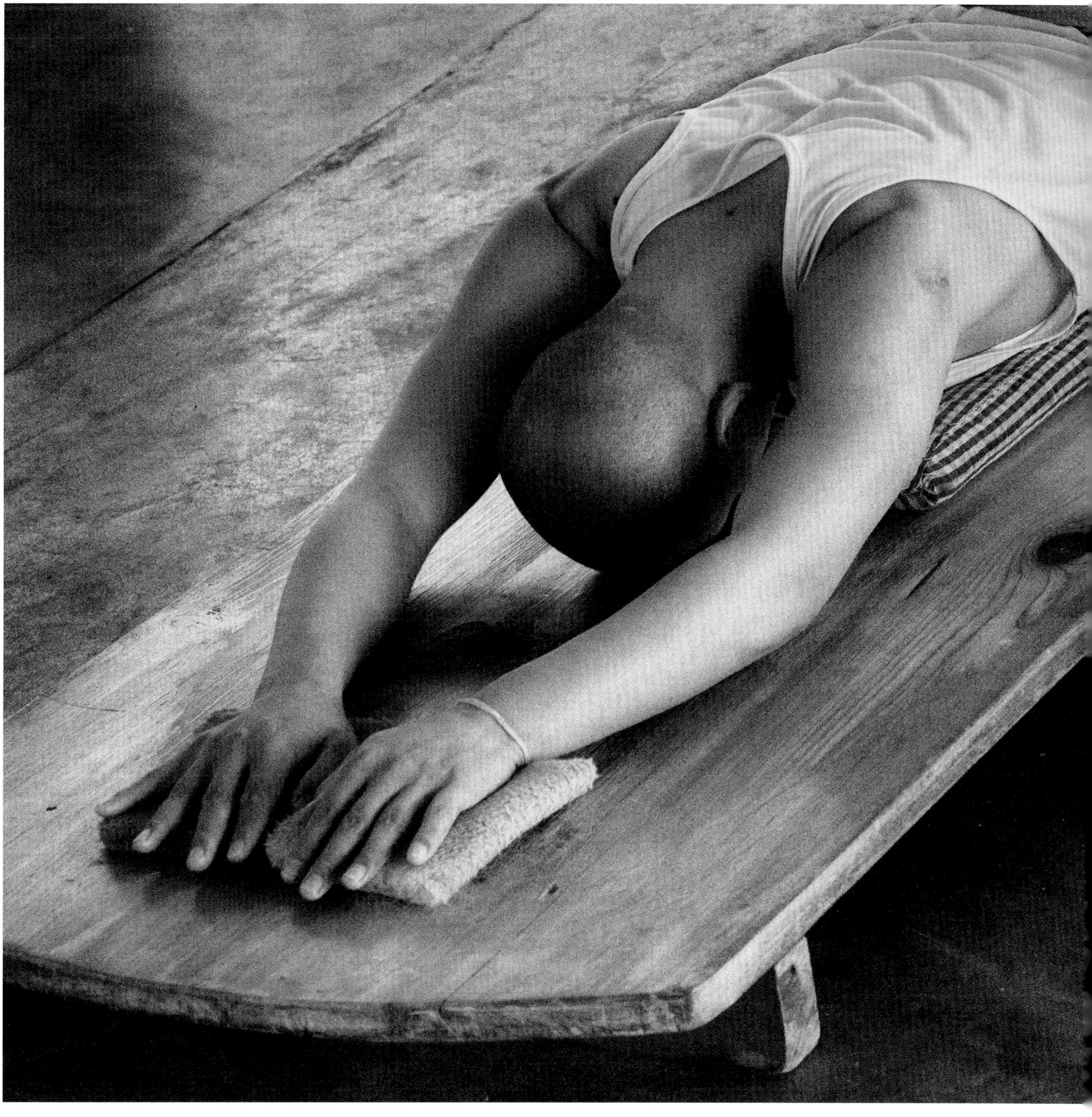

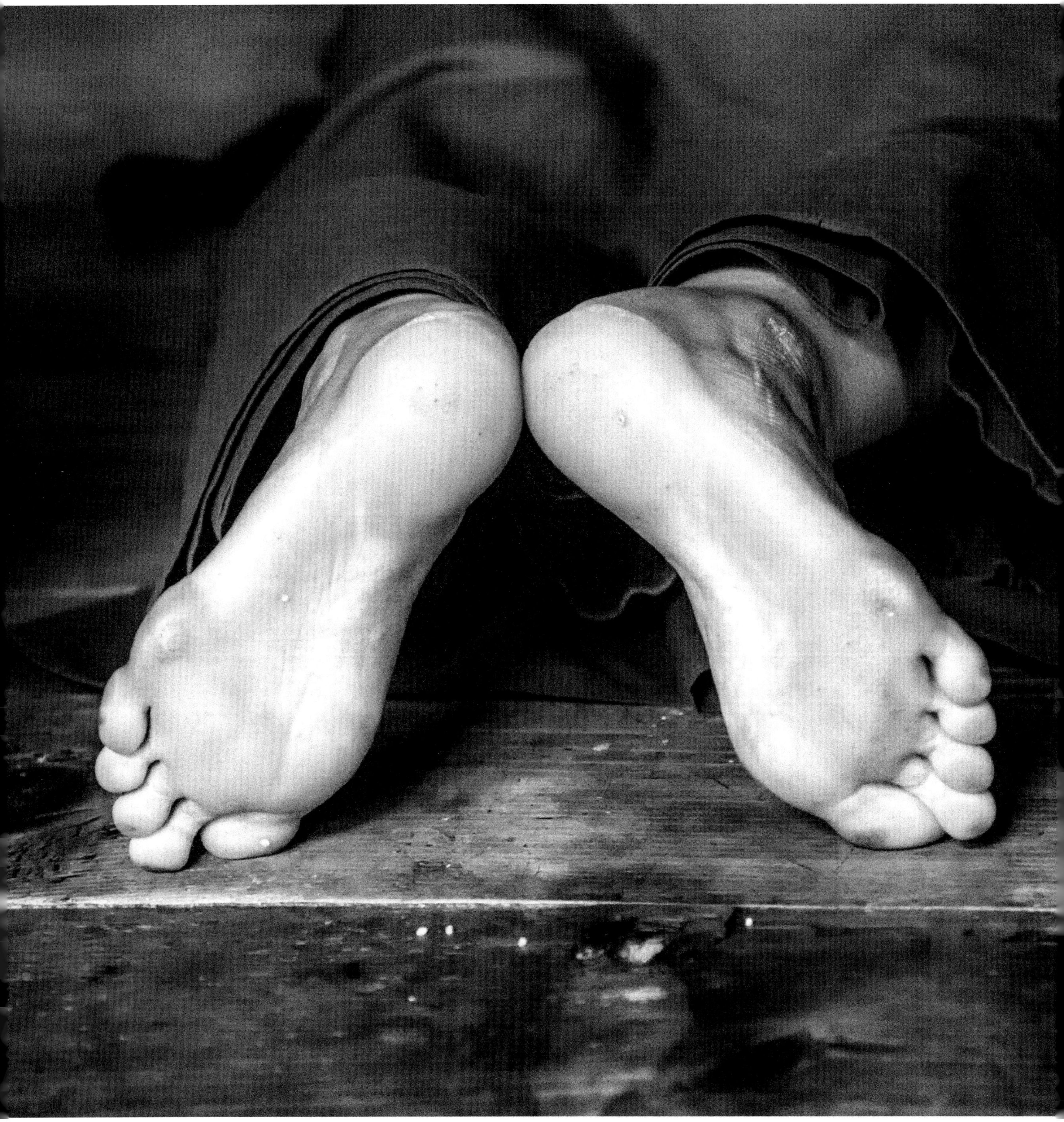

Committed to the Path, Paro Dzongkhag, 2013 (PROSTRATION)

Dem Weg verpflichtet, Distrikt Paro, 2013 (NIEDERWERFUNG)

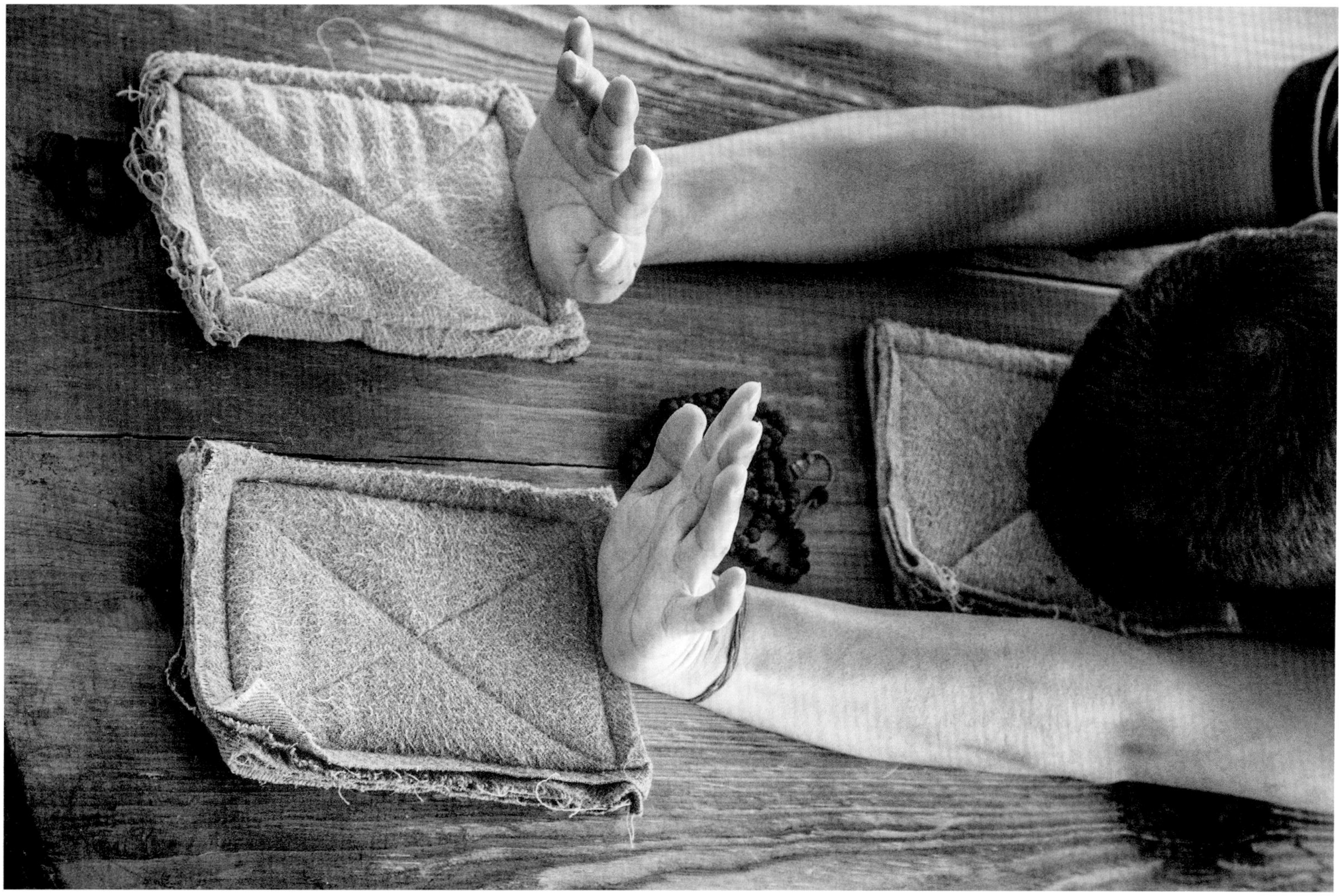

Humility, Himachal Pradesh, India, 2017 (PROSTRATION)

Hingabe, Himachal Pradesh, Indien, 2017 (NIEDERWERFUNG)

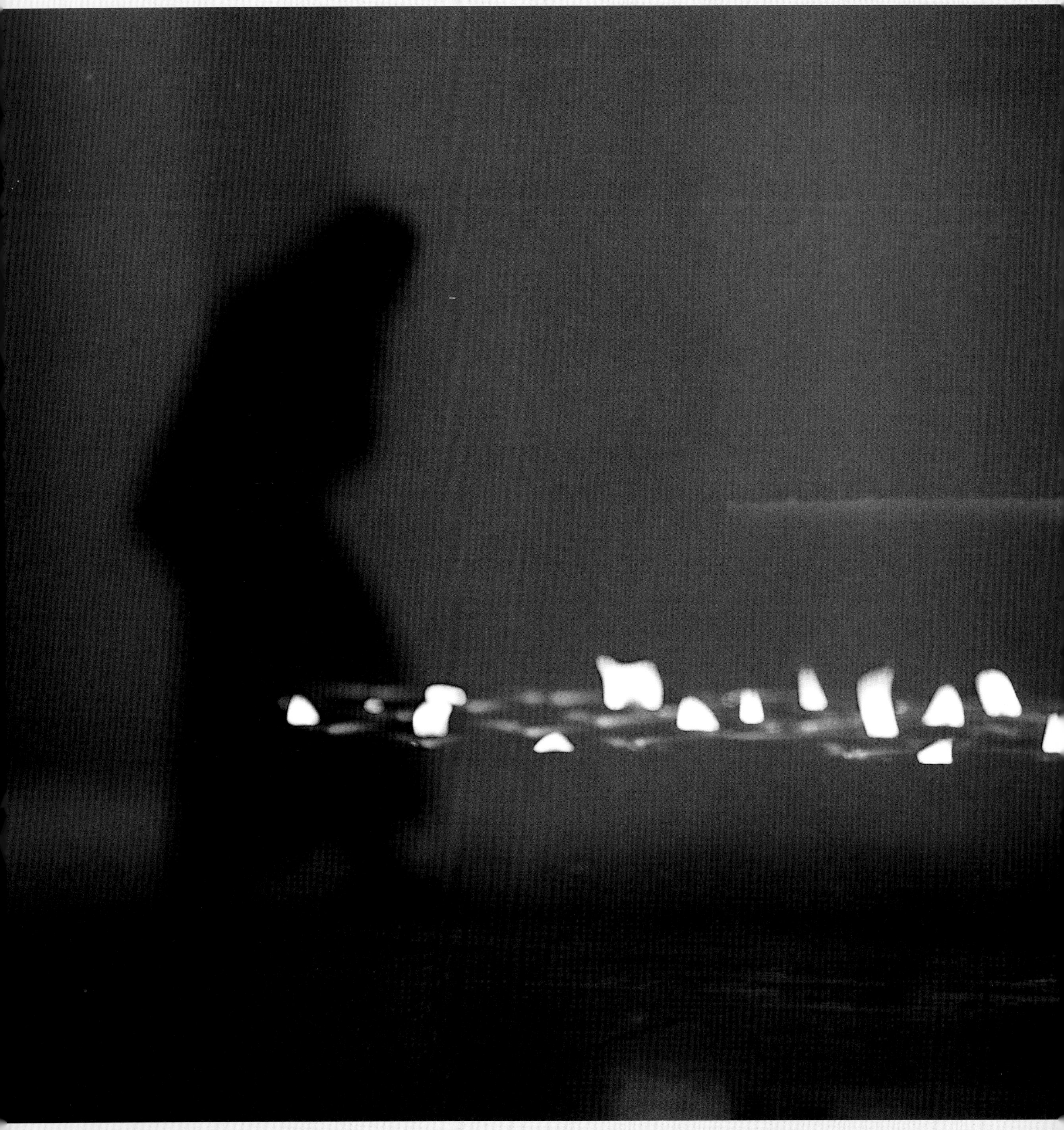

12

ILLUMINATING HEART

Ancient waves move
Aeons of light through our hearts,
Illuminating love.

At the end of a day volunteering at the hospital in Thimphu, I often explored nearby places, such as the National Memorial Chorten. This impressive monument is on the must-see list for any visitor to Bhutan's capital. Beginning at dusk, floodlights shine on the chorten, lighting a path for the evening's continuous stream of people engaged in the practice of circumambulation. Surely, many of them were as tired from a long day of work as I was. Like some of my patients and their families, they also may have been carrying significant burdens in their hearts. Walking around the monument is a physical action that can help release pent up emotions, relieve stress, and refocus on how best to navigate through life.

As I was trying to photograph the warm flame of butter lamps inside a small building next to the chorten, I saw in the window the reflection of a woman behind me, who was walking around the monument. Perhaps she, too, found that the evening light offering illuminated her path and led her to a deeper peace.

DAS HERZ ERLEUCHTEN

Licht, äonenalt,
Durchströmt unser Herz.
Erleuchtende Liebe.

An den Feierabenden, wenn ich meinen Freiwilligendienst im Krankenhaus von Thimphu beendet hatte, erkundete ich gerne die umliegenden Plätze und Orte, wie etwa den Nationalen Gedenk-Chörten. Das beeindruckende Bauwerk muss jeder Besucher von Bhutans Hauptstadt einmal gesehen haben. Bei Einbruch der Dunkelheit gehen die Flutlichter an, die den Platz für die unaufhörlich zuströmenden Menschen, die den Chörten im Uhrzeigersinn umrunden, beleuchten. Sicherlich gab es unter ihnen auch viele, die so wie ich nach einem langen Arbeitstag müde waren. Auch mochte vielen das Herz schwer sein, so wie meinen Patienten und deren Familien. Die Umrundung des Monuments stellt eine körperliche Betätigung dar, die uns dabei helfen kann, Stress und aufgestaute Gefühle loszulassen und uns wieder auf das Wesentliche im Leben zu besinnen.

Als ich durch die Fensterscheibe eines kleinen Nebengebäudes das warme Leuchten brennender Butterlampen fotografieren wollte, sah ich in der Scheibe die Spiegelung einer Frau, die das Monument umrundete. Vielleicht fand auch sie sich vom Schein der abendlichen Lichtopfer getröstet und friedlicher gestimmt.

◀ *Walking in the Light,* Paro Dzongkhag, Bhutan, 2011 (CIRCUMAMBULATION)

◀ *Im Licht Gehen,* Distrikt Paro, Bhutan, 2011 (UMRUNDUNG)

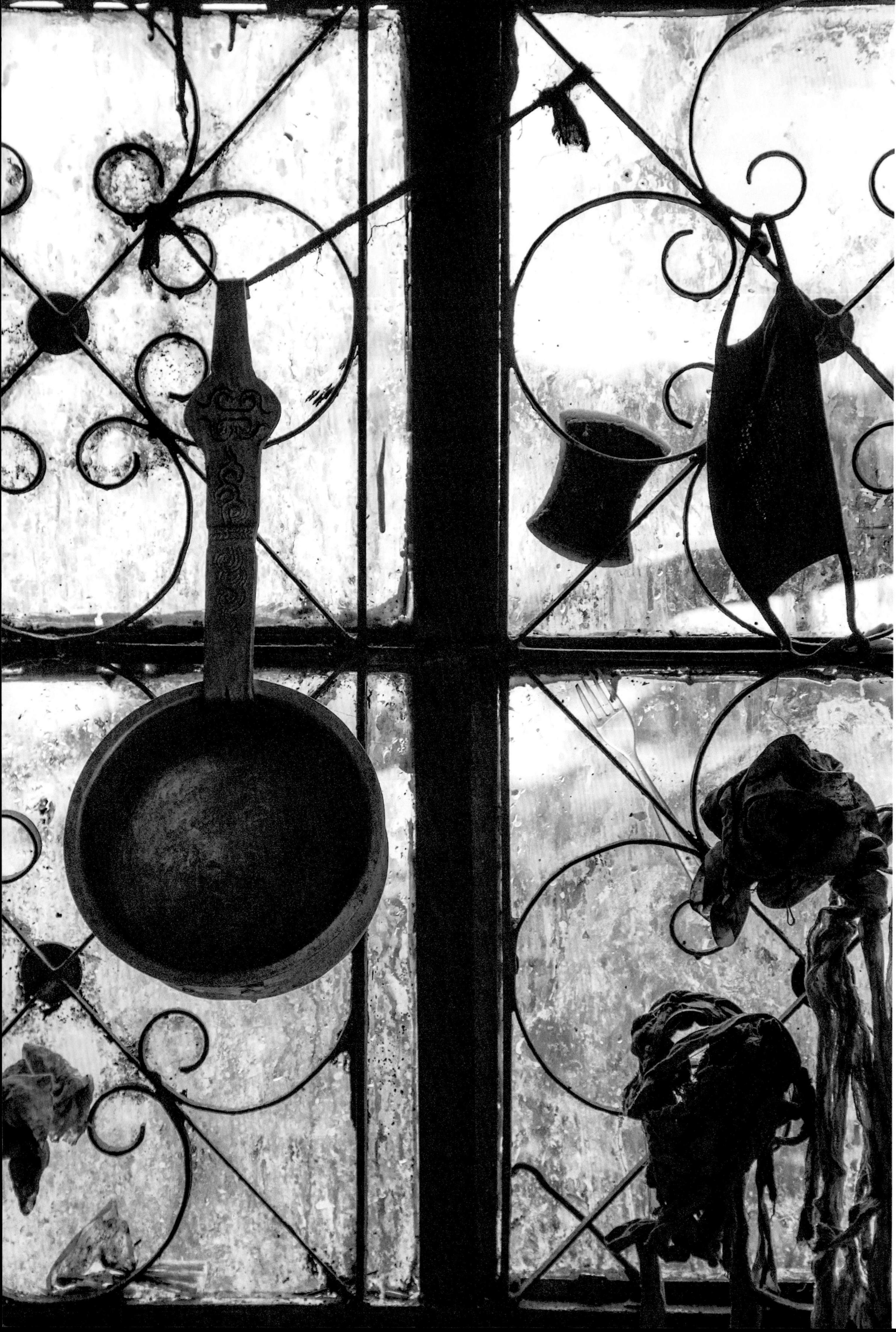

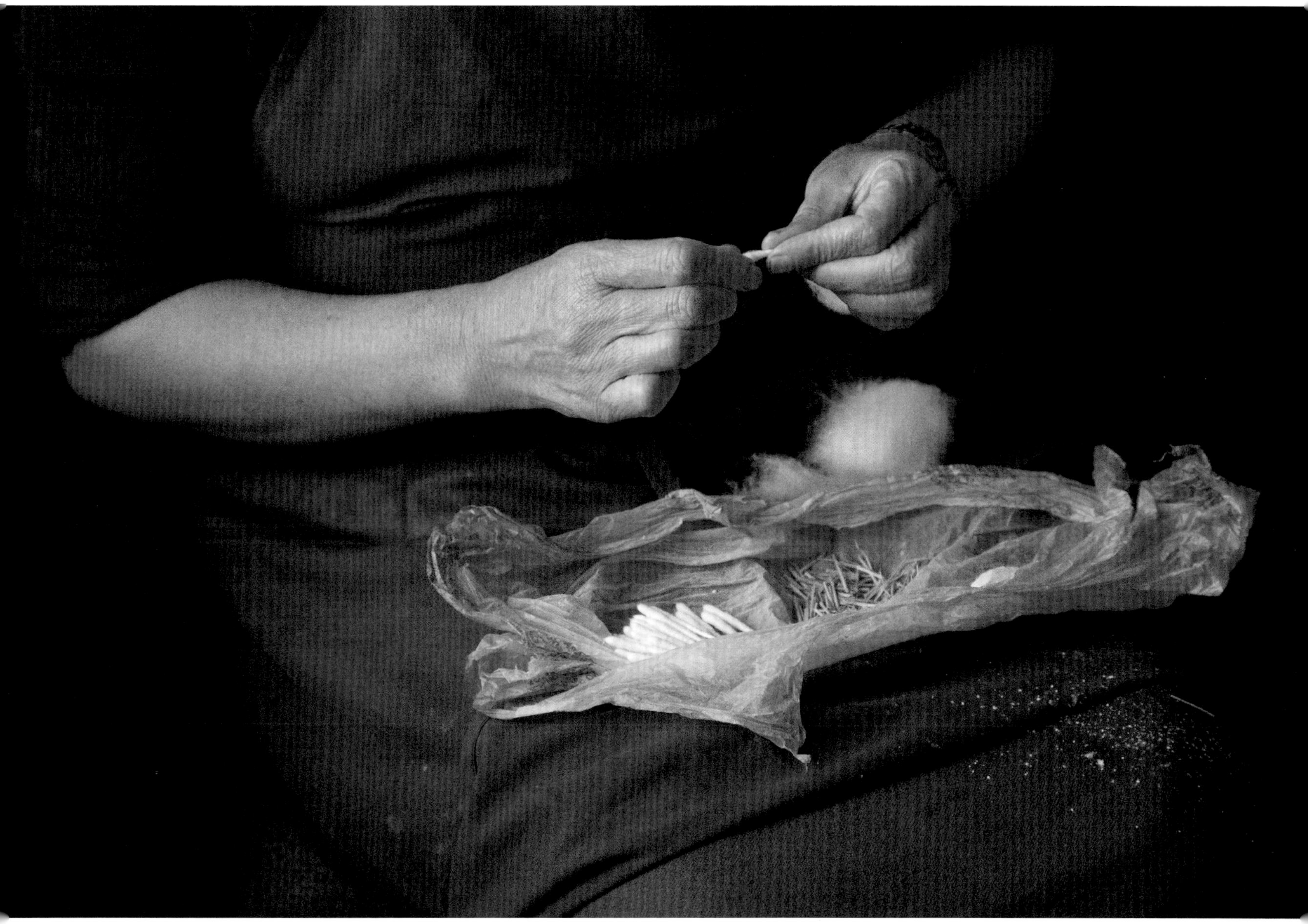

Building the Path #2, Himachal Pradesh, India, 2015
(BUTTER LAMP)

Pots, cups, rags, and masks are some of the implements needed when preparing butter lamps. Wicks are made by spinning cotton around small twigs of wood.

Wegvorbereitungen #2, Himachal Pradesh, Indien, 2015
(BUTTERLAMPE)

Zum Vorbereiten der Butterlampen werden Tiegel, Schöpfer, Lappen und Masken gebraucht. Zur Herstellung der Dochte wird Baumwolle um dünne Zweige verzwirnt.

< *Implements of Illumination,* Himachal Pradesh, India, 2015

< *Gerätschaften zur Andacht,* Himachal Pradesh, Indien, 2015

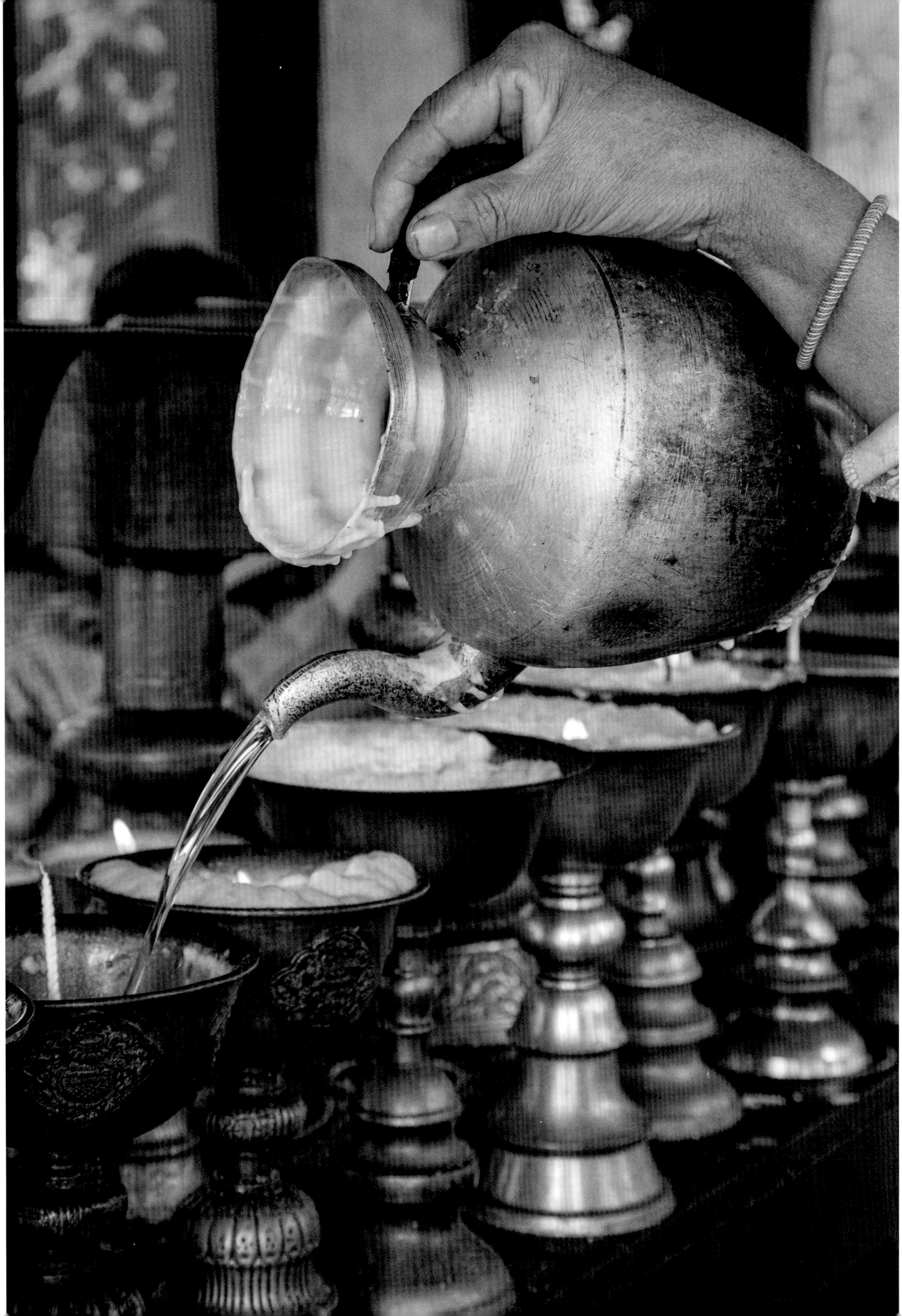

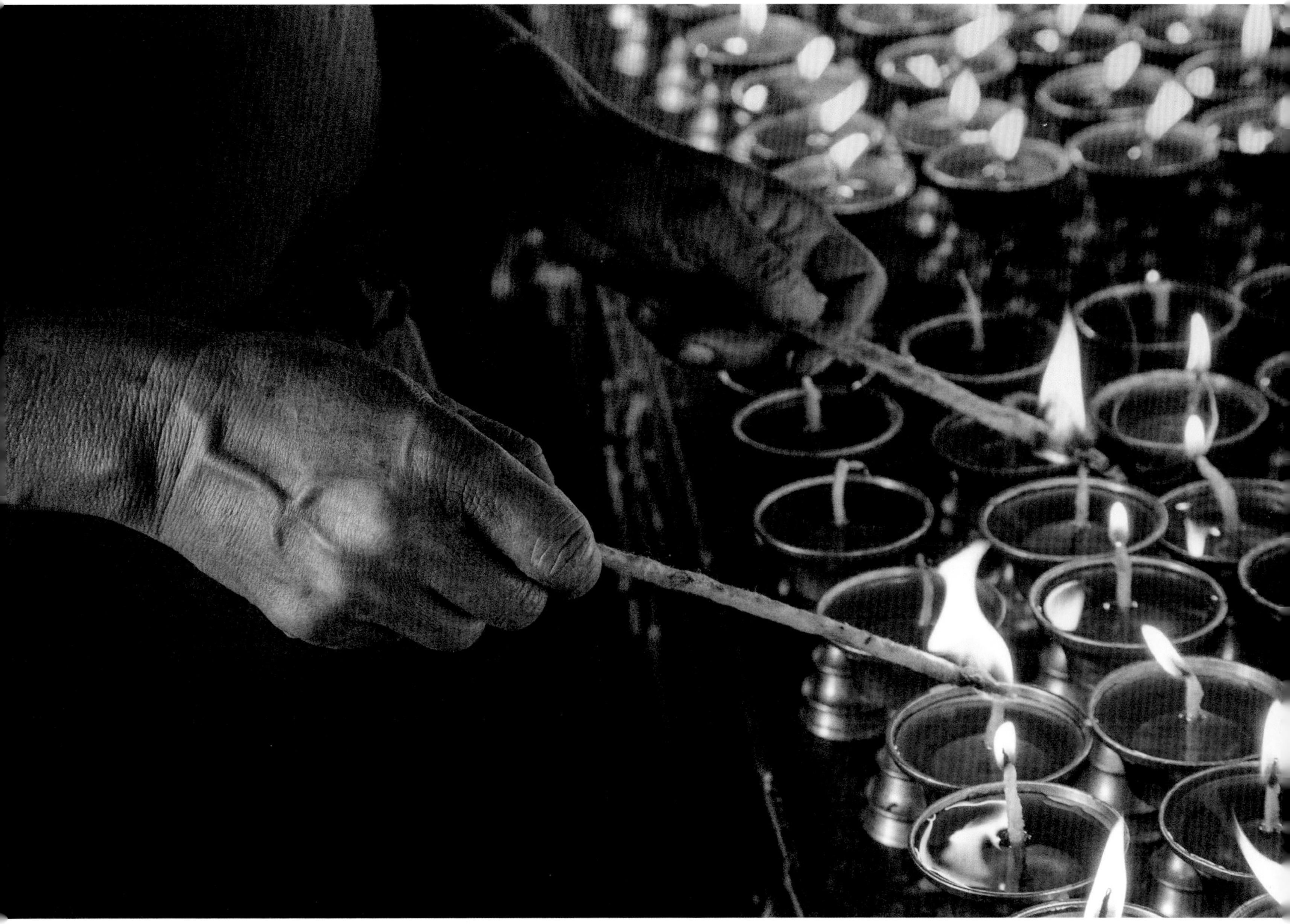

‹ *Feeding the Sacred*, Thimphu Dzongkhag, Bhutan, 2015 (BUTTER LAMP)
Vegetable oil is poured into butter lamps.

‹ *Beschickung des Heiligen,* Distrikt Thimphu, Bhutan, 2015 (BUTTERLAMPE)
In die Butterlampen wird Pflanzenöl gegossen.

Lighting the Path, Himachal Pradesh, India, 2015 (BUTTER LAMP)

Auf dem Weg ein Licht anstecken, Himachal Pradesh, Indien, 2015 (BUTTERLAMPE)

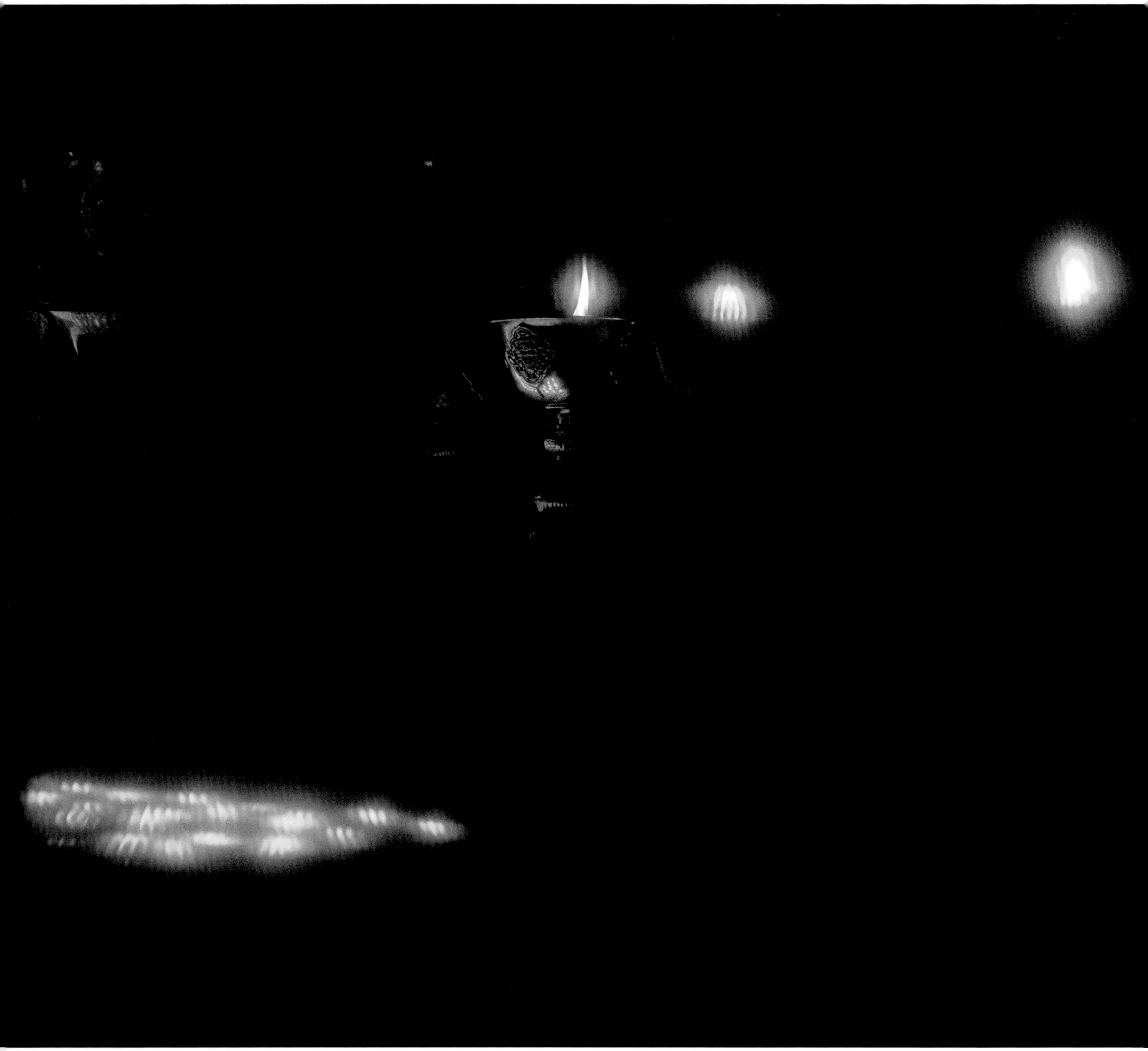

A Warm Glow, Thimphu Dzongkhag, Bhutan, 2011 (BUTTER LAMP)

Ein warmes Leuchten, Distrikt Thimphu, Bhutan, 2011 (BUTTERLAMPE)

Accumulating Merit, Thimphu Dzongkhag, Bhutan, 2015 (CIRCUMAMBULATION; BUTTER LAMP) ➤

Verdienst ansammeln, Distrikt Thimphu, Bhutan, 2015 (UMRUNDUNG; BUTTERLAMPE) ➤

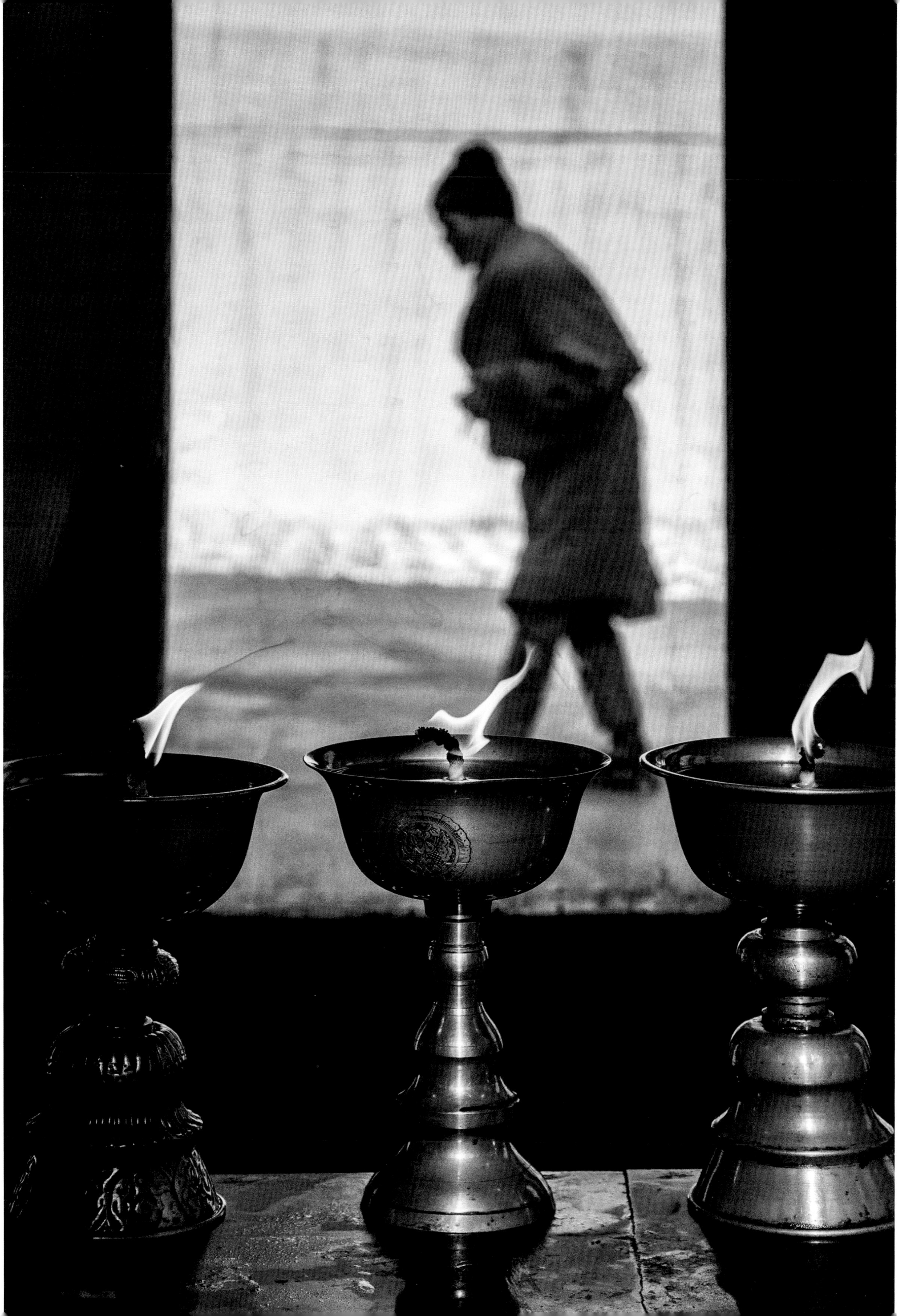

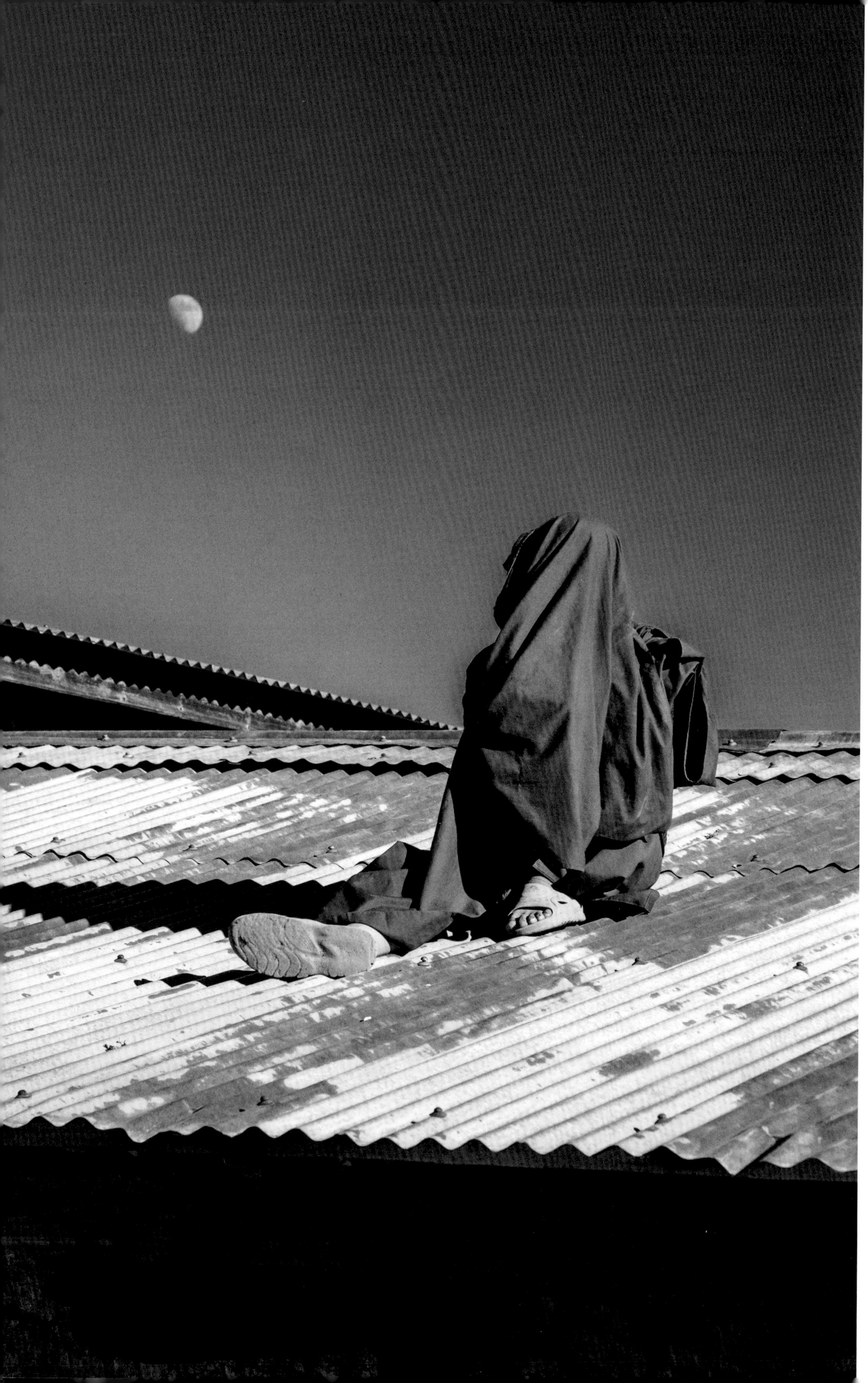

◀ *Connecting with the Cosmos #2,* Thimphu Dzongkhag, Bhutan, 2015

◀ *Mit dem Kosmos in Verbindung treten #2,* Distrikt Thimphu, Bhutan, 2015

Messenger of Wisdom #1, Thimphu Dzongkhag, Bhutan, 2015 (MONUMENT) ▶

Bote der Weisheit #1, Distrikt Thimphu, Bhutan, 2015 (DENKMAL) ▶

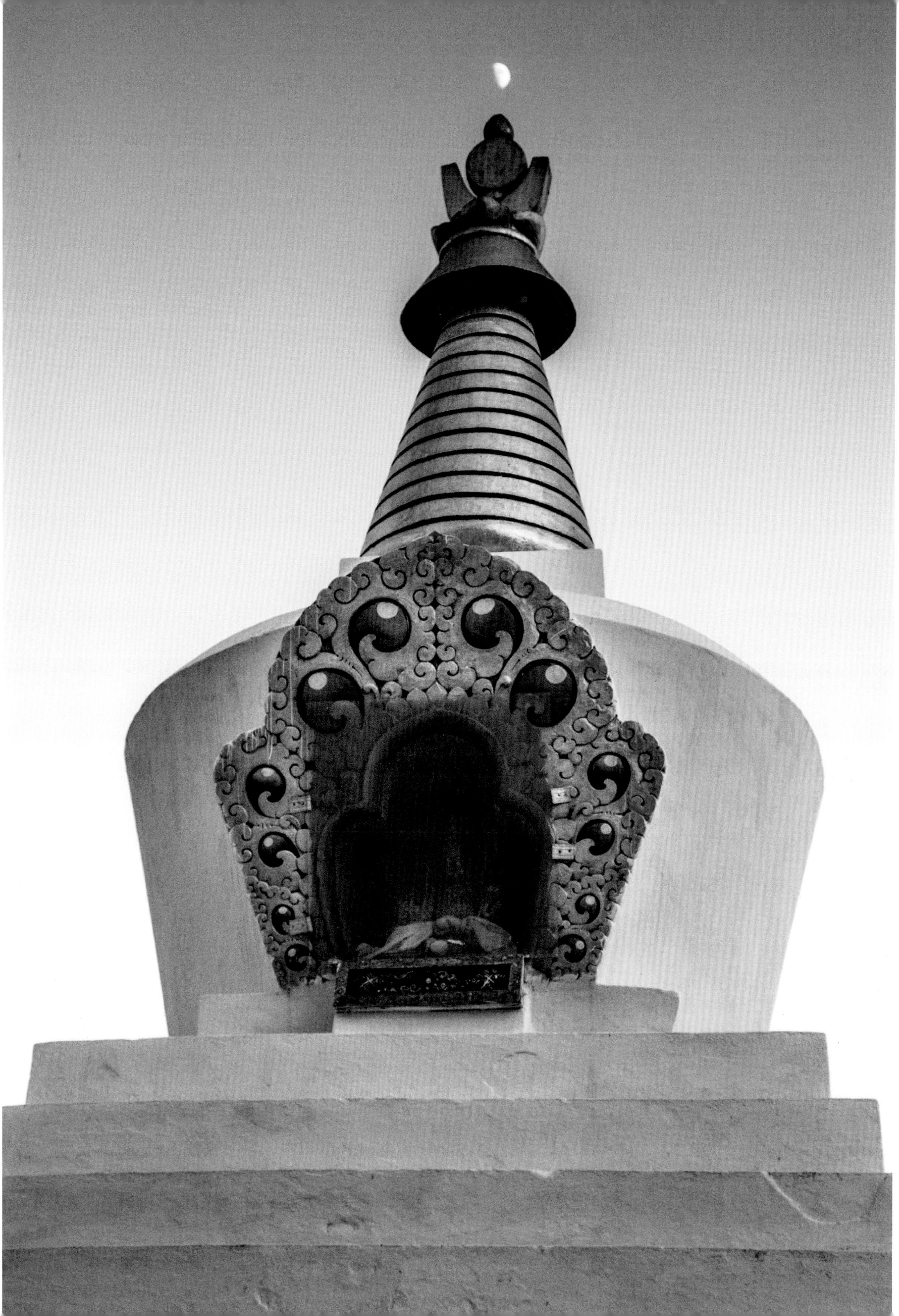

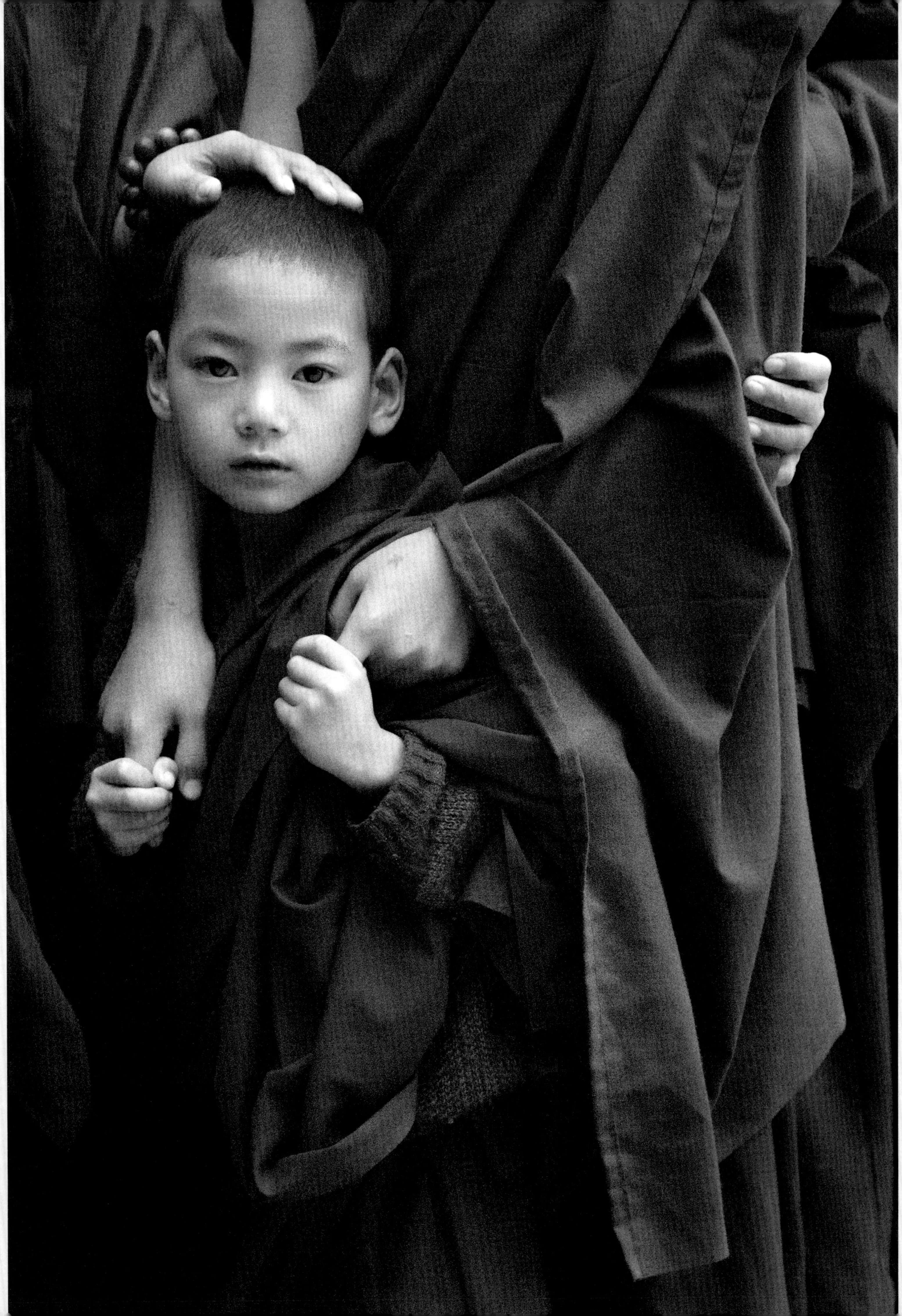

13

COMPASSION EMBODIED

Understanding eyes,
Listening ears,
Caring hands,
Loving hearts.
Nurturing is in the details.

One time while visiting the Palpung Sherabling Monastery, in Bir, India, I was sitting quietly, conversing with a senior monk. I casually inquired about his family. Even though my intent was to learn about his biological family, it soon became clear that his comments regarded the monks who raised him and shaped the dynamics of his daily life. Opening my mind to a deeper meaning of family, I reflected on how the myriad of circumstances that shape us reveal our reliance and interconnectedness with all of humanity, nature, and cosmic forces.

VERKÖRPERTES MITGEFÜHL

Augen, die erkennen,
Ohren, die hören,
Hände, die umsorgen,
Herzen, die lieben.
Das Wesentliche liegt in den Details.

Einmal, bei meinem Besuch des Pelpung-Sherab-Ling-Klosters in Bir, Indien, saß ich mit einem älteren Mönch eine Weile zusammen und unterhielt mich mit ihm. Ich fragte ihn beiläufig nach seiner Familie. Obwohl ich etwas über seine leibliche Familie erfahren wollte, stellte sich bald heraus, dass sich seine Äußerungen auf die Mönche bezogen, die ihn erzogen und sein Alltagsleben bestimmt hatten. Das ließ mich den tieferen Sinn von Familie erfassen und ich erkannte, dass wir durch unzählige Faktoren und Lebensumstände, wie kosmische Kräfte, die Natur, die Menschheit als solche, miteinander verbunden und voneinander abhängig sind.

⮜ *Nurtured,* Himachal Pradesh, India, 2015

⮜ *Umhegt,* Himachal Pradesh, Indien, 2015

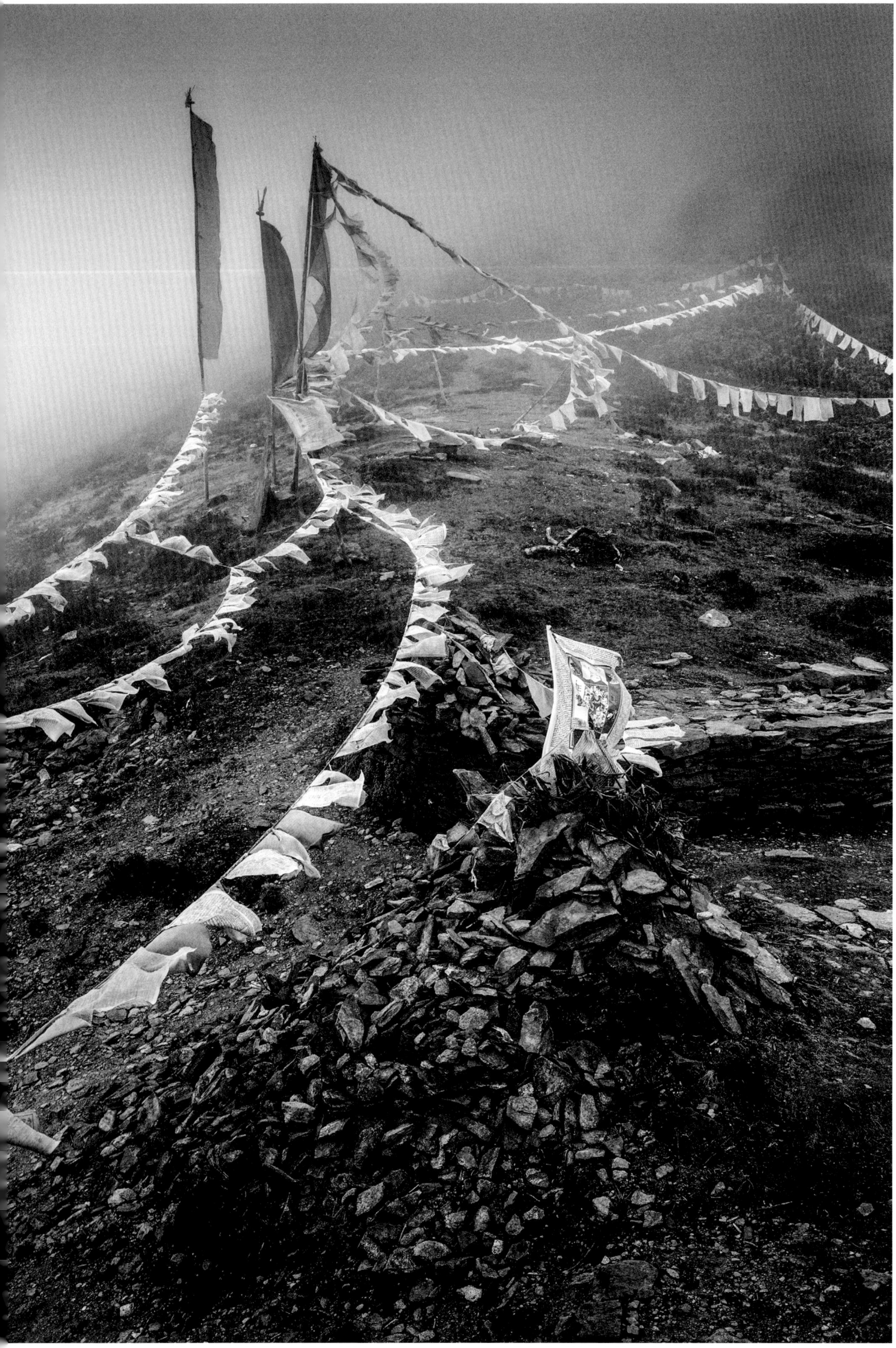

◄ *Summit in the Clouds,* Thimphu Dzongkhag, Bhutan, 2015 (PRAYER FLAG)

◄ *Wolkenverhangener Gipfelgrat,* Distrikt Thimphu, Bhutan, 2015 (GEBETSFAHNE)

Guided Prayer, ► Zhejiang Province, China, 2012

Laypeople bow as they focus on thoughts of compassion, while nuns stand by to guide them in prayer.

Begleitetes Gebet, ► Provinz Zhejiang, China, 2012

Laien verbeugen sich bei ihrer Mitgefühlsmeditation, während Nonnen ihre Andacht begleiten.

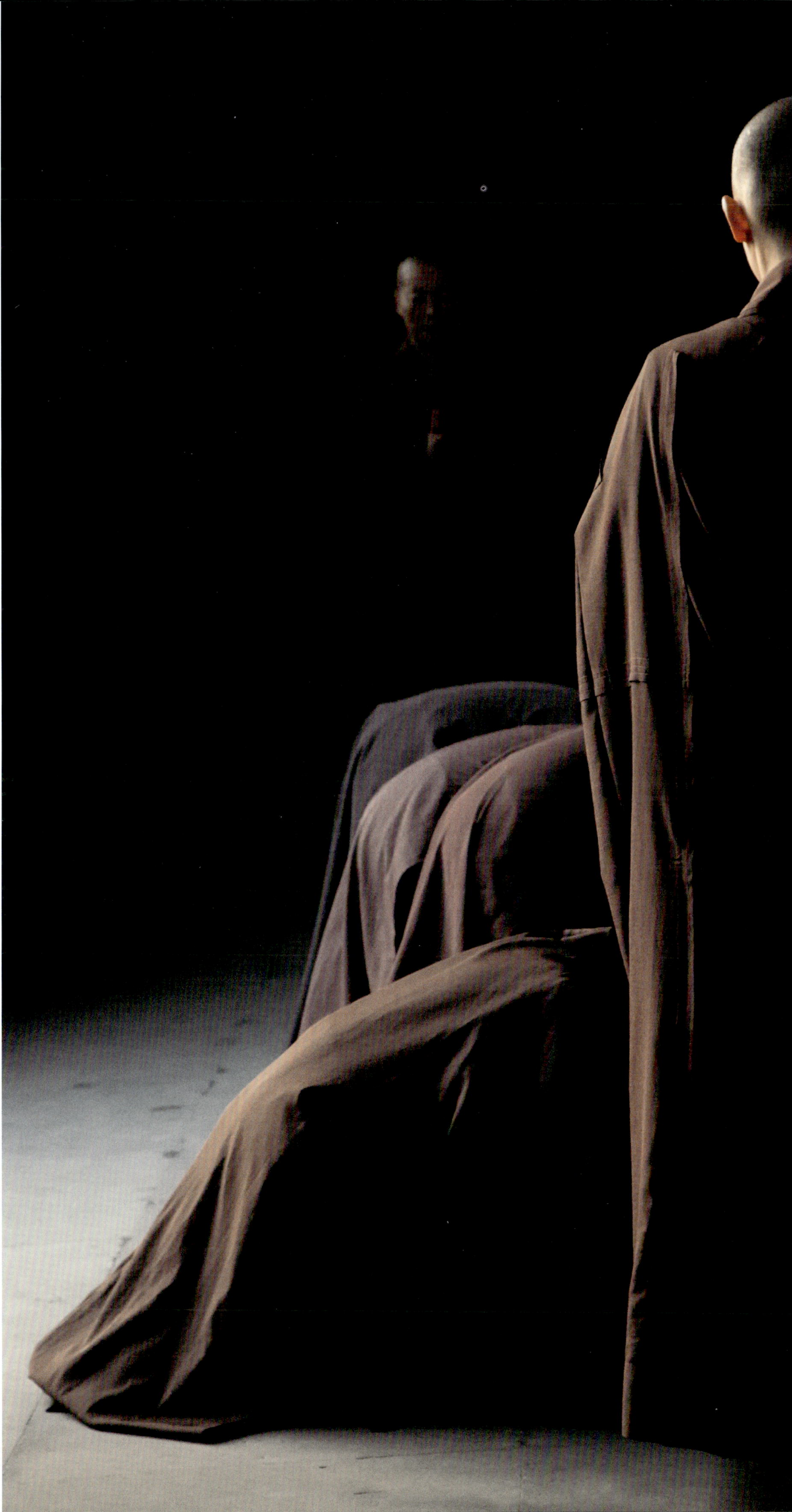

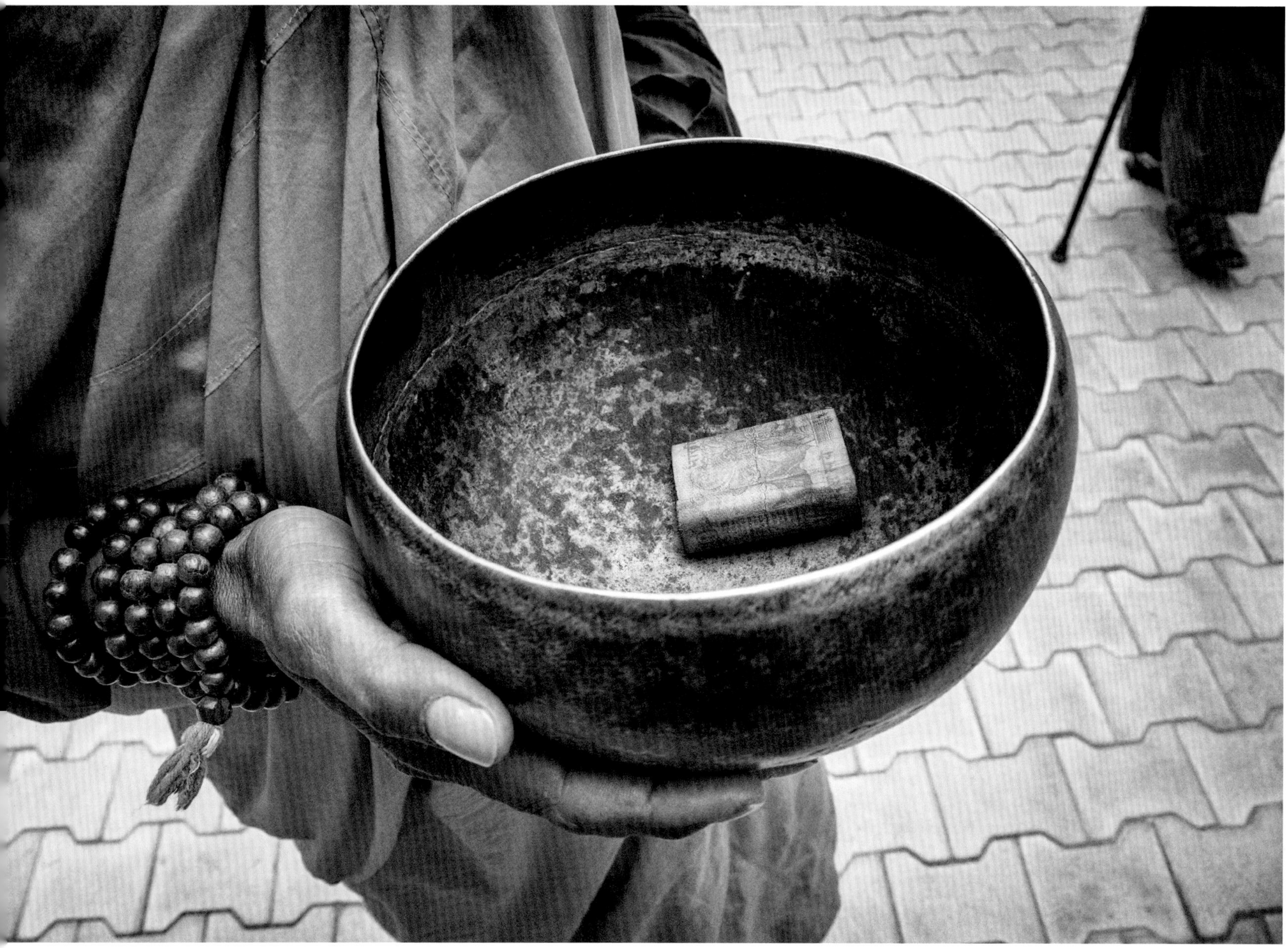

Grateful, Himachal Pradesh, India, 2017 (MONEY)

Erkenntlichkeit, Himachal Pradesh, Indien, 2017 (GELD)

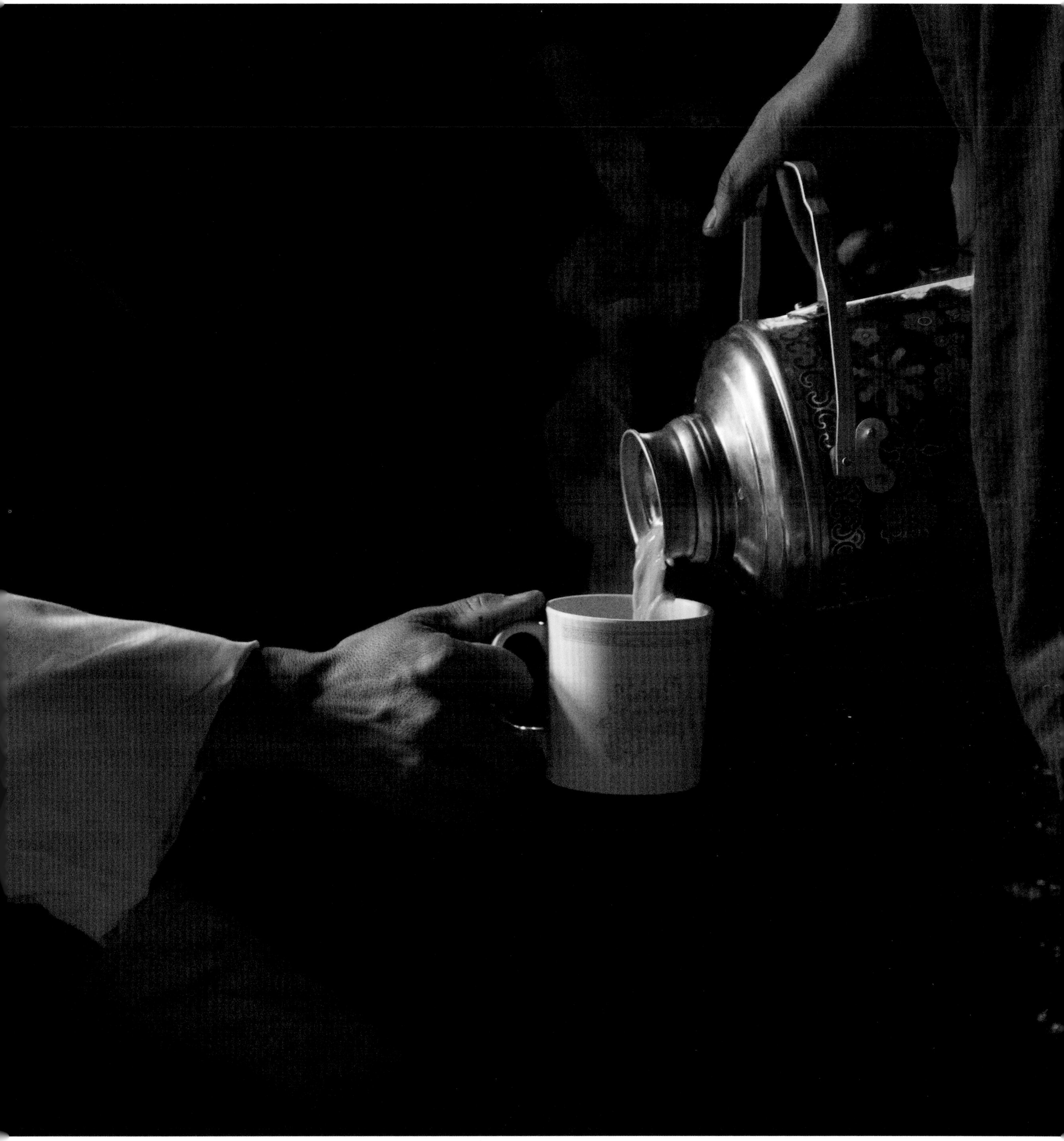

Pause, Paro Dzongkhag, Bhutan, 2013 (TEA; PUJA)
Milk tea is served to all puja participants during short breaks.

Pause, Distrikt Paro, Bhutan, 2013 (TEE; PUJA)
Während der kurzen Pausen wird an alle Teilnehmer Milchtee ausgeschenkt.

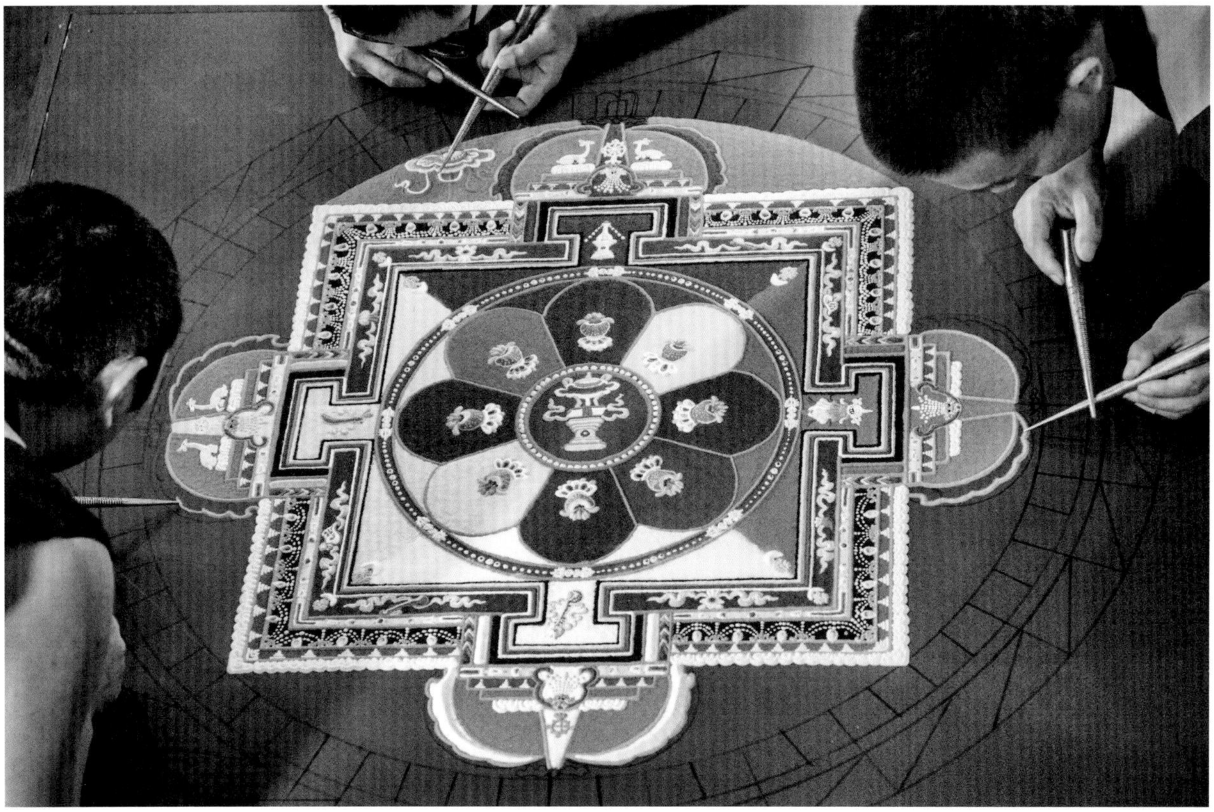

Intricate Connection, Paro Dzongkhag, Bhutan, 2015 (DHARMA; ENDLESS KNOT; SCEPTER)

Two Dharma wheels flank scepters while endless knots adorn the tiles.

Kunstvolle Verbindung, Distrikt Paro, Bhutan, 2015 (DHARMA; ENDLOSKNOTEN; ZEPTER)

Zwei Dharma-Räder flankieren eine Reihe von Zeptern, während Endlosknoten das Pflaster schmücken.

Connecting the Universe, North Carolina, USA, 2013 (MANDALA)

Verbindung mit dem Universum, North Carolina, USA, 2013 (MANDALA)

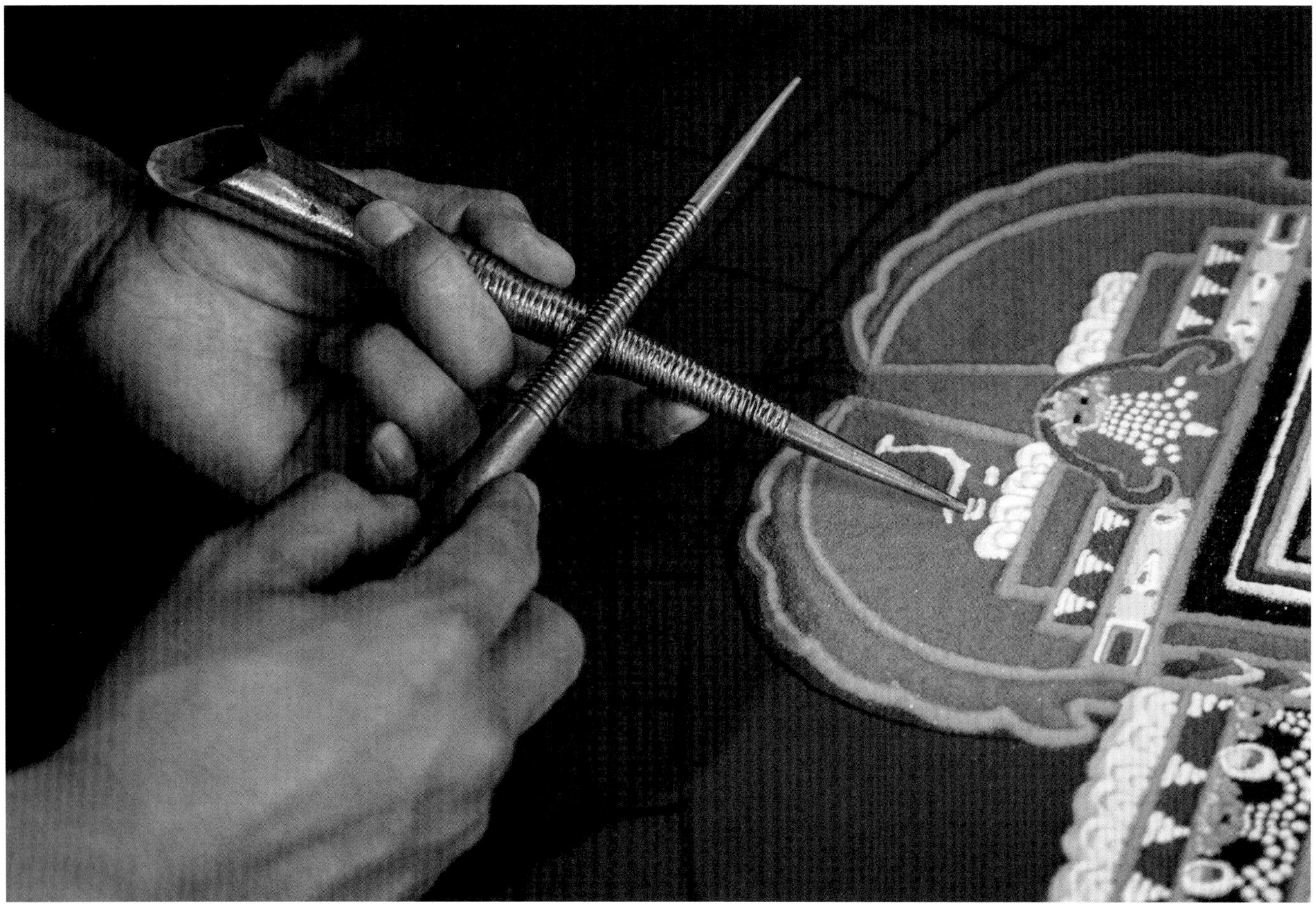

Part of the Whole, North Carolina, USA, 2013 (MANDALA)

Ein Teil des Ganzen, North Carolina, USA, 2013 (MANDALA)

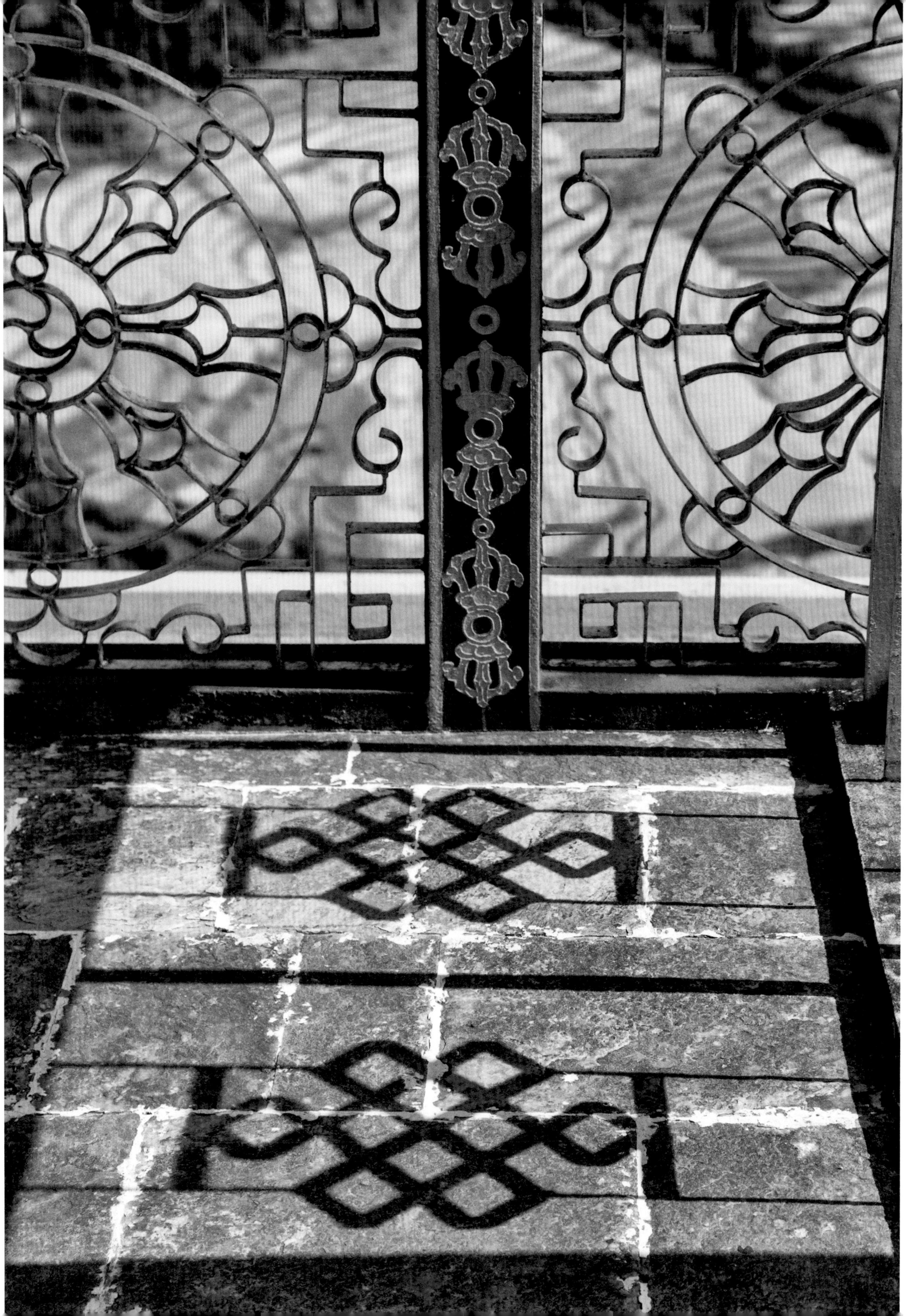

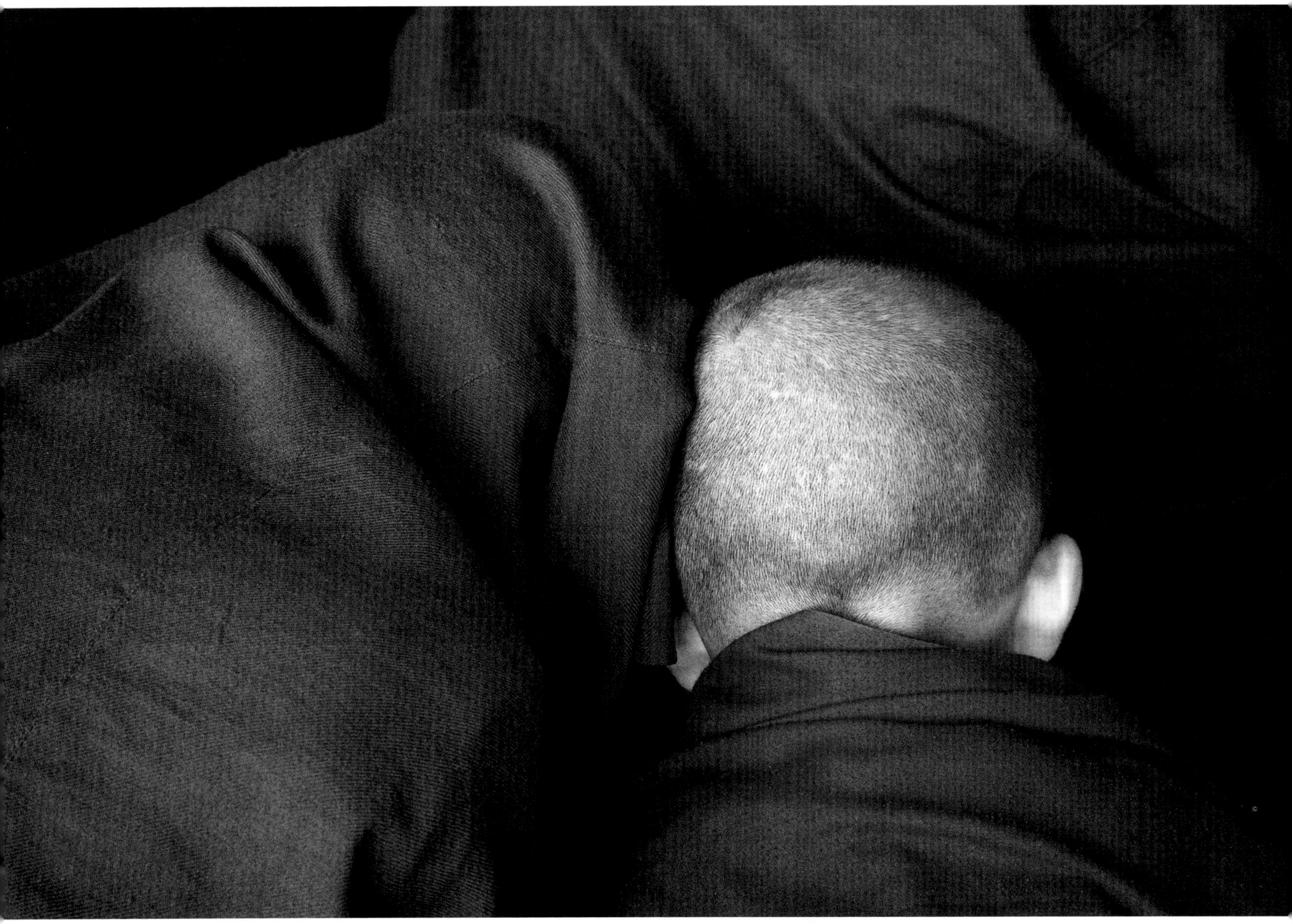

Private Exchange, Himachal Pradesh, India, 2015

Vertraulicher Wortwechsel, Himachal Pradesh, Indien, 2015

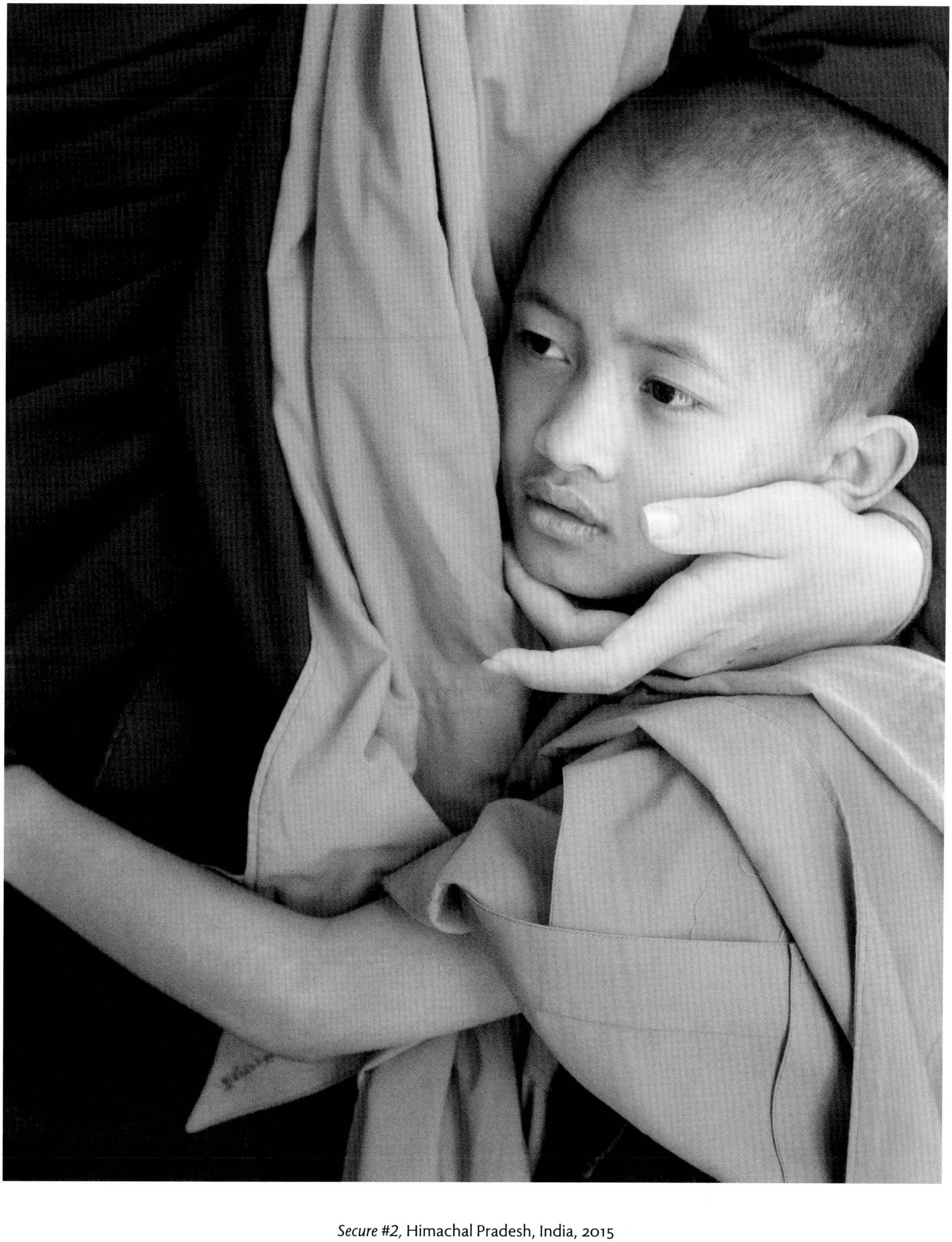

Secure #2, Himachal Pradesh, India, 2015

Geborgen #2, Himachal Pradesh, Indien, 2015

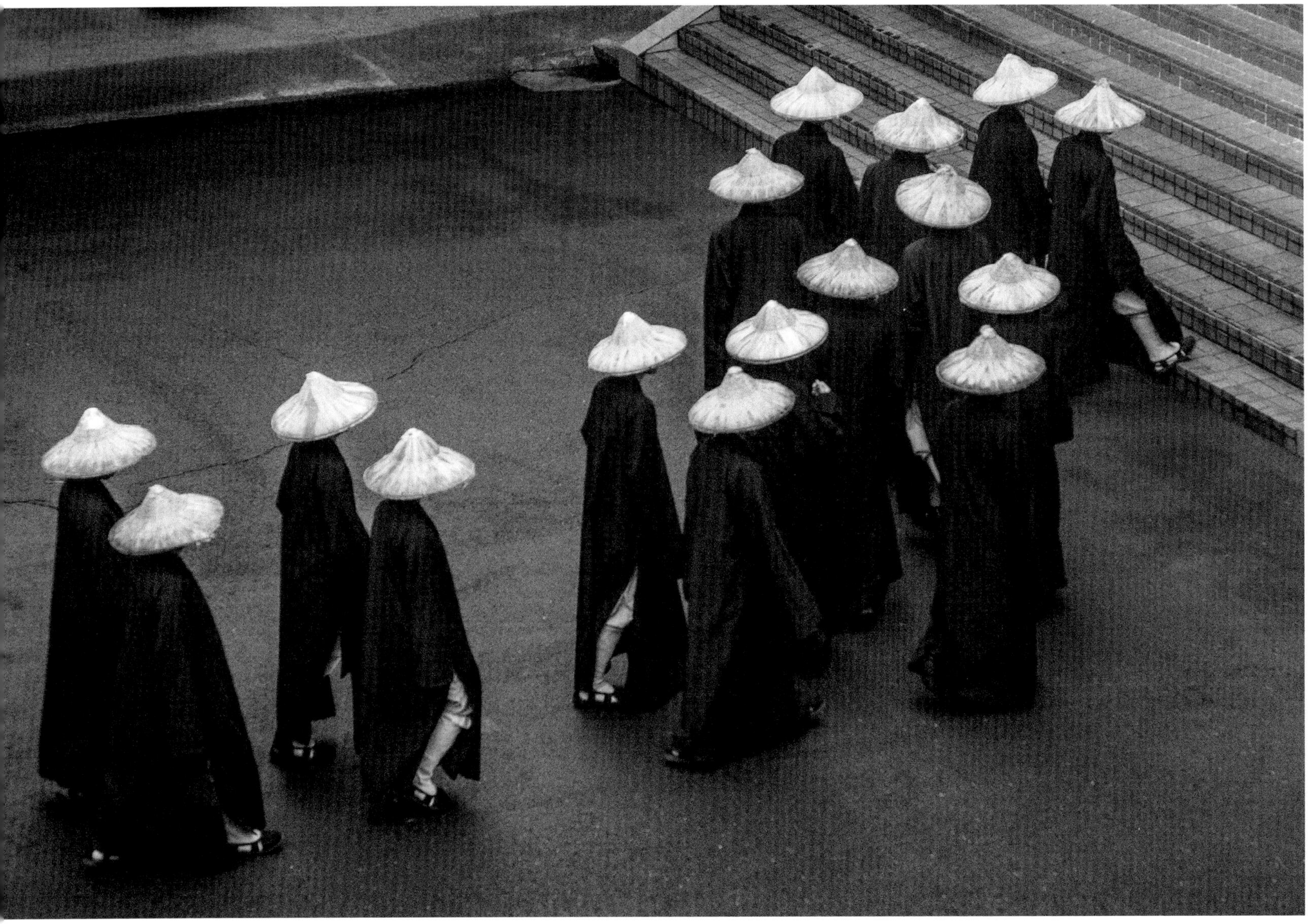

Two by Two, Takao Prefecture, Taiwan, 2016

Monastics in parts of East Asia often change into black or white robes when doing manual work.

Paarweise, Präfektur Takao, Taiwan, 2016

In Teilen Ostasiens legt man in klösterlichen Gemeinschaften zur Handarbeit schwarze oder weiße Gewänder an.

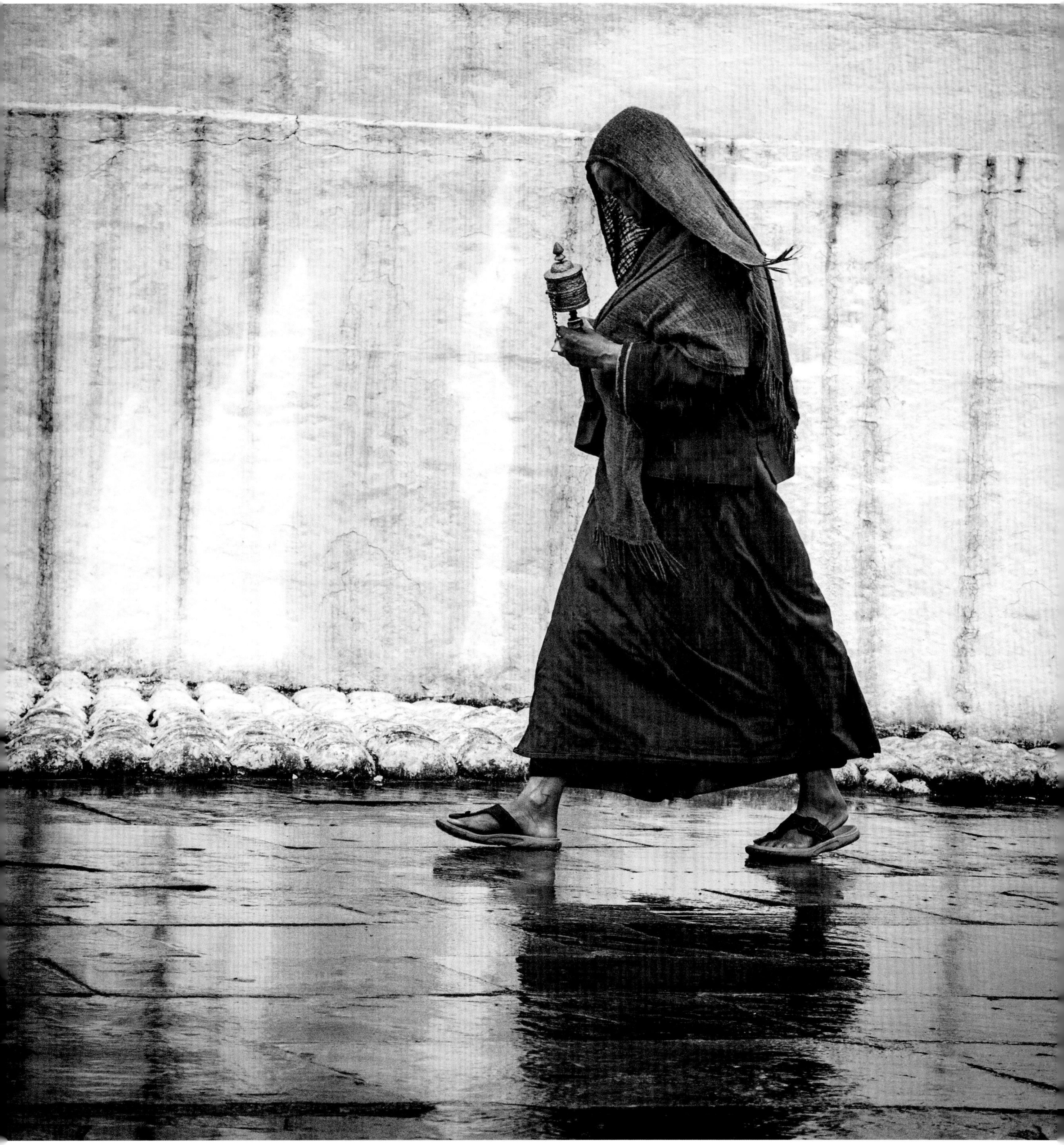

Clockwise Devotion, Thimphu Dzongkhag, Bhutan, 2013 (CIRCUMAMBULATION; PRAYER WHEEL)

Andacht im Uhrzeigersinn, Distrikt Thimphu, Bhutan, 2013 (UMRUNDUNG; GEBETSMÜHLE)

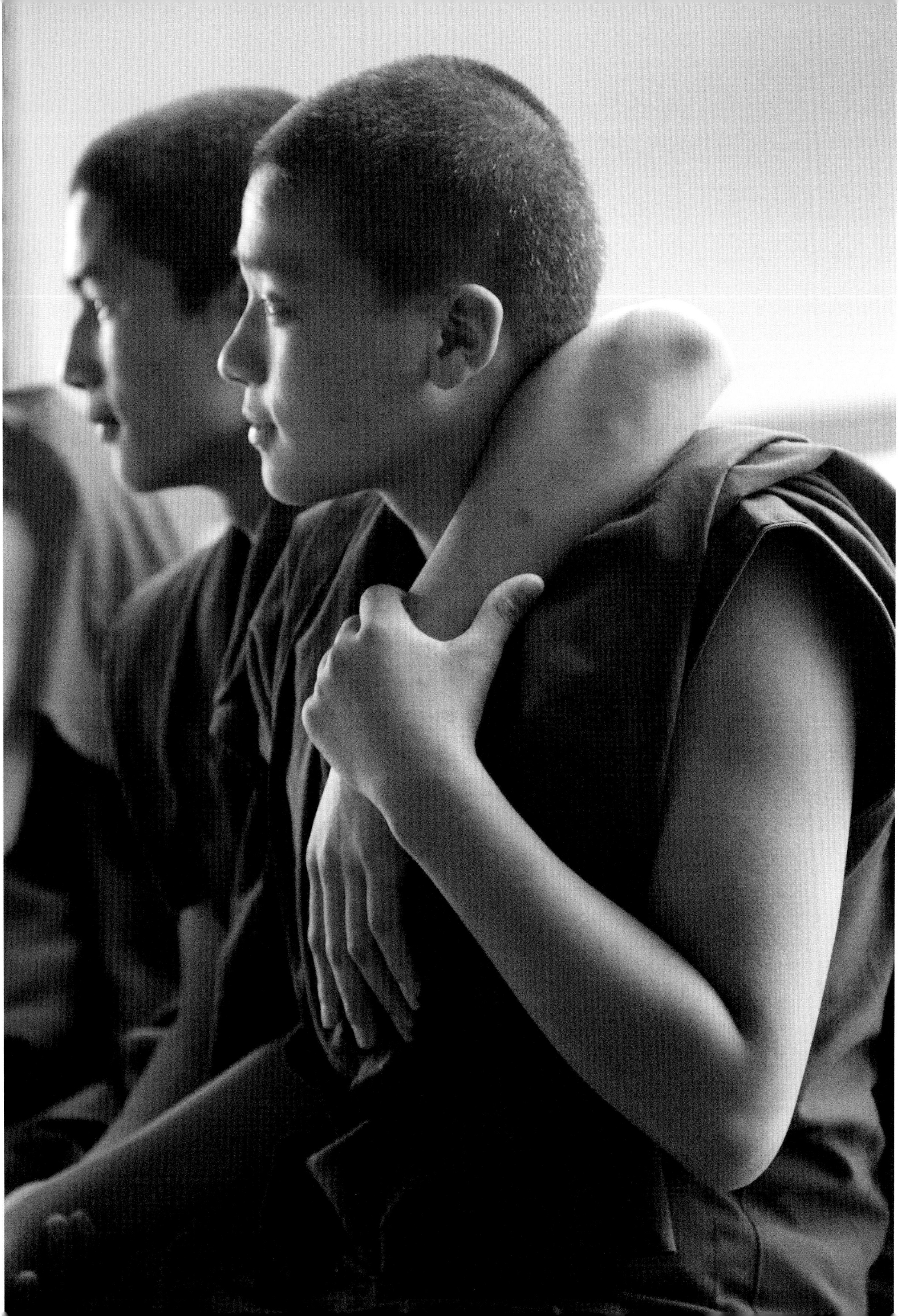

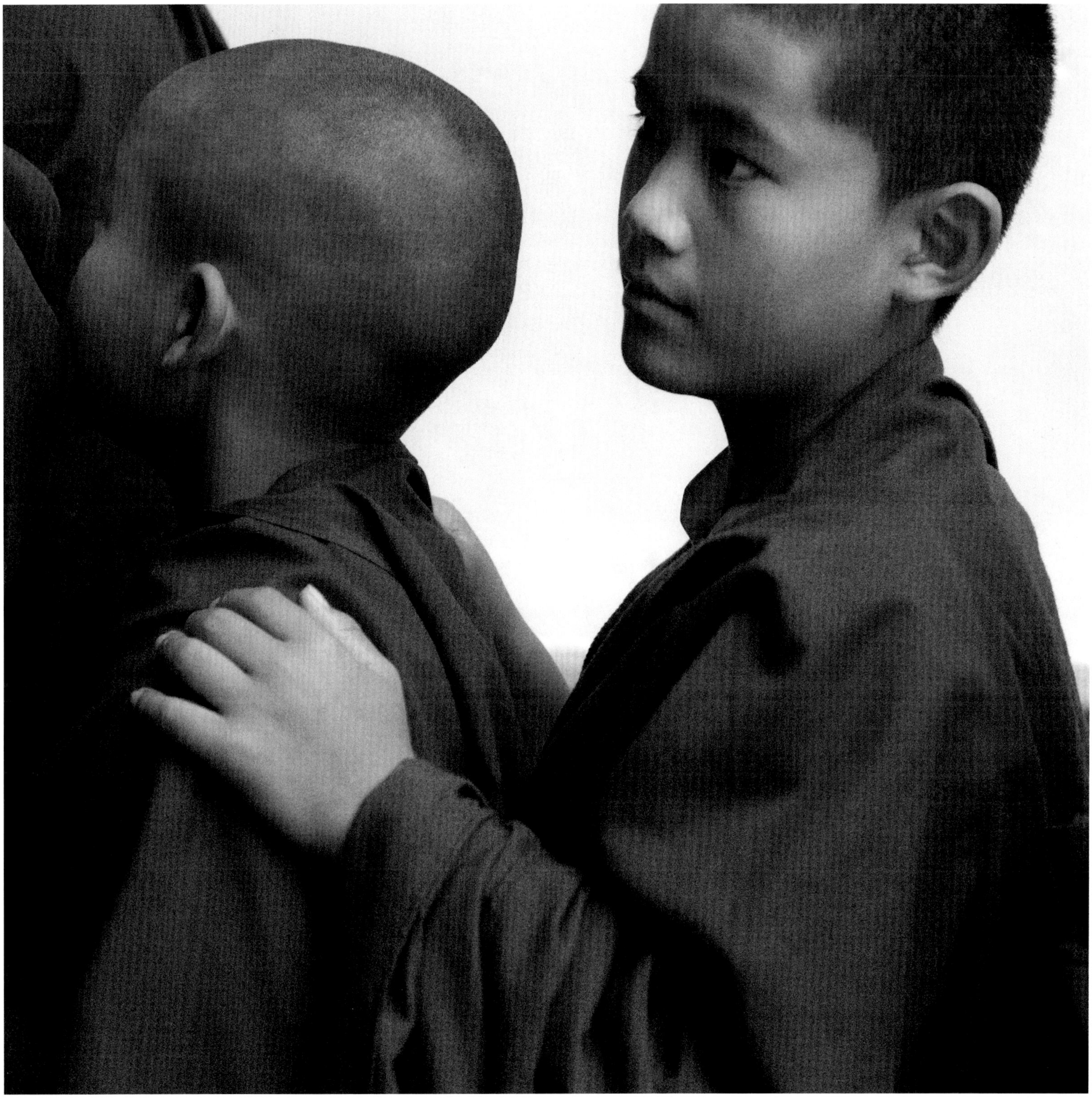

⮜ *Friendship,* Himachal Pradesh, India, 2015

It is common practice throughout much of Asia for individuals of the same gender, regardless of their sexual orientation, to link arms or hold hands.

⮜ *Freundschaft,* Himachal Pradesh, Indien, 2015

Es ist in ganz Asien üblich, dass Personen gleichen Geschlechts die Arme umeinander legen oder Händchen halten, unabhängig von ihrer sexuellen Orientierung.

Comforting Presence, Himachal Pradesh, India, 2015

Beruhigende Nähe, Himachal Pradesh, Indien, 2015

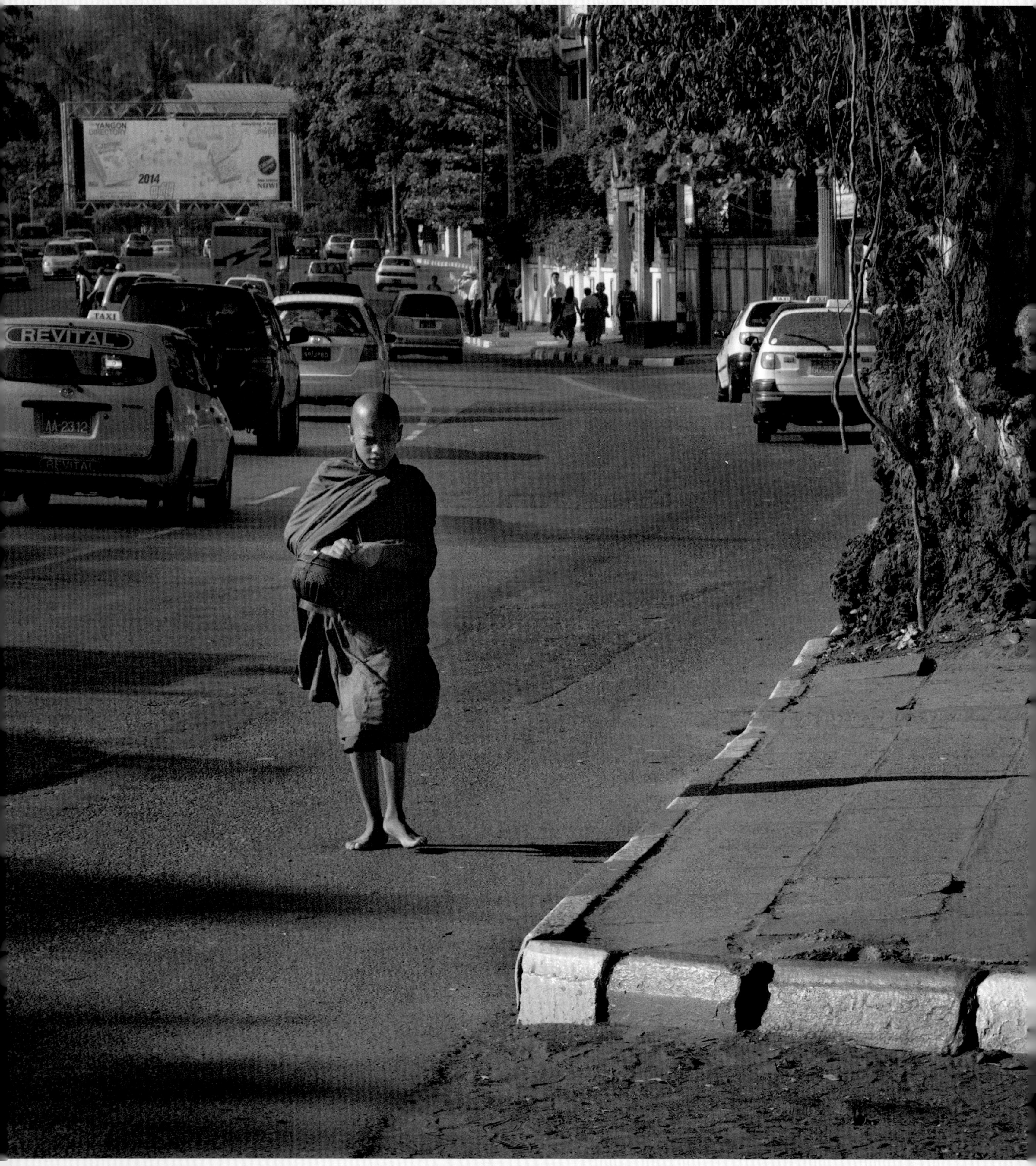
YANGON
DIRECTORY
2014
TAXI
REVITAL
AA-2312
REVITAL

14

NAVIGATING PATHWAYS

Feet tutored by the trail,
Numbed by the Himalayan cold,
Freed by meditation.

Distractions and compulsions were many even in the Buddha's time, which is why his teachings, and those of other inspirational visionaries, have supported people in every era as they journey through their myriads of challenges. Computers and smartphones can be particularly problematic, absorbing even young novice monks in digital games designed to be addicting. It is no longer rare to see a monk lounging in a restaurant while catching a football match on TV. The tentacles of technology now extend even into the remote Himalayan Phajoding Monastery. Returning in 2017, I witnessed a newly inaugurated ritual—Friday Movie Night—during which we watched a disaster film featuring exaggerated earthquakes and a tsunami devastating San Francisco. One monk asked with grave concern, "When did that happen?" Computer-generated images have become "normal" to Westerners, so it had not occurred to me these monks were experiencing palpable anxiety while watching fictitious events. I was struck by how such "entertainment" was a force in diametrical opposition with practices that seek to purify one's perception of reality.

Recognizing the potential risks associated with being immersed in a "modern" society, some monks choose to live in ways that are removed from the reaches of technology. One such individual was the lone caretaker of a remote Bhutanese temple perched at 15,000 feet. In order to reach him, my guide and I trekked for two days, ending in a bank

SEINEN WEG GEHEN

Die Füße folgen dem Pfad,
Taub von der Kälte des Himalaya,
Frei durch Meditation.

Ablenkungen und Zwänge hat es auch schon zu Buddhas Zeit viele gegeben, weshalb seine Lehren, sowie die anderer inspirierter Lehrer, seit jeher die Menschen darin unterstützen, Hindernisse auf ihrem Lebensweg zu überwinden. Computer und Smartphones können heute besonders problematisch sein und selbst junge Mönche an Computerspiele fesseln, die so entworfen sind, dass sie süchtig machen. Es ist keine Seltenheit mehr, dass man einen Mönch in einem Restaurant sitzen sieht, der sich im Fernsehen ein Fußballspiel anschaut. Die Fühler der Technik reichen mittlerweile bis ins entlegene Phajoding-Kloster im Himalaya. Als ich es 2017 wieder besuchte, wurde ich Zeuge eines neu eingeführten Brauchs — der Filmnacht am Freitag. Es wurde ein Katastrophenfilm gezeigt, in dem San Francisco durch eine Reihe von übertrieben dargestellten Erdbeben und einen Tsunami zerstört wurde. Ein Mönch fragte mich später tief besorgt: „Wann ist das passiert?" Computergenerierte Bilder sind für Westler etwas „Normales", und so war es mir zunächst entgangen, dass es diese Mönche während der fiktiven Ereignisse wirklich mit der Angst zu tun bekommen hatten. Betroffen sah ich, mit welcher Macht eine solche „Unterhaltung" dem Bestreben um eine möglichst reine Wirklichkeitswahrnehmung entgegenwirken konnte. Manche Mönche, wenn sie einmal die potentiellen Gefahren der modernen Gesellschaft erkannt haben, entscheiden sich bewusst für ein Leben fern aller Technik. Eine solche Person

< *Competing Realities,* Yangon Division, Myanmar, 2014

< *Herausfordernde Wirklichkeit,* Yangon-Region, Myanmar, 2014

of clouds as the temperature dropped in the Himalayan dusk. Our gratitude welled up when we, at last, saw our destination. We knocked on the door and were warmly greeted by this reclusive monk, who had lived there by himself for seventeen years. What bliss to have shelter from the cold wind while sipping hot milk tea! We gathered around a wood fire for a hearty meal before curling up in our sleeping bags on the floor next to the altar. Purest silence greeted me when I awoke in the morning. A fresh blanket of snow covered the landscape, blue sky above, billowing clouds below. It was easy to understand the allure of living in this environment uncluttered by extraneous distractions.

I met several other monks who chose to live away from the reaches of technology. High in India's densely-wooded Himalayan forests, about two dozen century-old, one-room huts are scattered along a hillside. Each structure is home to a hermit Buddhist monk. Occasionally I would be invited inside one of their modest abodes. Not sharing a common language, we would often sip milk tea and eat biscuits in silence. However, during one memorable conversation with a monk who spoke fairly good English and had lived in his hut for thirteen years, I asked how long he might stay. He replied, "Until I reach enlightenment."

war der einsame Wärter eines entlegenen, auf 4.572 m Höhe gelegenen bhutanischen Tempels. Um ihn aufzusuchen waren mein Bergführer und ich zwei Tage im Himalaya unterwegs. Kurz vor dem Ziel gerieten wir, als bei Einbruch der Dunkelheit die Temperatur rasch sank, in eine Nebelbank. Voller Erleichterung fanden wir dennoch bald zum Tempel. Wir klopften an die Tür und wurden von dem einsam lebenden Mönch herzlich begrüßt. Schon seit 17 Jahren lebte er hier in der Zurückgezogenheit. Was war es für ein Segen, als wir, geschützt vor dem kalten Wind, heißen Milchtee schlürfen durften! Um ein Holzfeuer herum gelagert verzehrten wir ein herzhaftes Mahl, bevor wir in unsere Schlafsäcke krochen, die wir neben dem Altar auf dem Fußboden ausgebreitet hatten. Völlige Stille begrüßte mich, als ich am nächsten Morgen erwachte. Eine frische Schneedecke lag über die Landschaft ausgebreitet, über mir der blaue Himmel, unter mir ein wogendes Wolkenmeer. Der Reiz in einer solchen Umgebung zu leben, unbehelligt von äußeren Ablenkungen, war gut zu verstehen.

Ich bin nochmals einigen Mönchen begegnet, die sich dem Einfluss der Technik entzogen haben. In Indien, hoch oben in den dicht bewaldeten Ausläufern des Himalaya, liegen über einen Hügel verstreut etwa zwei Dutzend kleiner, 100 Jahre alter Hütten. Es sind die Wohnstätten buddhistischer Eremiten. Ich wurde in die eine oder andere dieser bescheidenen Hütten eingeladen. Weil wir meist keine gemeinsame Sprache sprachen, tranken wir dann still zusammen Milchtee und aßen Kekse. Eine Unterhaltung mit einem Mönch, der recht gut Englisch sprach, ist mir jedoch in Erinnerung geblieben. Er lebte seit 13 Jahren in seiner Hütte und ich fragte ihn, wie lang er noch vorhabe zu bleiben. Er antwortete: „Solange, bis ich Erleuchtung erlangt habe."

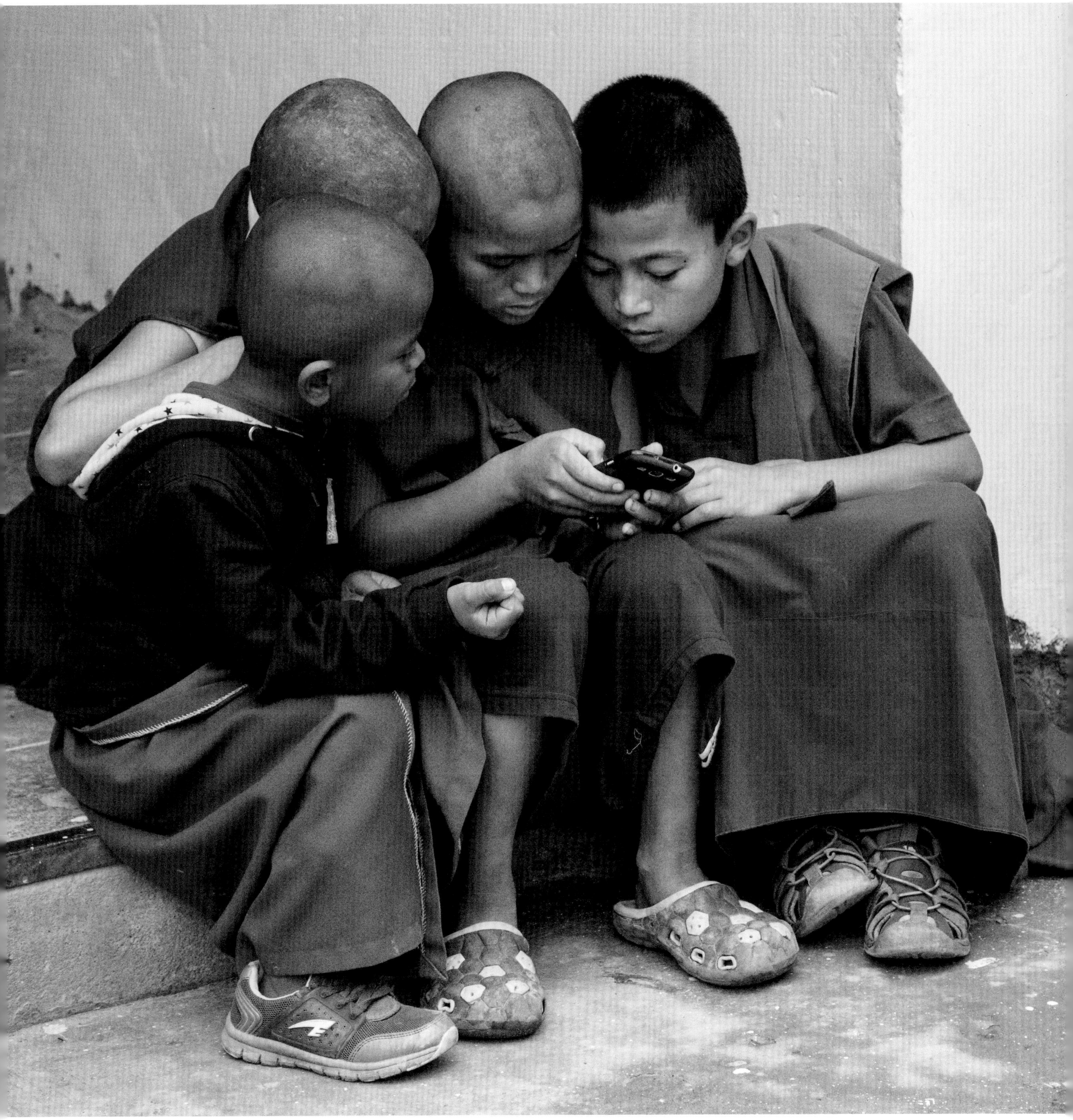

Absorbed, Himachal Pradesh, India, 2015

Absorbiert, Himachal Pradesh, Indien, 2015

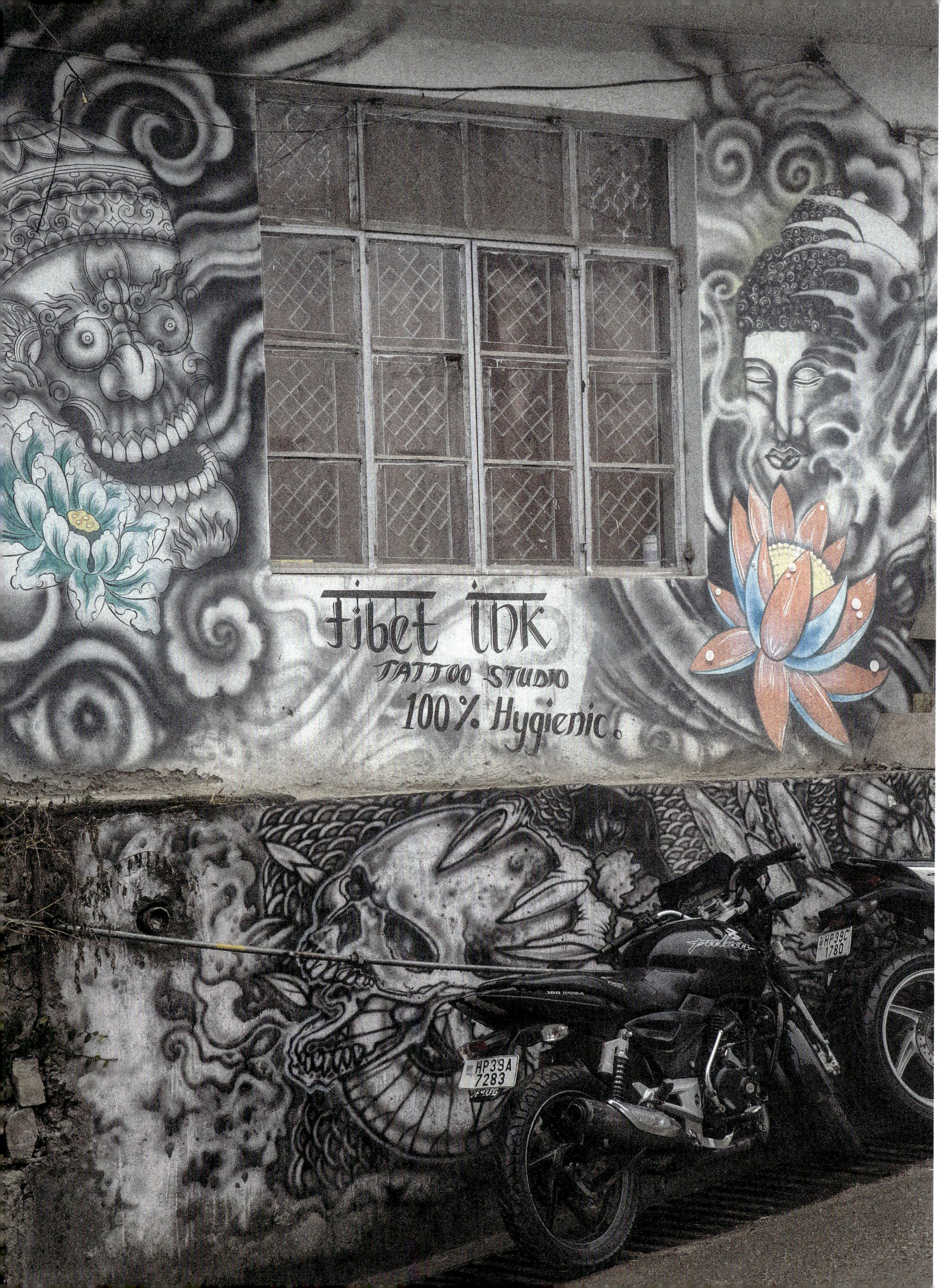
Tibet INK
TATTOO STUDIO
100% Hygienic.

100%, Himachal Pradesh, India, 2015

100%, Himachal Pradesh, Indien, 2015

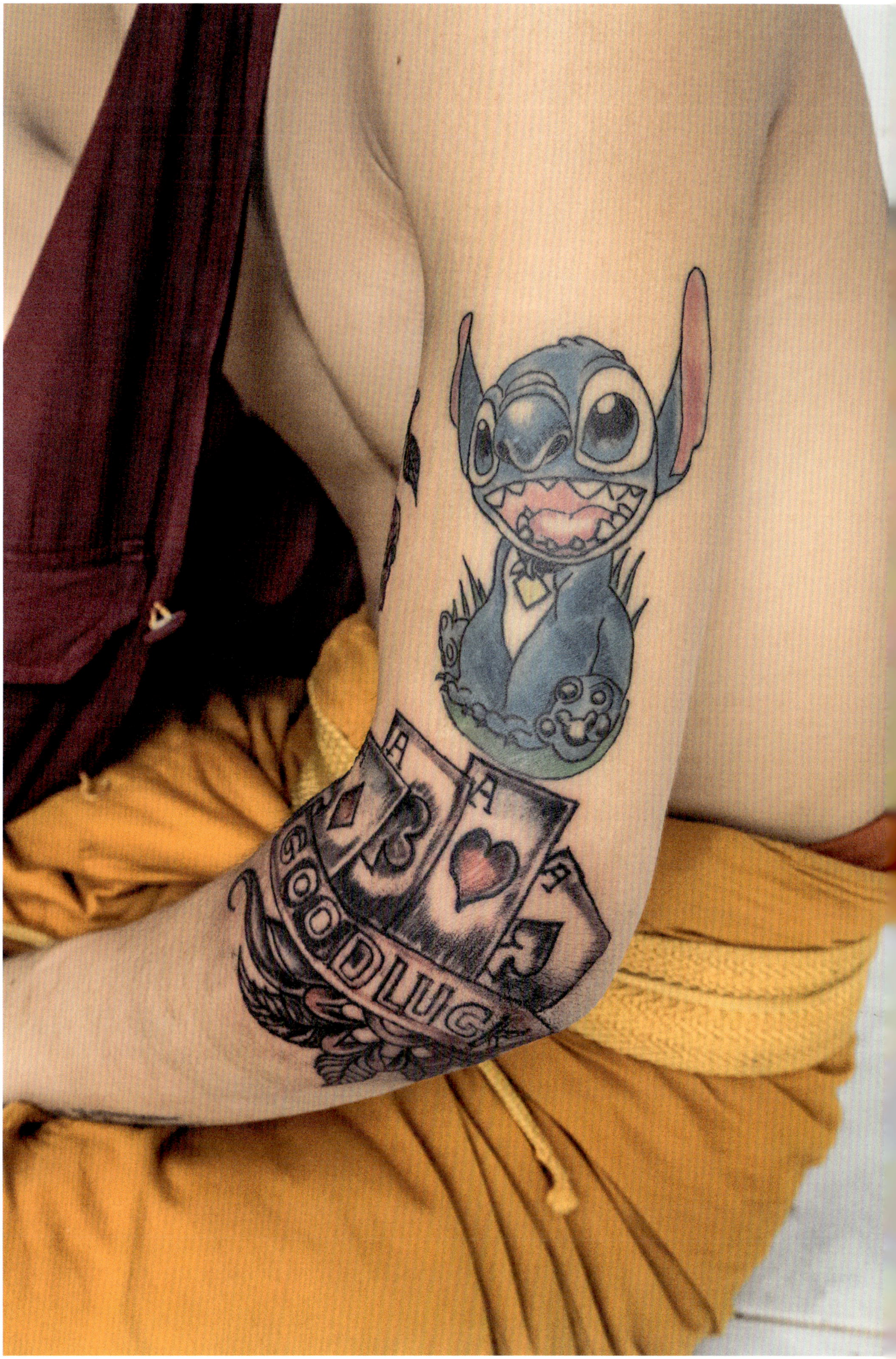

Lucky Charm, Battambang Province, Cambodia, 2018

Glücksbringer, Provinz Battambang, Kambodscha, 2018

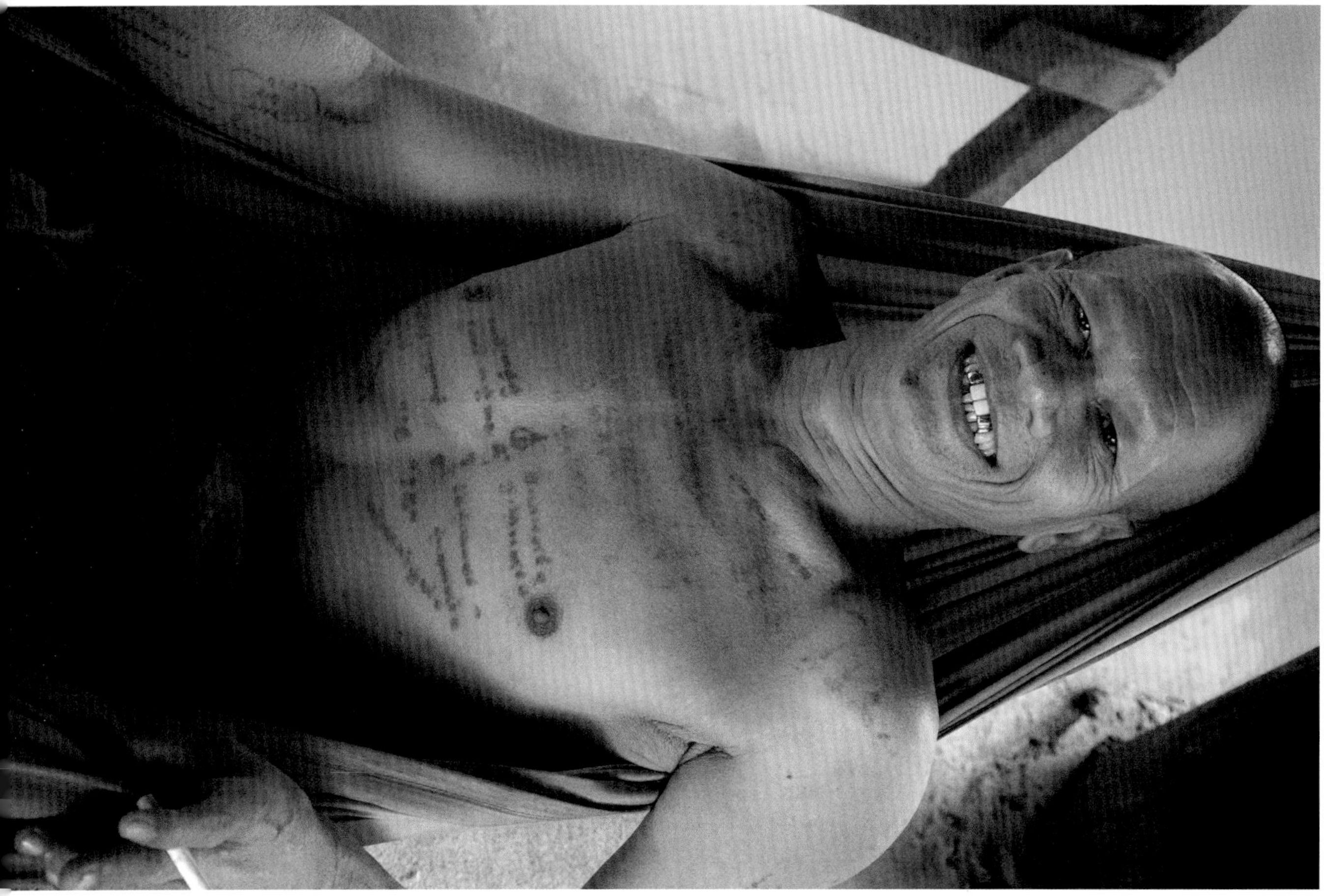

One Who Has Lived, Battambang Province, Cambodia, 2018

Ein Lebenserfahrener, Provinz Battambang, Kambodscha, 2018

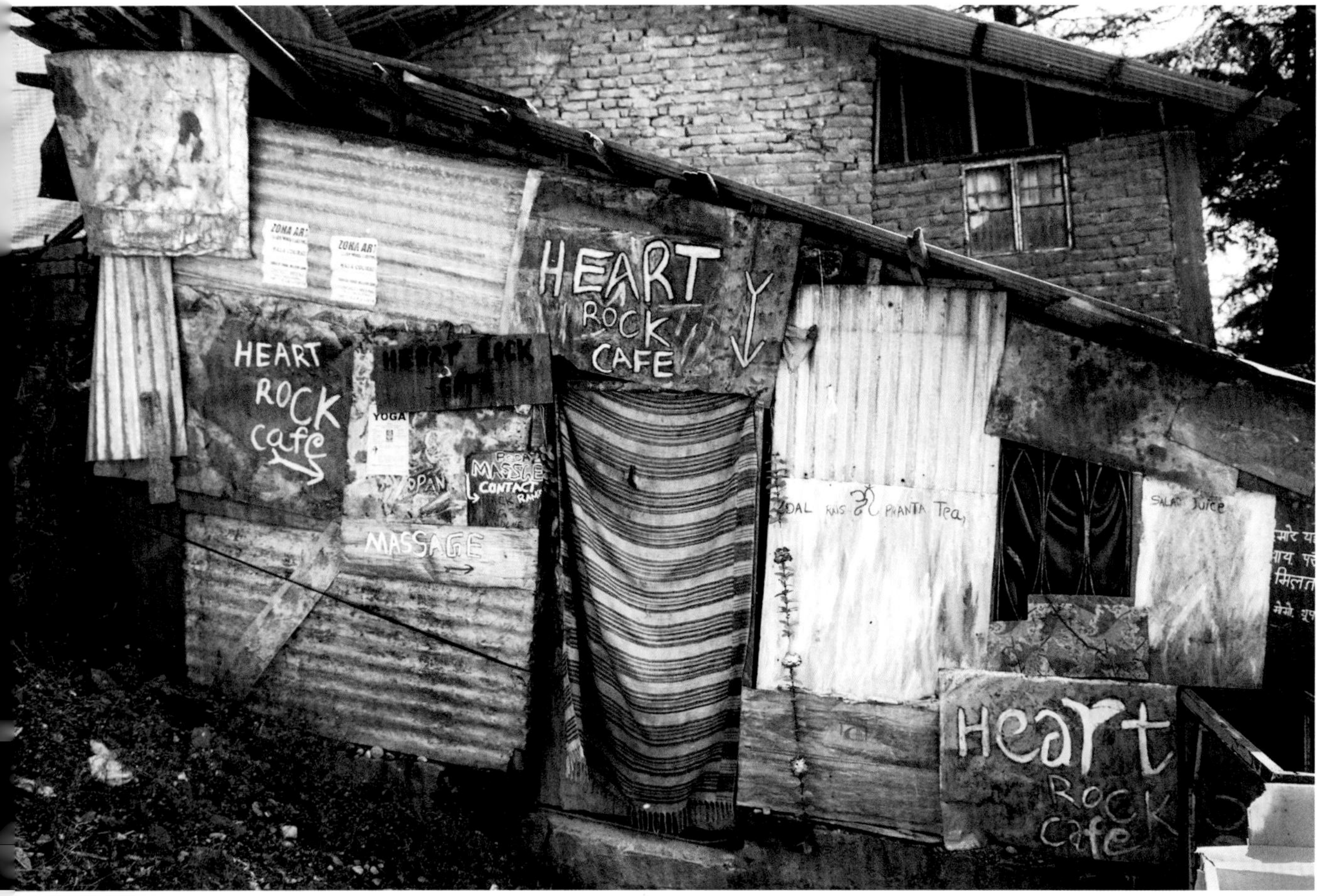

Heart Rock Café, Himachal Pradesh, India, 2015

Heart Rock Café, Himachal Pradesh, Indien, 2015

Down Time, Thimphu Dzongkhag, Bhutan, 2011

Auszeit, Distrikt Thimphu, Bhutan, 2011

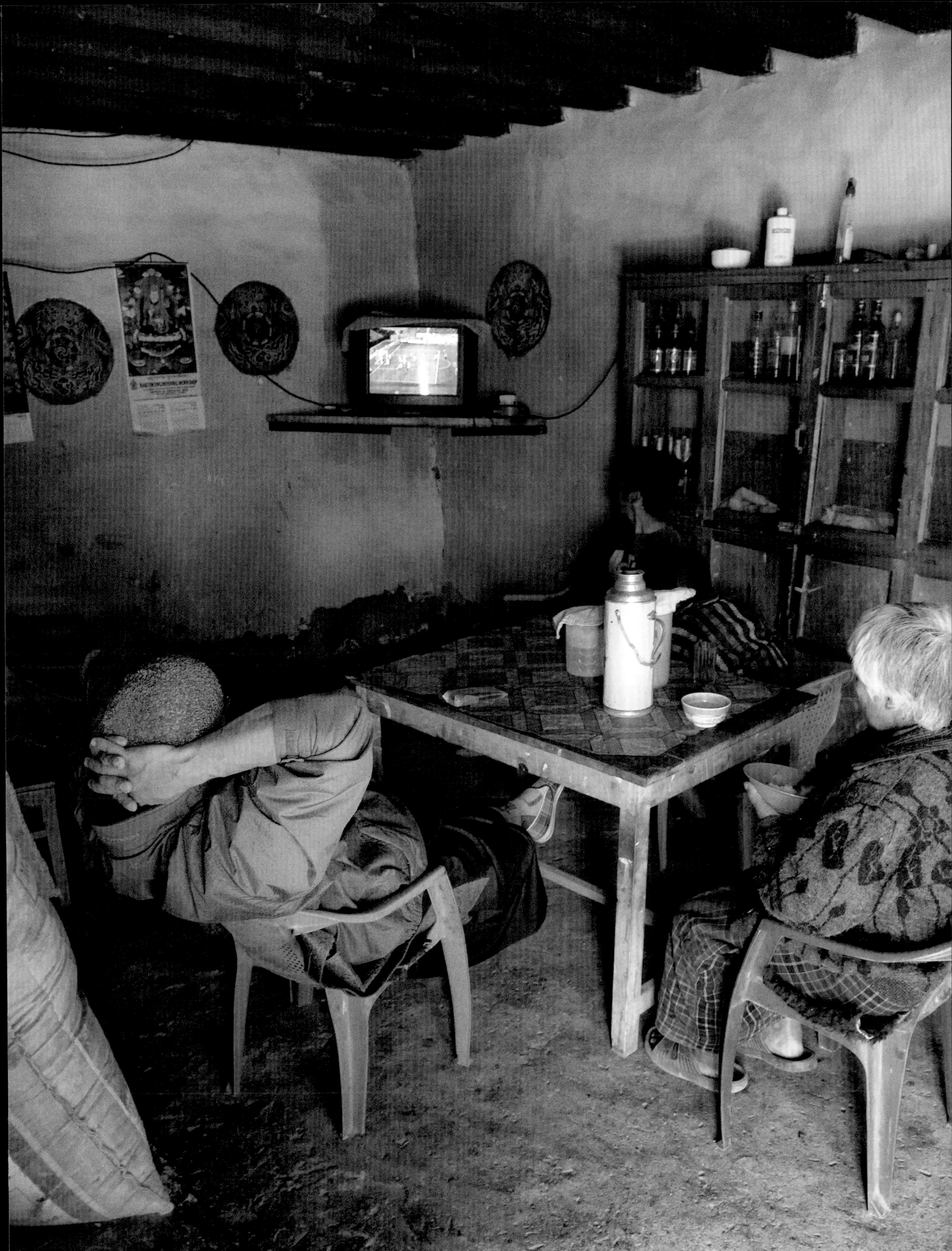

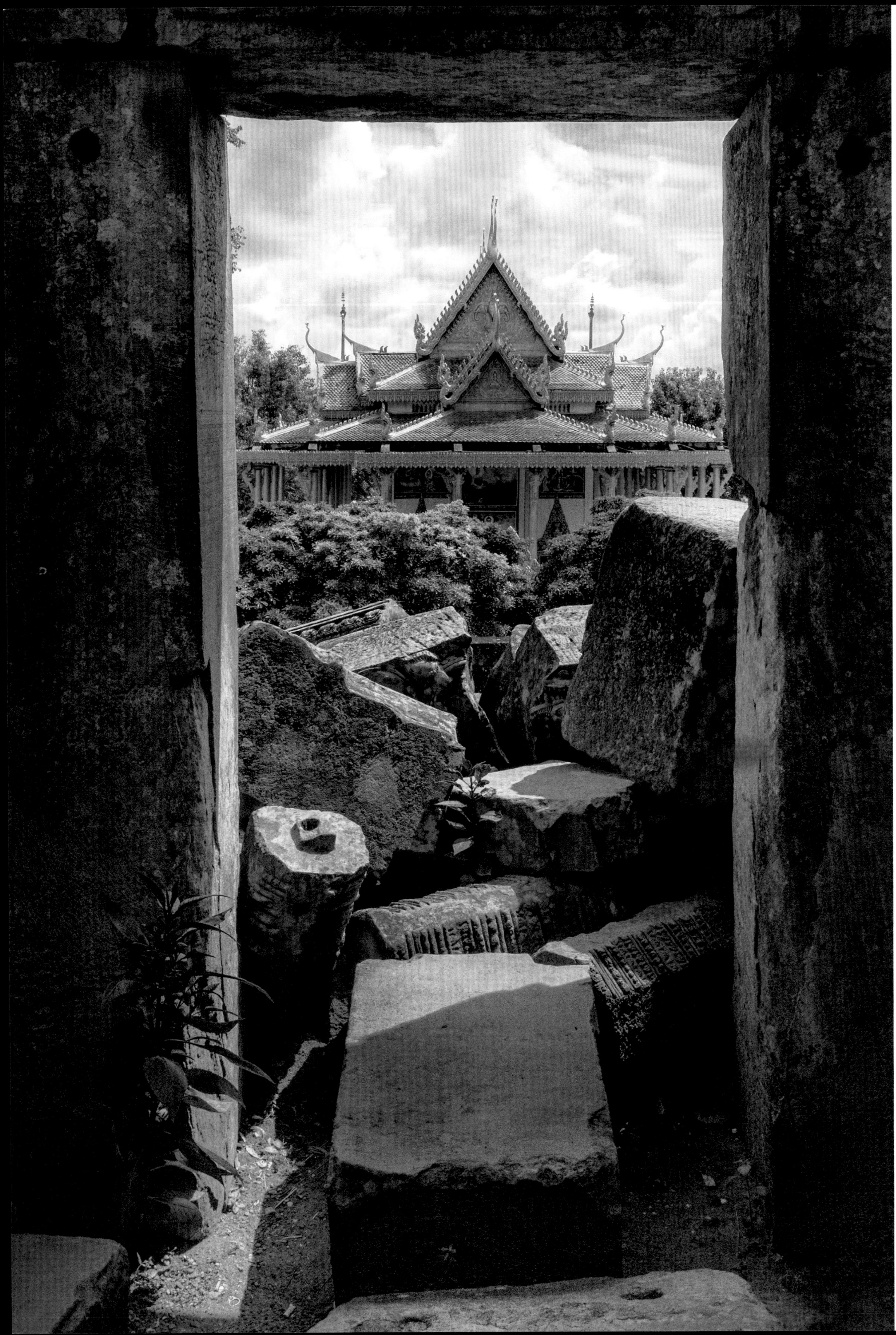

From the Rubble, Battambang Province, Cambodia, 2018

Aus den Trümmern, Provinz Battambang, Kambodscha, 2018

In the Mist, Zhejiang Province, China, 2012

Religious temples were destroyed in China and Cambodia during the brutal Mao Zedong and Khmer Rouge communist revolutions. Some temples, such as this one, were completely rebuilt.

Im Dunst, Provinz Zhejiang, China, 2012

In China und Kambodscha wurden während der grausamen kommunistischen Revolutionen des Mao Tse-Tung und der Roten Khmer die religiösen Tempel zerstört. Einige Tempel, wie dieser hier, wurden komplett neu errichtet.

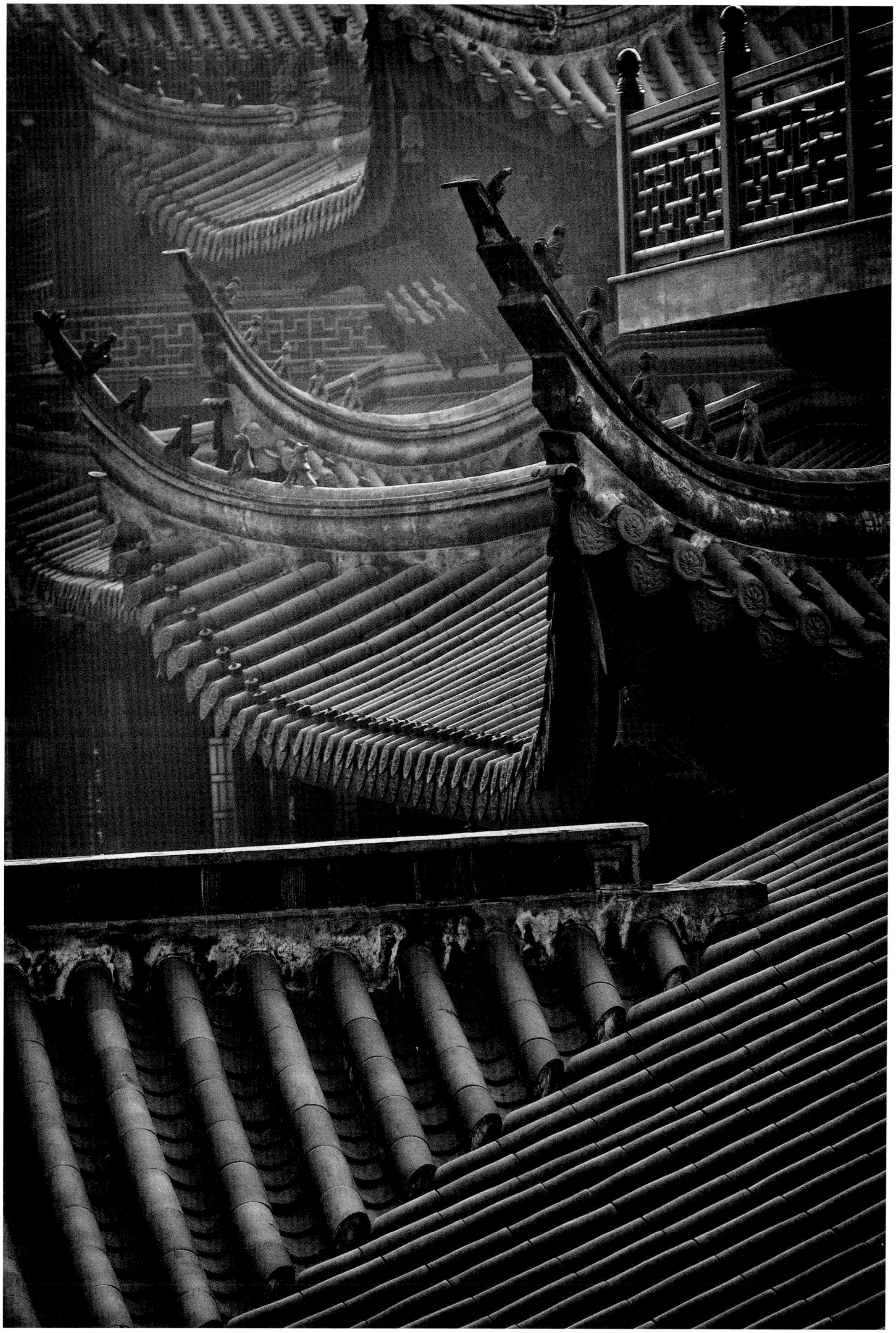

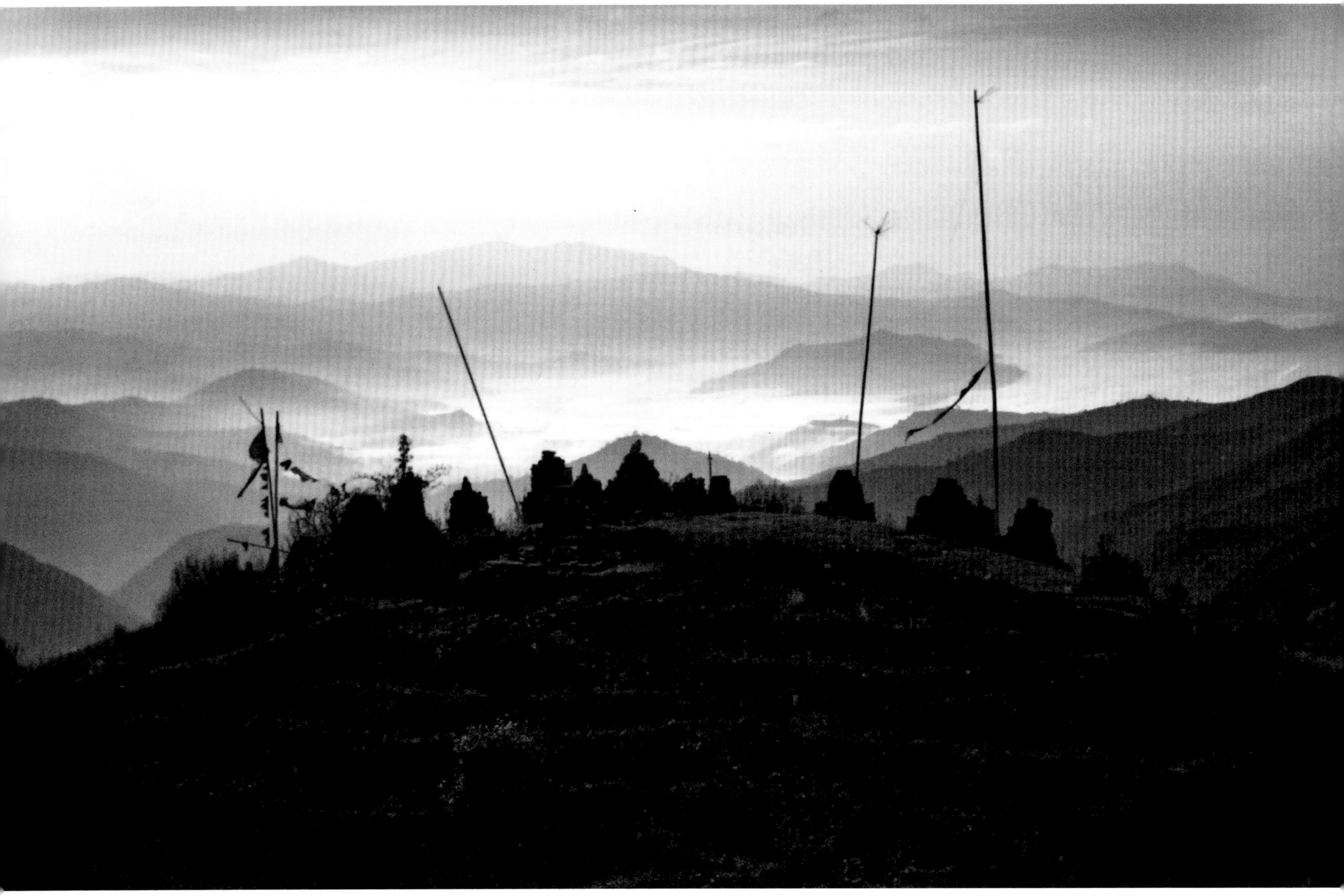

High Pass #2, Bagmati Pradesh, Nepal, 2007

When reaching a high pass in the Himalayas, stacked stones are placed as a sign of gratitude for arriving without mishap, and help to provide continued safe passage.

Hoher Pass #2, Provinz Bagmati, Nepal, 2007

Beim Erreichen eines Hochpasses im Himalaya werden Steine als Zeichen der Dankbarkeit für das sichere Ankommen aufeinander gestapelt. Sie sollen auch weiterhin einen sicheren Weg gewährleisten.

Morning with the Spirits, Thimphu Dzongkhag, Bhutan, 2011 ➤

Am Morgen mit den Geistern, Distrikt Thimphu, Bhutan, 2011 ➤

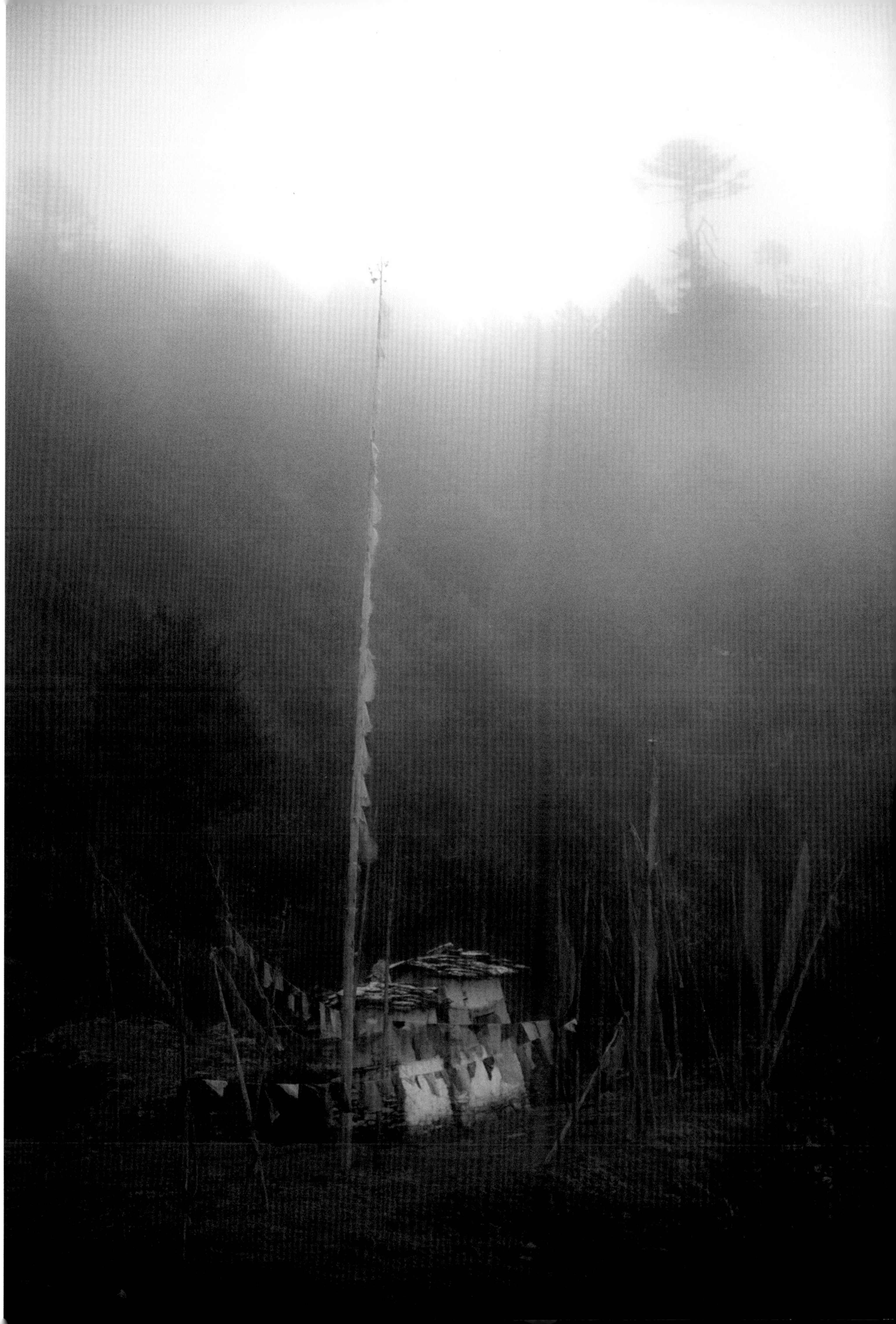

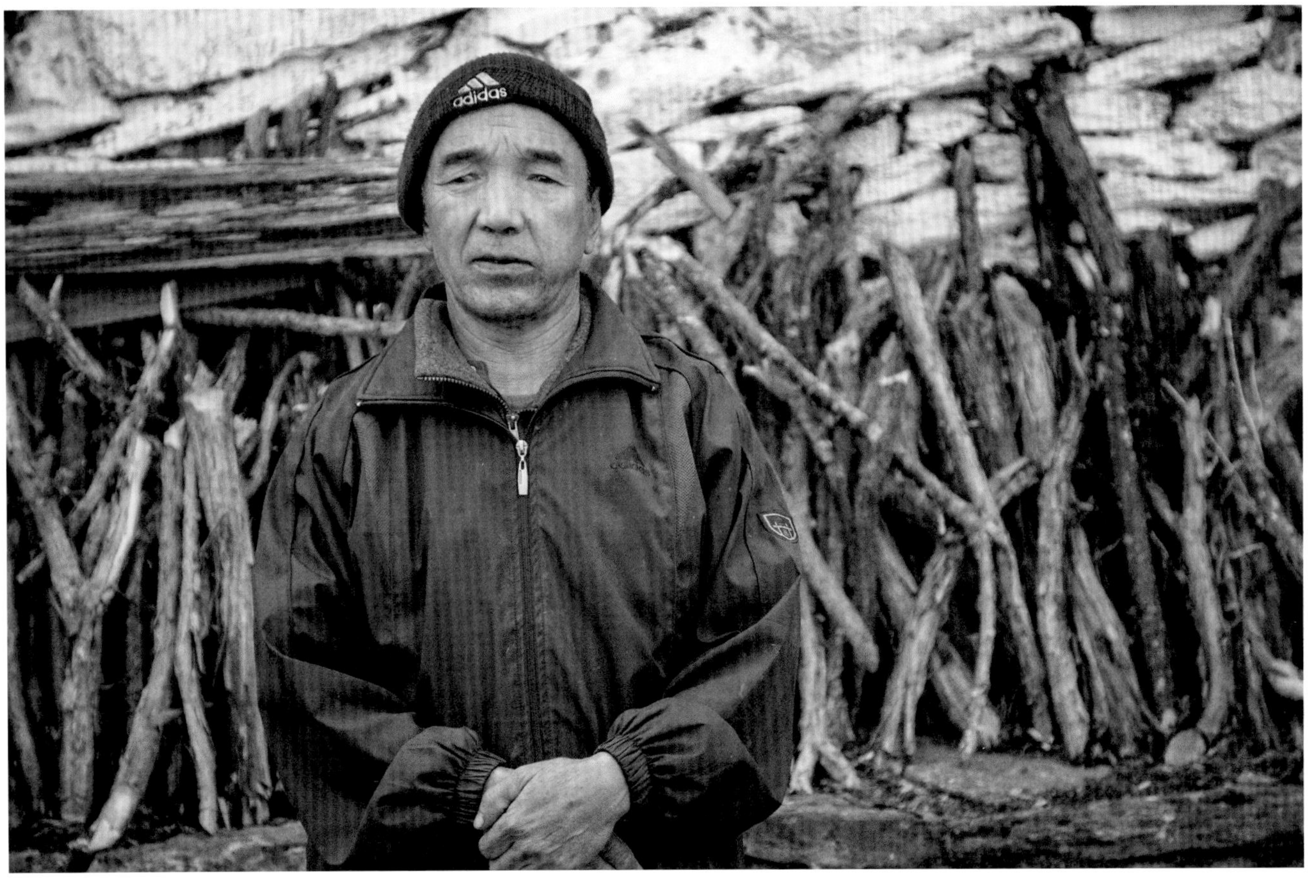

Caretaker, Thimphu Dzongkhag, Bhutan, 2011

Wärter, Distrikt Thimphu, Bhutan, 2011

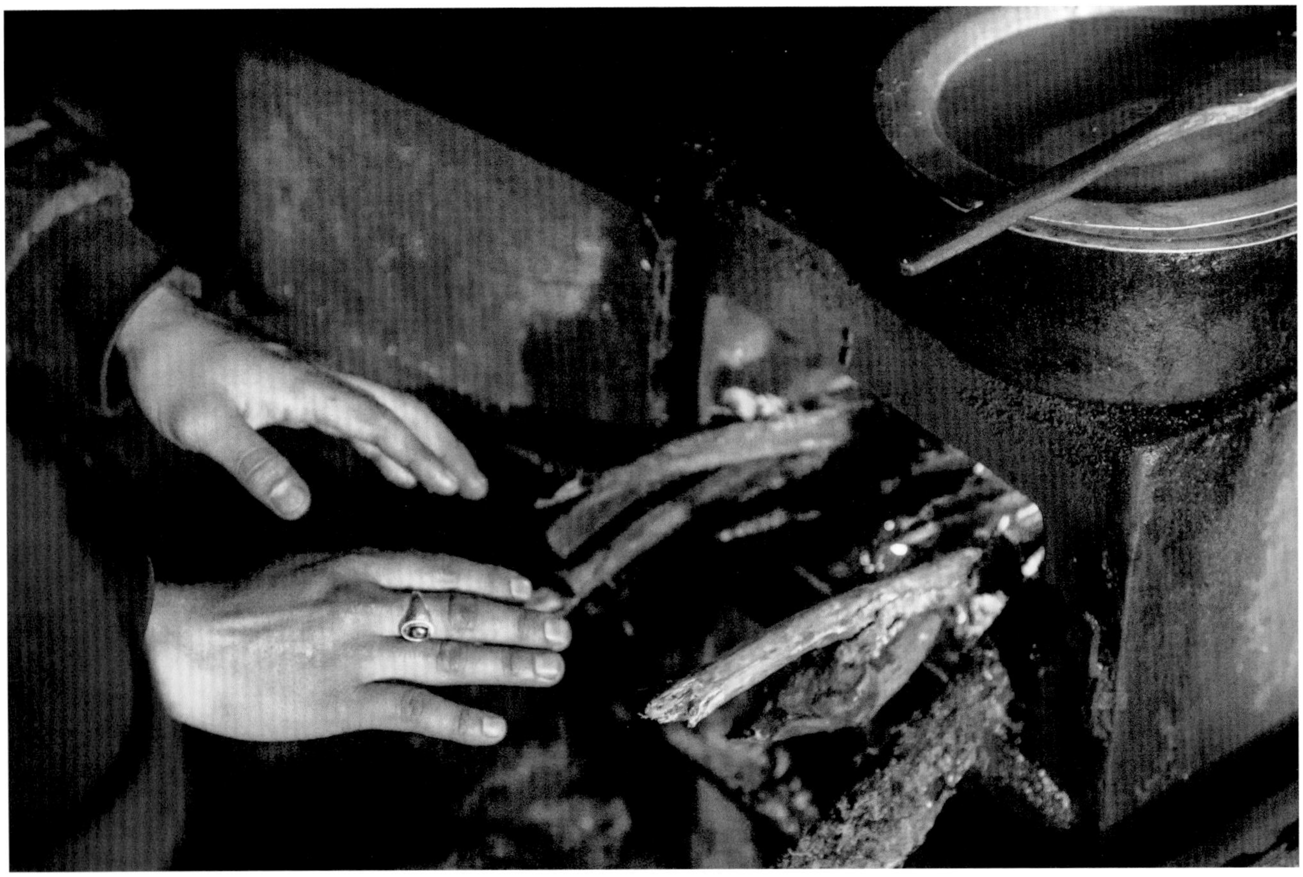

Seeking Warmth, Thimphu Dzongkhag, Bhutan, 2011

Sich wärmen, Distrikt Thimphu, Bhutan, 2011

Evening Repose, Thimphu Dzongkhag, Bhutan, 2011

Am Abend, Distrikt Thimphu, Bhutan, 2011

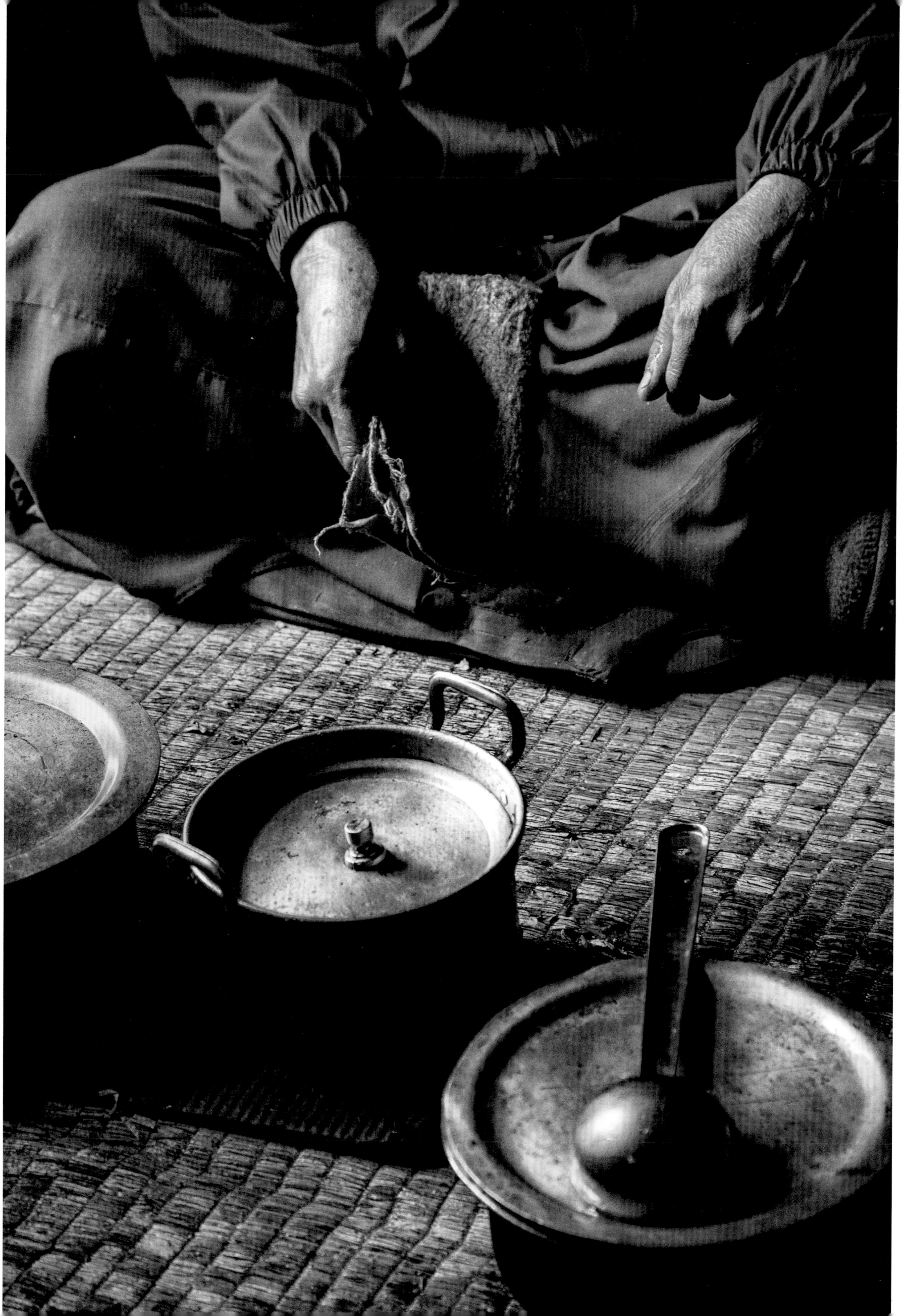

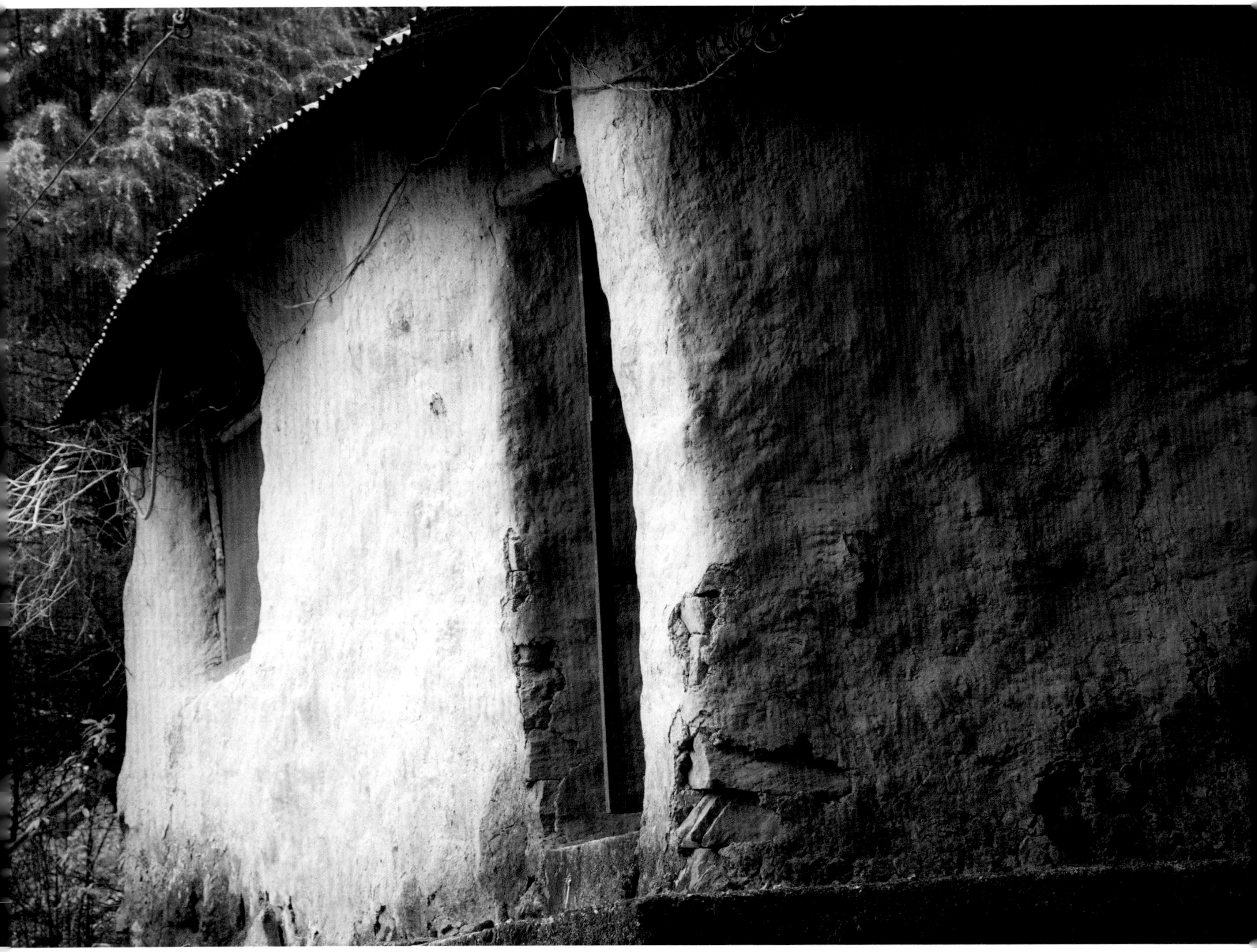

Humble Abode, Himachal Pradesh, India, 2015

Schlichte Unterkunft, Himachal Pradesh, Indien, 2015

Seeking the Three Jewels, Himachal Pradesh, India, 2015 (TRIPLE GEM) ➤

Die Drei Juwelen erstreben, Himachal Pradesh, Indien, 2015 (DIE DREI JUWELEN) ➤

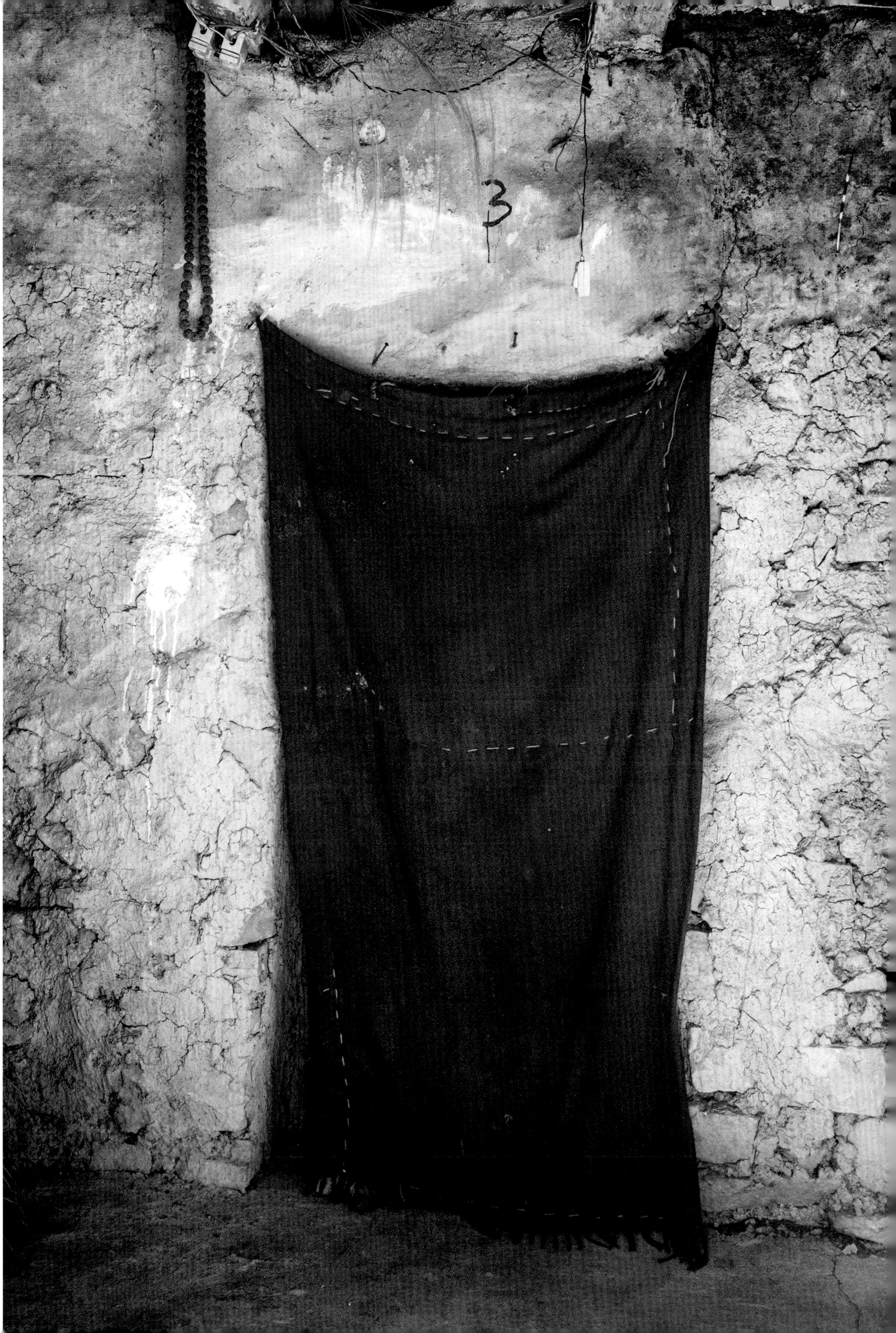
3

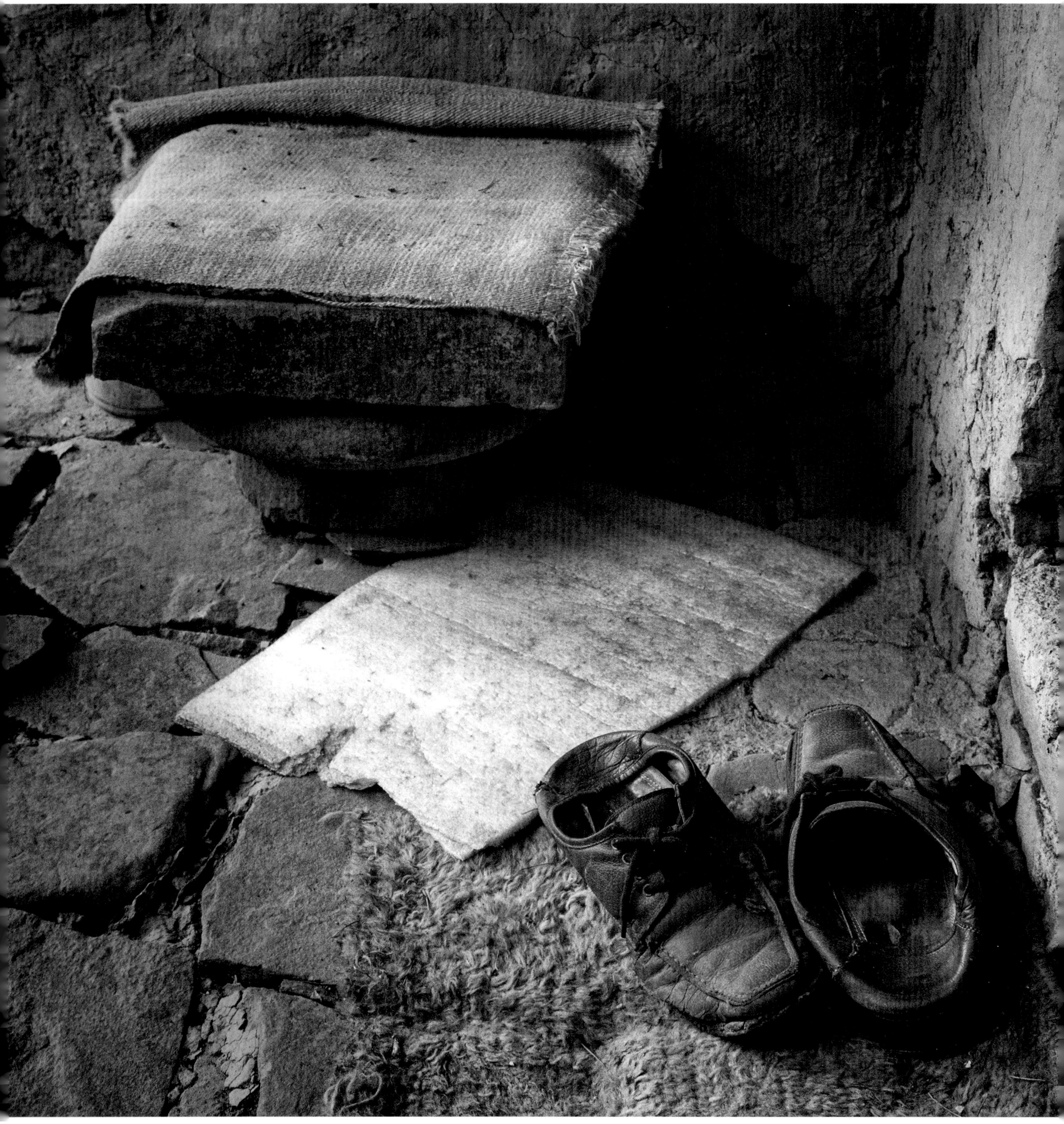

Resting Place, Himachal Pradesh, India, 2015

Ruheplatz, Himachal Pradesh, Indien, 2015

Seeking Enlightenment #2, Himachal Pradesh, India, 2015 ➤

Suche nach Erleuchtung #2, Himachal Pradesh, Indien, 2015 ➤

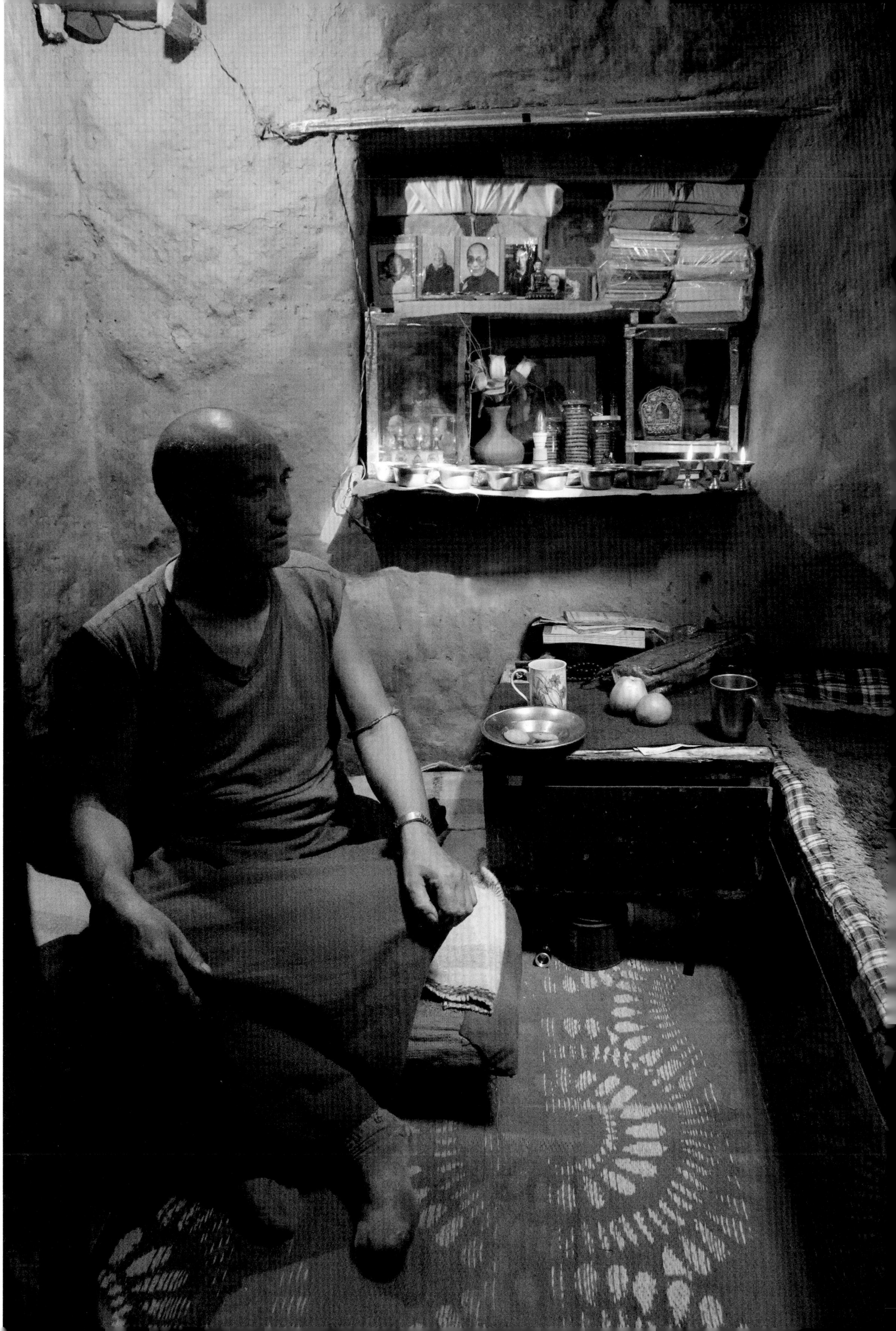

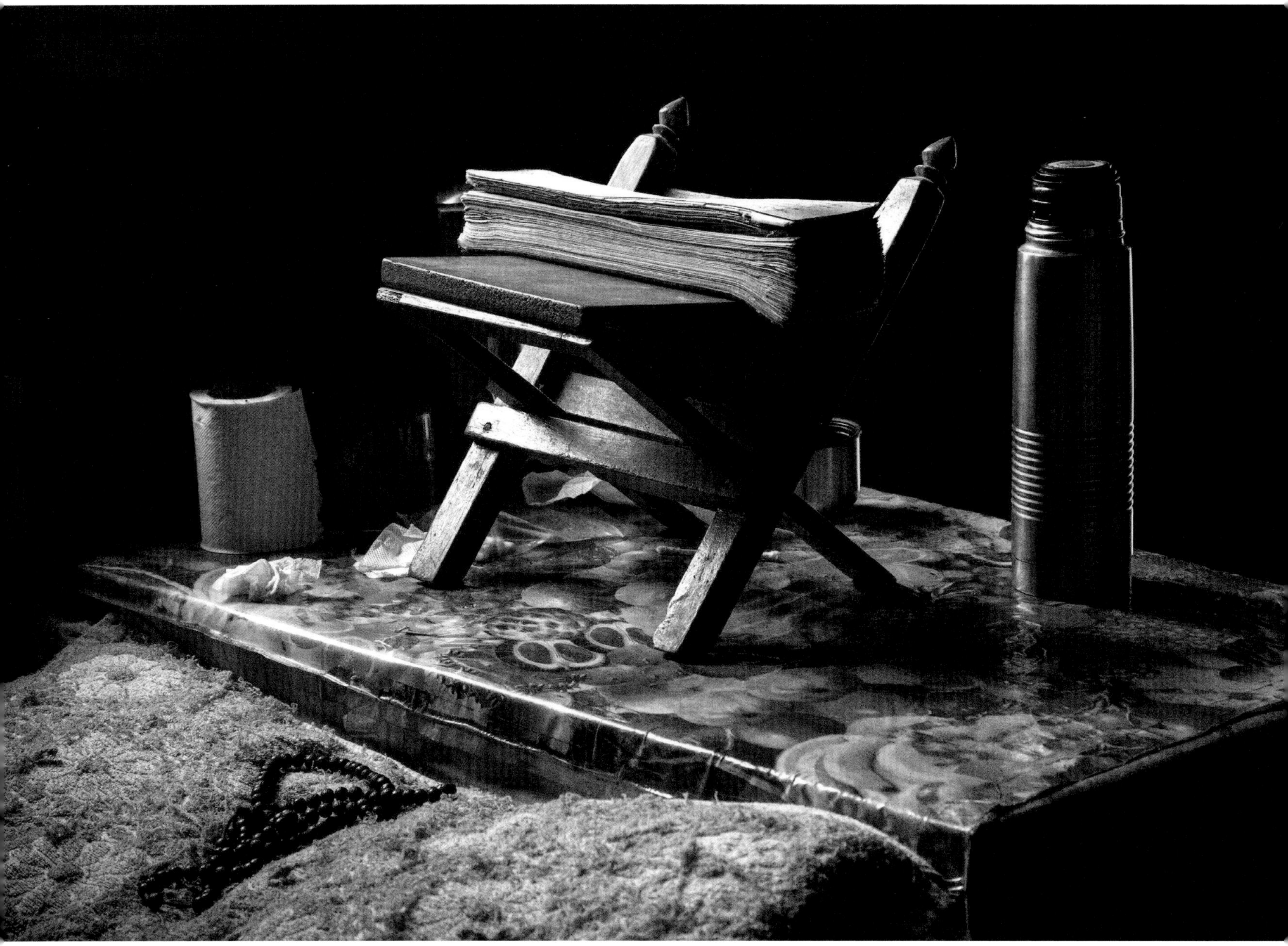

Thirst for Knowledge, Himachal Pradesh, India, 2015 (CANON)

Wissensdurst, Himachal Pradesh, Indien, 2015 (KANON)

Mind to Mind, Himachal Pradesh, India, 2015 ➤

Achtsamer Geist, Himachal Pradesh, Indien, 2015 ➤

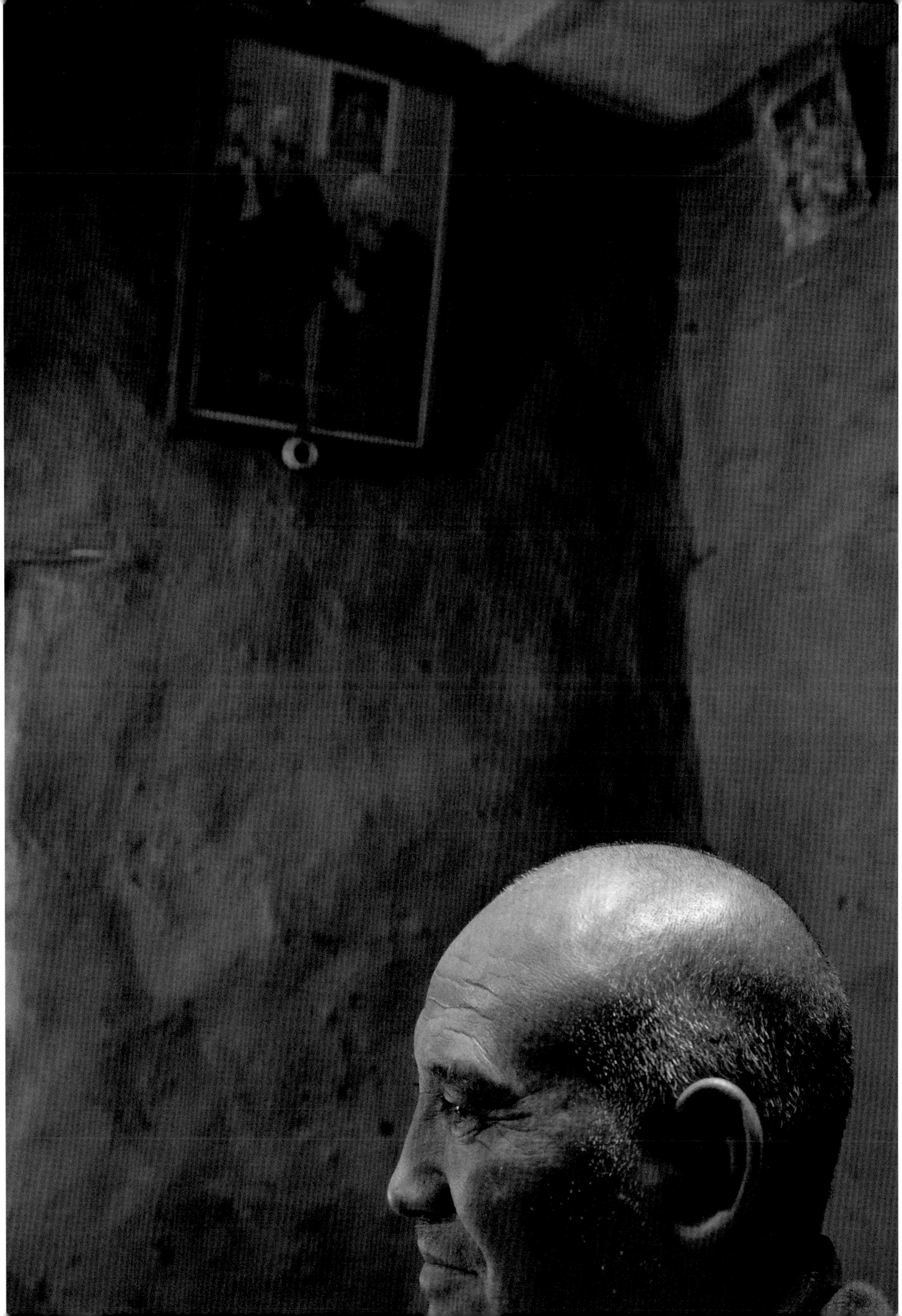

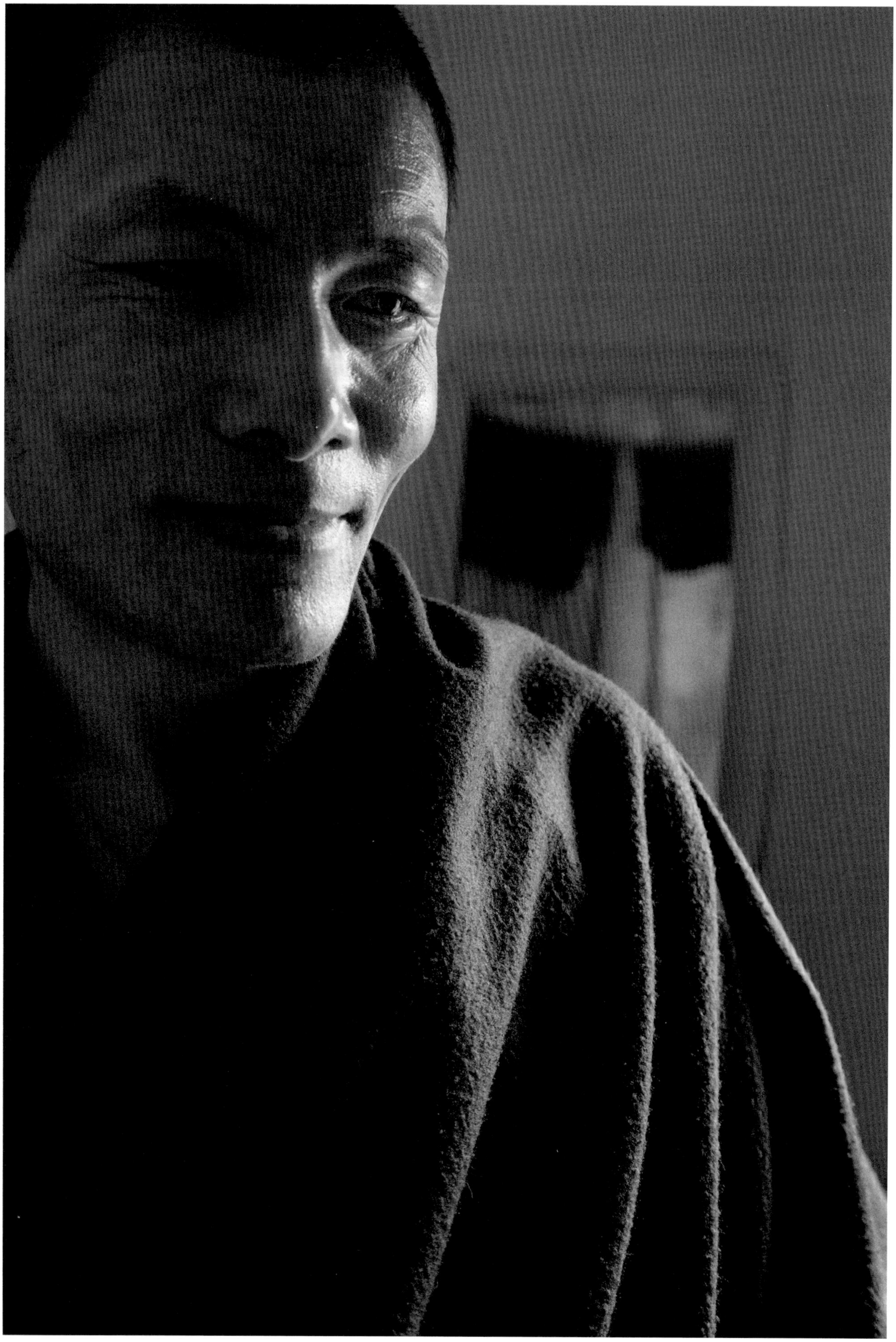

< *The Gentle Monk,* Himachal Pradesh, India, 2015

< *Der liebenswürdige Mönch,* Himachal Pradesh, Indien, 2015

Nourishment, Himachal Pradesh, India, 2015 >

Nahrung, Himachal Pradesh, Indien, 2015 >

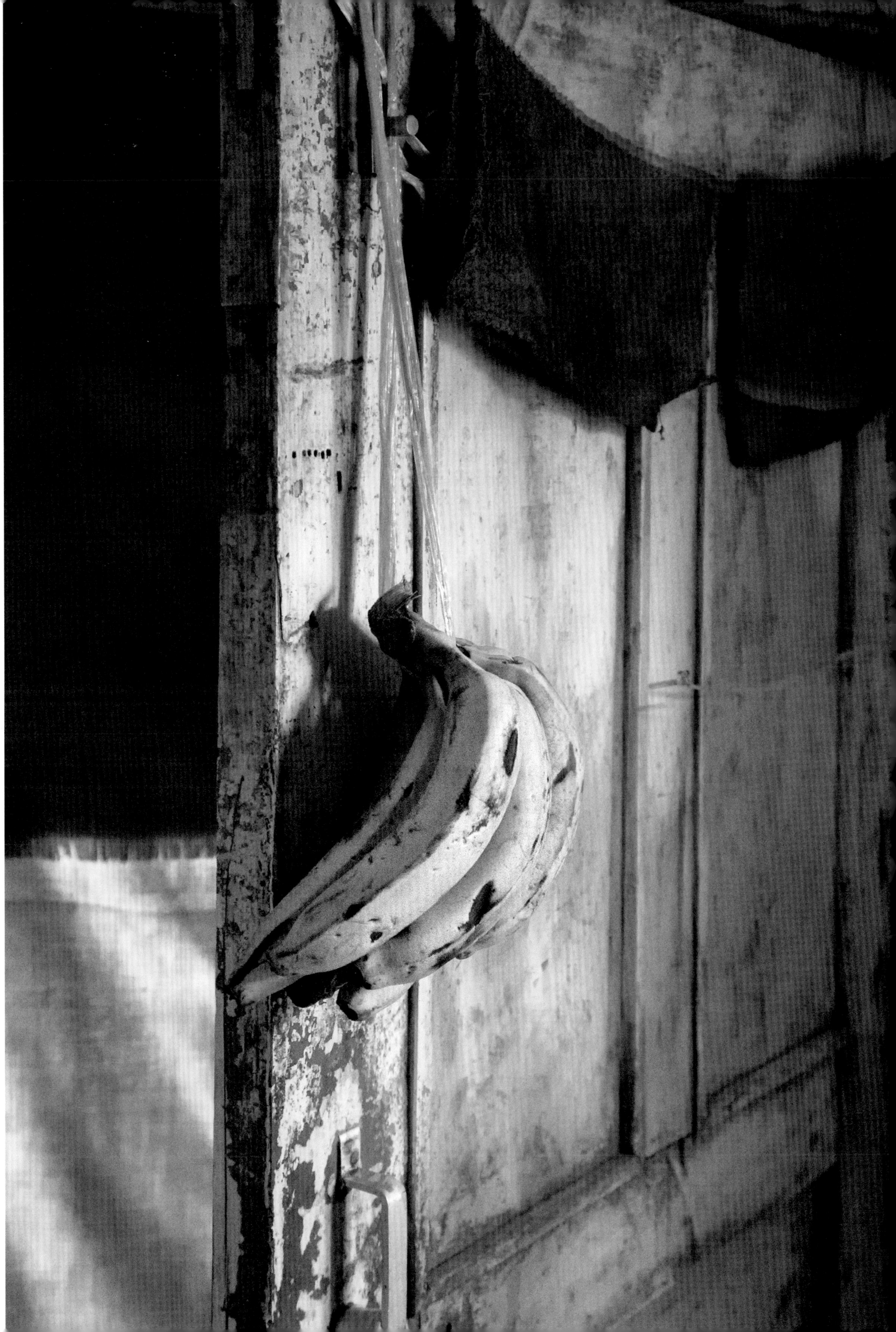

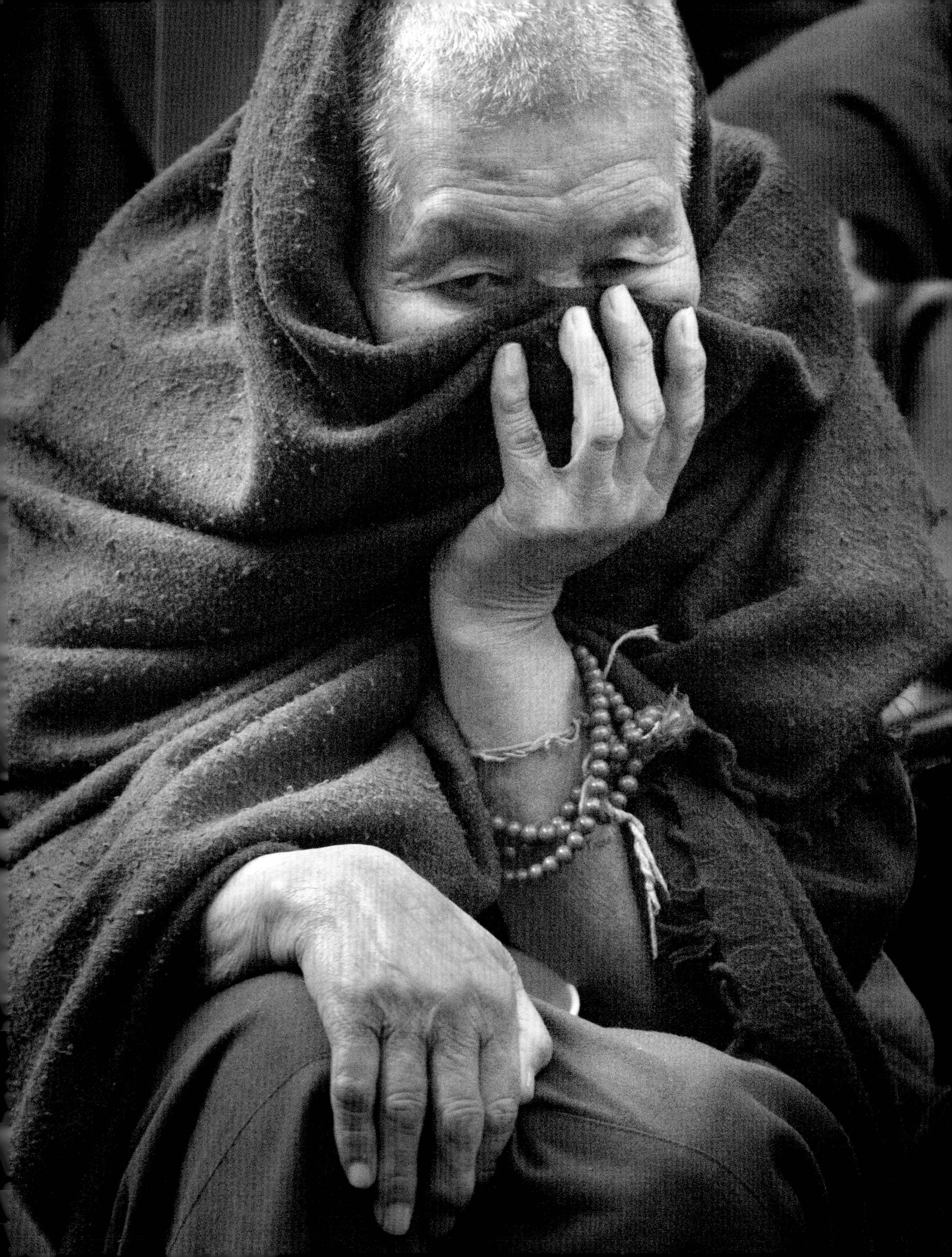

15

LONGING FOR HOME

When home feels far away,
Freedom and justice even farther,
These prayer beads.

It was March 10, 2015, and thousands of Tibetan monks, nuns, and laypeople were gathered in solidarity on the main temple courtyard beside the Dalai Lama's residence-in-exile. They were participating in the Tibetan people's annual National Uprising Day. This event commemorates the day, in 1959, when Tibetans began an armed resistance against the invasion of their homeland by the People's Republic of China. The proceedings began with empowering speeches by Tibetan visionaries. Waving Tibetan Snow Lion flags, brandishing "Free Tibet" on their faces, and carrying the next generation on their shoulders, the inspired throng snaked its way down the mountain for their traditional protest march. Many carried traumatic memories of the People's Liberation Army invading their homeland, ravaging their lives, and committing other atrocities. The Tibetans willingness, as exemplified by the Dalai Lama, to engage the Chinese authorities without hate and embrace the "middle way" approach of compromise is laudable.

HEIMWEH

Die Heimat fern,
Freiheit und Gerechtigkeit noch ferner,
Hier die Gebetsperlen.

Am 10. März 2015 versammelten sich Tausende von Mönchen, Nonnen und Laien im Innenhof des Haupttempels, gleich neben der Exil-Residenz des Dalai Lama, zu einem Protestmarsch. Sie begingen den Jahrestag zum Volksaufstand in Tibet im Jahr 1959. Die Tibeter begannen an jenem Tag, sich mit Waffengewalt gegen die Besetzung ihres Landes durch die Volksrepublik China zu wehren. Die Veranstaltung wurde mit einer Reihe von feurigen Reden für ein freies Tibet eröffnet. Mit wehenden tibetischen Fahnen, auf denen der Schneelöwe prangte, mit Gesichtern, auf denen „Free Tibet" stand, und die nächste Generation auf den Schultern tragend, setzte sich die Menschenmenge schließlich in Bewegung und zog in ihrem traditionellen Protestmarsch den Berg hinab. Viele haben noch traumatische Erinnerungen an den Einmarsch der Volksarmee, an die Massaker und andere Ungeheuerlichkeiten. Dass die Tibeter weiterhin auf Verhandlungen mit den chinesischen Behörden bauen, wie dies vom Dalai Lama vorbildlich vertreten wird, und auf dem „mittleren Weg" ohne Hass zu einem Kompromiss zu kommen trachten, ist lobenswert.

◀ *Remembrance,* Himachal Pradesh, India, 2015

◀ *Rückerinnerung*, Himachal Pradesh, Indien, 2015

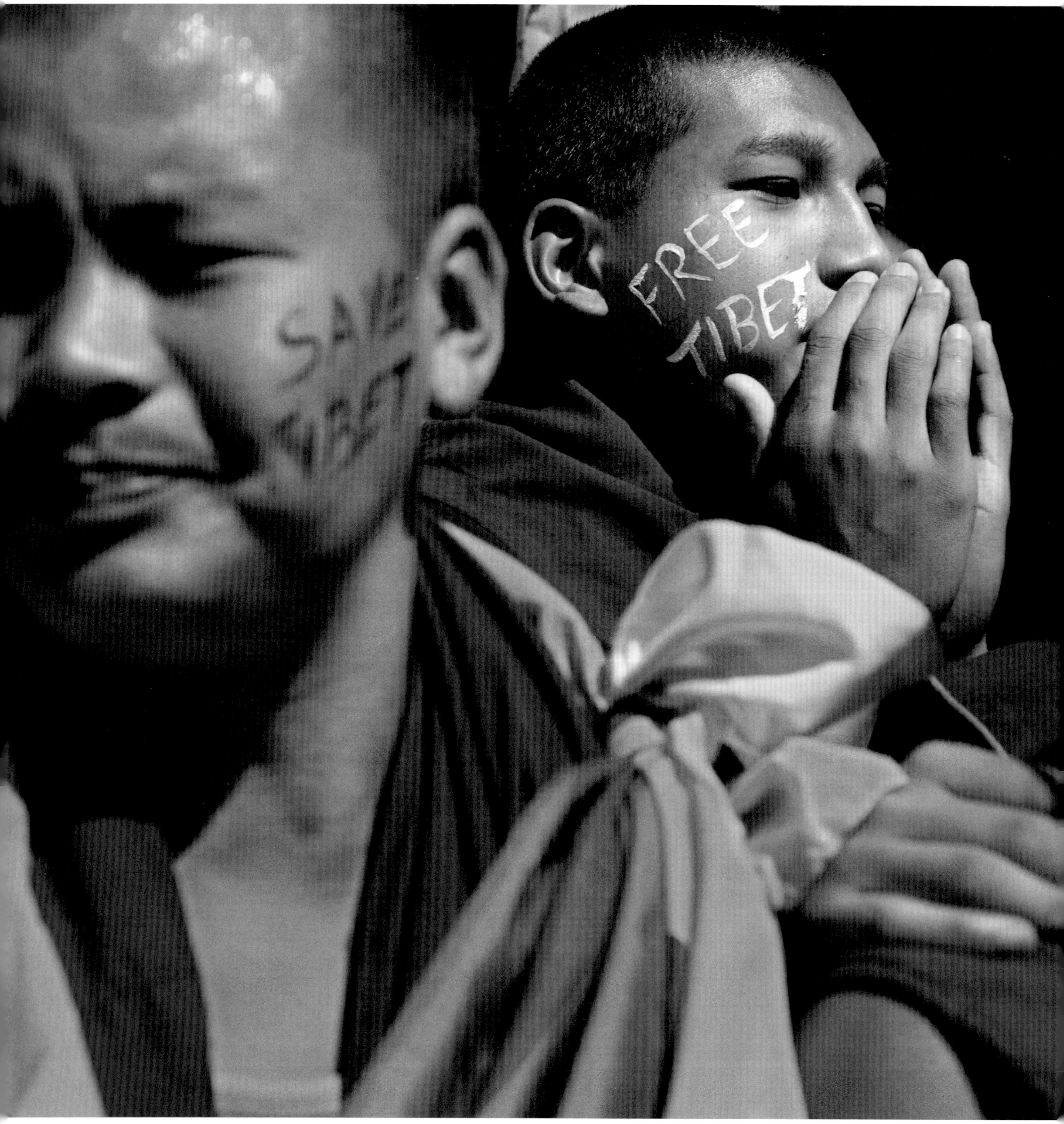

Voice of Protest, Himachal Pradesh, India, 2015

Stimme des Protests, Himachal Pradesh, Indien, 2015

Longing, Himachal Pradesh, India, 2015 ➤

Heimweh ..., Himachal Pradesh, Indien, 2015 ➤

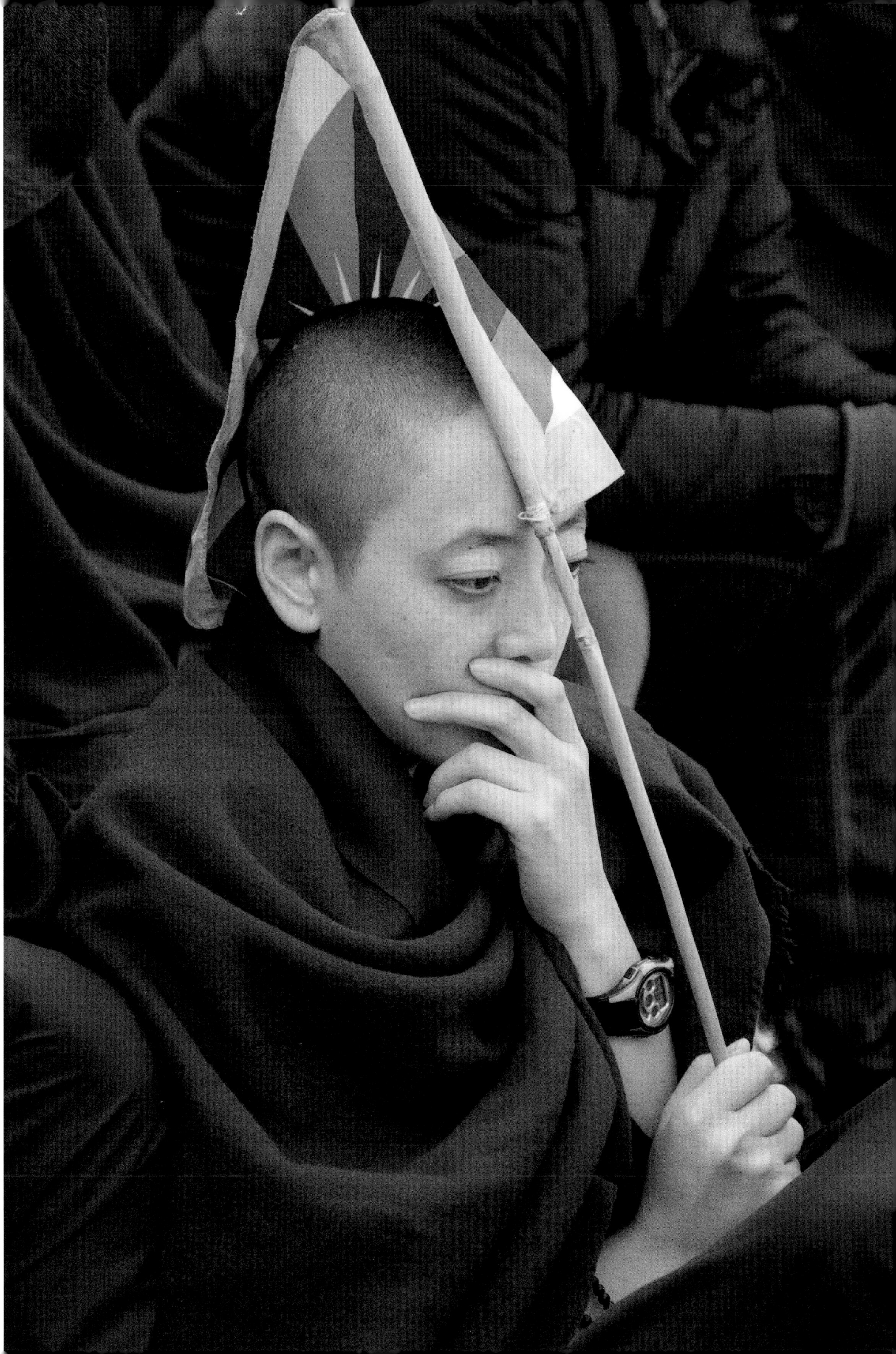

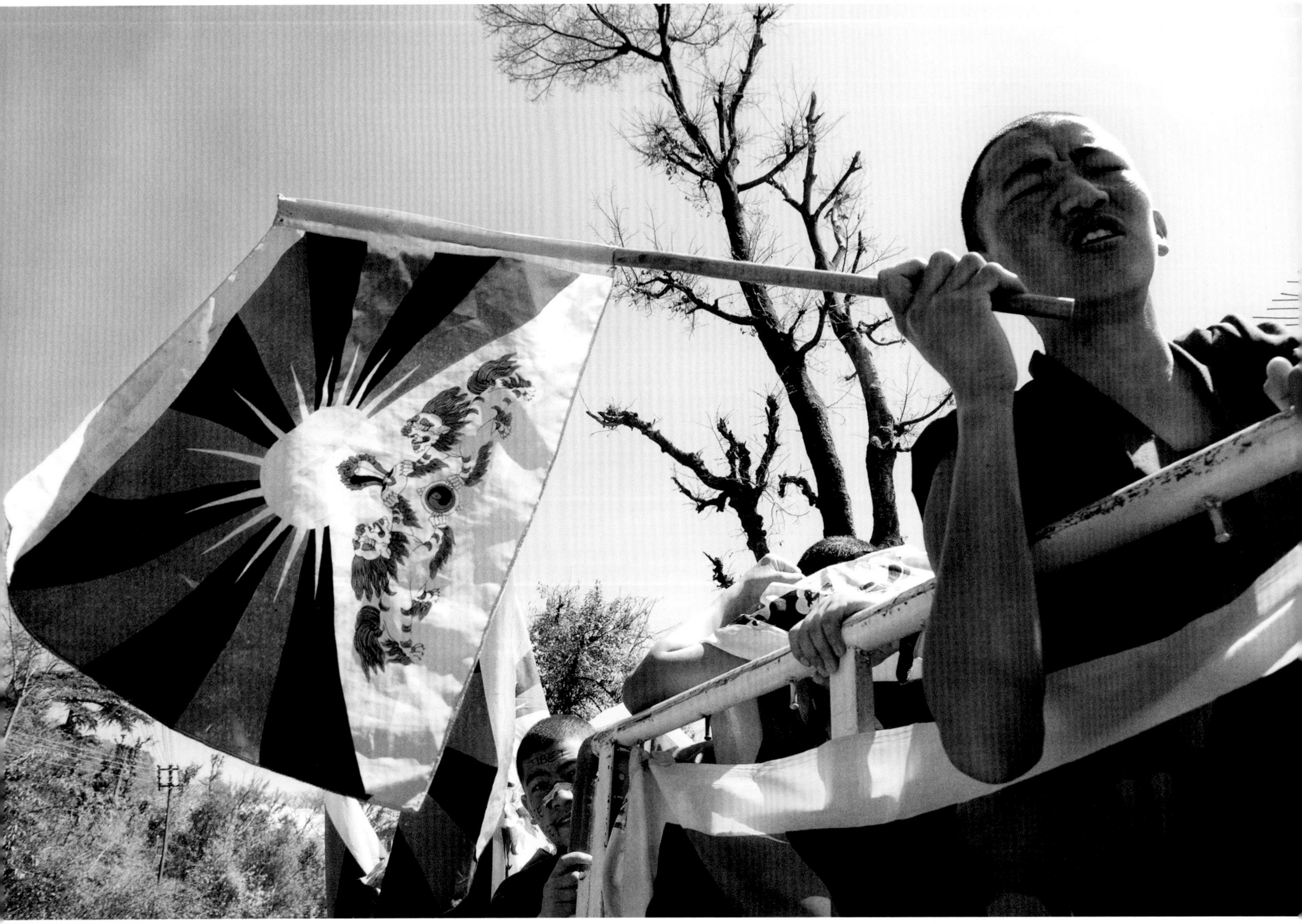

Anguish, Himachal Pradesh, India, 2015

... schmerzt, Himachal Pradesh, Indien, 2015

Despair and Hope, Himachal Pradesh, India, 2015 ➤

Hoffnung und Verzweiflung, Himachal Pradesh, Indien, 2015 ➤

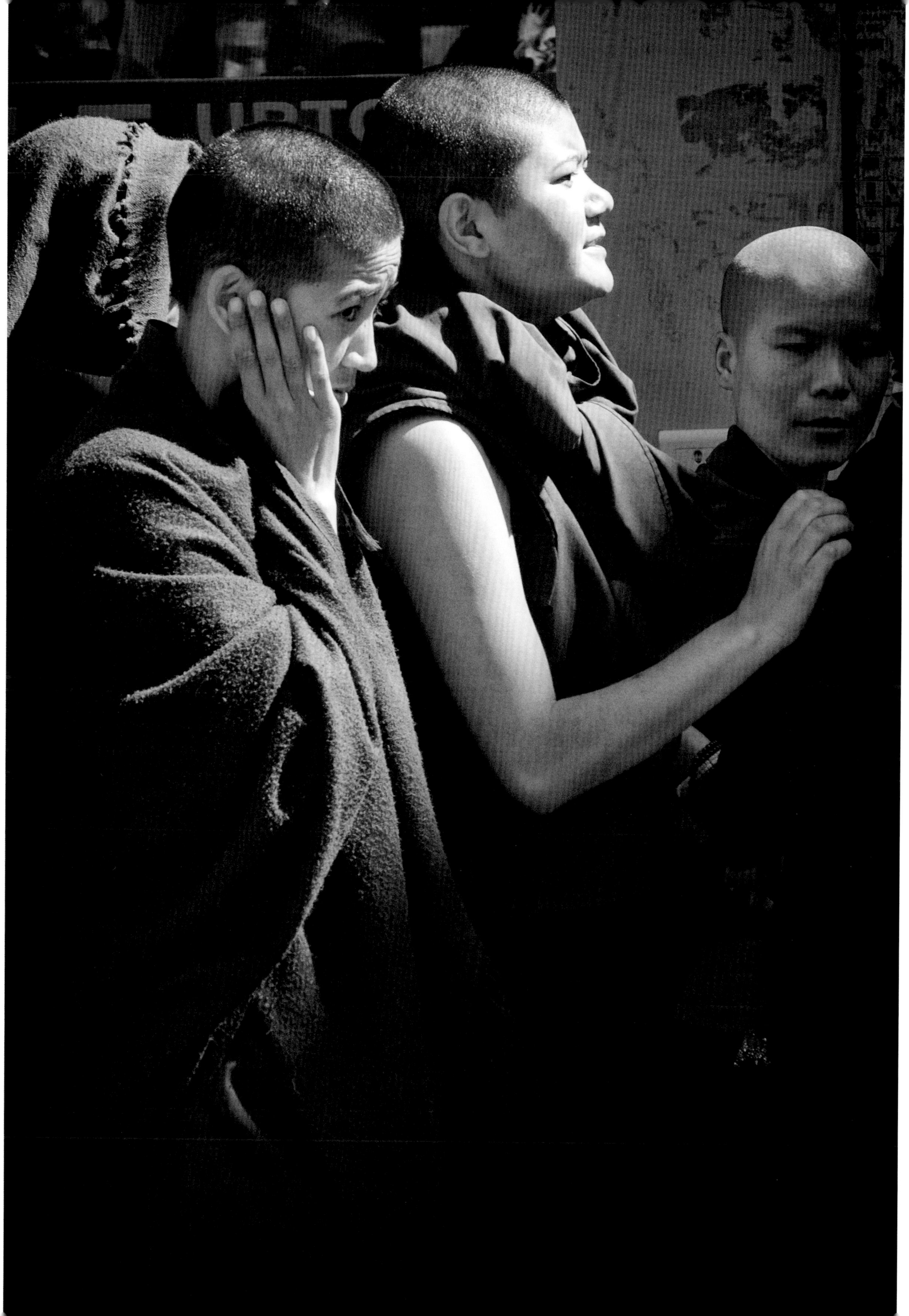

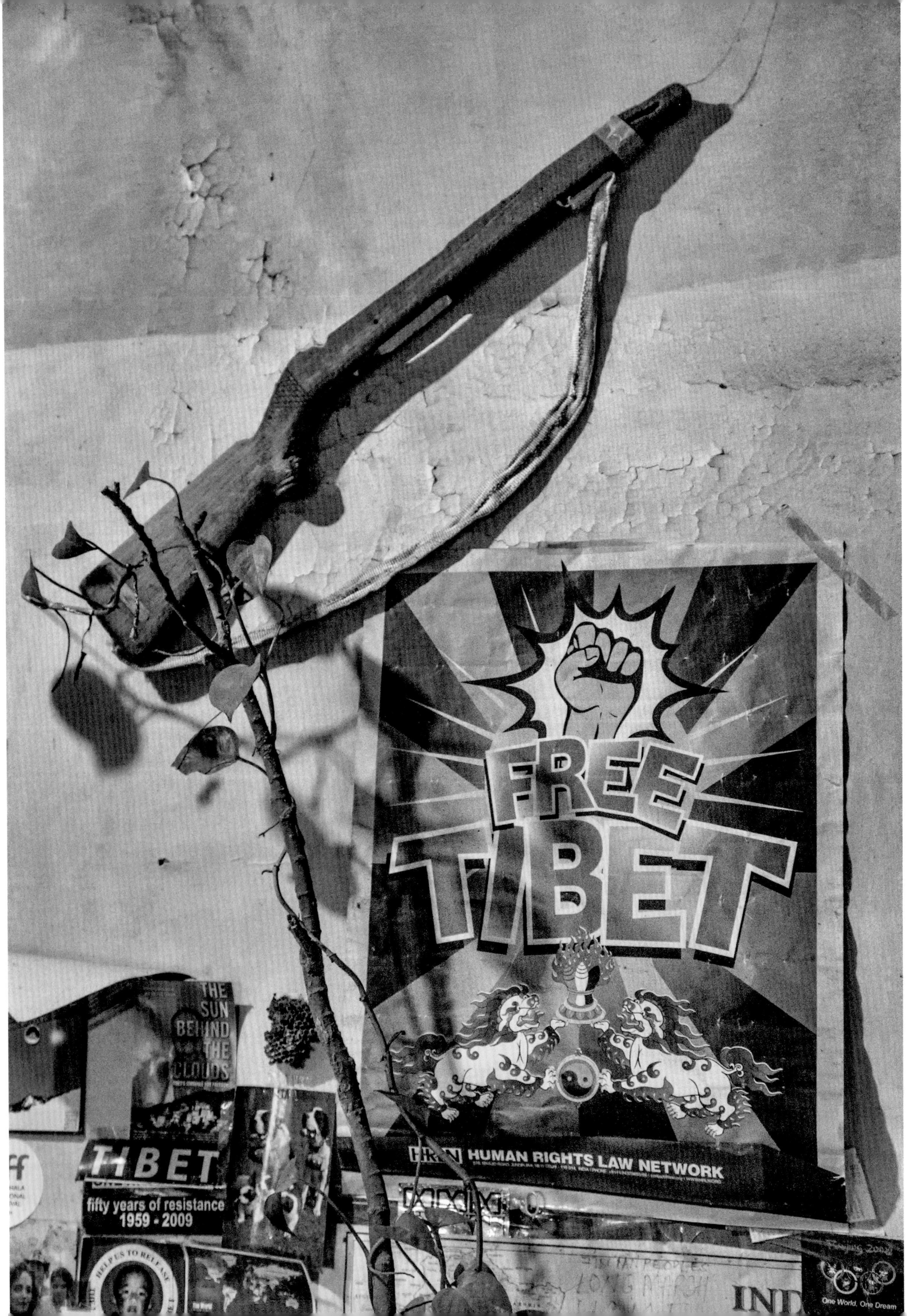
FREE
TIBET
HUMAN RIGHTS LAW NETWORK
THE SUN BEHIND THE CLOUDS
TIBET
fifty years of resistance
1959 - 2009
One World, One Dream

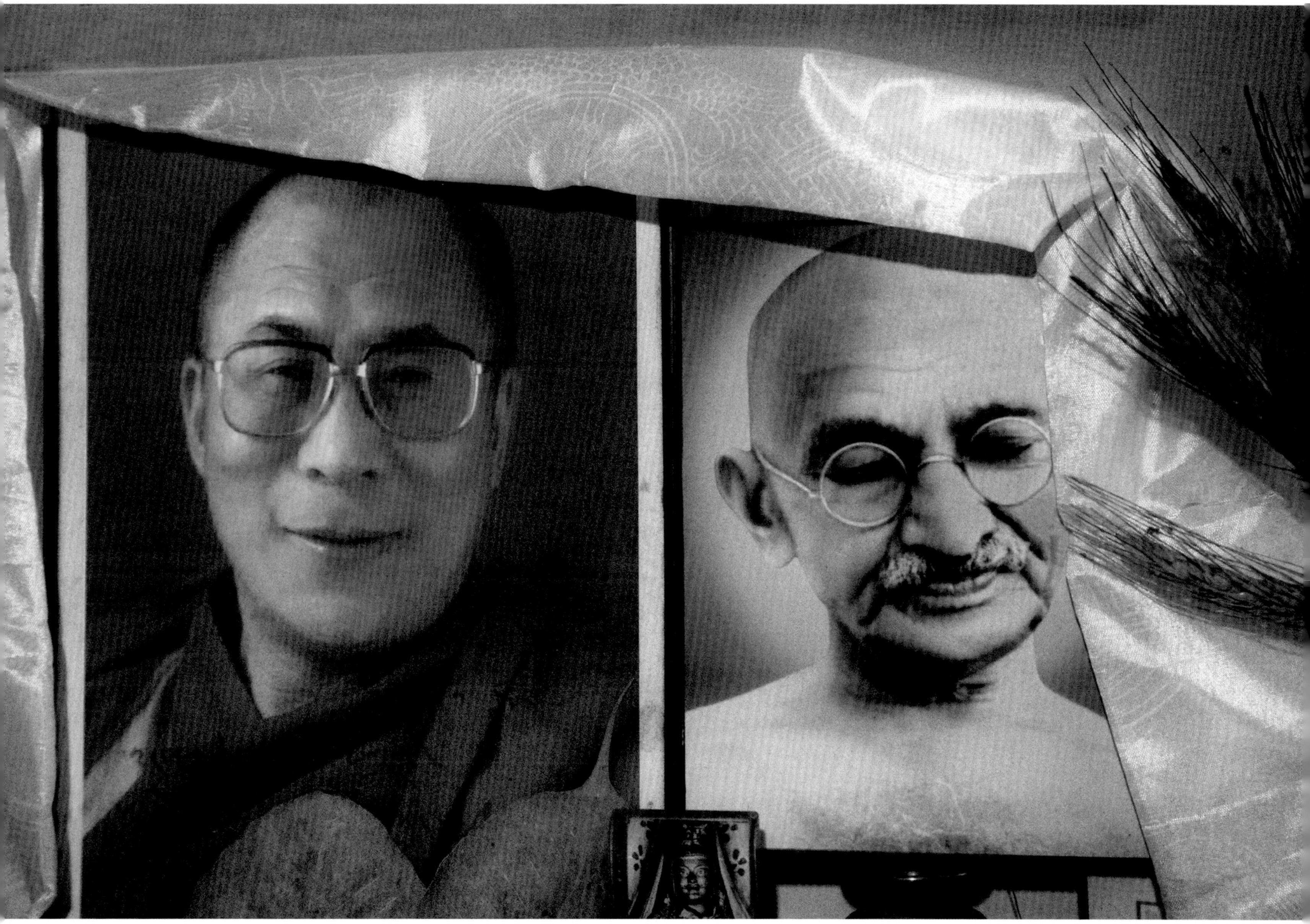

◀ *Revolt,* Himachal Pradesh, India, 2015

◀ *Aufstand*, Himachal Pradesh, Indien, 2015

Nonviolence, Himachal Pradesh, India, 2015 (DALAI LAMA)

Gewaltlosigkeit, Himachal Pradesh, Indien, 2015 (DALAI LAMA)

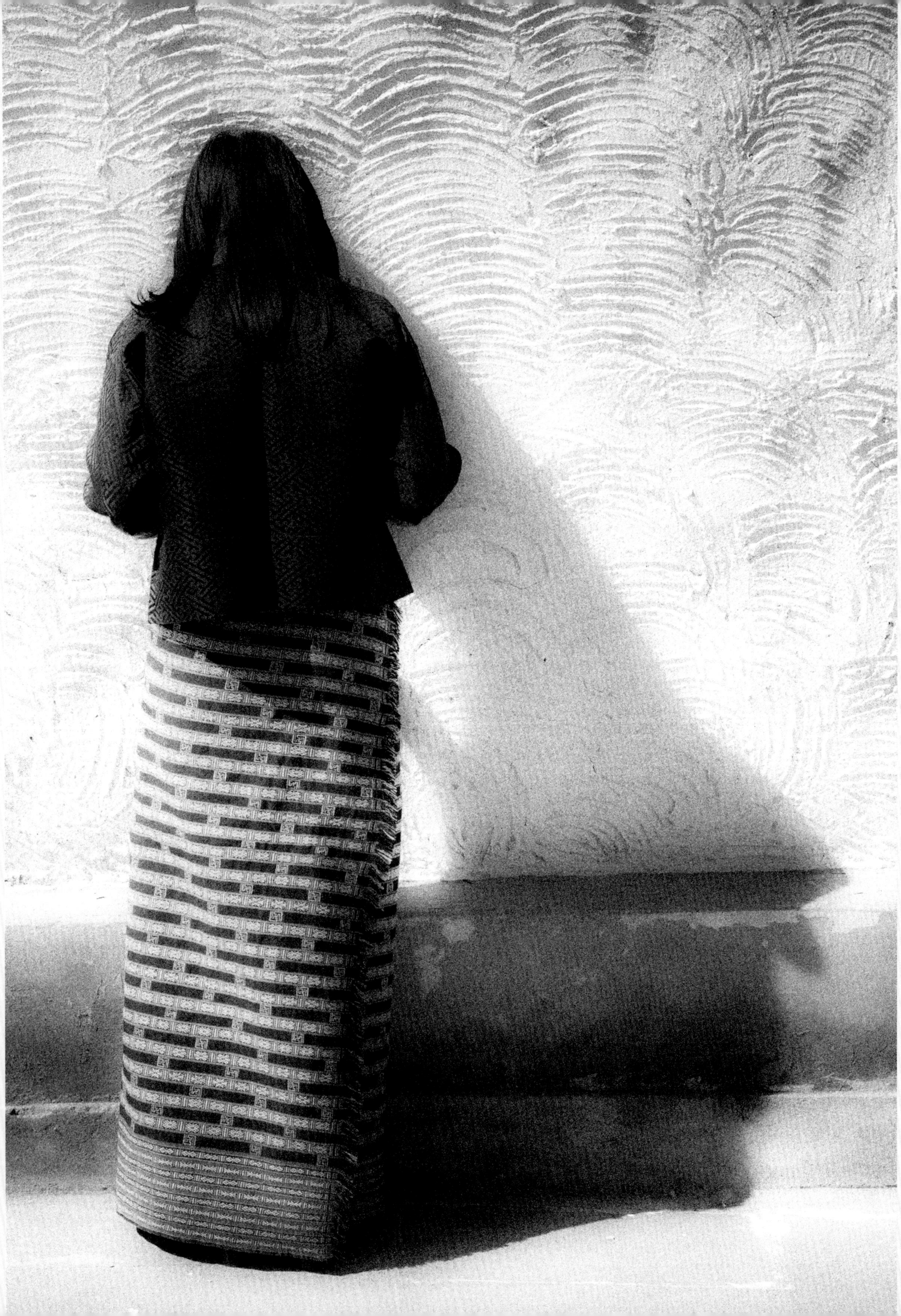

16

CALM POOLS WITHIN

GEFÜHLSAUFWALLUNGEN BERUHIGEN

Underneath the waves,
Tranquility blossoms
The fragrance of peace.

While visiting a monastery in Ladakh, I noticed a woman praying. Her head was leaning gently against the outer wall of a small temple devoted to Tara, the Mother of Compassion. After finishing her recitations, I approached her to inquire why she had not gone inside the temple to pray. This devout woman explained she had traveled a long distance and felt a special bond with this most revered female deity. But when she arrived, she found that the door to the temple was locked. She simply regrouped and found another way to physically and spiritually connect with Tara. I understood the possible parallel between the challenge she faced and how regaining stability and clarity is sometimes needed in the middle of performing complicated surgery. Tensions can cloud perception. Pausing for a moment to calm my body and mind helps me and everyone else in the operating room restore their balance, enabling us to approach the situation with greater clarity. Collecting calm—whether on a road, in a hospital, or elsewhere—can provide the support we need to tap into our strengths and be more effective when responding to daily challenges.

Unter den Wogen,
Ruheblüten
Duften nach Frieden.

In einem Kloster in Ladakh sah ich einmal eine Frau beten. Sie hatte den Kopf an die Außenwand des kleinen, der Göttin Tara gewidmeten Tempels gestützt. Als sie mit ihren Rezitationen fertig war, ging ich zu ihr hin und fragte sie, weshalb sie für ihr Gebet nicht in den Tempel hineingegangen war. Die fromme Frau erklärte, sie sei von weither gekommen und verehre diese weibliche Gottheit sehr. Bei ihrer Ankunft sei der Tempel jedoch verschlossen gewesen. Deshalb habe sie sich eben auf einem anderen Weg körperlich und geistig mit der Göttin Tara in Verbindung gesetzt.

Ihr Beispiel, trotz einer Schwierigkeit Haltung zu bewahren und erfinderisch zu sein, brachte mir eigene Situationen in Erinnerung, wo es, wie etwa im Operationssaal, auch oft darauf ankam, sich bei Komplikationen nicht aus der Ruhe bringen zu lassen. Anspannung kann die Wahrnehmung trüben. Deshalb pflegen wir im Operationssaal in solchen Fällen alle kurz durchzuatmen, um dann mit größerer Klarheit die beste Lösung zu finden. Gefühlsaufwallungen zu unterbinden und die Ruhe zu bewahren — ob auf der Straße, im Krankenhaus oder sonst wo — ist ein gutes Mittel, mit den täglichen Herausforderungen klarzukommen.

< *Power of Mind,* Ladakh Union Territory (disputed), India, 2019

< *Kraft der Gedanken,* Unionsterritorium Ladakh, Indien, 2019

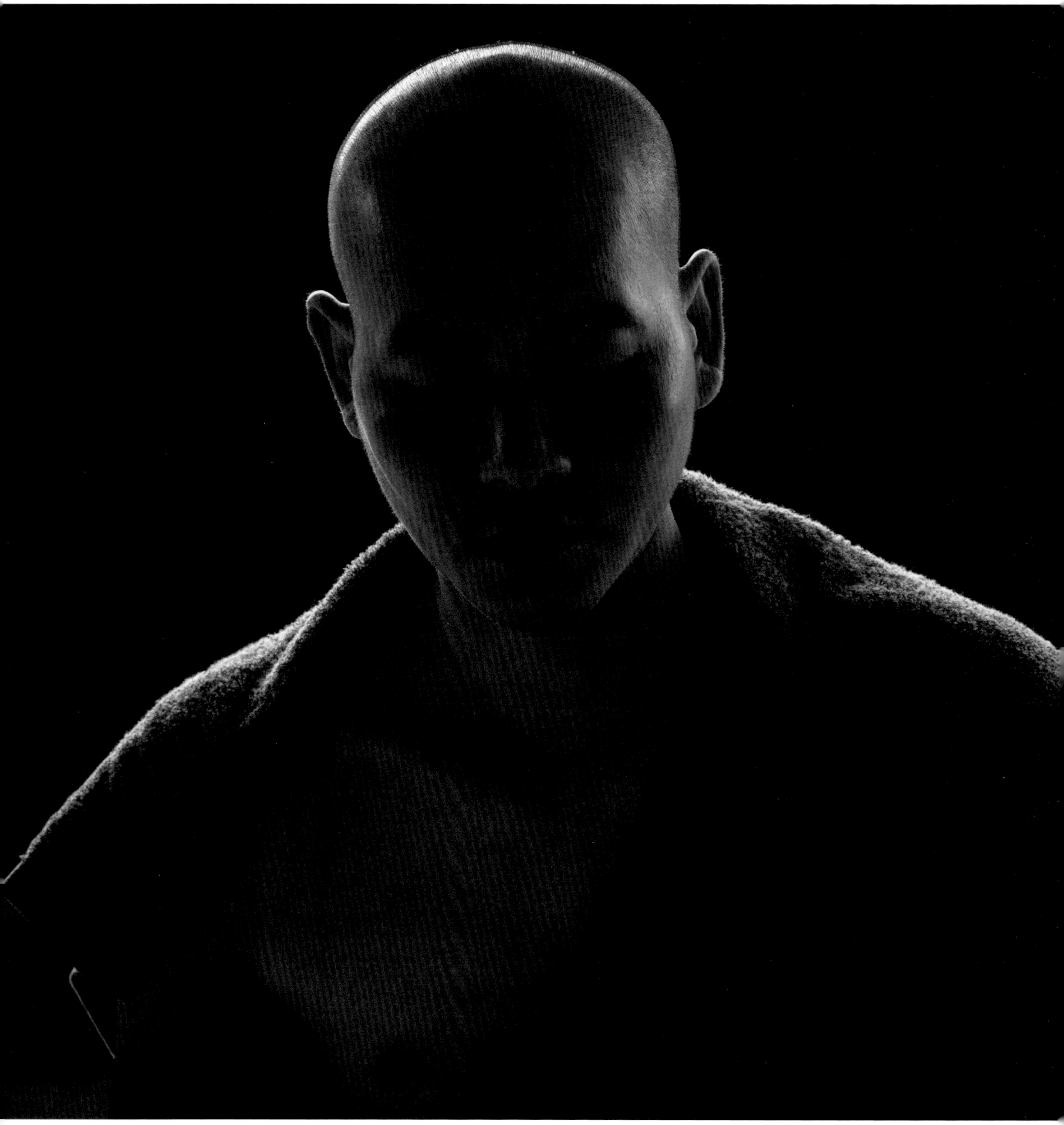

Inner Peace #2, Mon State, Myanmar, 2014

Innerer Frieden #2, Mon-Staat, Myanmar, 2014

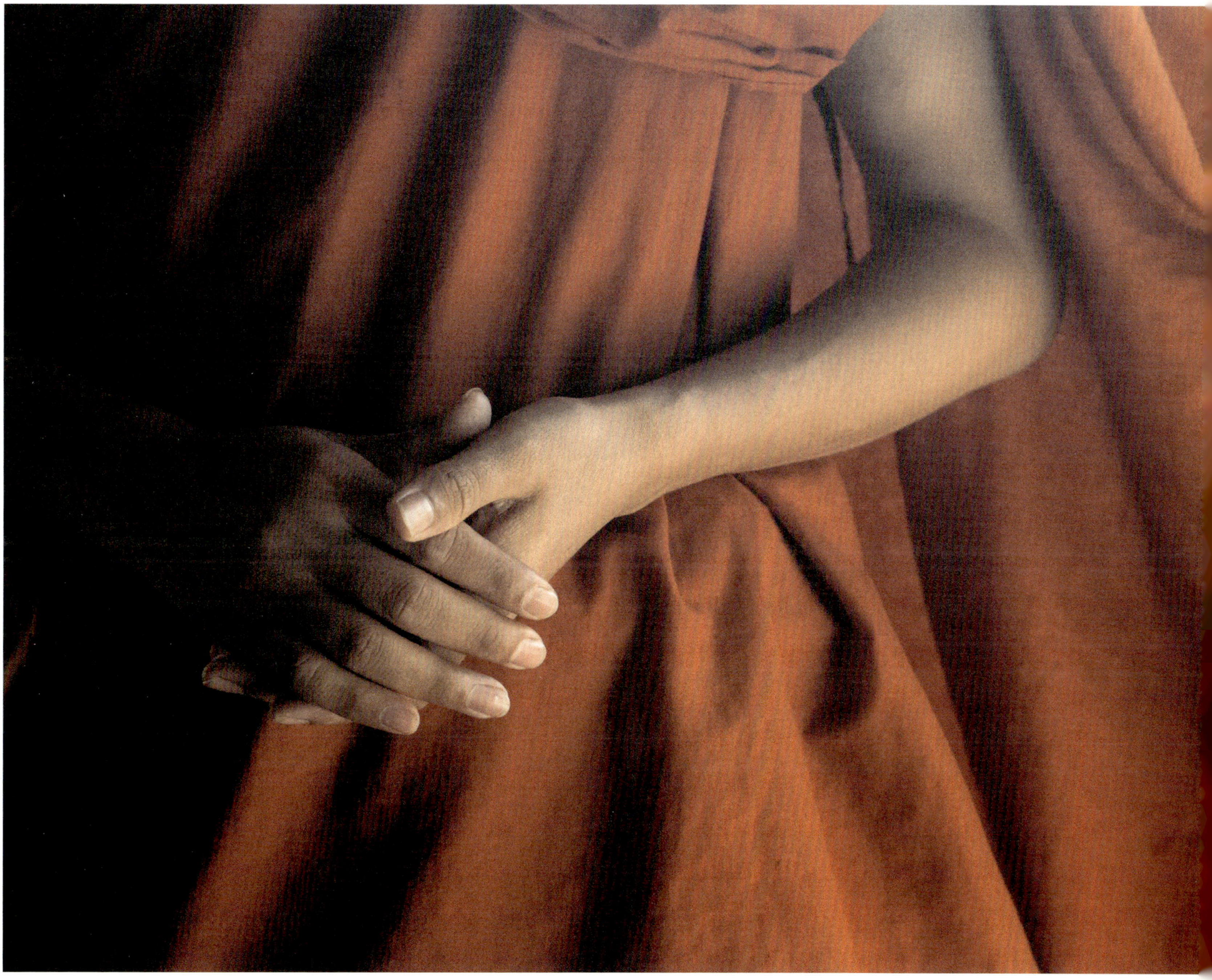

The Strength of Calm, Yangon Region, Myanmar, 2014

Die Kraft der Ruhe, Yangon-Region, Myanmar, 2014

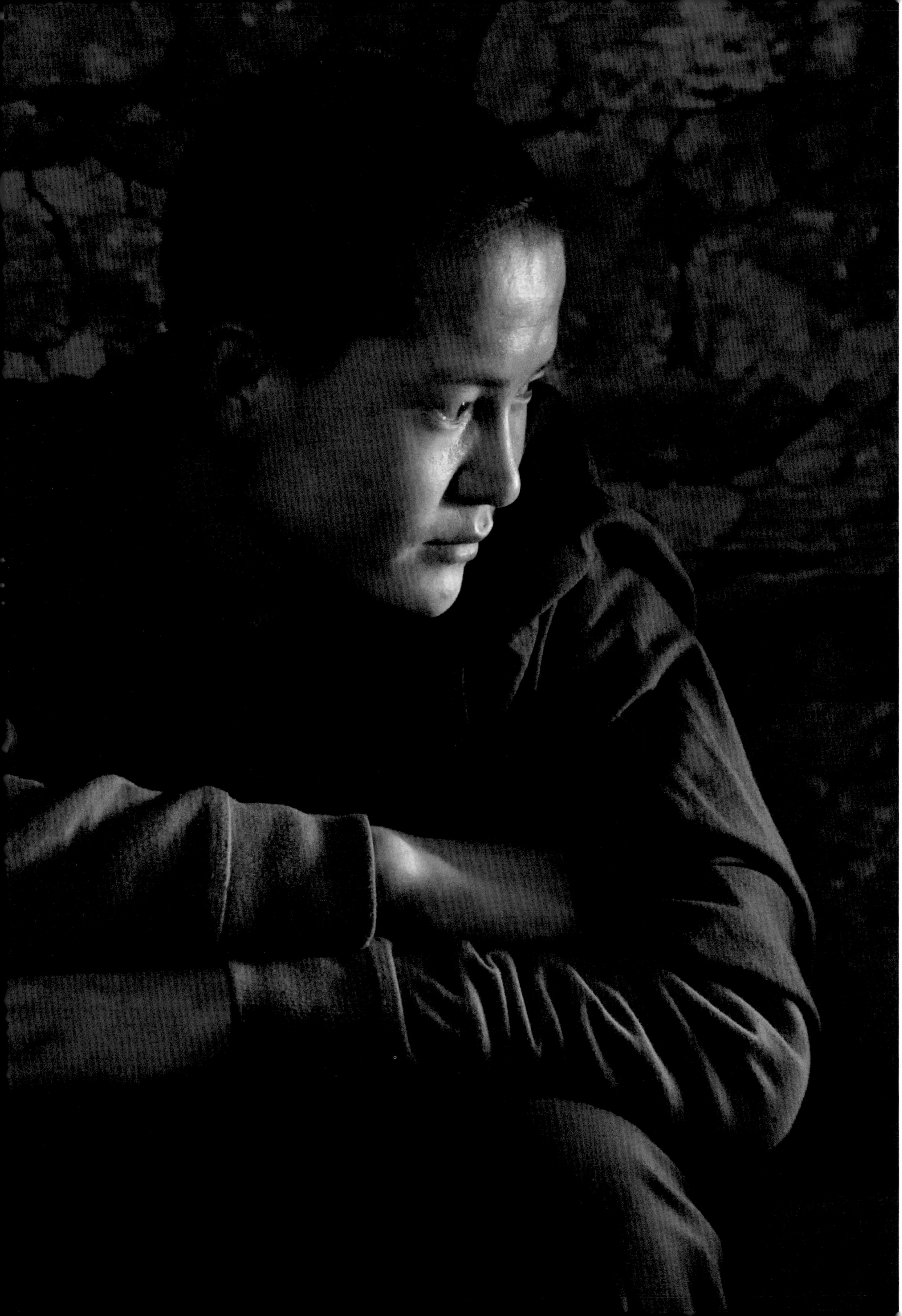

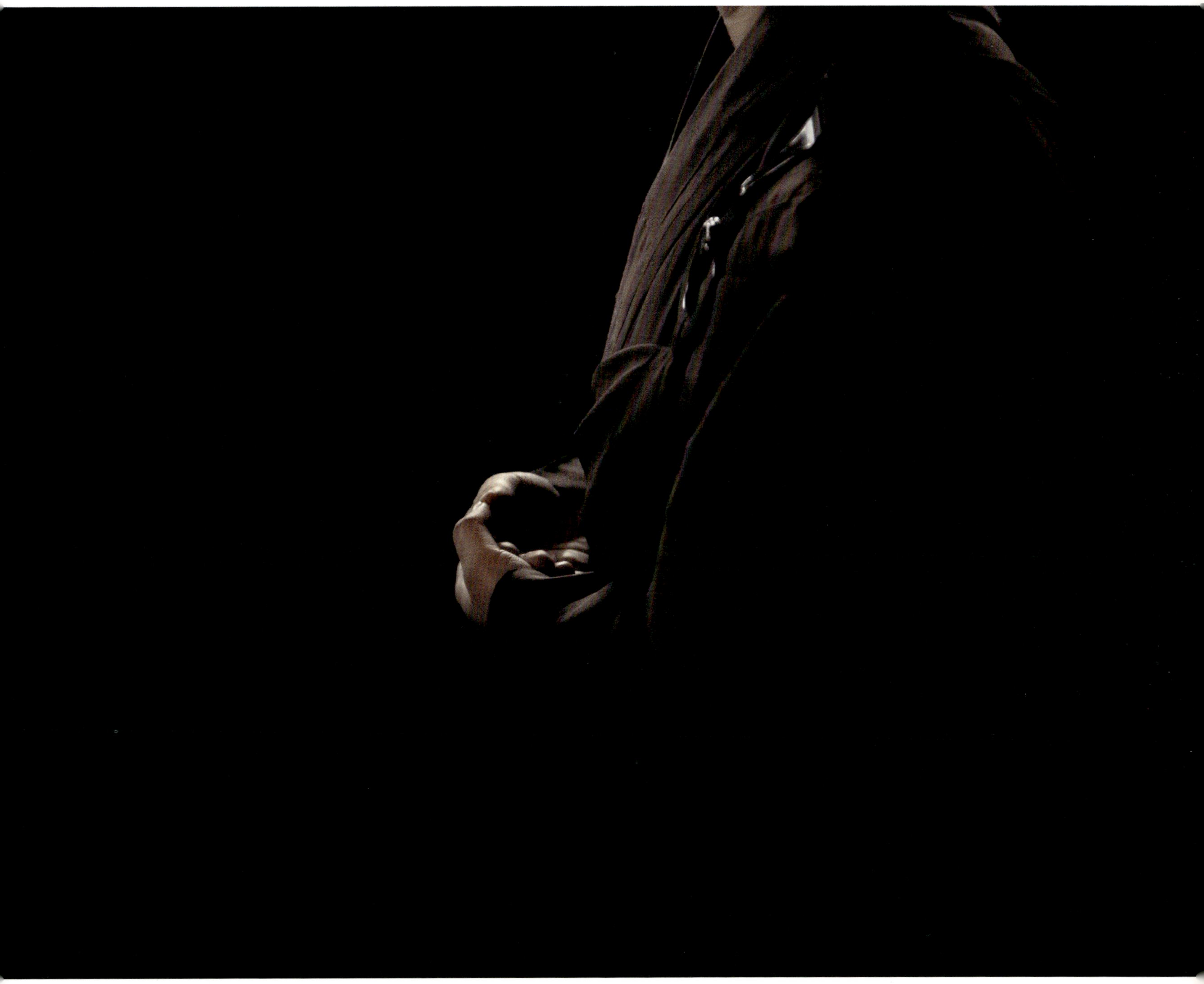

Calm Reflections, Thimphu Dzongkhag, Bhutan, 2013

Nachdenklichkeit, Distrikt Thimphu, Bhutan, 2013

Holding Stillness, Dhejiang Province, China, 2012

Einkehren in die Stille, Provinz Zhejiang, China, 2012

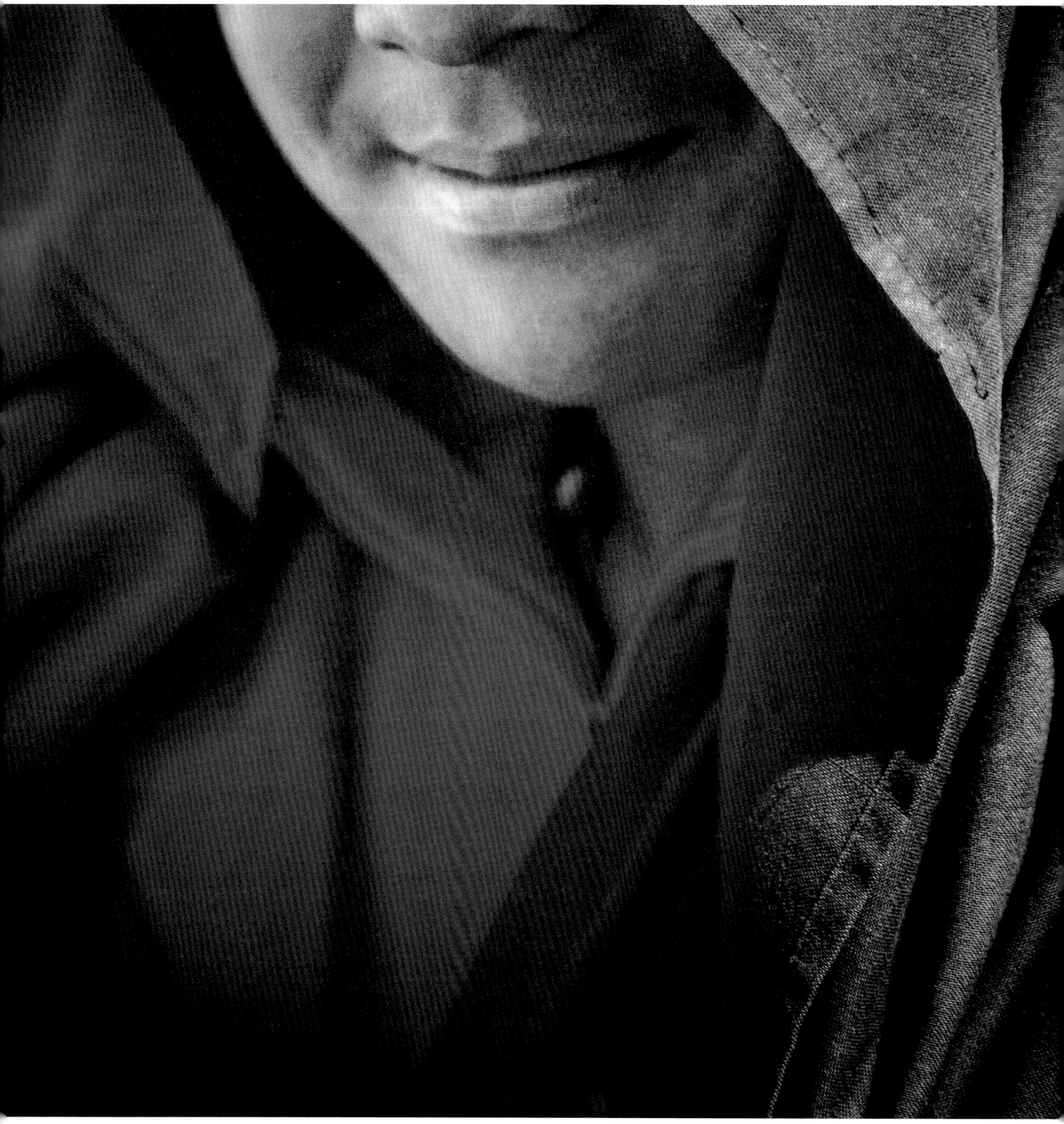

Shrouded Thoughts, Paro Dzongkhag, Bhutan, 2011

Gedankenverhangen, Distrikt Paro, Bhutan, 2011

Seeking Blessings, Thimphu Dzongkhag, Bhutan, 2017 ➤

Segen erbitten, Distrikt Thimphu, Bhutan, 2017 ➤

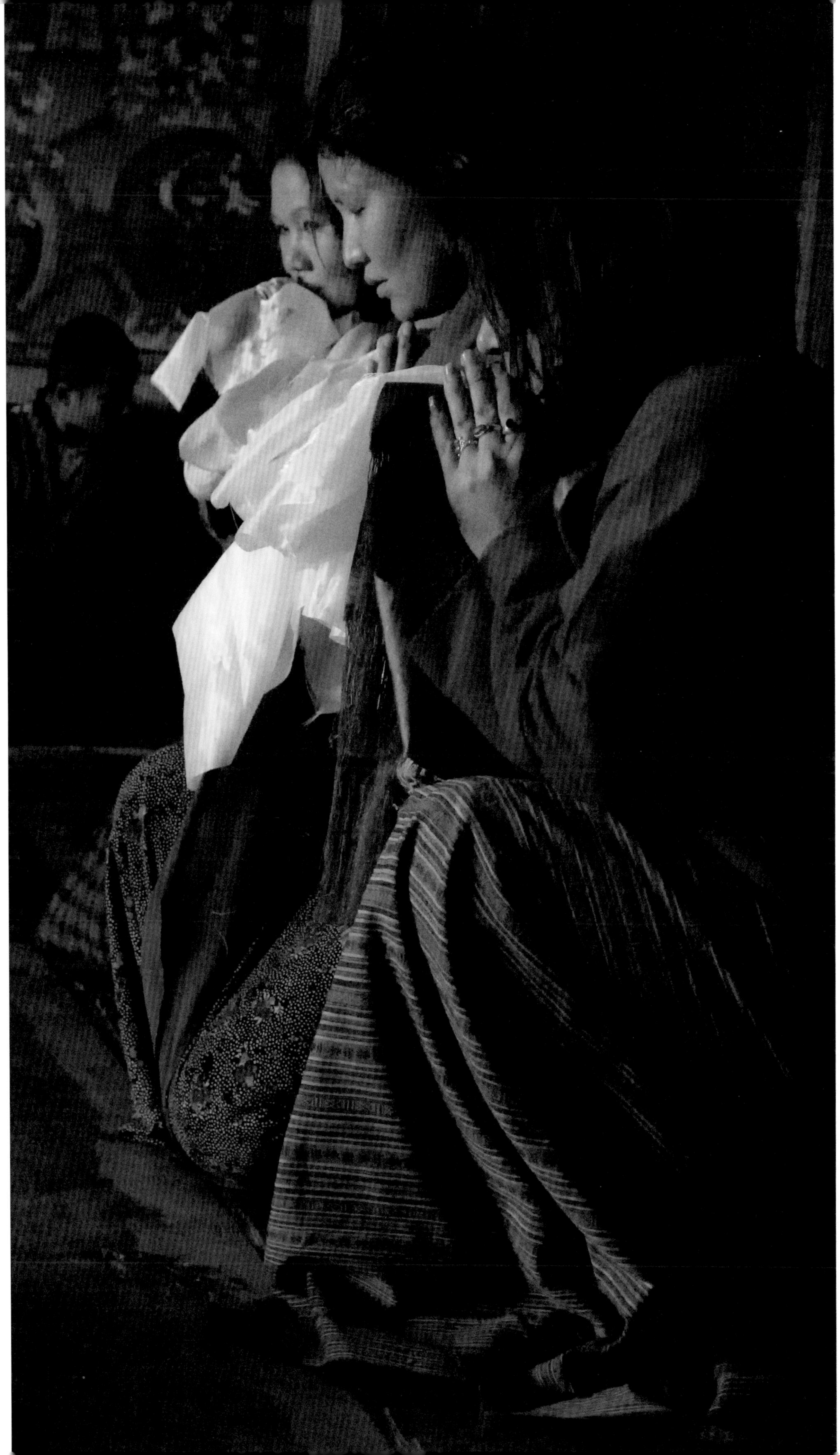

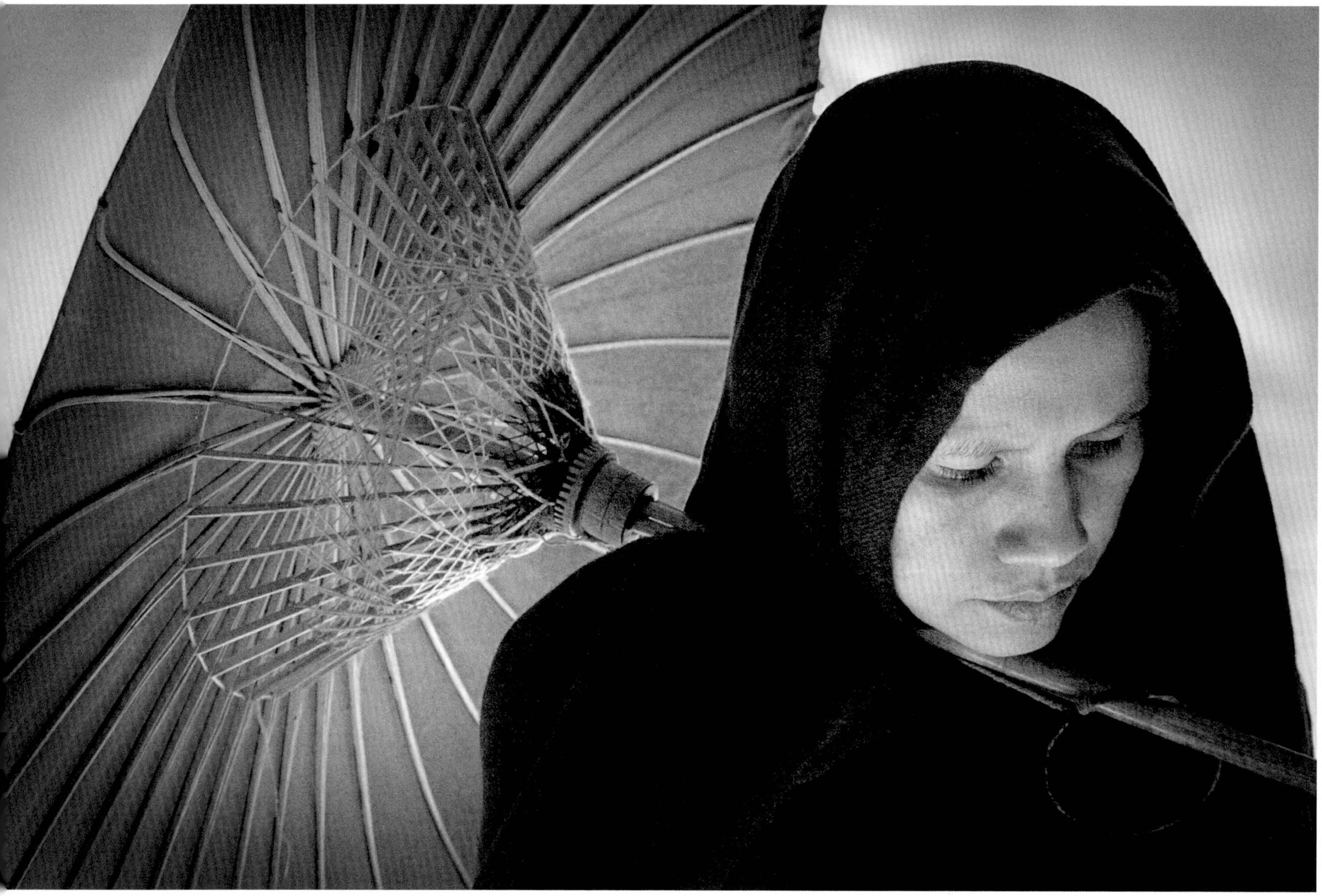

Shielded #1, Mon State, Myanmar, 2014

Beschirmt #1, Mon-Staat, Myanmar, 2014

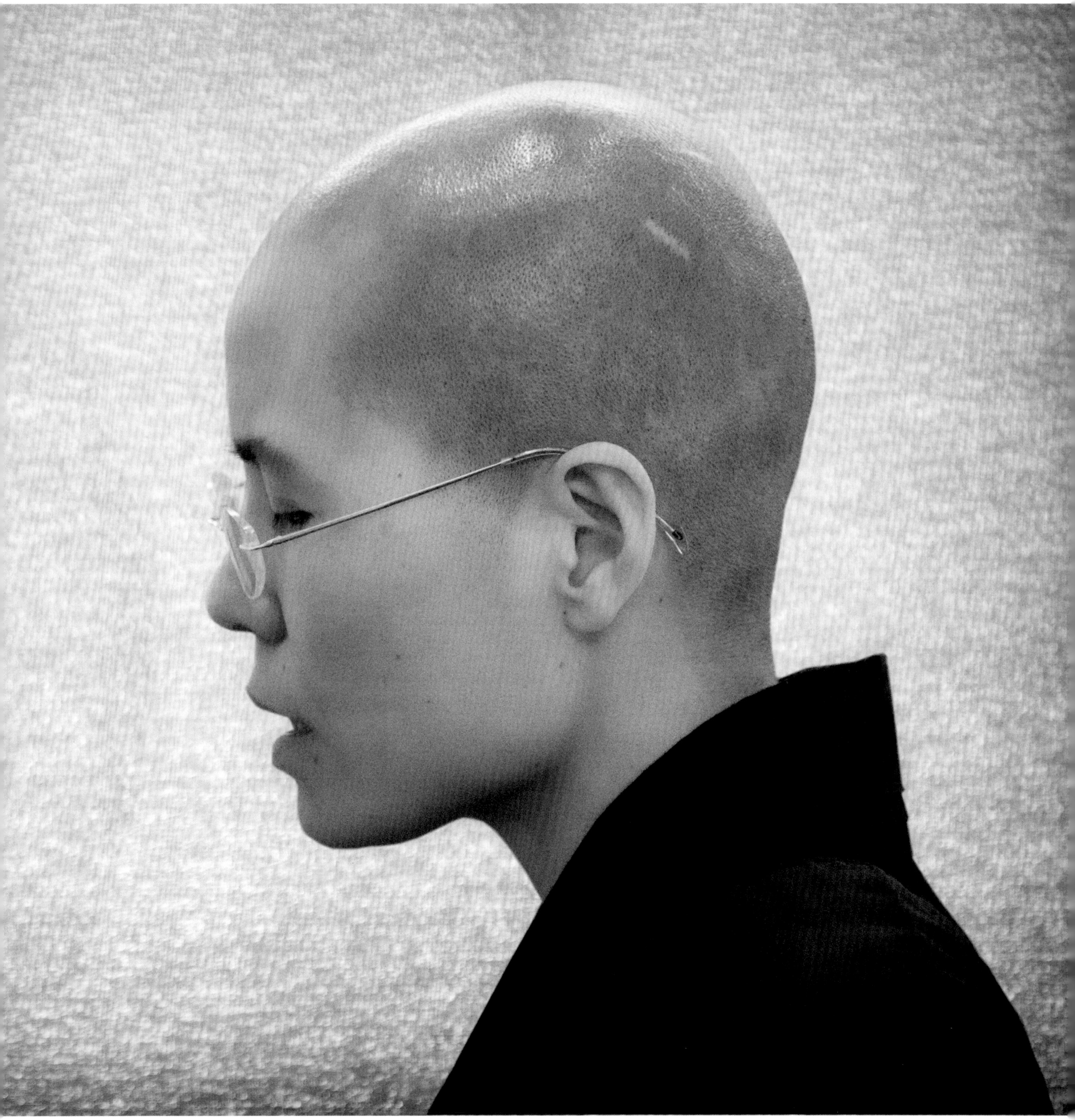

Sustained Focus, North Carolina, USA, 2014

Ausdauerndes Interesse, North Carolina, USA, 2014

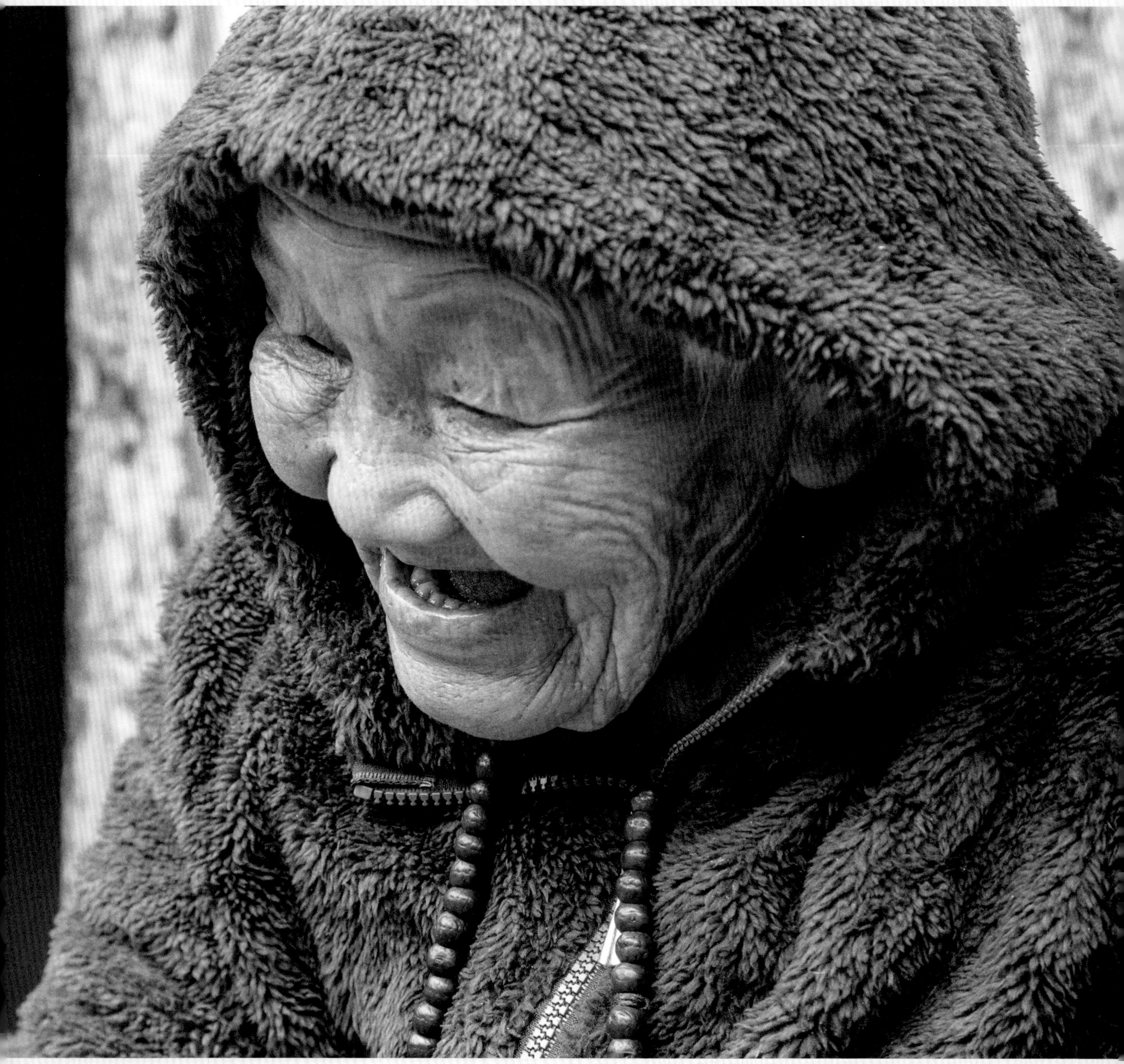

17

EMANATING JOY

A nun radiates joy
From each tender furrow
Deepened by wisdom

On the outskirts of Thimphu, on the edge of a mountain, is the Thangthong Dewachen Nunnery. Pristine mountains soar above the sixty to eighty nuns who live there. On a sunny September day in 2019, I walked into the courtyard of the compound. Nuns were milling about; some were participating in a *puja* ceremony in the temple across from the entrance. Others were cleaning the stone-tiled courtyard with hand-made straw brooms. I noticed an elderly nun sitting alone on a bench along the edge of the courtyard. With burnished prayer beads in hand, she was chanting the compassion mantra: "Om mani padme hum." She glowed as the sun shone from above and a joyful peace radiated from within her. After granting permission to take her picture, she was delighted upon seeing the results, flashing one of her luminous smiles. When she stood, unassisted, to return to her quarters, I noticed she was unsteady, so I lent her my arm. She reminded me of my grandmother, who lived to 106 and also modeled a resolute inner drive to live fully, meaningfully, and gracefully. Upon arriving at her door, we parted with smiles and bows.

FREUDE AUSSTRAHLEN

Eine Nonne strahlt vor Freude,
Aus jeder Lachfalte
Spricht unergründliche Weisheit.

Am Rand von Thimphu befindet sich, auf einem Höhenkamm gelegen, das Nonnenkloster Thangthong Dewachen. Eine ursprüngliche Bergwelt erhebt sich über dem Domizil der gut 60 Nonnen. Es war ein sonniger Septembertag im Jahr 2019, als ich den Innenhof der Klosteranlage betrat, wo das klösterliche Leben in vollem Gange war. In dem gegenüber dem Eingangstor gelegenen Tempel nahmen gerade einige Nonnen an einer Puja teil. Andere kehrten mit handgebundenen Reisstrohbesen das Pflaster im Hof. Mir fiel eine hochbetagte Nonne auf, die am Rand des Innenhofs auf einer Bank saß. Die Perlen ihrer polierten Gebetskette abzählend rezitierte sie das Mantra des Mitgefühls: „Om Mani Padme Hum". Ihr Gesicht leuchtete im Sonnenschein und sie war voller Frohsinn. Nachdem ich sie mit ihrer Erlaubnis fotografiert hatte, war sie mit dem Ergebnis hochzufrieden und brach in ihr typisches herzliches Lachen aus. Dann stand sie auf, um zu ihrer Unterkunft zurückzukehren, und weil ich sah, dass sie wackelig auf den Beinen war, bot ich ihr meinen Arm an. Sie erinnerte mich an meine Großmutter, die 106 Jahre alt geworden war und auch dem Leben stets unglaublich positiv und dankbar gegenübergestanden hatte. Vor ihrer Tür angekommen, verbeugten wir uns zum Abschied mehrmals voreinander und lächelten uns dabei herzlich an.

◀ *Centurion's Positivity,* Thimphu Dzongkhag, Bhutan, 2019

◀ *Hundertjährige Zuversicht,* Distrikt Thimphu, Bhutan, 2019

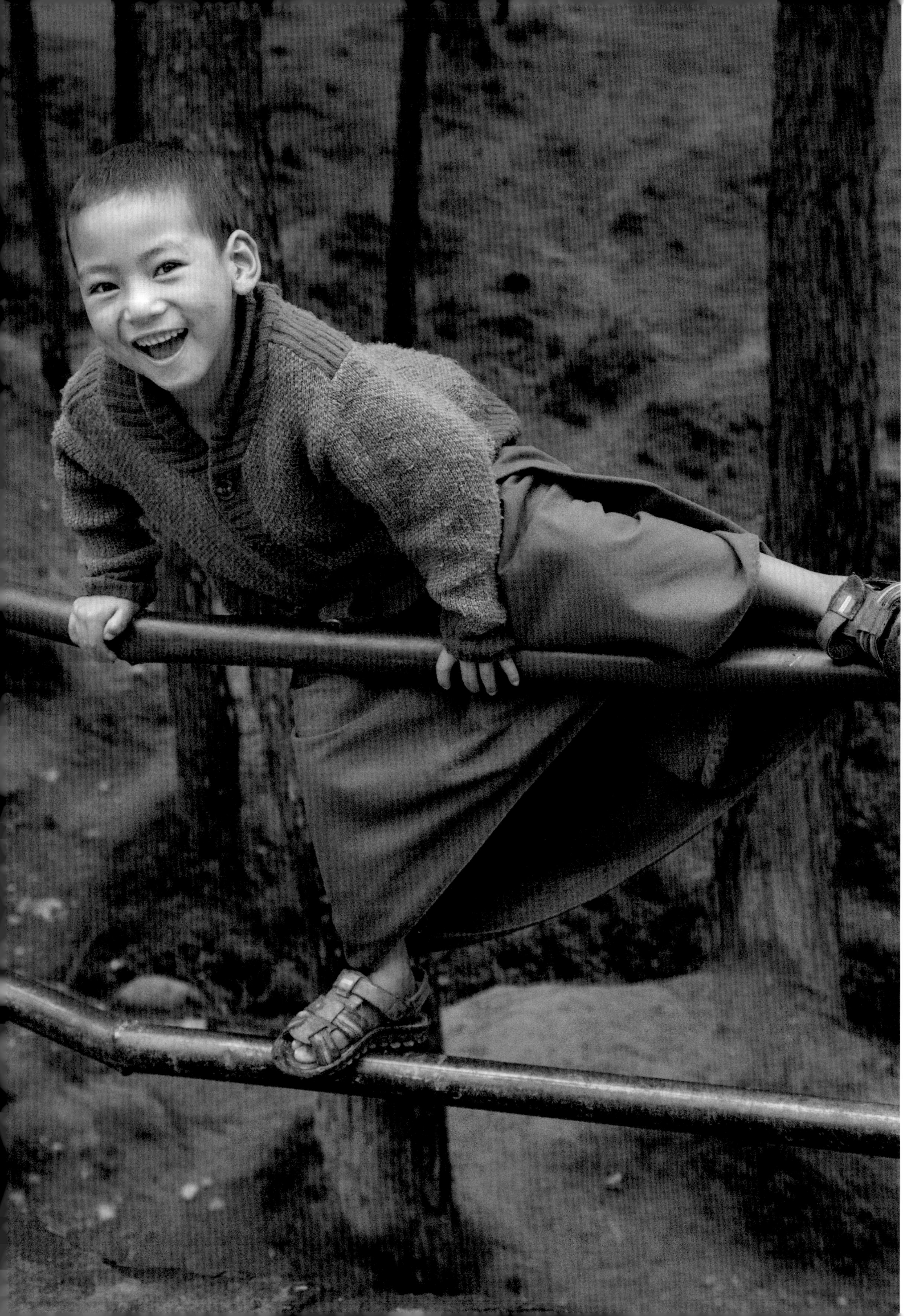

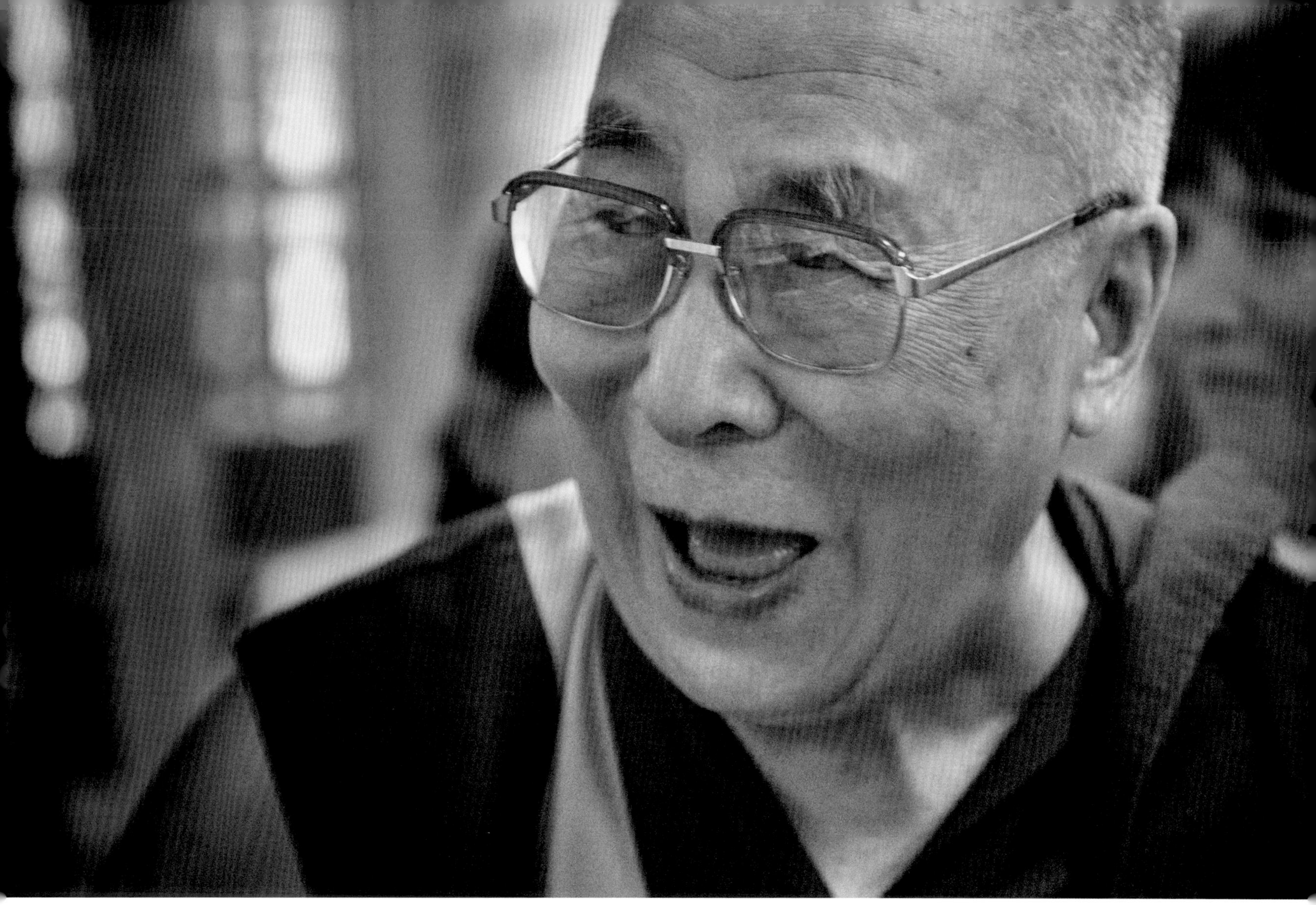

▲ *Emanating Light,* Himachal Pradesh, India, 2017 (DALAI LAMA)

The Dalai Lama always welcomes me with engaging eyes and a warm smile. When we hold hands, His touch is gentle yet firm. He chooses his words with care and speaks from the heart. When amused His eyes twinkle, followed by a chuckle or a no-holds-barred, full-throated belly laugh.

▲ *Erleuchtung verkörpernd,* Himachal Pradesh, Indien, 2017 (DALAI LAMA)

Der Dalai Lama begrüßt mich stets mit einem teilnahmsvollen Blick und einem herzlichen Lächeln. Wenn wir uns die Hand reichen, ist sein Händedruck sanft und kräftig zugleich. Er wählt seine Worte mit Bedacht und spricht von Herzen. Wenn er belustigt ist, dann funkeln seine Augen und sein Lachen kann von einem Glucksen bis hin zu einem lauthalsen Lachen von ganzem Herzen reichen.

◀ *Exuberance,* Himachal Pradesh, India, 2015

◀ *Überschwang,* Himachal Pradesh, Indien, 2015

FOLLOWING SPREAD: *Joy and Reverence,* ▶▶ Himachal Pradesh, India, 2017 (DALAI LAMA)

The Dalai Lama resides in a very secure, private section of the Tsuglagkhang Temple Complex in Dharamshala, India. His public teachings take place in an expansive courtyard located in a less heavily fortified part of the compound. These auspicious occasions begin with the announcement of His arrival by drums, cymbals, reed instruments and horns. The atmosphere is electrifying as the crowd goes silent, most kneeling or standing with palms together as a sign of respect. He takes time to briefly mingle with the crowd before sitting in His understated, throne-like chair.

FOLGENDE DOPPELSEITE: *Freude und Ehrerbietung,* ▶▶ Himachal Pradesh, Indien, 2017 (DALAI LAMA)

Der Dalai Lama residiert in sehr gut abgesicherten Privaträumen des Tsuglagkhang-Tempelkomplexes in Dharamsala, Indien. Seine öffentlichen Unterweisungen finden in einem weitläufigen Innenhof in einem weniger hermetisch abgeriegelten Bereich des Tempelkomplexes statt. Bei diesen Anlässen wird seine Ankunft mit Trommeln, Becken, Rohrblattinstrumenten und Langhörnern feierlich verkündet. Wenn dann die Menge still geworden ist, ist die Spannung groß. Die meisten knien oder stehen und haben in Ehrerbietung ihre Handflächen aneinandergelegt. Bevor der Dalai Lama auf seinem schlichten, thronähnlichen Sitz Platz nimmt, begibt er sich stets kurze Zeit zu einzelnen Begrüßungen unter die Menge.

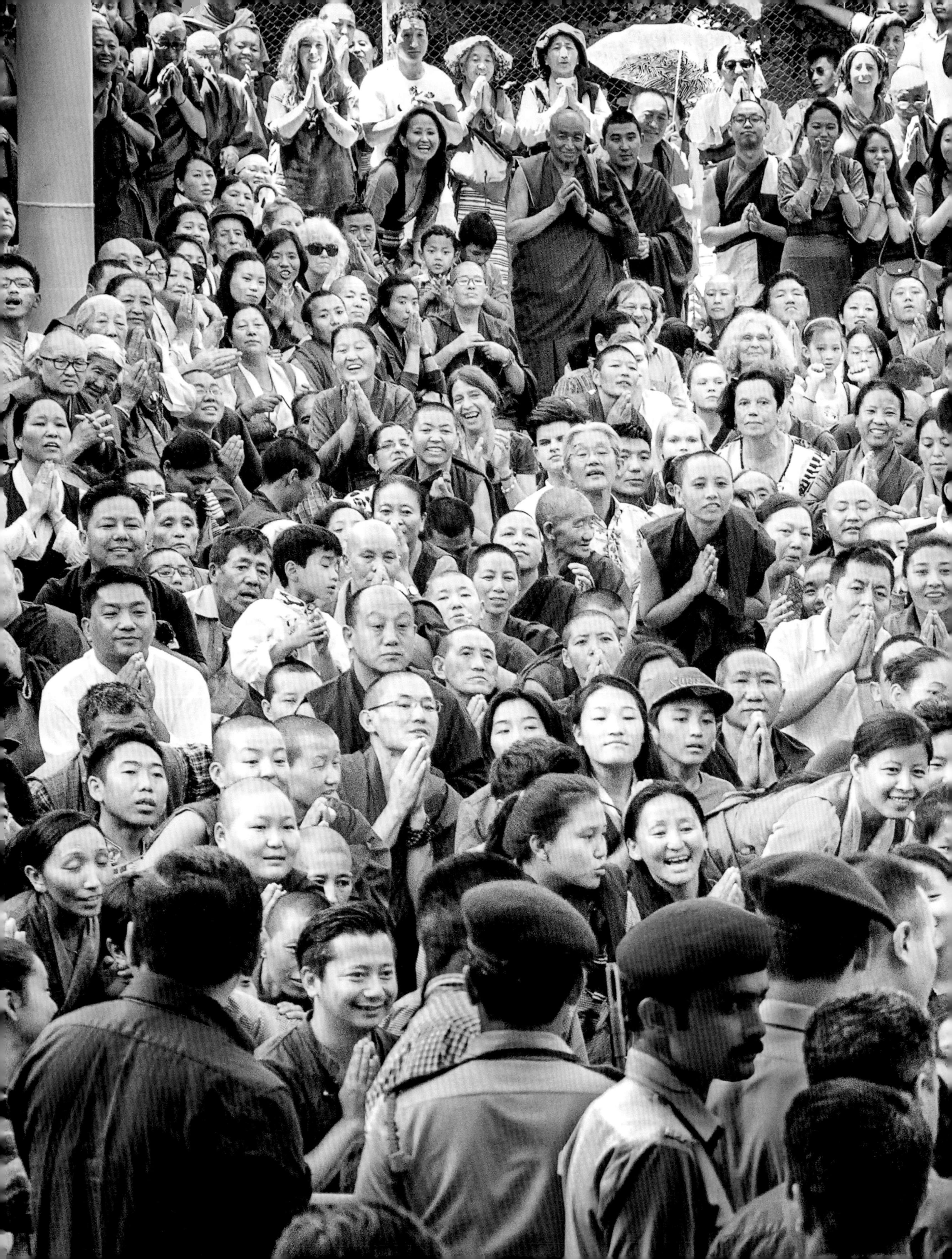

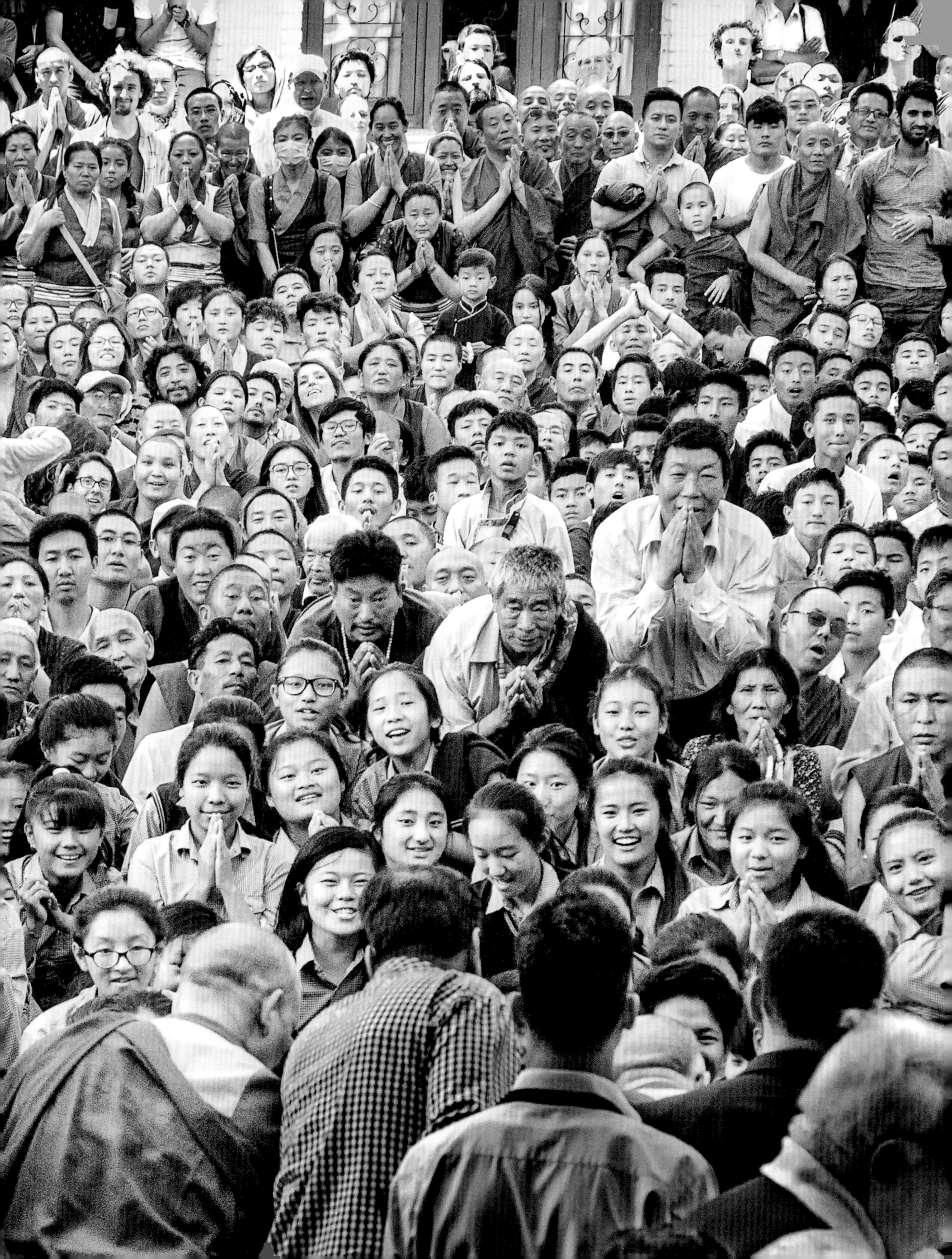

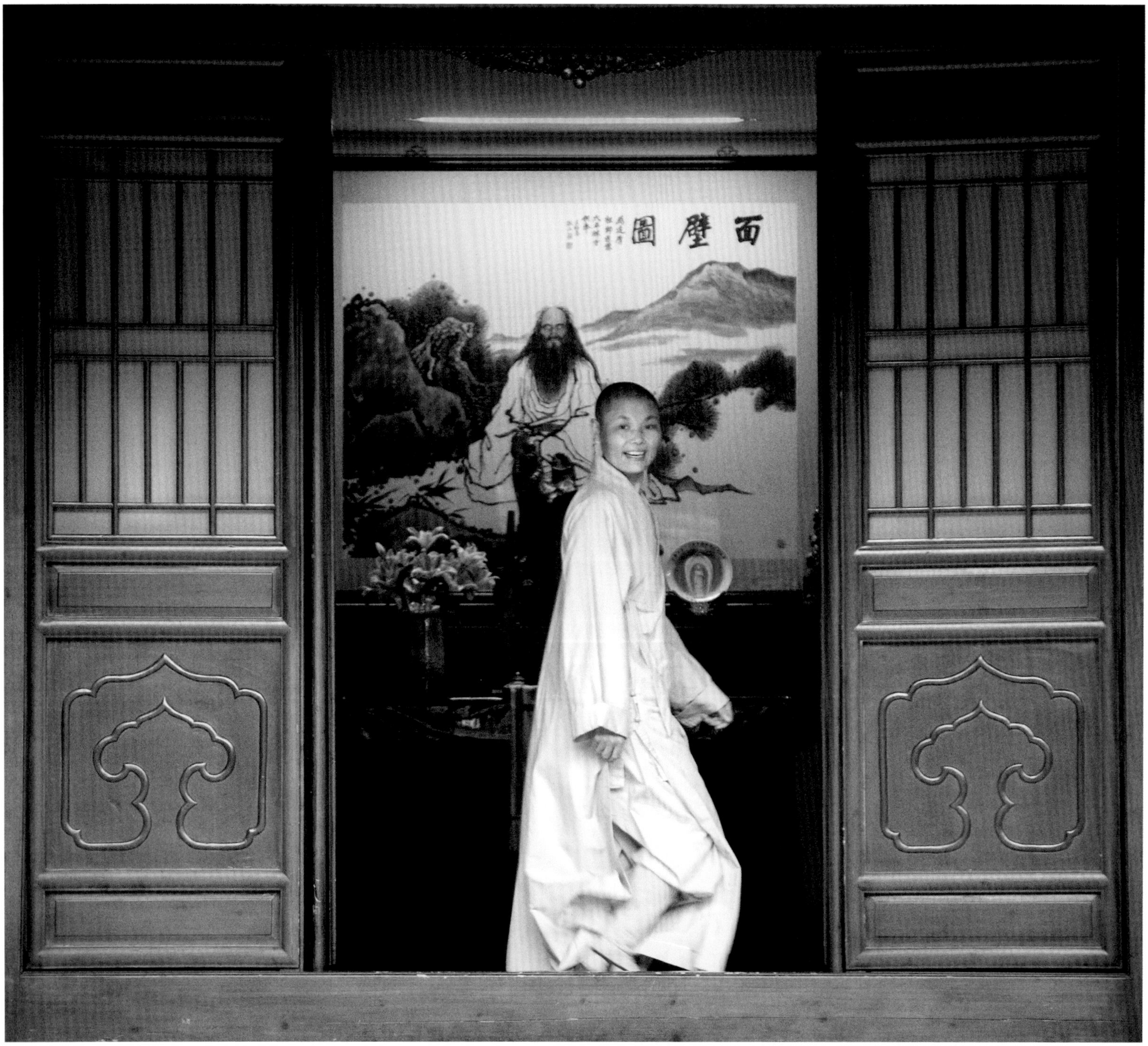

Radiant, Zhejiang Province, China, 2012

Ausstrahlung, Provinz Zhejiang, China, 2012

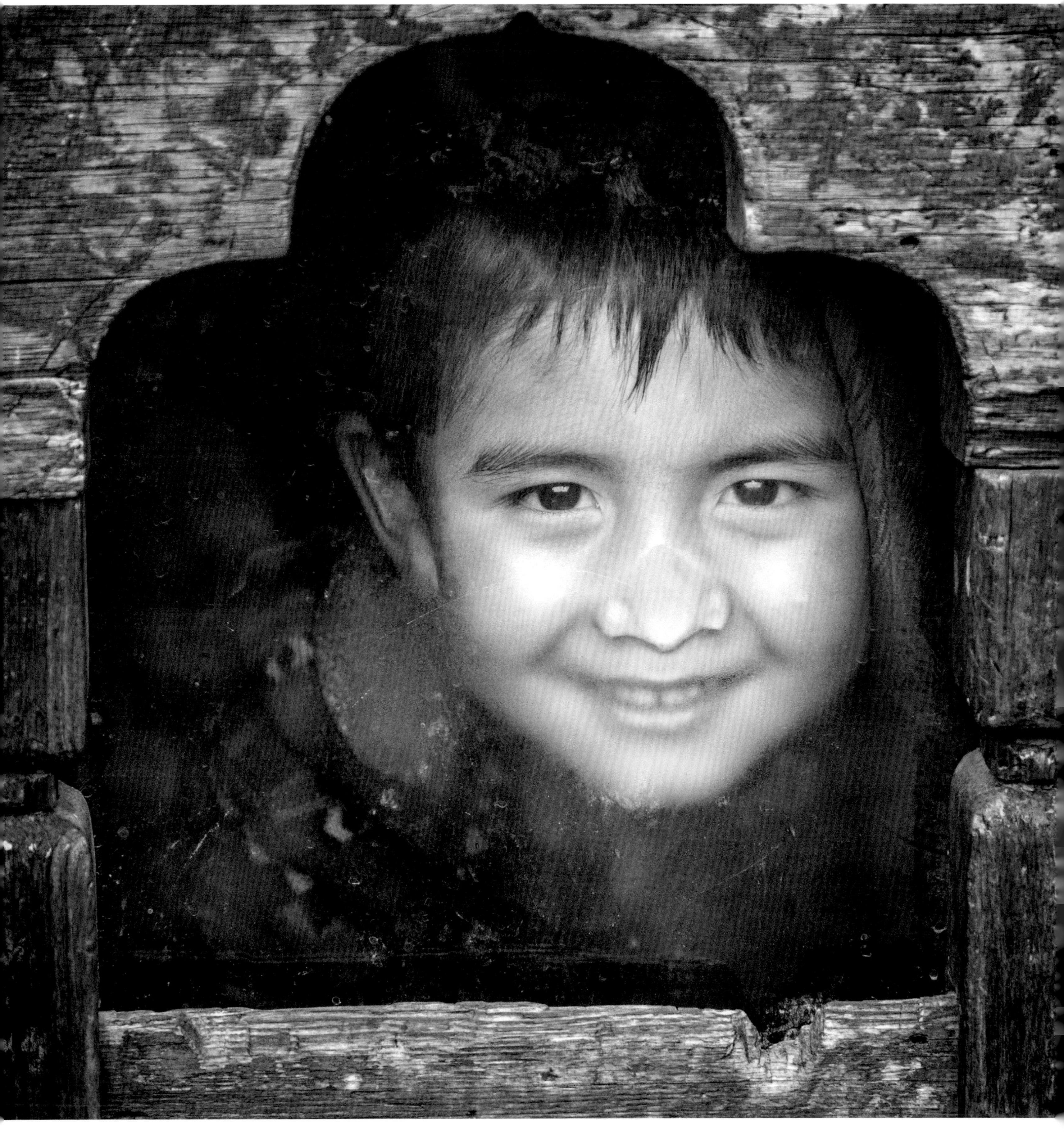

Melting Hearts, Thimphu Dzongkhag, Bhutan, 2017

Herzerwärmend, Distrikt Thimphu, Bhutan, 2017

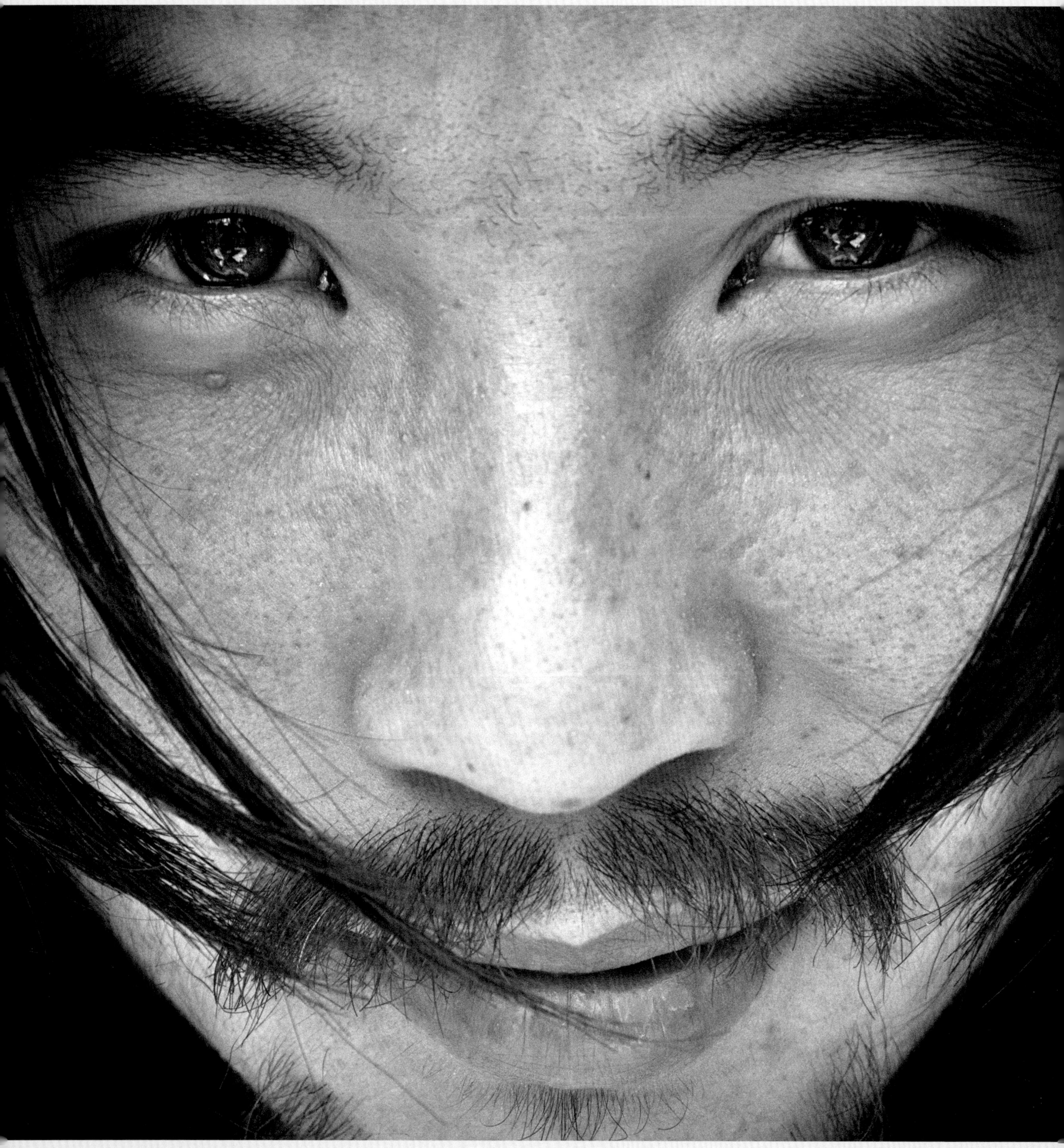

18

LIVING ENLIGHTENMENT

Using wisdom as your compass,
Navigate storms with compassion.
Enlightenment is not a destination.
Enlightenment is a way of life.

All human beings have the same basic needs: adequate food, shelter, safety, and health. We also yearn to be part of a loving family, treated with dignity, and valued as productive members of society. However, even among those who achieve these illusory goals, many still suffer from significant stress and emotional turmoil.

Witnessing the contemplative lifestyles encouraged throughout much of Asia has provided me with a fresh perspective on the underlying factors that contribute to a healthier, more balanced life. I began to appreciate more deeply the importance of sensing when my body was experiencing stress, and find ways to calm my emotions, temper my ego, gain clarity, and then respond appropriately. I also began to recognize the pivotal role played by wisdom and compassion when trying to make constructive choices. Wisdom helps us discern which actions are kind. Compassion impels us to be kind—to ourselves, to all beings, to Mother Earth.

However, despite my efforts, it is sometimes challenging to achieve these aspirations. One factor that occasionally stands in my way is an instinctive tendency to look more favorably toward those whom I view as being members of my self-selected in-group. It can be difficult to resist this unintentional distortion that sometimes influences my thoughts and actions.

ERLEUCHTUNG LEBEN

Verwende Weisheit als Kompass,
Navigiere mit Mitgefühl durch den Sturm.
Erleuchtung ist kein Ziel.
Erleuchtung ist eine Lebensweise.

Alle Menschen haben die gleichen Grundbedürfnisse: Sie brauchen ausreichend Nahrung, eine Unterkunft, Geborgenheit und Gesundheit. Auch wollen wir alle gerne einer liebenswürdigen Familie angehören, würdevoll behandelt werden und als nützliche Mitglieder der Gesellschaft Wertschätzung erfahren. Trotzdem leiden viele, selbst unter denjenigen, die diese idealistischen Ziele tatsächlich umzusetzen trachten, unter Stress und emotionalem Aufruhr. Das Ideal einer beschaulichen Lebensweise, das ich in Asien in vielen Formen kennengelernt habe, machte mich wieder mehr auf jene Faktoren aufmerksam, die zu einem gesünderen und ausgeglicheneren Leben führen. Ich lernte mehr darauf zu achten, wann mein Körper unter Stress stand, und fand Wege, wie ich meine Gefühle besser im Zaum halten, mein Ego mäßigen, klarer sehen und angemessener reagieren konnte. Ich verstand auch zunehmend besser, welche entscheidende Rolle Weisheit und Mitgefühl spielten, wenn man gute Entscheidungen treffen wollte. Weisheit lehrt uns, welche Handlungen gut sind. Mitgefühl bewegt uns dazu, gut zu sein — zu uns selbst, zu allen Lebewesen, zur Mutter Erde.

Doch manchmal fällt es mir trotz besten Willens schwer, nach Maßgabe meiner gewonnenen Einsichten zu handeln. Was mir gelegentlich im Weg steht, ist meine unbewusste Neigung, mich im eigenen, engeren Freundeskreis möglichst vorteilhaft darzustellen. Nicht immer gelingt es mir, diese mein Denken

< *Knowing,* Thimphu Dzongkhag, Bhutan, 2013

< *Wissend,* Distrikt Thimphu, Bhutan, 2013

Regardless of age, race, gender, class, or disabilities, each of us has the capacity, with practice, to dampen habitual distortions and develop a more life-enhancing mindset. This structural rewiring of the brain's circuitry is a phenomenon known as neuroplasticity.

I recall an experience that enhanced my appreciation of the common bond and aspirations shared by all human beings. It was 2018. I was in India co-chairing a Museum Compassion Summit that included an audience with the Dalai Lama. One activity involved the delegates pairing up, standing one foot apart, and directing their full attention to look into their partner's eyes for three minutes. I mentally pushed myself to see past the surface of my Tibetan colleague's eyes, in an effort to connect with him more deeply. It was an emotional experience that helped remind me that, when we peal back the external, superficial layers, we are all the same underneath. Since then, when in the presence of others, I have tried to look more deeply into their eyes. By seeing their humanity and acknowledging our interconnectedness, it motivates me to view them with greater compassion and respect. Though far from enlightened, I hope I am headed in the right direction.

und Tun beeinflussende Schwäche rechtzeitig in die Schranken zu weisen.

Unabhängig vom Alter, von der Herkunft, vom Geschlecht, von der sozialen Herkunft oder von irgendwelchen Beeinträchtigungen ist jeder von uns in der Lage, durch Praxis an der Überwindung ungünstiger Angewohnheiten zu arbeiten und damit eine lebensfreundlichere Einstellung zu gewinnen. Diese Möglichkeit der „Neuverschaltung" im Gehirn wird in der Wissenschaft Neuroplastizität genannt.

Ich kann mich an eine Gelegenheit erinnern, bei der sich mein Verständnis für die Zusammenhörigkeit und die gemeinsamen Bestrebungen aller Menschen vertiefte. Es war 2018. Ich war Mitorganisator des Museum Compassion Summit, einer Tagung, die eine Audienz beim Dalai Lama einschloss. Eine Gruppenarbeit bestand darin, dass sich die Delegierten paarweise gegenüberstellten und sich drei Minuten lang direkt in die Augen sahen. Um in tieferen Kontakt zu kommen, suchte ich also die Augen meines tibetischen Kollegen jenseits der Oberflächliche zu ergründen. Es war eine emotionale Erfahrung, die mir wieder in Erinnerung rief, dass wir jenseits von Äußerlichkeiten alle gleichermaßen Menschen sind. Seitdem bemühe ich mich, den Menschen, die mir begegnen, gründlicher in die Augen zu sehen. Indem ich sie als Menschen sehe und unsere gegenseitige Verbundenheit anerkenne, motiviert mich das, ihnen mit größerem Mitgefühl und Respekt zu begegnen. Weit entfernt davon, erleuchtet zu sein, hoffe ich doch, mich auf dem richtigen Weg zu befinden.

Living in Balance, Zhejiang Province, China, 2012 (BALANCE) ➤

Leben im Einklang, Provinz Zhejiang, China, 2012 (AUSGEGLICHENHEIT) ➤

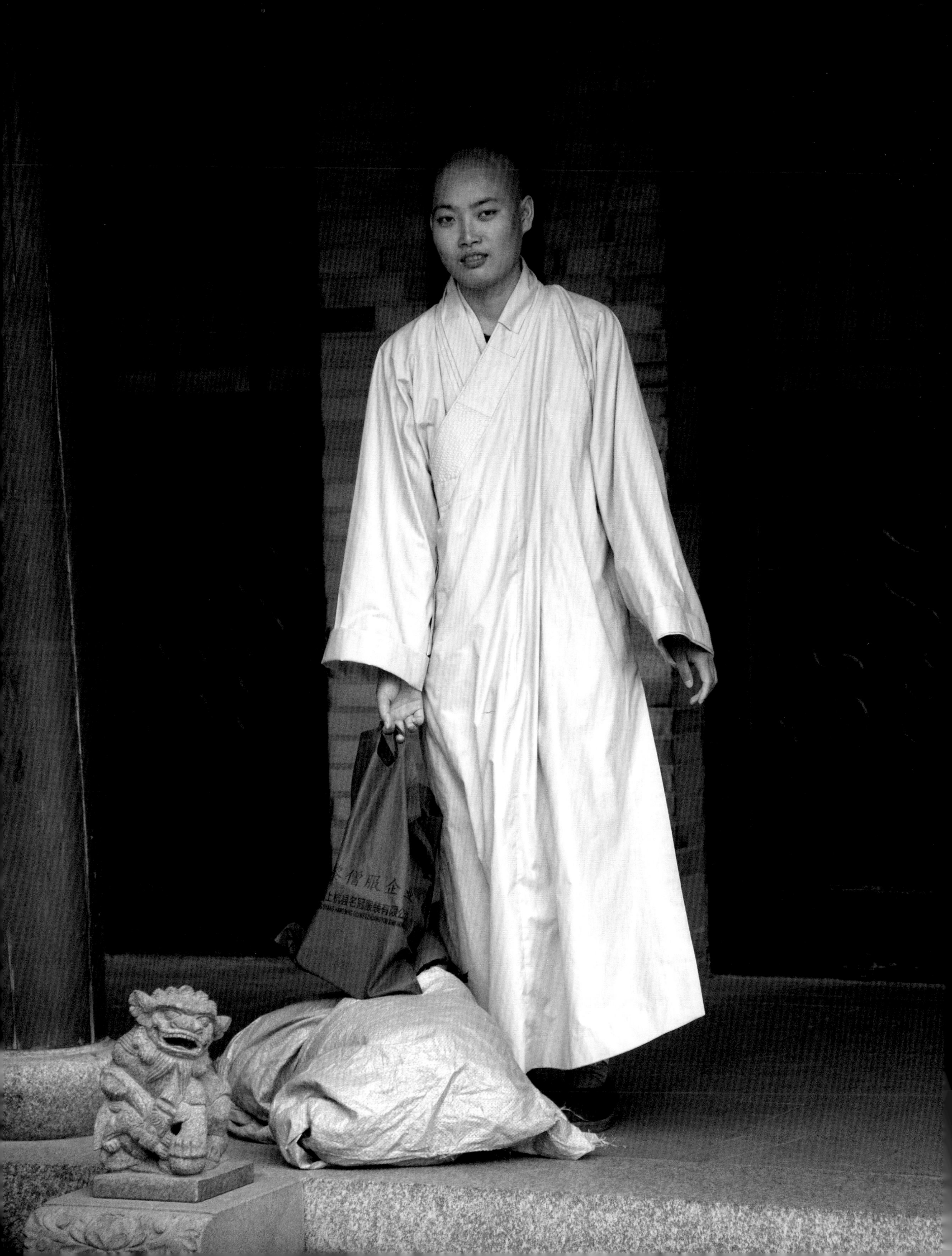
僧服企业
上杭县名冠服装有限

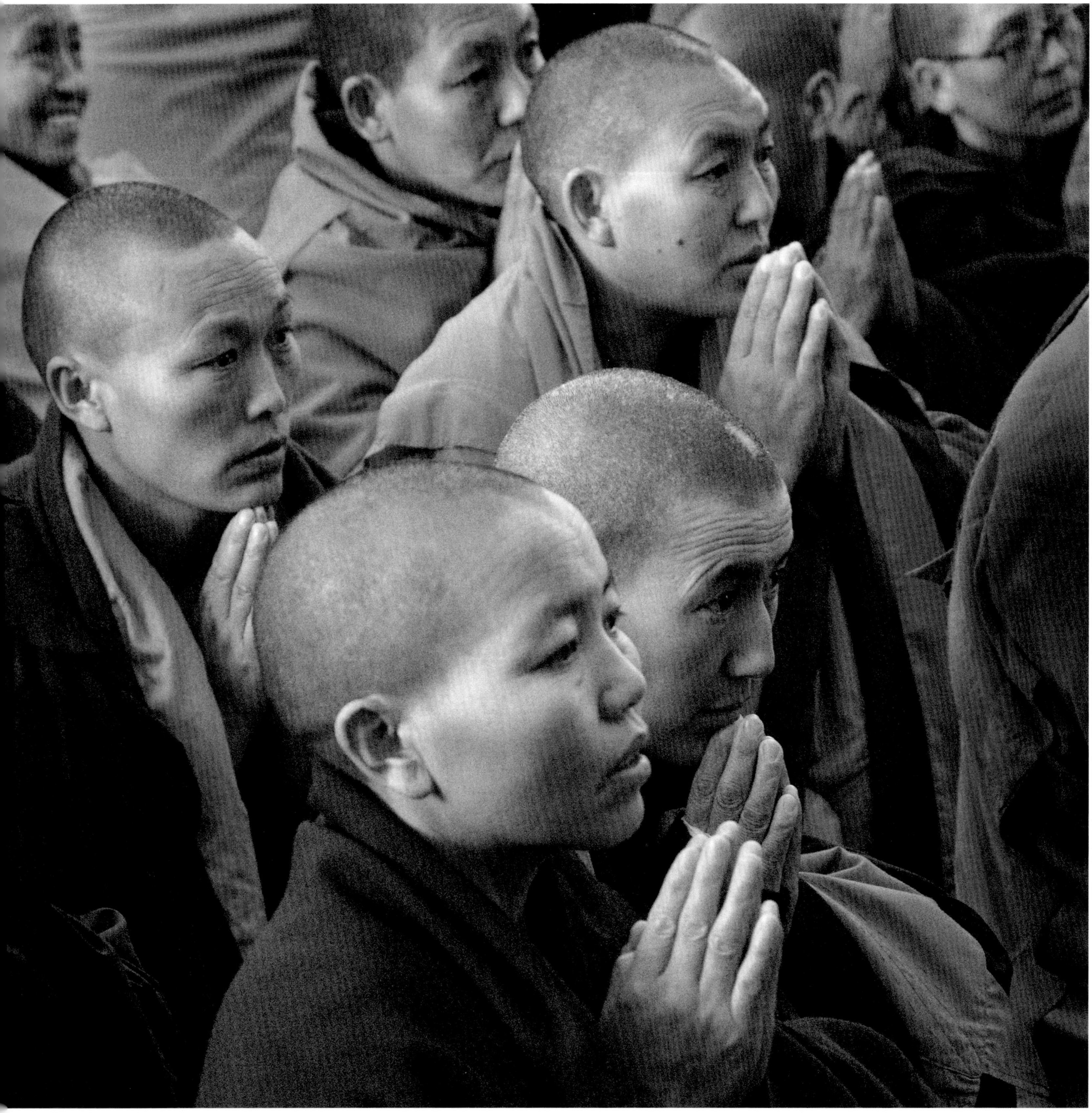

Inspired, Himachal Pradesh, India, 2015
In the presence of the Dalai Lama.

Inspiriert, Himachal Pradesh, Indien, 2015
In Angesicht des Dalai Lama.

Being of Peace, Dharamshala, India, 2015 (DALAI LAMA) ➤
Friedensbringer, Dharamsala, Indien, 2015 (DALAI LAMA) ➤

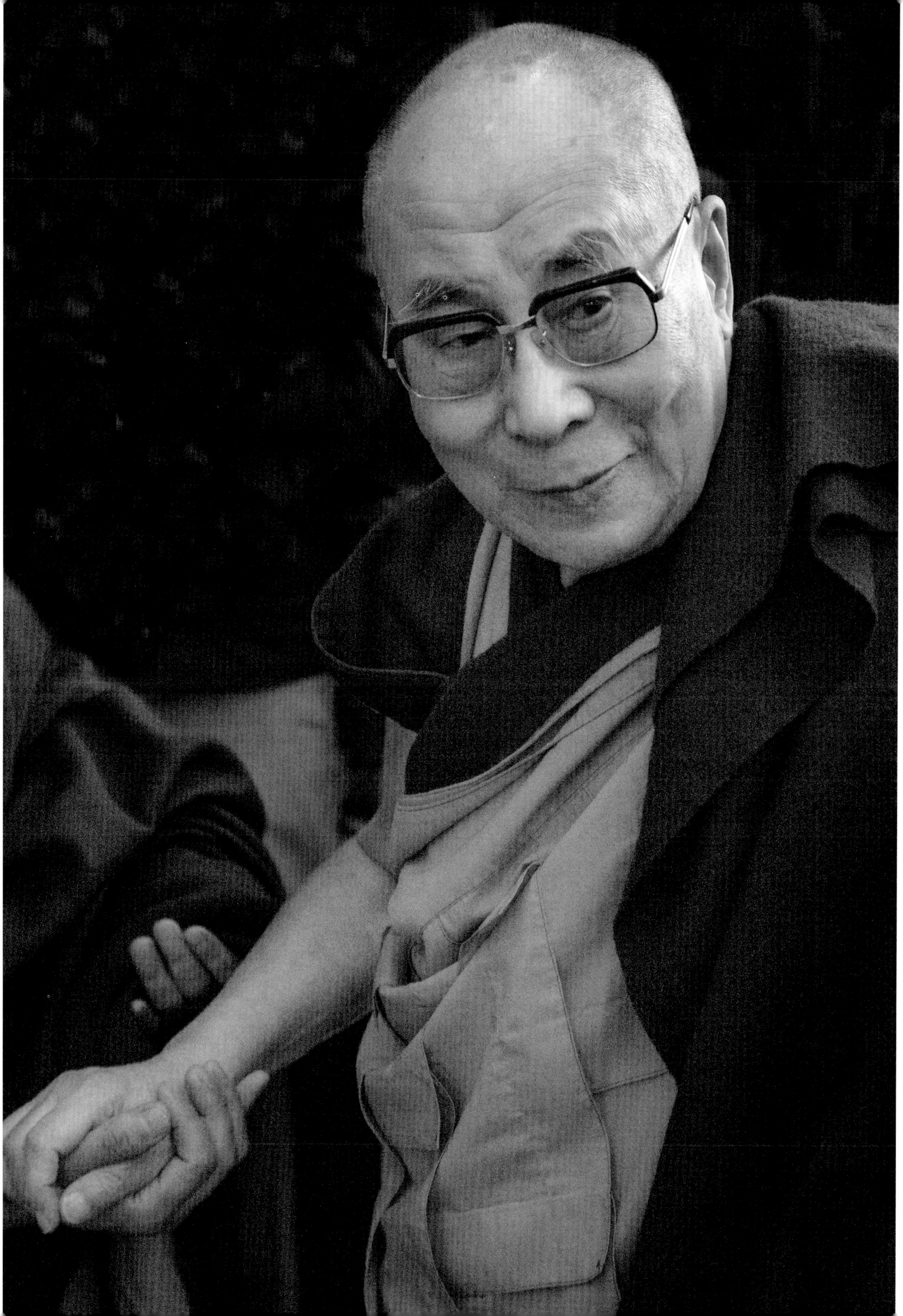

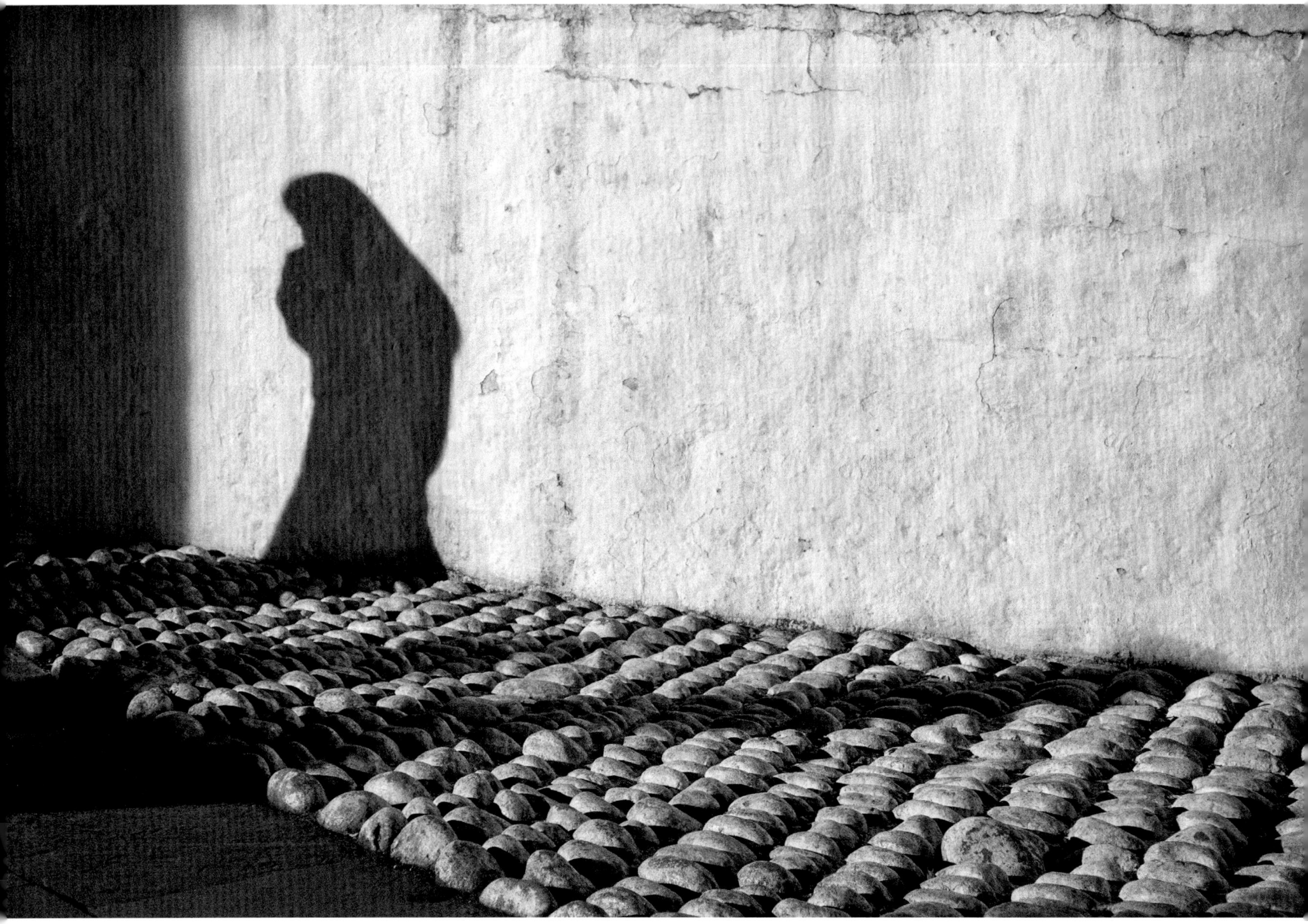

Beings at Peace, Ladakh Union Territory (disputed), ➤
India, 2019 (KARMA, REINCARNATION)

A life of positive karma allows the consciousness that resides within each of us to rest in peace.

Friedliche Wesen, Unionsterritorium Ladakh, ➤
Indien, 2019 (KARMA; WIEDERGEBURT)

Ein von gutem Karma erfülltes Leben erlaubt dem Bewusstsein, das jedem von uns innewohnt, ein Ruhen in Frieden.

Spirit's Presence #1, Thimphu Dzongkhag, Bhutan, 2015 (SPIRITS)

Geisterauftritt #1, Distrikt Thimphu, Bhutan, 2015 (GEISTER)

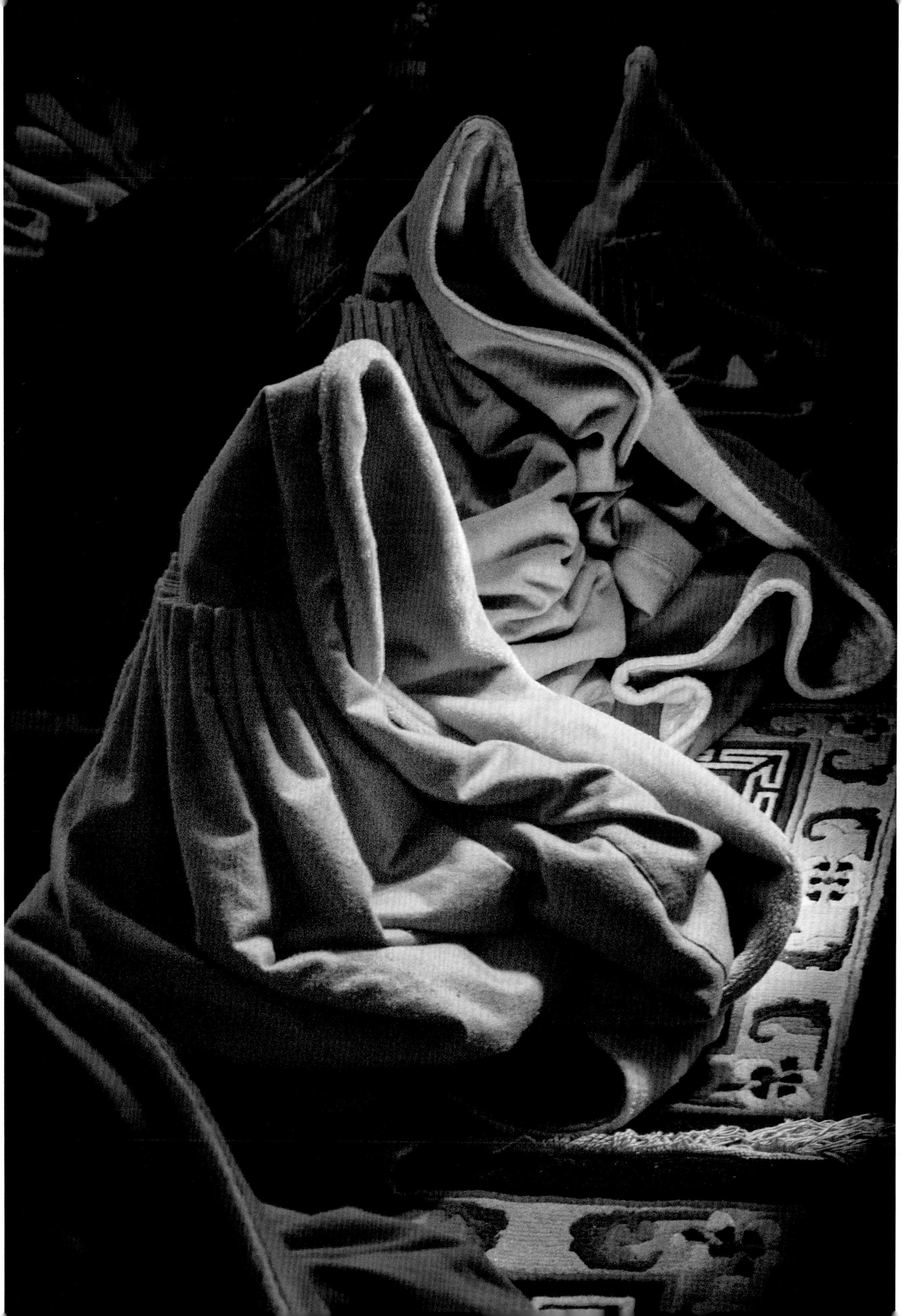

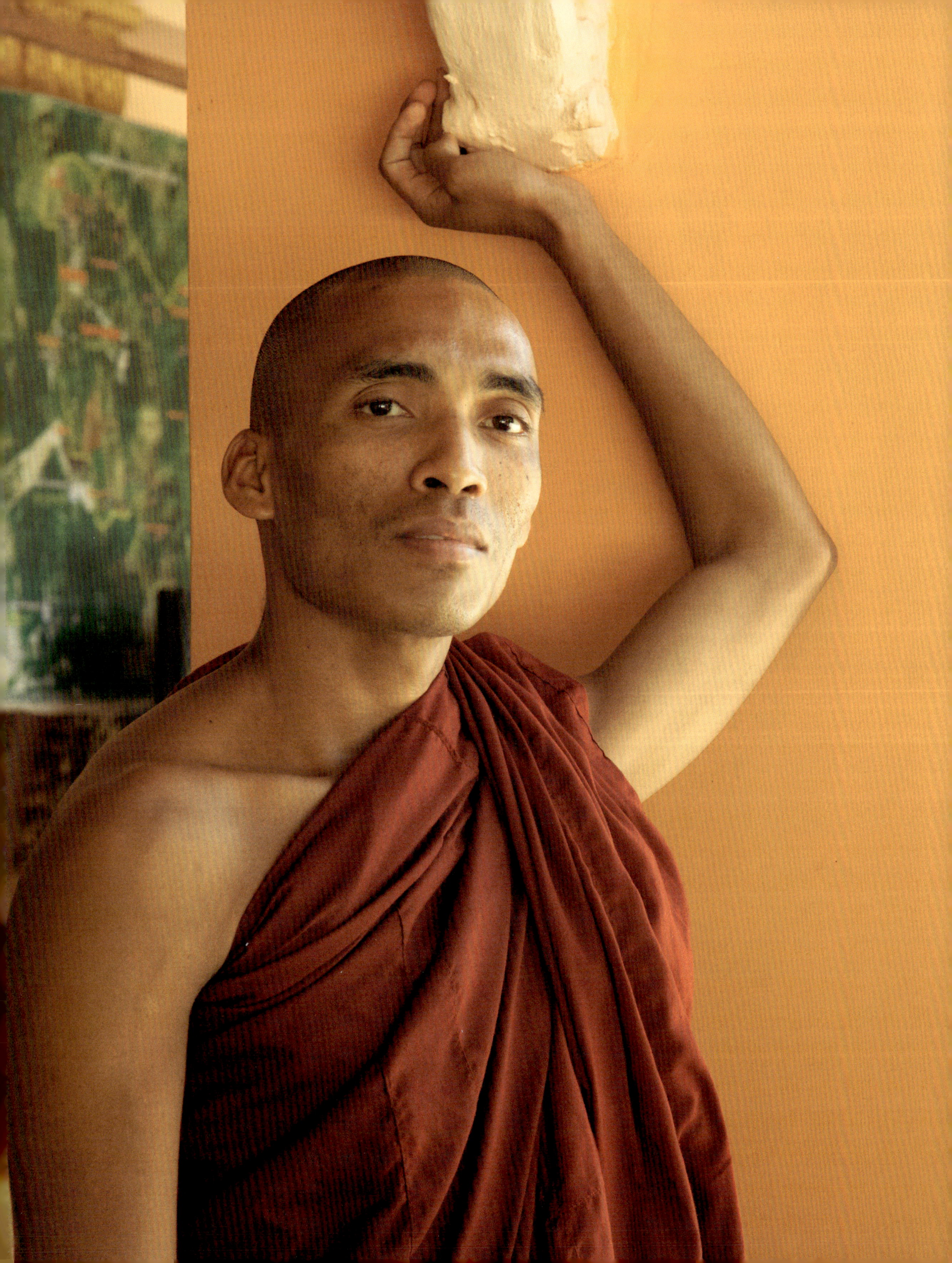

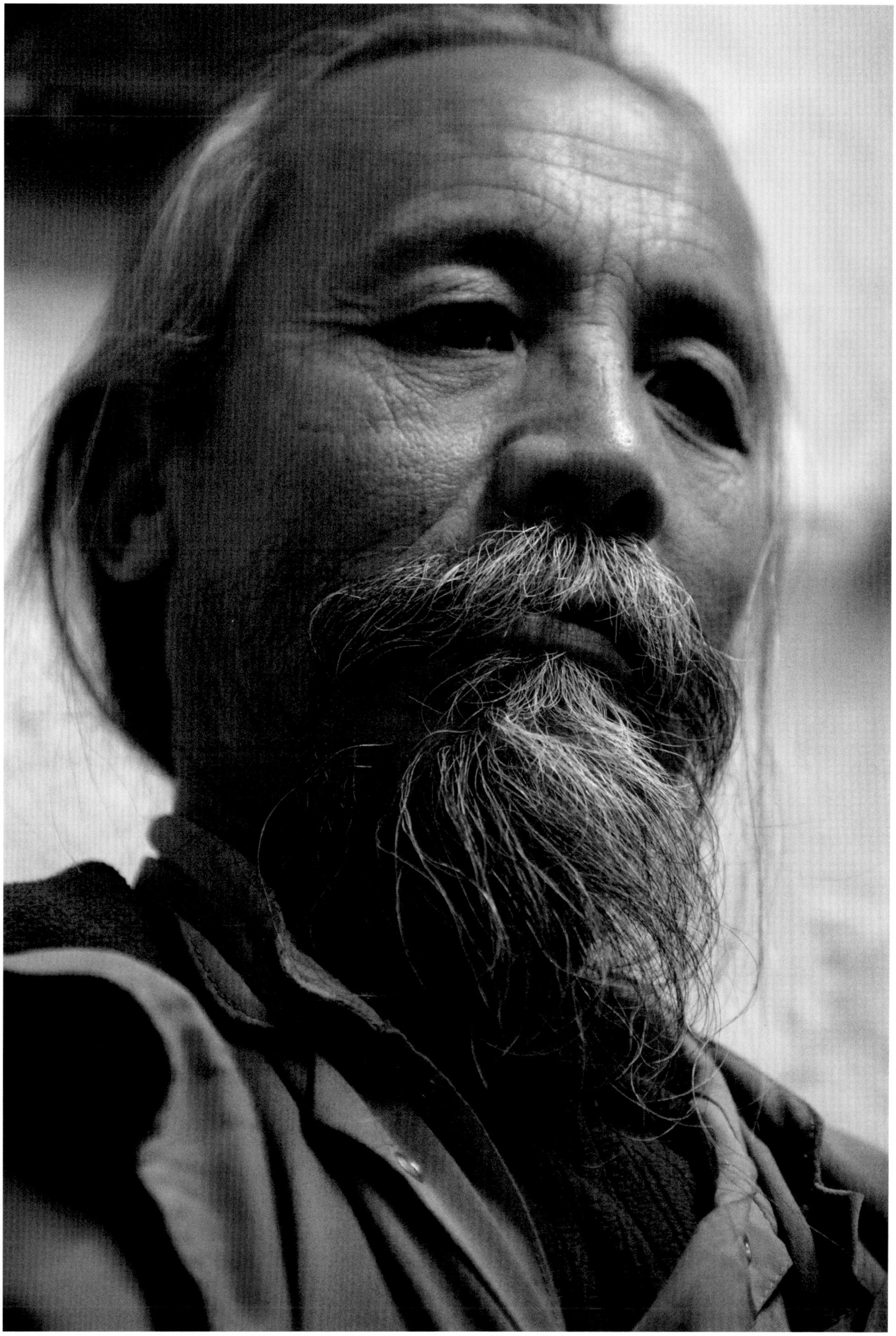

⮜ *Seeing You,* Mon State, Myanmar, 2014

⮜ *Anblick*, Mon-Staat, Myanmar, 2014

Wise Lama, Thimphu Dzongkhag, Bhutan, 2011

Verständiger Lama, Distrikt Thimphu, Bhutan, 2011

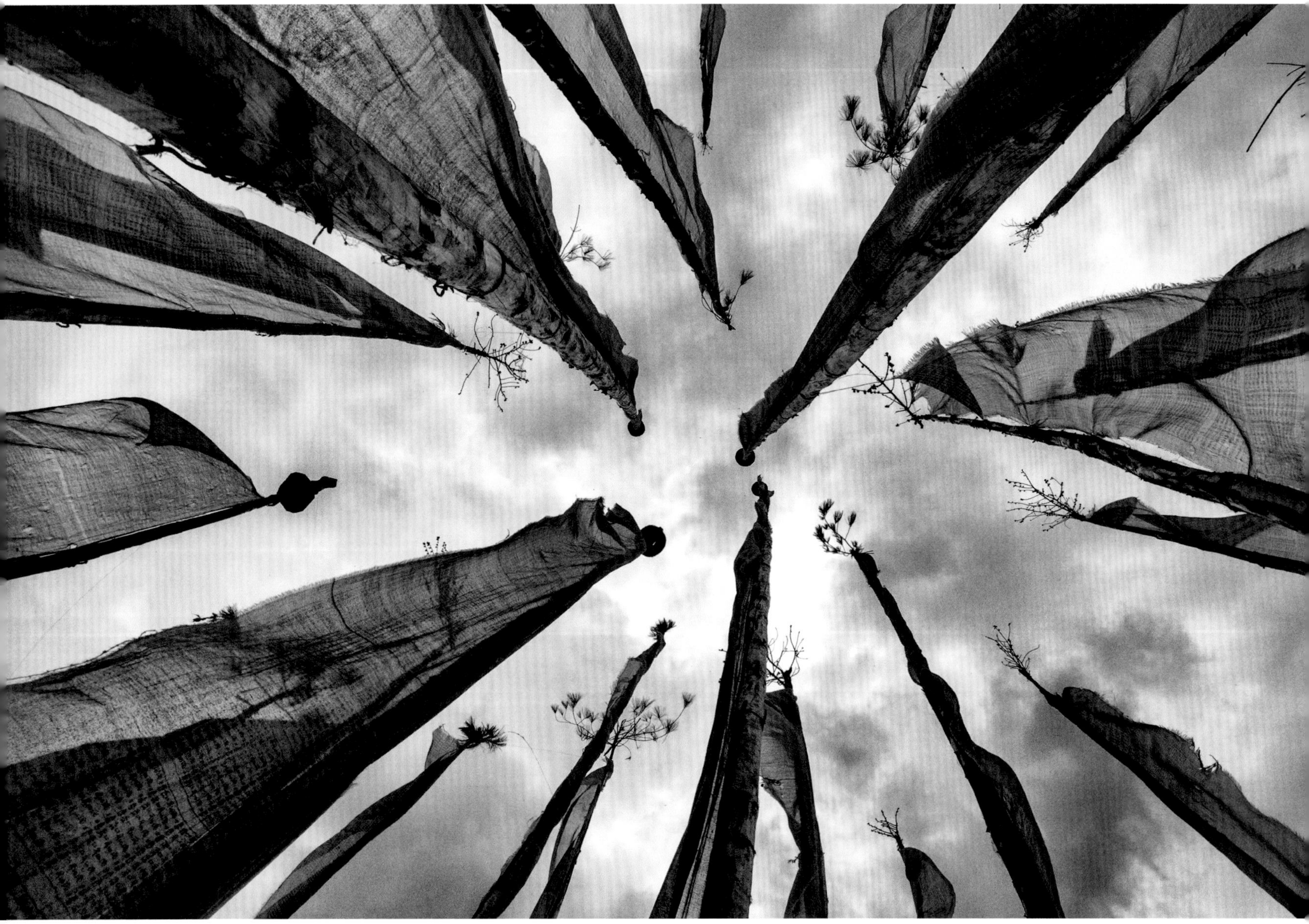

Sails of Compassion, Thimphu Dzongkhag, 2017 (PRAYER FLAG: WHITE)

When our bodies cease to function, the merits we have accumulated through acts of compassion are carried forward, creating a positive ripple effect with unforeseen consequences.

Segel des Mitgefühls, Distrikt Thimphu, Bhutan, 2017 (GEBETSFAHNE: WEISS)

Wenn unser Körper aufhört zu funktionieren, pflanzt sich das durch unser tätiges Mitgefühl erworbene Verdienst weiter fort und lässt in seiner Reichweite unabsehbare Auswirkungen zu.

Impermanence, Zhejiang Province, China, 2012 (CANDLE) ➤

Unbeständigkeit, Provinz Zhejiang, China, 2012 (KERZE) ➤

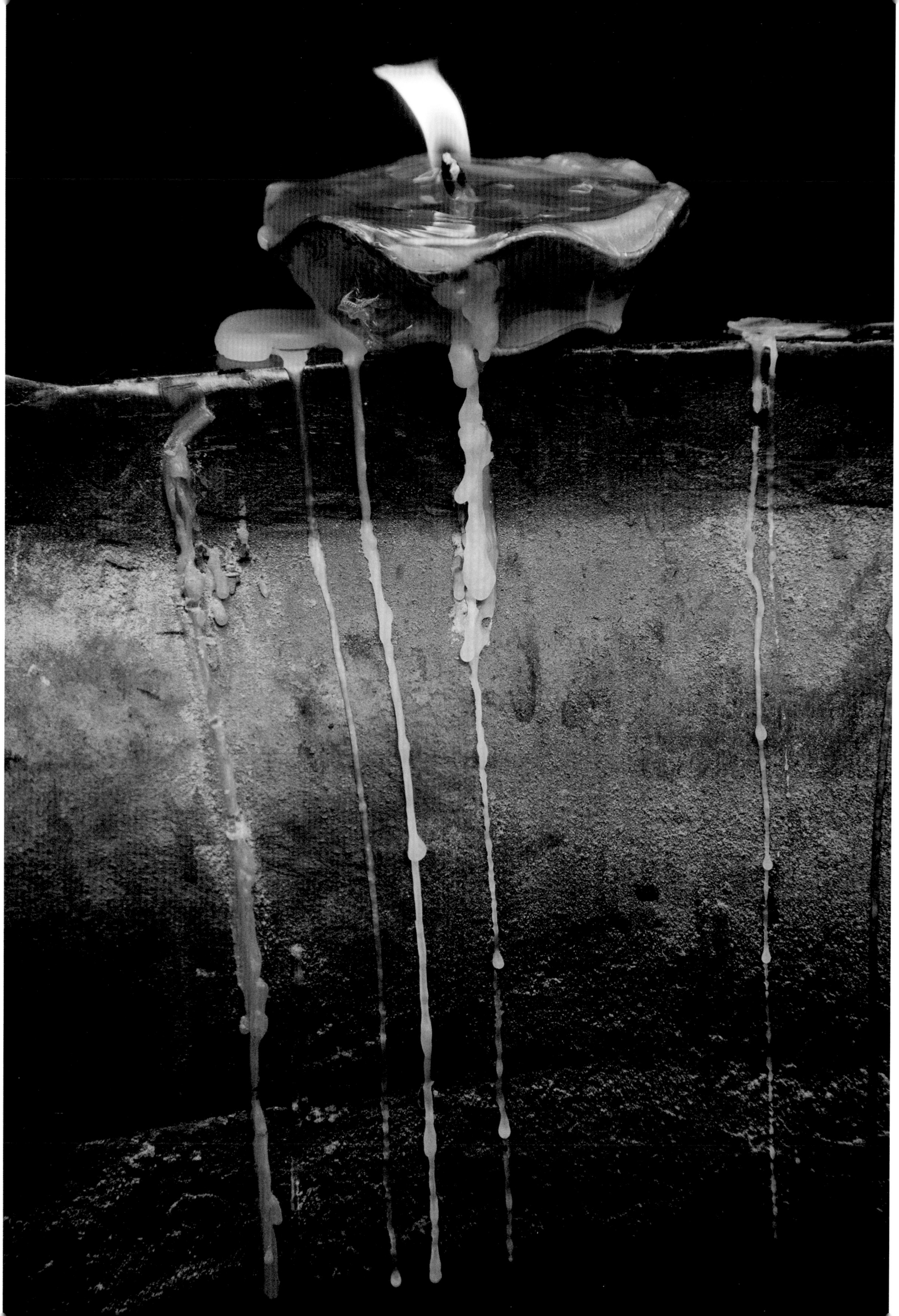

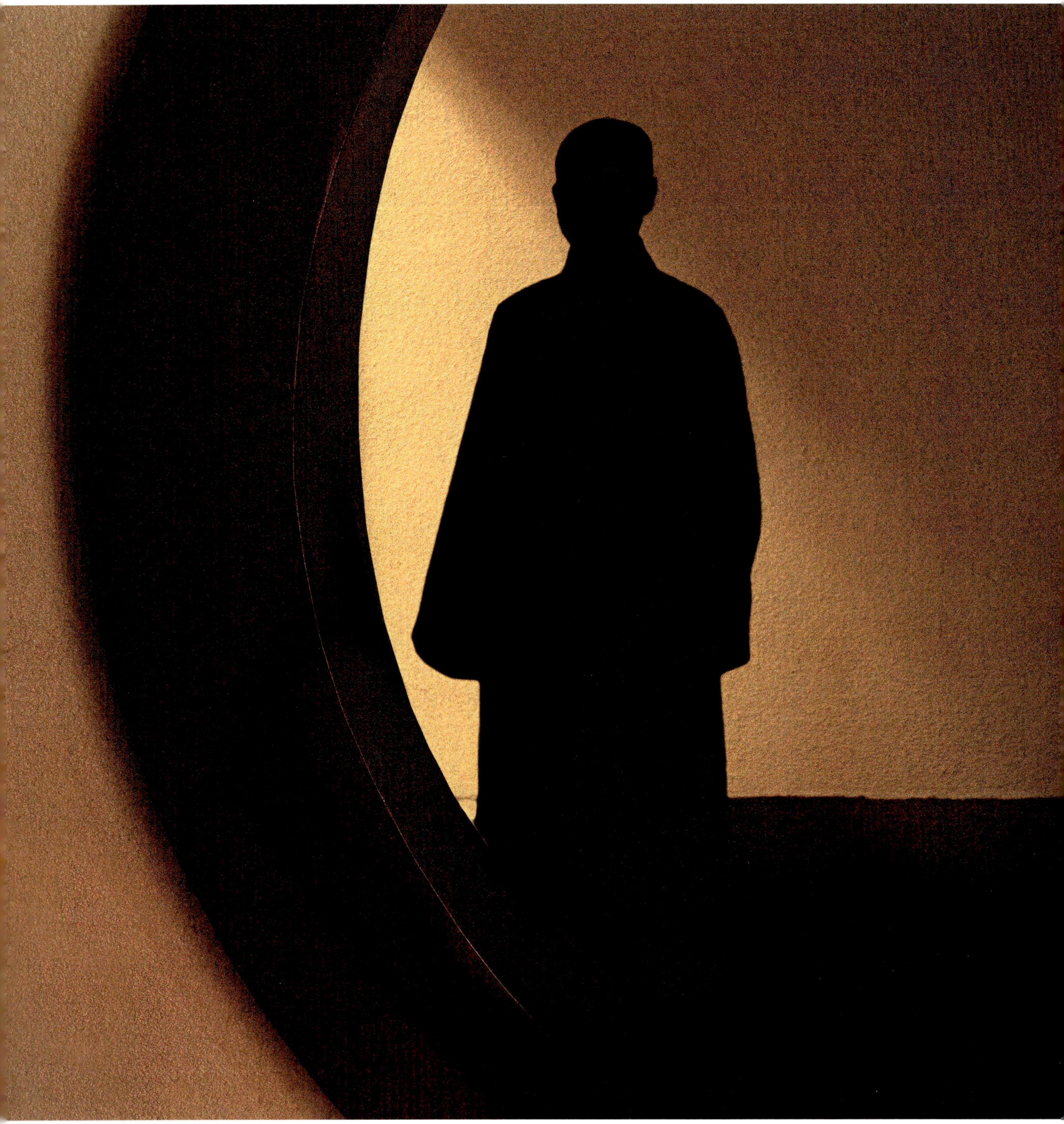

From the Shadow, California, USA, 2013

Aus dem Schatten, Kalifornien, USA, 2013

Crossing Over, Paro Dzongkhag, Bhutan, 2011 ➤

Hinübersetzen, Distrikt Paro, Bhutan, 2011 ➤

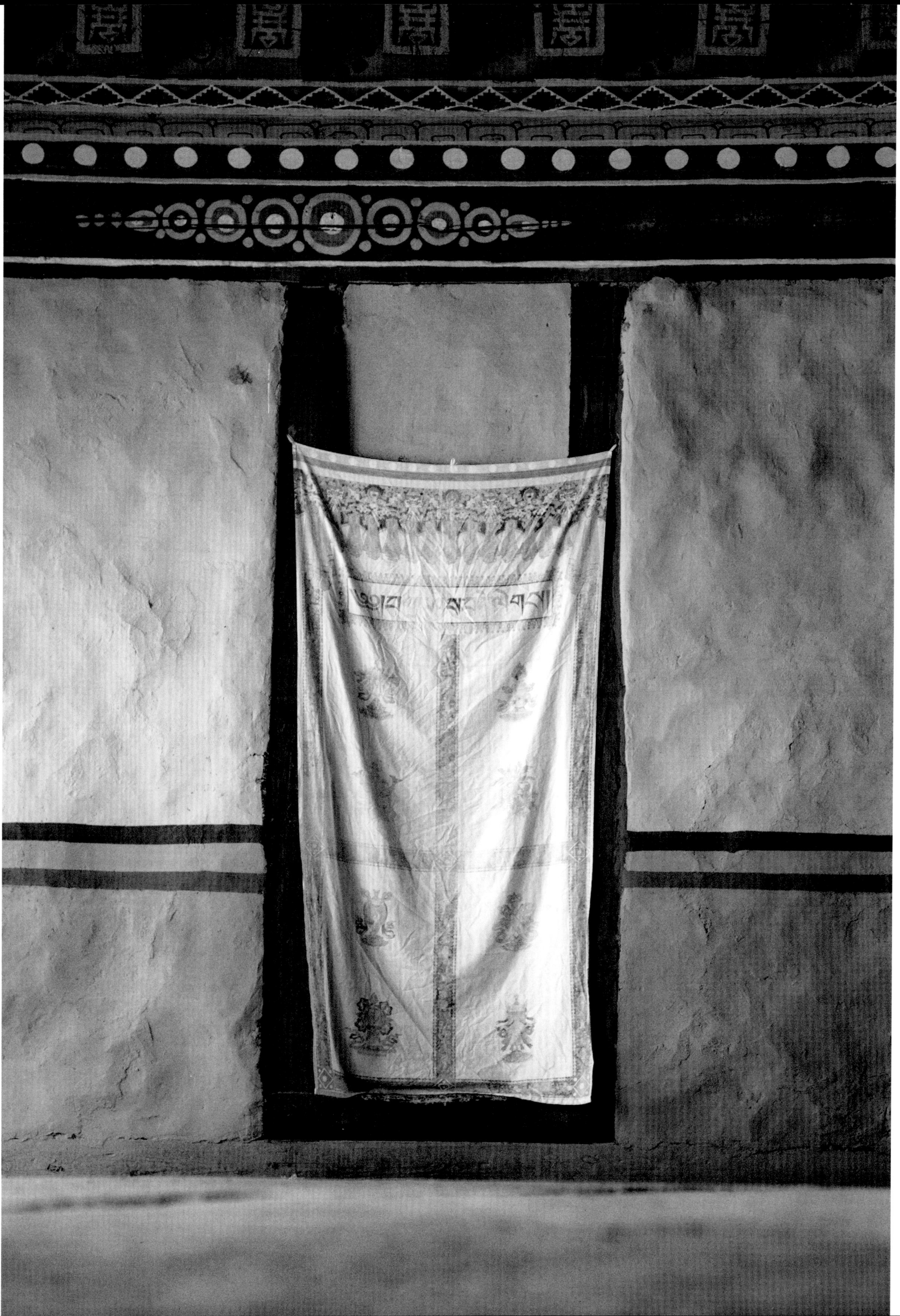

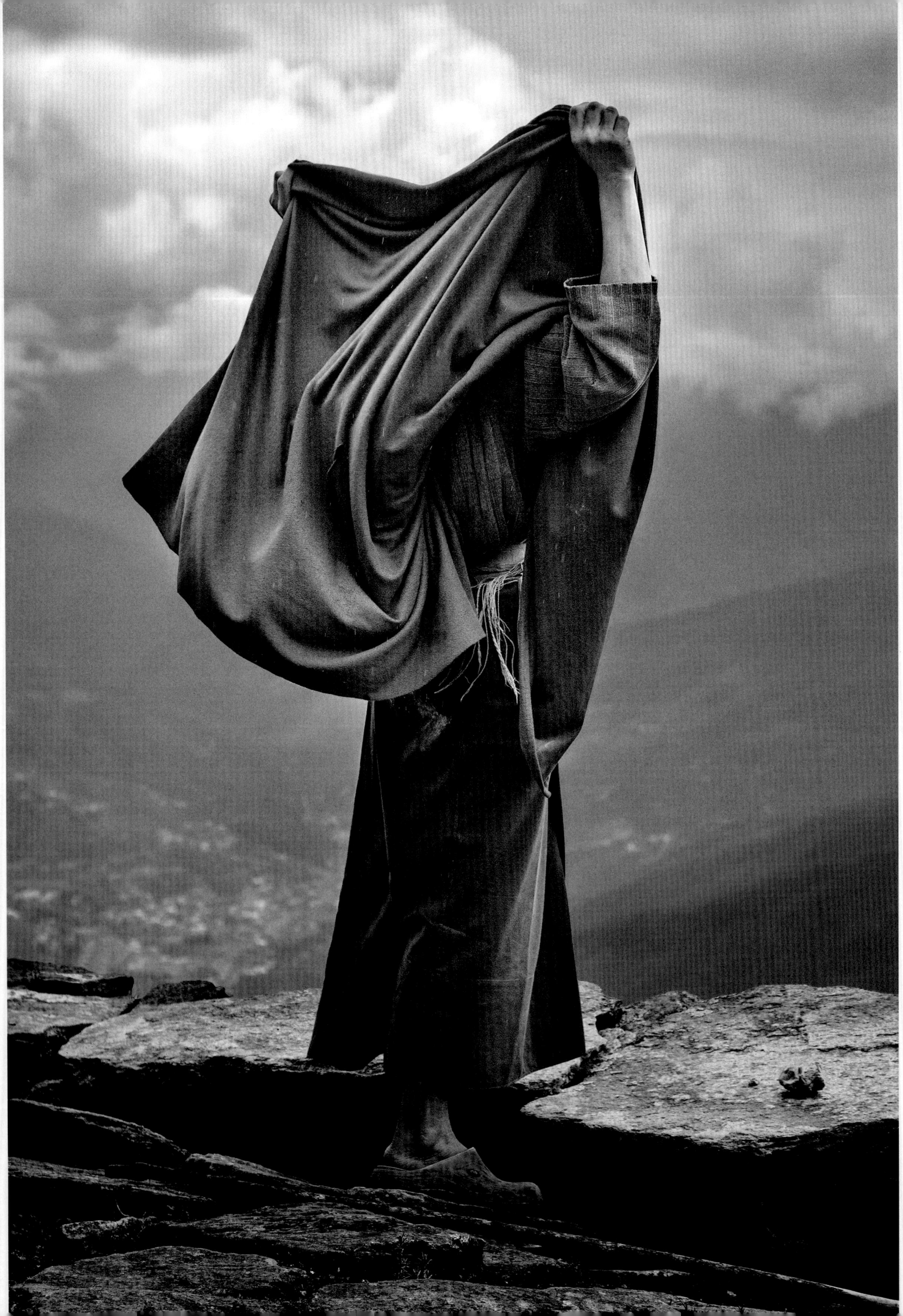

GLOSSARY

Balance (*Sukkha:* at ease/ in balance): Ancient Hindu and Buddhist spiritual leaders stressed the importance of living a balanced life. They used as an analogy the wheels of an ox cart being in alignment. *Sukkha's* antonym is *Dukkha,* and refers to excessive exuberance or despair that is out of proportion to reality.

Bell (*Dril-bu*) and **Scepter** (*Dorje*): The bell, held in the left hand, represents the female, and symbolizes the perfection of wisdom. The scepter, held in the right hand, represents the male, and indicates that compassion is powerful. When paired they are an indestructible force that leads to enlightenment.

Bell with **Striker:** This instrument is used to help maintain cadence during a ceremony.

Bodhisattva: A person who aspires to enlightenment and is committed to the liberation of all sentient beings.

Buddha: "The Awakened One" is a title for one who is awakened or enlightened. The founder of Buddhism, Prince Siddhartha Gautama, (5th–4th century BCE) denounced his life of privilege, and attained enlightenment under the bodhi tree in Bodh Gaya, India. He is known as Shakyamuni Buddha.

Buddha Nature: The intrinsic capacity in all human beings to experience enlightenment, perfect wisdom and compassion.

Butter Lamp: A vessel that burns clarified yak or cow butter. Both are less smoky but more expensive than their alternative, vegetable oil. The illumination symbolizes the dispelling of ignorance and the achievement of clarity of mind, which can only be attained through compassion and wisdom.

Candle: The candle symbolizes the realization that nothing is static. Change is inevitable (impermanence). It also represents enlightenment.

Canon (*Tripitaka*): A collection of sacred Buddhist texts which include discourses by the Buddha, precepts for monks and nuns, and higher teachings on metaphysics/consciousness/ birth and death.

Circumambulation (*Kora*): The act of walking around a sacred site. This practice is intended to show devotion, create positive karma, and heighten one's merit while also benefiting others. Since most Asian cultures eat with the right hand and clean with the left, some theorize that circumambulation is done in a clockwise direction in an effort to keep the purest side of the body closest to the sacred objects. Others speculate the direction is intended to follow the rotation of the heavens.

Compassion: The intent to respond with kindness toward those who might benefit, motivated by a true concern for their well-being.

Conch Shell (*Dungkar*): A ceremonial object that spirals to the right. Most conch shells spiral to the left. (See: Circumambulation) The conch is intended to emphasize the rare and special nature of Buddha's Dharma teaching. The sound created when blown signifies

GLOSSAR

Ausgeglichenheit (*Sukkha*: behaglich/ausgeglichen): Die alten hinduistischen und buddhistischen spirituellen Führer betonten die Wichtigkeit eines Lebens im Einklang. Sie verglichen dies mit den Rädern eines Ochsenkarrens, die rund laufen. Der Gegenbegriff zu *Sukha* ist *Dukkha*, und bedeutet allzu große Ausgelassenheit oder Verzweiflung, die in keinem Verhältnis zur Realität steht.

Glocke *(Dril-bu)* und Zepter *(Dorje)*: Die in der linken Hand gehaltene Glocke stellt das weibliche Prinzip dar und symbolisiert vollkommene Weisheit. Das in der rechten Hand gehaltene Zepter bzw. der Donnerkeil stellt das männliche Prinzip dar und weist auf die Macht des Mitgefühls hin. Zusammen sind sie eine unzerstörbare Kraft, die zur Erleuchtung führt.

Glocke mit Schlegel: Dieses Instrument wird verwendet, um während einer Zeremonie im Takt zu bleiben.

Bodhisattva: Eine Person, die nach Erleuchtung strebt und sich für die Befreiung aller fühlenden Wesen einsetzt.

Buddha: „Erwachter" ist ein Titel für jemanden, der erwacht oder erleuchtet ist. Der Gründer des Buddhismus, Prinz Siddhartha Gautama (563 v. Chr.–483 v. Chr.) verzichtete auf sein privilegiertes Leben und erlangte unter dem Bodhibaum in Bodh Gaya, Indien, Erleuchtung. Er ist als Buddha Shakyamuni bekannt.

Buddha-Natur: Die allen Menschen innewohnende Fähigkeit Erleuchtung zu erlangen; Weisheit und Mitgefühl in Vollkommenheit.

Butterlampe: Ein Gefäß, in dem geklärte Yak- oder Kuhbutter verbrannt wird. Beide Fette rußen weniger als das alternative Pflanzenöl, sind aber teurer als dieses. Eine brennende Butterlampe symbolisiert das Vertreiben von Unwissenheit durch Klarheit des Geistes, die nur durch Mitgefühl und Weisheit gewonnen werden kann.

Kerze: Eine Kerze symbolisiert die Erkenntnis, dass nichts Bestand hat. Veränderung ist unvermeidlich (Vergänglichkeit). Sie stellt auch Erleuchtung dar.

Kanon *(Tripitaka)*: Eine Sammlung heiliger buddhistischer Texte, die die Lehrreden des Buddha, die Vorschriften für Mönche und Nonnen und höhere Lehren über Metaphysik/ Bewusstsein/Geburt und Tod umfasst.

Umrundung *(Kora)*: Das Herumgehen um eine heilige Stätte. Mit dieser Praxis soll Hingabe gezeigt, positives Karma erzeugt und der eigene Verdienst vergrößert werden, und zugleich soll sie sich für andere segensreich auswirken. Da in den meisten asiatischen Kulturen mit der rechten Hand gegessen wird und man sich mit der linken reinigt, gibt es die Theorie, die Umrundung würde deshalb im Uhrzeigersinn gemacht, um den heiligen Gegenständen mit der reinsten Seite des Körpers am nächsten zu sein. Andere vermuten, es werde damit der Rotation des Himmels gefolgt.

Mitgefühl: Bewusstes Erweisen von Wohltaten Bedürftigen gegenüber, ohne irgendwelche Gegenleistungen zu erwarten.

◀ *To Soar,* Thimphu Dzongkhag, Bhutan, 2013

◀ *Aufstieg*, Distrikt Thimphu, Bhutan, 2013

awakening from ignorance to proclaim the truth of Dharma and to herald the Buddha.

Dais: A low platform that serves as a seat of honor.

Dalai Lama: The 14th Dalai Lama, Tenzin Gyatso, is the spiritual leader of the Tibetan people. He was born July 6, 1935 and was recognized at age two as the reincarnation of the 13th Dalai Lama, Thubten Gyatso. (See: Reincarnation) The Dalai Lamas are recognized as manifestations of the Bodhisattva of Compassion. After China's invasion of Tibet in 1950, His Holiness was forced to escape into exile (1959), eventually establishing a permanent residence in Dharamshala, India. His lifelong commitments include promoting universal human values based on a foundation of compassion and wisdom, promoting interfaith dialogue, preserving the Tibetan language and culture, protecting the environment, championing human rights, and establishing commonalities with modern science.

Dharma: The word of the Buddha, His teachings, and the truth or nature of reality.

Dharma Wheel: When the wheel has eight spokes it symbolizes the 8 foundational principles that lead to enlightenment. (Eightfold Path)

Drum (*Lag-rnga*): A double-headed instrument played with a hooked beater (*rnga*). It creates a primordial sound that brings participants to attention and helps with focus, meditation, and awareness.

Enlightenment: A state of perfect wisdom, combine with infinite compassion, which can only be achieved if one has a clear understanding of reality, unencumbered by ego. This is the antidote to ignorance and the distress associated with a life that is out of balance.

Endless knot: The design symbolizes the interconnectedness of all things and the never-ending path to wisdom through Dharma.

Ether: The first of the five elements that make up the universe and the space the others fill.

Eyes of Wisdom: These eyes, found on stupas, statues, and other sacred items, symbolize dispelling ignorance, seeing reality with clarity, and then responding with discernment.

Incense: Burning incense shows respect and commitment to the Triple Gem. The aroma purifies the air and inspires one to develop a pure mind, discipline, morality, and perseverance. These qualities are at the heart of obtaining wisdom and seeking enlightenment.

Karma: A person's actions in former and current lives. The fruit of these actions (*karma-phala*) affect future conditions for oneself and others.

Kings of Bhutan (Third, Fourth, and Fifth): The Third King of Bhutan, His Majesty, Jigme Dorji Wangchuck (1929-1972), is considered the father of modern Bhutan. He introduced sweeping democratic reforms which have been strengthened by His descendants, His Majesty, Jigme Singye Wangchuck (b. 1955) and His Majesty, Jigme Khesar Namgyel Wangchuck (b. 1980).

Lama ("venerable one"): A highly respected spiritual leader (usually a monk) who

Schneckenhorn *(Dungkar)*: Ein zeremonieller Gegenstand mit rechtsläufiger innerer Spirale. Die meisten Schneckenschalen sind gegen den Uhrzeigersinn gewunden. (Siehe: Umrundung). Das Horn soll auf die Kostbarkeit von Buddhas Dharma-Lehre hinweisen. Der beim Spielen erzeugte Ton symbolisiert das Erwachen aus der Unwissenheit, um die Wahrheit des Dharma und den Buddha zu verkünden.

Dais: Ein niedriges Podest, das als Ehrensitz dient.

Dalai Lama: Der 14. Dalai Lama, Tenzin Gyatso, ist der spirituelle Führer der Tibeter. Er wurde am 6. Juli 1935 geboren und im Alter von zwei Jahren als die Reinkarnation des 13. Dalai Lama, Thubten Gyatso, anerkannt. (Siehe: Wiedergeburt). Die Dalai Lamas werden als eine Verkörperung des Bodhisattvas des Mitgefühls angesehen. Nach der chinesischen Invasion in Tibet im Jahr 1950 war Seine Heiligkeit zur Flucht ins Exil gezwungen (1959) wo er schließlich in Dharamsala, Indien, seine Exil-Residenz errichten lassen konnte. Sein lebenslanges Engagement für universelle menschliche Werte auf der Grundlage von Weisheit und Mitgefühl, für den interreligiösen Dialog, für den Erhalt der tibetischen Sprache und Kultur, für den Umweltschutz, für die Menschenrechte und für den naturwissenschaftlichen Nachweis der Wirksamkeit meditativer Techniken stellt nur einen Ausschnitt seiner umfassenden Tätigkeit dar.

Dharma: Das Wort Buddhas, seine Lehre, und die Wahrheit oder Natur der Wirklichkeit.

Dharma-Rad: Wenn das Rad acht Speichen hat, symbolisiert es die acht Grundprinzipien, die zur Erleuchtung führen (Achtfacher Pfad).

Trommel *(Lag-rnga)*: Eine doppelseitige Trommel, die mit einem gebogenen Schlegel gespielt wird *(rnga)*. Sie erzeugt einen urtümlichen Klang, der die Aufmerksamkeit der Beteiligten weckt, und fördert die Konzentration, Meditation und Achtsamkeit.

Erleuchtung: Ein Zustand vollkommener Weisheit, verbunden mit unendlichem Mitgefühl, der nur erreicht werden kann, wenn man ein klares und vom Ego unbeeinträchtigtes Realitätsverständnis hat. Sie ist das Gegenmittel gegen Unwissenheit und Leid, die mit einem aus dem Gleichgewicht geratenen Leben einhergehen.

Endlosknoten: Das Muster symbolisiert die Vernetztheit aller Dinge und den niemals endenden Pfad zur Weisheit kraft des Dharma.

Äther: Das erste der fünf Elemente, die das Universum bilden, und der Raum, den die anderen Elemente füllen.

Augen der Weisheit: Diese Augen, die an Stupas, Statuen und anderen heiligen Gegenständen zu finden sind, symbolisieren das Vertreiben von Unwissenheit, das klare Sehen der Wirklichkeit und das Reagieren mit entsprechender Urteilskraft.

Weihrauch: Das Verbrennen von Weihrauch veranschaulicht die Achtung vor den und die Hingabe an die „Drei Juwelen". Der Duft reinigt die Luft und inspiriert dazu, einen klaren Geist, Disziplin, Moral und Ausdauer zu entwickeln. Diese Qualitäten bilden das Herzstück bei der Erlangung

embodies the Triple Gem. Some are reincarnations of past lamas while others have achieved a high level of spiritual development in their present lifetime.

Long Horn (*Dung-chen*): The sound is intended to increase alertness during prayer as participants strive to achieve greater knowledge and wisdom. Horns are blown in pairs so players can alternate breathing, thereby maintaining an uninterrupted sound, which symbolizes that learning is a never-ending process.

Mandala: The creation of an enlightened universe where a deity is invited to reside. Its main geometric shape is a circle filled with intricate symbols to convey different aspects of Buddhist teachings. Mandalas are most often painted or made with sand. Sand mandalas require pouring sand into a cone-like metal tube with a small hole at the bottom, then tapping the tube to precisely dispense sand in symbolic patterns onto a flat surface. The mandala is then ceremoniously swept up, symbolizing that all of existence is in a constant state of flux (impermanence).

Mantra: A popular religious practice that involves the utterance of sacred phrases that enhance spiritual awareness while benefitting self and others.

Meditation: An activity that trains the mind, promoting discipline, focus, and clear thinking. It is most often performed while sitting, standing, or walking.

Money: Buddhist monastics throughout Asia rely primarily on public and private monetary contributions in order to maintain their lifestyle. They also receive charitable gifts from laypeople in gratitude for providing guidance, teachings, and prayers. In some communities they are more self-sufficient, making and selling traditional religious items, maintaining their buildings, and growing vegetables.

Monument (*Chorten/Stupa/Pagoda*): The form of Buddhist monuments represent the sitting Buddha. These structures traditionally contain significant religious relics.

Mudra: A variety of hand positions that symbolically represent specific concepts (wisdom/compassion/healing) or events in Buddha's life (teaching/enlightenment).

Numbers:

3: This auspicious number represents the Triple Gem, sun/moon/stars. When studying Buddhism, especially with aspirations to ordain, commitments are often in increments of 3-months or 3-years. Following the same reasoning, sticks of incense are often lit in groups of 3.

108: This auspicious number represents the 108 defilements one must address in order to attain enlightenment. Numerically 1 represents unity, 0 nothingness, and 8 the infinity of the universe. In mathematics, the number 8 rotated 90 degrees signifies infinity. There are 108 beads in a string of prayer beads, which are regularly used to keep count of mantra recitations and prostrations. Ayurvedic medicine delineates 108 nadis (energy) pathways in the body which are responsible for overall health.

Parasol (*Chatra, Atapatra*): A sign of royalty that provides von Weisheit und auf der Suche nach Erleuchtung.

Karma: Jemandes Taten aus früheren Leben und dem jetzigen Leben. Die Frucht dieser Taten *(karma-phala)* zeigt sich in zukünftigen Situationen, die einen selbst und andere betreffen.

Könige von Bhutan (Dritter, Vierter und Fünfter): Der Dritte König von Bhutan, Seine Majestät Jigme Dorji Wangchuck (1929-1972), wird als der Vater des modernen Bhutan angesehen. Er leitete weitreichende demokratische Reformen ein, die von seinen Nachfahren, Seiner Majestät Jigme Singye Wangchuck (geboren 1955) und Seiner Majestät Jigme Khesar Namgyel Wangchuck (geboren 1980) weiter fortgesetzt wurden und werden.

Lama („Höherstehender"): Ein hoch angesehener spiritueller Führer (gewöhnlich ein Mönch), der die „Drei Juwelen" verkörpert. Einige Lamas sind Wiedergeburten früherer Lamas, während andere im gegenwärtigen Leben einen hohen Grad spiritueller Entwicklung erreicht haben.

Langhorn *(Dung-chen)*: Der Ton soll während der Andacht, bei der die Beteiligten größere Einsicht und Weisheit zu erlangen suchen, die Aufmerksamkeit erhöhen. Die Hörner werden paarweise geblasen, sodass die Bläser abwechselnd einatmen können, wodurch ein ununterbrochener Ton entsteht, welcher symbolisiert, dass Lernen ein nie endender Prozess ist.

Mandala: Die Erstellung eines erleuchteten Universums, worin eine Gottheit Platz zu nehmen eingeladen wird. Sein geometrisches Grundgerüst ist ein Kreis, der mit aufwendigen Symbolen angefüllt wird, um verschiedene Aspekte der buddhistischen Lehre darzustellen. Mandalas werden gemalt, aus Metall getrieben oder aus Sand hergestellt. Ihre Erstellung ist eine Form der Meditation. Für die Sandmandalas wird Sand in lange, schmale Metalltrichter gefüllt, die geriffelt sind, sodass der Sand durch feine Vibration auf einer ebenen Unterlage präzise in symbolischen Mustern verteilt werden kann. Das Mandala wird dann rituell zusammengefegt, um den steten Fluss des Daseins zu symbolisieren (Vergänglichkeit).

Mantra: Eine weitverbreitete religiöse Praxis, bei der ein heiliger Spruch zur Erweiterung des eigenen spirituellen Bewusstseins rezitiert wird und die einem selbst und allen anderen zum Segen gereicht.

Meditation: Eine Tätigkeit, die den Geist übt und Disziplin, Konzentration und klares Denken fördert. Am häufigsten wird sie im Sitzen, Stehen oder Gehen durchgeführt.

Geld: Die buddhistischen Klöster in Asien sind für ihren Unterhalt zum Großteil auf die finanzielle Unterstützung von öffentlicher und privater Hand angewiesen. Sie erhalten auch wohltätige Spenden von Laien, für spirituellen Rat, Unterweisungen und Gebete. In einigen Gemeinschaften ist man selbstständiger, stellt traditionelle religiöse Gegenstände her und verkauft sie, sorgt für den Erhalt der Gebäude und baut Gemüse an.

Denkmal *(Chörten/Stupa/Pagode)*: Das urtypische buddhistische Denkmal, dessen Form den sitzenden Buddha darstellt. Diese Bauwerke enthalten traditionell bedeutende Reliquien.

protection from the sun and, when carried by a monastic, also represents protection from the forces of greed and other obstacles on the path to enlightenment.

Prayer Beads (*Mala*): A string of 108 beads, plus additional dividing beads that help an individual keep count while reciting a mantra. (See: Numbers, 108)

Prayer Flag:

Colored (blue, white, red, green, and yellow): These flags are inscribed with images of holy beings, mantras, prayers, and protective inscriptions. They promote peace, compassion, and wisdom. When blown by the wind, the prayers and mantras spread good will, positivity, and compassion to all sentient beings and elements.

White: When tall white prayer flags attached to long poles are clustered together, they are often located on the slope of a mountain. The flags honor the deceased, while their number represents the person's age at their time of death.

Prayer Wheel: A prayer wheel contains many mantras. Spinning the wheel in a clockwise direction multiplies one's merit, purifies, spreads compassion, and advances progress toward enlightenment.

P**rostration:** A bow of reverence that accumulates merit. It begins from a standing position then moves to a fully prone position on the ground with the arms above the head and palms raised up in a gesture of respect. Some devout Buddhist monastics and laypeople prostrate continuously for months as they cross mountains while on pilgrimage to holy sites. They inch along the path by prostrating, then standing up while moving their feet forward to the place where their hands last touched.

Puja: An offering and blessing ritual or ceremony, which can be performed by laypeople and monastics at a home or temple.

Reed instrument (*Rgya-gling*): A ceremonial instrument intended to heighten awareness during a Puja. They are always played in pairs. (See: Long Horn)

Reincarnation: Many Asian traditions believe that until one is fully enlightened, there exists the possibility of reemerging, most often in human form. They view the 'consciousness' as an energy force that temporarily resides within a body. However, once the host is no longer functioning, the consciousness sometimes reestablishes itself within a newly formed being.

Sangha: The broader definition includes the whole community of clergy and laypeople who follow the Buddhist path. The narrower definition refers to only those who are ordained.

Spirits: There are both good and evil spirits that are unseen by the naked eye. It is not necessary to worship them or be frightened by evil ones. Surrounding one's self in the protective safety of compassion hinders the movement of evil spirits while granting access to spirits of kindness.

Tantra: A Hindu or Buddhist mystical text from the 7th century or earlier.

Tara: The most revered female bodhisattva, and a

Mudra: Eine Vielzahl von Handhaltungen, die besondere Begriffe wie Weisheit, Mitgefühl und Heilung oder Ereignisse aus Buddhas Leben (Lehre/Erleuchtung) symbolisch darstellen.

Zahlen:

3: Glückverheißende Zahl, die die „Drei Juwelen", Sonne/Mond/Sterne, darstellt. Wenn man den Buddhismus studiert, vor allem wenn man eine Ordinierung anstrebt, geht man Verpflichtungen oft in drei Monats- oder drei Jahresschritten ein. Aus demselben Grund werden oft drei Weihrauchstäbchen auf einmal angezündet.

108: Diese glückverheißende Zahl bezeichnet die 108 Verunreinigungen, gegen die man angehen muss, wenn man Erleuchtung erlangen möchte. Numerisch bedeutet 1 Einheit, 0 Leerheit und 8 die Unendlichkeit des Universums. In der Mathematik steht eine liegende 8 für Unendlichkeit. Eine Gebetskette besteht aus 108 Perlen, die gewöhnlich verwendet wird, um Mantra-Rezitationen und Niederwerfungen zu zählen. Die Ayurvedische Medizin beschreibt 108 Nadis, (Energie-)Kanäle, im Körper, die für die allgemeine Gesundheit verantwortlich sind.

Schirm (*Chatra, Atapatra*): Als ein Zeichen der Hoheit bietet er Schutz vor der Sonne, und wenn er von einem Ordinierten getragen wird, stellt er zudem den Schutz vor der Macht der Gier und vor anderen Mächten dar, die sich der Erleuchtung in den Weg stellen.

Gebetskette (*Mala*): Eine Kette aus 108 Perlen und zusätzlichen Perlen zur Unterteilung, die beim Rezitieren eines Mantras das Zählen der Wiederholungen erleichtern. (Siehe: Zahlen, 108)

Gebetsfahne:

Bunt (blau, weiß, rot, grün, and gelb): Diese Fahnen sind mit Motiven heiliger Wesen, Mantras, Gebeten und Schutzinschriften bedruckt. Sie laden zu Frieden, Mitgefühl und Weisheit ein. Wenn sie im Wind wehen, schicken die Gebete und Mantras guten Willen, positive Einstellungen und Mitgefühl zu allen fühlenden Wesen und Elementen aus.

Weiß: Stößt man auf eine Gruppe von Fahnenstangen mit großen weißen Gebetsfahnen, so steht sie meist an Berghängen. Dies ist ein Brauch zu Ehren Verstorbener. Die Zahl der Fahnen zeigt das Alter desjenigen an, der verstorben ist.

Gebetsmühle: Eine Gebetsmühle enthält viele Mantras. Wer die Mühle im Uhrzeigersinn dreht, vervielfältigt damit seinen Verdienst, verbreitet Mitgefühl, reinigt sich und macht Fortschritte in Richtung Erleuchtung.

Niederwerfung: Eine ehrfurchtsvolle Verneigung, die Verdienst ansammelt. Sie beginnt im Stehen, geht bis zur völligen Bauchlage auf dem Boden, wobei die Arme ganz nach vorne ausgestreckt und die Handflächen, in einer Geste des Respekts, frontal aufgerichtet werden. Manche ergebenen buddhistischen Ordinierten und Laien werfen sich auf ihrer Pilgerreise zu heiligen Stätten monatelang nieder, passieren dabei sogar Berge. Sie bewegen sich in Etappen meterweise fort, indem sie sich niederwerfen, dann aufstehen und zu der Stelle gehen, die ihre Hände zuletzt berührt haben.

representation of compassion, long life, healing, and serenity. She comes in 21 forms. The most popular are Green Tara and White Tara.

Tattoo (*Sak yant*): A traditional design that provides protection during the pursuit of worthwhile goals.

Tea: Tea is a staple in Buddhist communities. During all-day Pujas, milk tea, snacks, and meals are commonly provided. Depending on the region, tea might contain a generous helping of sugar, honey, lemon, ginger and/or salt.

Triple Gem (Three Jewels/ Three Refuges/*Triratna*): The Buddha, Dharma, and Sangha. Buddhists worldwide take refuge in these three 'gems.'

Water Ritual: A person can be cleansed of physical and emotional ailments by engaging in water rituals. One tradition involves having a senior cleric pour sacred water over one's head while both participants recite prayers. Another involves receiving sacred water with cupped hands, placing some on the forehead then sipping the rest while reciting prayers.

Wooden Fish (*Muyu*): A drum used to maintain steady rhythm while chanting. It is shaped like a fish, who is thought to never sleep, thereby implying the merits of alertness and concentration.

Puja: Ein Opfer- oder Segensritual oder eine solche Zeremonie, die von Laien und Ordinierten zu Hause oder im Tempel durchgeführt werden kann.

Rohrblattinstrument *(Rgyagling)*: Ein zu zeremoniellen Zwecken eingesetztes Instrument zur Bewusstseinsschärfung während einer Puja. Es kommt immer paarweise zum Einsatz. (Siehe: Langhorn).

Wiedergeburt: In vielen asiatischen Traditionen gibt es den Glauben, dass es in der Zeit bis zur völligen Erleuchtung die Möglichkeit eines Wiederhervorgehens gibt, meist in menschlicher Gestalt. Das „Bewusstsein" wird dabei als eine Energieform angesehen, die zeitweise in einem Körper wohnt. Wenn dieser Anteil nicht mehr länger richtig funktioniert, kann sich das Bewusstsein in einem neuen Dasein einrichten.

Sangha: Die breitere Definition schließt die gesamte Gemeinde aus Geistlichen und Laien ein, die den buddhistischen Weg gehen. Die engere Definition bezieht sich nur auf diejenigen, die ordiniert sind.

Geister: Es gibt sowohl gute als auch böse Geister, die mit bloßem Auge nicht zu sehen sind. Es ist nicht nötig, sie zu verehren oder sich vor ihnen zu fürchten. Indem man den sicheren Schutz des Mitgefühls um sich herum aufbaut, hält man die bösen Geister fern und gewährt Geistern der Güte Zutritt.

Tantra: Ein hinduistischer oder buddhistischer mystischer Text, wie es sie aus dem 7. Jahrhundert oder früher gibt.

Tara: Der am meisten verehrte weibliche Bodhisattava, und eine Manifestation des Mitgefühls, der Langlebigkeit, der Heilung und des Gleichmuts. Es gibt sie in 21 Formen. Die beliebtesten sind die Grüne Tara und die Weiße Tara.

Tätowierung *(Sak yant)*: Ein traditionelles Motiv, das Schutz gewährt bei der Verfolgung erstrebenswerter Ziele.

Tee: Tee ist in buddhistischen Gemeinschaften ein Grundnahrungsmittel. Während ganztägiger Pujas werden gewöhnlich Milchtee, Snacks und Mahlzeiten gereicht. Abhängig von der Region kann der Tee eine große Portion Zucker, Honig, Zitrone, Ingwer und/ oder Salz enthalten.

Drei Juwelen (Drei Kostbarkeiten/Drei Zufluchten/ *Triratna*): Buddha, Dharma und Sangha. Buddhisten auf der ganzen Welt suchen Zuflucht in diesen drei „Juwelen".

Wasserritual: Die Teilnahme an einem Wasserritual gibt Kraft zur Reinigung von physischen und emotionalen Leiden. In einer Tradition schüttet ein ranghoher Ordinierter dem Teilnehmer an diesem Ritual heiliges Wasser über den Kopf, während beide Gebete rezitieren. In einer anderen wird etwas heiliges Wasser in die hohle Hand geschenkt, womit man sich, Gebete rezitierend, die Stirn benetzt, bevor man den Rest trinkt.

Holzfisch *(Muyu)*: Eine Trommel, die bei Rezitationen zur Einhaltung des Rhythmus gebraucht wird. Sie ist wie ein Fisch geformt, dem man die Tugenden der Wachsamkeit und Konzentration nachsagt, weil man annimmt, dass er nie schläft.

PARTNERS

AUTHOR'S NOTE

Most people have the desire to be self-sufficient and make meaningful contributions to society. If provided with the proper tools many will succeed. SEE Learning and the Tarayana Foundation embrace this perspective. One hundred percent of the money I receive from book sales will be donated to these two organizations.

SOCIAL, EMOTIONAL, AND ETHICAL LEARNING

Social, Emotional and Ethical (SEE) Learning is a free, K-12 education program developed for international use. It is the culmination of an academic collaboration that began in 1998 between Emory University and His Holiness, the Dalai Lama. Guided by a shared vision for an education of heart and mind, the program conveys a universal, non-sectarian, and science-based approach to bringing the ethical development of the whole child into education—an approach long advocated by the Dalai Lama. www.compassion.emory.edu

TARAYANA FOUNDATION

The Tarayana Foundation is a Bhutanese non-profit organization founded in 2003 by the Queen Mother of Bhutan, Her Majesty Ashi Dorji Wangmo Wangchuck. It strives to promote a happy and prosperous Bhutan with compassion, dignity, and integrity. The Foundation believes in maximizing happiness and harmony among all Bhutanese people by providing opportunities for life improvement, primarily to disadvantaged women in vulnerable communities. By helping them learn and integrate new skills, the organization promotes self-empowerment and the importance of service to others. www.tarayandafoundation.org

HVO AND CIT

HVO and CIT also exemplify this tradition, providing exceedingly valuable support to individuals and communities worldwide. All four organizations are well-established, effective, efficient, and guided by sound management.

HEALTH VOLUNTEERS OVERSEAS

Health Volunteers Overseas is a non-sectarian, USA based non-profit organization founded in 1986. HVO's objective is to improve the availability and quality of health care through the education, training, and professional development of the health workforce in resource-scarce countries worldwide. The organization establishes long-term relationships with medical institutions, sending one physician, nurse, or therapist at a time to work, typically for two to four weeks, at a teaching hospital. Volunteers cover the majority of their own expenses, develop close relationships with their hosts, and often return to the same location on multiple occasions. www.hvousa.org

COMPASSIONATE INTEGRITY TRAINING

Compassionate Integrity Training (CIT) is a multi-part training program for adults that cultivates basic human values for the purpose of benefiting the individual, society, and the environment. By covering a range of skills from self-regulation and self-compassion to compassion for others and engagement with institutions, CIT focuses on and builds toward compassionate integrity: the ability to live one's life in accordance with one's values with a recognition of common humanity, our basic orientation to kindness, and reciprocity. www.compassion.life.edu

PARTNER

ANMERKUNG DES AUTORS

Die meisten Menschen möchten unabhängig sein und einen bedeutenden Beitrag für die Gesellschaft leisten. Mit dem richtigen Rüstzeug wird ihnen dies gelingen. *SEE*-Lernen und die Tarayana-Stiftung sind dieser Ansicht. Einhundert Prozent der Einnahmen, die ich aus den Buchverkäufen ziele, werden diesen beiden Organisationen zukommen.

SOZIALES, EMOTIONALES UND ETHISCHES LERNEN

Soziales, emotionales und ethisches (SEE) Lernen ist ein für den internationalen Gebrauch bestimmtes, freies, vom Kindergarten bis zur 12. Klasse reichendes Bildungsprogramm. Es stellt die Krönung der akademischen Zusammenarbeit zwischen der Emory University Atlanta und Seiner Heiligkeit, dem Dalai Lama dar, die 1998 ihren Anfang nahm. Orientiert an der gemeinsamen Vision einer Bildung des Herzens und des Geistes, verfolgt das Programm einen nicht-konfessionellen und wissenschaftsbasierten Ansatz, wobei es bei der Erziehung auf die ethische Entwicklung des ganzen Kindes ankommt — ein vom Dalai Lama schon seit langem befürworteter Ansatz. www.compassion.emory.edu

TARAYANA-STIFTUNG

Die Tarayana-Stiftung ist eine bhutanische gemeinnützige Organisation, die 2003 von Ihrer Majestät, der Königinmutter Ashi Dorji Wangmo Wangchuck, gegründet wurde. Die Stiftung hat den Auftrag, durch Mitgefühl, in Würde und mit Wahrhaftigkeit ein glückliches und blühendes Bhutan zu fördern. Sie hat sich der größtmöglichen Förderung von Glück und Harmonie im ganzen bhutanischen Volk verschrieben, indem sie konkrete Gelegenheiten zur Verbesserung der Lebensbedingungen schafft, vor allem für benachteiligte Frauen in gefährdeten Gemeinden. Dadurch, dass die Organisation ihnen beim Erwerb neuer Fähigkeiten behilflich ist und sie bei der Vernetzung unterstützt, wird ihre Selbsthilfe gefördert und die Wichtigkeit der gegenseitigen Hilfe betont.
www.tarayandafoundation.org

HVO UND CIT

HVO and CIT sind auch Beispiele für diese Tradition. Sie leisten Einzelnen und Gemeinden weltweit äußerst wertvolle Hilfe. Alle vier Organisationen sind bewährt, effektiv, erfolgreich und werden solide verwaltet.

HEALTH VOLUNTEERS OVERSEAS

Health Volunteers Overseas ist eine nicht-konfessionelle, gemeinnützige Organisation, die 1986 in den USA gegründet wurde. Das Ziel der HVO ist es, weltweit in finanzschwachen Ländern durch Erziehung, Fortbildung und Schulung des Gesundheitspersonals die Verfügbarkeit und Qualität der medizinischen Versorgung zu verbessern. Die Organisation will die langfristige Zusammenarbeit mit medizinischen Einrichtungen fördern und schickt Ärzte, Krankenschwestern oder Therapeuten für meistens zwei bis vier Wochen zu Einsätzen in Lehrkrankenhäuser. Als Freiwillige decken sie den größten Teil ihrer Aufwendungen selbst, knüpfen enge Kontakte mit ihren Gastgebern und kehren oft mehrmals an ein und denselben Einsatzort zurück. www.hvousa.org

COMPASSIONATE INTEGRITY TRAINING

Compassionate Integrity Training (CIT) ist ein für Erwachsene gedachtes mehrstufiges Fortbildungsprogramm zur Pflege grundlegender menschlicher Werte, mit dem Ziel, dem Einzelnen, der Gesellschaft und der Umwelt zu nützen. Durch die Vermittlung einer ganzen Bandbreite an Fähigkeiten, von der Selbstdisziplin und dem Mitgefühl mit sich selbst angefangen, bis hin zum Mitgefühl mit anderen und zu sozialem Engagement, baut die CIT auf mitfühlende Integrität: auf die Fähigkeit, sein Leben im Einklang mit den eigenen Werten und in Anerkennung einer gemeinsamen Menschlichkeit, in einer grundlegenden Orientierung an Güte und Gegenseitigkeit zu leben. www.compassion.life.edu

JON KOLKIN, MD

Jon Kolkin's medical career as a hand specialist afforded him the opportunity to serve for twenty years as an international medical volunteer. His artwork complements a lifelong commitment to promoting good health by focusing primarily on themes related to achieving greater physical and emotional well-being.

Due to his experience as a physician and artist, his presentations attract a broad range of audiences, and tend to focus on strategies for living a balanced life, the creative process, and other socially relevant topics.

Dr. Kolkin has spearheaded numerous compassion-centered initiatives including the ongoing *Shades of Compassion* international traveling museum exhibition (shadesofcompassion.org), and the North American summit, *Fostering Compassion and Universal Ethics through Museums*. This gathering brought museum professionals to India for a conference and private audience with the Dalai Lama. He also co-chaired the *Dalai Lama-Raleigh Initiative* and serves on the Mayor's Compassion Commission.

The *Inner Harmony* series has been exhibited throughout the United States and abroad, having received seventeen international photography awards.

Jon Kolkins berufliche Karriere als Spezialist für Handchirurgie ermöglichte es ihm, 20 Jahre lang als medizinischer Freiwilliger internationale Einsätze zu leisten. Sein Kunstschaffen komplettiert sein lebenslanges Engagement für gute Gesundheit und ist vor allem auf Themen konzentriert, die der Förderung eines größeren körperlichen und emotionalen Wohlbefindens dienen.

Da er Arzt und Künstler zugleich ist und er sich auf Fragestellungen spezialisiert hat, die ein Leben im Einklang, den Schaffensprozess und andere sozial relevante Themen angehen, ziehen seine Ausstellungen ein breites Publikum an.

Dr. Kolkin hat zahlreiche dem Thema Mitgefühl gewidmete Initiativen begründet, darunter die international in Museen gezeigte Wanderausstellung *Shades of Compassion* (shadesofcompassion.org) und die nordamerikanische Tagung *Förderung der universellen Ethik und des Mitgefühls durch Museen*. Diese Tagung führte Museumsfachleute nach Indien zu einer Tagung und Privataudienz mit dem Dalai Lama. Dr. Kolkin war auch Mitorganisator der *Dalai-Lama-Initiative der Stadt Raleigh, North Carolina,* und arbeitet dort in der städtischen Arbeitsgemeinschaft zur Förderung des Mitgefühls mit.

Die Bilderserien für den Band *Innere Harmonie* sind an vielen Orten in den Vereinigten Staaten und im Ausland gezeigt worden und wurden mit 17 internationalen Fotopreisen ausgezeichnet.

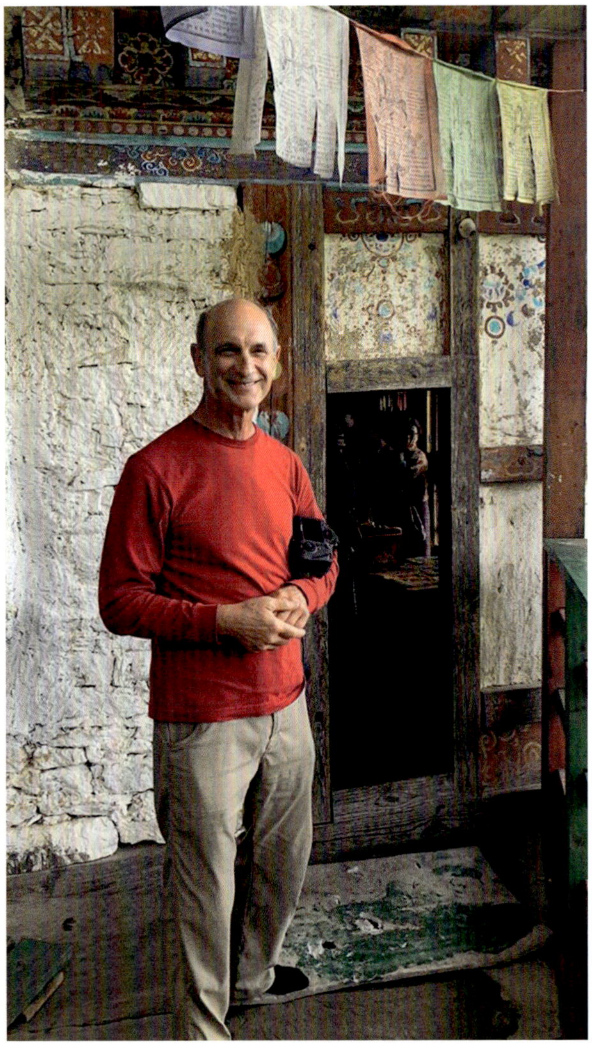

Jon Kolkin, Thimphu Dzongkhag, Buhtan, 2019

Jon Kolkin, Distrikt Thimphu, Bhutan, 2019

ACKNOWLEDGMENTS · DANKSAGUNG

Inner Harmony would not have come to fruition without the love and unwavering support of my family. In fact, both my wife and daughters were enthusiastic participants during some of my earliest HVO assignments.

I owe my deepest gratitude to Lance Hidy who, as agent, designer, editor, and friend, repeatedly challenged me to include my personal experiences. Dr. Paula Arai and I were introduced by our kindred spirit, Dr. Tara Doyle. Both have added clarity to my understanding of Buddhism. Paula's elegant literary style touched many pages of *Inner Harmony* and was most strongly felt in her poetry and opening passages to chapters two, eight, and ten. The first-class team at teNeues, led by Roman Korn, were essential in creating this fine art book. When I participated in a 2006 National Geographic trip to Italy, its leader, Elizabeth Opalenik, and I became fast friends. She encouraged me to more fully embrace myself as an artist.

His Holiness, the Dalai Lama, inspired me to join Him in promoting compassion worldwide, and continues to support my compassion-related initiatives. His foreword contains profound words of wisdom. My dear colleague, His Holiness' representative, Ngodup Tsering, enthusiastically supported this project and others. My gratitude to Her Majesty, the Queen Mother of Bhutan, for Her thought-provoking foreword and for serving as a role model for others. Scott-Martin Kosofsky was an invaluable mentor and editor throughout this project.

I would also like to pay tribute to my parents. My father, Dr. Marvin Kolkin, shared his love for photography while my mother, Caryl Kolkin, filled our home with classical music. Together they instilled in me a love for the visual arts and music. Finally, in recognition of the interconnected and interdependent nature of our existence, I am grateful to all the other individuals and favorable conditions that contributed to the creation of *Inner Harmony*.

Ohne die Liebe und permanente Unterstützung meiner Familie wäre der Bildband *Innere Harmonie* nie zustande gekommen. In der Tat haben mich meine Frau sowie meine Töchter auf meinen ersten HVO-Einsätzen begleitet und waren begeistert.

Großer Dank gebührt Lance Hidy, der mich als Agent, Designer, Herausgeber und Freund immer wieder ermuntert hat, meine persönlichen Erlebnisse in den Band mit aufzunehmen. Dr. Paula Arai und ich haben uns durch unsere Verwandte im Geiste, Dr. Tara Doyle, kennengelernt. Beide haben mir zu einem klareren Verständnis des Buddhismus verholfen. Paulas eleganter literarischer Stil floss an vielen Stellen des Bandes ein, besonders durch ihre Gedichte für die Einleitung der Kapitel zwei, acht und zehn. Das erstklassige Team bei teNeues, angeführt von Roman Korn, hat wesentlich zum Gelingen dieses Kunstbands beigetragen. 2006, auf meiner National-Geographic-Studienreise nach Italien, die von meiner Bekannten, Elizabeth Opalenik, geleitet wurde, ermutigte mich diese dazu, mich mehr als Künstler anzunehmen.

Seine Heiligkeit, der Dalai Lama, inspirierte mich dazu, mich ihm bei der weltweiten Förderung des Mitgefühls anzuschließen. Sein Vorwort enthält Worte tiefer Weisheit. Mein verehrter Kollege und Vertreter des Dalai Lama in den USA, Ngodup Tsering, hat dieses und andere meiner Projekte begeistert unterstützt. Mein Dank geht auch an Ihre Majestät, die Königinmutter von Bhutan, für ihr denkwürdiges Vorwort und für ihre Vorbildlichkeit. Scott-Martin Kosofsky war ein unverzichtbarer Ratgeber und Lektor bei diesem Projekt.

Auch meinen Eltern möchte ich danken. Mein Vater, Dr. Marvin Kolkin, teilte mit mir seine Begeisterung für die Fotografie, während meine Mutter, Caryl Kolkin, unser Zuhause mit klassischer Musik erfüllte. Die beiden weckten in mir die Liebe zur bildenden Kunst und Musik. Schließlich in Anerkennung der Tatsache, dass in unserem Dasein alles miteinander verbunden ist und voneinander abhängt, danke ich allen weiteren Personen und günstigen Umständen, die zur Entstehung von *Innere Harmonie* beigetragen haben.